U0672774

北京市社科基金重大项目
"中国传统治国方略研究"（项目批准号 15ZDA48）

中国古代治国要略

The Governing Thought of Ancient China

彭新武 著

人民出版社

目 录

前 言 ………………………………………………………………… 1

第一篇 王权的滥觞

第一章 天命与王权 ………………………………………… 3

　一、钧台之享 ………………………………………… 3

　二、绝地天通 ………………………………………… 9

　三、敬德保民 ……………………………………… 16

　四、"天德合一" …………………………………… 25

第二章 宗法分封制 ……………………………………… 31

　一、宗法与礼制 …………………………………… 31

　二、裂土分封 ……………………………………… 40

　三、天下观念 ……………………………………… 48

　四、分封的挽歌 …………………………………… 53

第二篇 专制的奠基

第三章 处士横议 ………………………………………… 61

　一、克己复礼 ……………………………………… 61

二、兼爱非攻 ………………………………………… 69

三、无为而治 ………………………………………… 76

四、富国强兵 ………………………………………… 83

第四章 王霸之辩 …………………………………………… 96

一、为政以德 ………………………………………… 97

二、缘法而治 ………………………………………… 104

三、宽猛相济 ………………………………………… 114

第五章 尊君尚贤 …………………………………………… 125

一、崇公抑私 ………………………………………… 125

二、圣人执要 ………………………………………… 133

三、贤人之治 ………………………………………… 145

第六章 秦政一统 …………………………………………… 159

一、以法为教 ………………………………………… 159

二、君主专制 ………………………………………… 169

三、汉儒批法 ………………………………………… 178

第三篇 治道的嬗变

第七章 王霸间杂 …………………………………………… 189

一、文景之治 ………………………………………… 189

二、儒学独尊 ………………………………………… 196

三、阳儒阴法 ………………………………………… 205

第八章 礼治流变 …………………………………………… 217

一、浮华交会 ………………………………………… 217

二、礼法之治 ………………………………………… 226

三、儒道兼综 ………………………………………… 238

第九章 儒教复兴 …………………………………………… 245

一、三教争衡 ………………………………………… 245

二、贞观之治 ……………………………………………… 253

三、理学独尊 ……………………………………………… 265

第四篇 秩序与治理

第十章 家天下 …………………………………………… 279

一、君临天下 ……………………………………………… 279

二、家国一体 ……………………………………………… 291

三、礼法合一 ……………………………………………… 299

第十一章 "大一统" ……………………………………… 308

一、要在中央 ……………………………………………… 308

二、正统之争 ……………………………………………… 319

三、"华夷一家" …………………………………………… 326

第十二章 全能管理 ……………………………………… 332

一、官本位 ………………………………………………… 332

二、"利出一孔" …………………………………………… 339

三、思想一统 ……………………………………………… 358

第十三章 术治主义 ……………………………………… 369

一、术治源流 ……………………………………………… 369

二、政治权谋 ……………………………………………… 386

三、吏治之道 ……………………………………………… 401

第五篇 治乱的迷思

第十四章 治乱相循 ……………………………………… 421

一、王朝更替 ……………………………………………… 421

二、变法图强 ……………………………………………… 425

三、王道恒常 ……………………………………………… 437

第十五章 专制之殇 ·· 442

一、专制的流弊 ·· 442

二、非君与限君 ·· 450

三、文化与自省 ·· 458

主要参考文献 ·· 463

前 言

可以说，中国古代文化的"核心"是政治文化，不仅先秦诸子"无不言治"，秦汉以后的中国文化也无不都是以政治来贯穿。这一切显然是与中国古代高度政治化的社会生态相关联。其结果是，关于如何治国安邦的学问，或可称之为"治道"理论，成为中国古代文化中最为庞大，也最为丰富的内容。

夏、商、周三代王朝，作为中华民族国家形态的开端，穿越千年而意蕴深远。中国传统意识形态的关键要素，诸如天命、王权、宗法、德、礼、刑、分封、天下观念、华夷秩序等，正是在这一时期滥觞、萌发的。此其中，一个最为显著的特征，就是天命与王权的联姻。由此，王权被笼罩上一层天命的光环而具有了神圣的权威，从而为世俗政权的正当性辩护打开了一道方便之门。王权正是在天命的庇护下，进一步确立了以宗法制为基础的社会秩序建构，并以宗法关系为基础，逐渐发展出一整套维持宗法关系的社会管理规范——礼制。与此同时，在社会秩序上，通过"裂土分封"，确立起一套尊卑有别的社会等级结构，并由此产生出中国传统社会最早的政治形态——贵族君主制。此外，正是以这种宗法、分封制为基础，中国历史上初步形成了以"华夷之分"为内核的"天下观念"及华夷关系秩序。

历史进入到春秋战国时期，随着宗法分封制的逐渐瓦解，社会各方面都出现了巨大的变革。这其中，一个极为重要的方面，就是文化教育为贵族所垄断即"学在官府"的局面被打破，私学兴起。相应地，一个新兴的社会阶层——士阶层也随之崛起。面对"礼崩乐坏"的局面，他们纷纷"著书言治乱之事"，中国社会由此进入一个"处士横议""百家争鸣"的新时代。其中最为引人注目的，当推儒家、墨家、道家及法家，他们从各自的角度提出了一整套治国安邦的政治方略，并引发了诸多激烈的争论。在这场旷日持久的治道论争中，最为突出的争论发生在儒家与法家之间，即所谓"王霸之辩"。按照孟子的解释，王道具有道德的规定性，即"以德行仁者王"，典型代表是夏、商、周三代的圣王；与王道相对应的，则是"以力假仁者"① 的霸道，典型代表便是春秋五霸以及战国七雄的兼并之道。

在百家争鸣中，尽管诸子分歧犹存，但也暗含着"趋同"的思想因子。最终，战国中晚期"尚力"的社会现实，促使各家学说以法家学说为"基调"，共同奏响了"崇公""尊君"与"尚贤"的时代旋律，从而为其后君主专制体制的形成奠定了思想前提。随着战国末期诸侯兼并日益激烈的社会现实和战国变法运动的不断开展，君主专制成为社会各界的一致呼声和各国君主的共同选择。在此其中，秦国变法由于最为彻底，也最为成功，而成为诸侯争霸的最后赢家。

自秦始皇实现"六合同风，九州共贯"的"大一统"，专制体制及其意识形态遂成定制。秦灭汉兴，在政治体制层面上基本上是"汉承秦制"。而在意识形态层面，随着"汉儒批法"，使法家学说由"阳"转"阴"，从汉武帝举贤良对策到汉宣帝石渠阁会议再到东汉章帝白虎观会议，历时二百余年，通过以"儒法合流"为基调的秦汉政治文化的整合，最终确立起礼法并用、王霸结合的基本政治构架和以"三纲五常"为核心的礼治秩序。正是汉代治道的这场"改弦更张"，专制体制更具有了某种神学的品格，成为一种政教合一或者说"政教混一"的专制主义，构成了中国传统社会独特的"政统"。

---

① 参见《孟子·公孙丑上》。

　　当然，中国传统社会的治世思想此后也经历过嬗变、衰落和重整的过程。西汉之后随着士人与现实政权的"共谋"以及日渐世俗化，造成了名实相乖、浮华交会甚至党锢之祸，儒学在东汉末年一度走向衰落。晋代无为之治的流行和玄学的兴起，既挑战了儒学又改造了儒学。与此同时，南北朝时期道教和佛教的兴盛，出现了与儒学"三教争衡"的局面。正是在这种长期的混乱中，人心思治，随着隋唐之际"大一统"政权的重新复归，儒学也开始在"三教融合"的基础上走向复兴。唐朝的贞观之治，为这一复兴提供了一个极好的实践证明。而宋明理学的兴起，使儒学走向了全面复兴之路。南宋以后，理学作为官方哲学地位得以确立，使得日渐成熟的儒教最终成为中国传统社会居于支配地位的统治方略，此后的元、明、清三代基本上没有脱离这一思想格局，并一直延续至清末。

　　正是在儒教温情脉脉的面纱下，以中央集权统治和皇权至高无上的君主制政体为核心的"大一统"体制贯穿了秦之后的历代王朝。它强调的是华夏文明独一无二的中心地位和中华皇帝作为"上天之子"的神圣威权。而整个社会则围绕着以皇帝为代表的官僚集团为核心进行运作，并由此形成一种以行政权力支配社会和对政治、经济、文化等一切社会事务进行全面控制的社会管理模式——全能治理，即在"君权至上"的前提下，以"官本位""利出一孔"和"思想一统"为核心的三位一体的全面社会控制体系。在这种模式的宰制下，整个社会如同铁板一块，使得任何有悖于这一体制的思想和行为，都无不被贴上"离经叛道"的标签，而遭到坚决的抵制和清除。这种政权模式，由于深深根植于中国传统的宗法关系、观念中，而保持着长期的稳定形态。而随着统治策略上的"礼法合一"，君主的权力和意志常常凌驾于法律之上，从而使中国社会管理具有了明显的"人治"色彩，并衍生出各种政治权术。这种以权术来主导社会、政治生活的现象和倾向，可称之为"术治主义"——这种官场文化成为中国古代独特的政治文化标记，对后世产生了宽泛而深远的影响。

　　事实上，君主专制作为一种世界性的历史现象，世界各地文明都曾无一例外地出现过，如古希腊时期的僭主政体、古罗马帝国、匈奴帝国、贵霜帝国、安息帝国等。这种世界性的现象充分说明，君主专制是政治文明演进的一个重要阶段，但是，专制主义在中国却表现出惊人的顽强性。纵观中国传统社会的历史，实际上只是一部王朝更替史。在这"一治一乱"的循环中，尽管有"变法图强"的种种努力，但由于社会经济生活的单调重复和中国传统治道理论的完善性，以及官僚集团的利益和价值驱动，使得专制主义保持着惊人的长期性与延续性，从而形成独具特色的"东方专制主义"。应该承认，这一体制与意识形态在维护"大一统"社会秩序中曾发挥过重要的作用，然而，这种治理模式也造成了社会自组织秩序的彻底摧毁和对国家强制力的全面依赖等弊端，导致中国社会长期停留在低水平的"轮回"轨道上。显而易见，要彻底冲破传统旧体制的束缚，依然需要一场彻底的思想解放运动，并从根本上实现体制转型。

有道是"鉴古"可以"治今"，追寻先民治世的思维轨迹，检讨当中的得失成败，是我们探索传统中国治国之道的必由途径。故而，本书在系统阐述和反思中国传统治道理论和管理模式的基础上，立足于中国特定的政治历史实践，力图客观、全面、准确地阐述中国传统"治道"的基本特质、现代价值和历史局限，并重点揭示中国传统专制体制产生的社会文化根源，专制体制下"全能治理"和"术治主义"管理模式的内涵、特征及其深层弊端，以及中国历史之所以陷入"治乱相循"的历史惰性和当今体制转型的现实困境。

全书共分为五篇十五章。第一篇，"王权的滥觞"，主要讲述专制体制建立之前，夏、商、周三代的政治意识形态及其社会管理秩序，包含两章：其一，"天命与王权"，讲述王权及权力世袭制的产生，王权与神权联姻的必然性，周朝德治的理论与实践以及"天德合一"的观念；其二，"宗法分封制"，阐述夏、商、周三代的社会结构状况和管理体制的产生和演变，"大一统"观念的萌芽、华夷秩序的早期形态，以及宗法分封制解体的社会历史根源。

第二篇，"专制的奠基"，主要讲述春秋战国时期诸子百家的治道论争、分歧与"趋同"，以及秦帝国"大一统"的理论与实践，共包含四章：其一，"处士横议"，主要讲述在春秋战国时期社会大动荡的历史情势下，诸子百家尤其是儒、墨、道、法这四家学派图谋拯救社会危局和重建统一社会秩序的选择与努力；其二，"王霸之辩"，着重阐述在先秦治道论争中，"王道"和"霸道"的理论分殊；其三，"尊君尚贤"，着重阐明了正是战国中晚期"尚力"的社会现实，促使各家学说以法家学说为"基调"，共同奏响了"崇公""尊君"与"尚贤"的时代旋律，并为其后君主专制体制的形成奠定了思想前提；其四，"秦政一统"，阐述在战国变法运动的时代背景下，秦国"以法为教"，实现"大一统"和确立君主专制体制的思想与实践，以及秦国"二世而亡"的历史根源和"汉儒批法"中的理论得失。

　　第三篇，"治道的嬗变"，主要讲述从汉代到清代治道演变的全过程。包含三章：其一，"王霸间杂"，主要讲述中国传统政治文化的基本模式——"王霸间杂"形成的全过程；其二，"礼治流变"，主要讲述从东汉末年到魏晋南北朝时期，儒学随着日渐世俗化，造成名实相乖、浮华交会甚至党锢之祸而走向衰落的过程；其三，"儒教复兴"，讲述儒学经过理论上的"三教融合"和实践上的贞观之治以及宋明理学的兴起，而走向全面复兴的过程。

　　第四篇，"秩序与治理"，主要讲述专制体制之下的社会秩序、社会管理模式及其政治文化，包含四章：其一，"家天下"，主要讲述君权的神化与圣化、君尊臣卑观念，以及统治策略上的"礼法合一"及其"人治"特征；其二，"大一统"，讲述在"大一统"的社会秩序中，政治权力的核心，中央与地方的关系，官僚体制的运营机制，以及华夷秩序的变迁和民族"大一统"的观念格局；其三，"全能管理"，讲述在"君权至上"的前提下，"官本位""利出一孔"和"思想一统"三位一体的社会全面控制体系的特征及其局限性；其四，"术治主义"，主要讲述作为古代中国社会独特政治文化标记的"术治主义"所产生的思想和社会根源、现实表现以及历史局限。

　　第五篇，"治乱的迷思"，主要阐述中国历史上兴衰治乱和循环史观产生的根源，以及欲谋变法图强的诸种努力，包含两章：其一，"治乱相循"，全面阐述王朝更替和"王道恒常"的社会文化根源；其二，"专制之殇"，主要揭示专制体制的弊端，以及国人对自身文化的反省。

关于中国古代治国之道的研究，涉及几乎一切社会科学及哲学。本书侧重从管理哲学层面，对此进行剖析。在全书的写作中，笔者尽可能贯彻如下一些写作原则：

其一，综合探讨。当下关于中国古代治国之道的研究，产生了大量的研究成果，且不乏有创见之作，但大多数往往只从各自特定的研究领域出发进行研究，诸如政治学、历史学、管理学的视角，而缺乏综合的视角，且哲学层面的研究相对较少。基于此，本书综合政治学、历史学、管理学的研究视角和成果，以揭示中国传统治道中的深层问题。这种综合探讨的过程其实也就是一种知识整合的过程。而在这一过程中，哲学尤为重要。

其二，寓"论"于"史"。一切问题都有其产生的历史。缺乏历史的讨论，必将是荒谬的、空洞的，甚至是无法进行的。只有从某一事物产生的历史过程中，我们才能认识该事物的真正本质。这种历史探索的过程，也是一个"正本清源"的过程。梁启超先生说得好："凡思想皆应时代之要求而产生，不察其过去及当时之社会状况，则无以见思想之来源。"① 为此，本书自始至终坚持历史与逻辑相统一的原则，以中国传统"治道"理论和管理实践产生、演变的历史研究为基础，进而揭示中国传统"治道"的本质内涵及其深层文化根源。

其三，思想、制度与实践相结合。本书一方面力求从"原典"出发，尽最大可能地挖掘中国古代诸多政论家、思想家的理论精髓；另一方面，将这种思想的产生与制度、实践相结合，从真实的社会历史条件中，分析诸种学说产生的原因，以及对现实政治制度和政治实践的影响、作用。故此，本书自始至终坚持思想、制度（包括管理模式）与实践相结合的原则，将此三者有机地融为一体，以便让读者能够更好地理解这三者之间的关联与互动。

---

① 梁启超：《先秦政治思想史》，天津古籍出版社2004年版，第11页。

其四，传统与现代相衔接。中国古代治国之道的理论与实践，自有其产生和存在的合理性，也曾发挥过重要作用。站在今天社会发展的角度看，中国古代治国之道的正面价值是，造就了中华民族的整体观念、国家利益至上的观念和民族心理上的文化认同，管理因素的协调平衡、和谐的人际关系的建立；其负面影响是，过于强调绝对服从，使国人存有严重的对权威和权力的迷信心态，忽视个人的价值和独立的人格，忽视下级向上级的反馈，产生下属对上级的依附心理等。因此，对这些东西，需要尽可能地发挥其正面价值。同时，我们必须认识到，中国古代治国之道中也有许多与现代文明相冲突的一面，诸如家庭伦理本位、小国寡民思想、宗族观念、王权思想、人情风、裙带关系、官僚主义等，显然，这些是我们必须要进行改造甚至摒弃的。此外，我们还必须认识到，中国传统管理思想，无论是儒家的和谐伦理，还是道家的"无为"智慧、兵家谋略、纵横家的"捭阖"之术等，具有跨越时代和意识形态的普适性意义，对于现代管理依然具有深厚的借鉴价值。因此，本书对于中国古代治国之道的研究，将始终围绕着"传统与现代相衔接"这一维度来进行。

本书的写作，始于 2008 年初春。截至今日，已历经整整十年光阴。研究水平估计短期内不会有大的提高，故而就此搁笔，渴望读者海涵并不吝赐教。

作者
2009 年初稿于首尔
2013 年修订于夏威夷
2018 年定稿于北京

第一篇

王权的滥觞

第一章　天命与王权

夏、商、周三代王朝，作为中华民族国家形态的开端，穿越千年而意蕴深远。中国传统意识形态的关键要素，正是在这一时期滥觞、萌发的。此其中，一个最为显著的特征，就是天命与王权的联姻。从历史上看，王权在其产生之初，就与先民们的神灵信仰密切地结合在一起。而维护王权最有效和最直接的方式，就是垄断对天命或者说神意的解释。由此，王权被笼罩上一层天命的光环而具有了神圣的权威，从而便为世俗政权的正当性辩护打开了一道方便之门。

一、钧台之享

从字的形态看，甲骨文中的"王"字形象是斧钺，这是军事统率权和刑赏大权的象征，类同权杖，是尊贵等级地位和生杀予夺权力的重要标识。作为权力的拥有者，"王"者顶天立地、唯我独尊。对此，东汉时期的许慎曾解释道："王，天下所归往也。"① 这既可理解为"王者"实现了对"天下"的占有与控制，也可理解为"王者"是受人拥戴的人，又可理解为人们对权力的向往与归附，等等。的确，在王者自称为"余一人"或

---

① 许慎：《说文解字》。

"予一人""孤家""寡人""朕"① 等这些略显"形单影只"的自谦背后，无不彰显出一种"舍我其谁"的慑人魅力，以及常人难以企及的"无出其上"的强势与威力。

王权的产生，自然是原始部落维护自身秩序和应对外界竞争等公共事务的需要。正是在这一过程中，一些才能优异或体格强悍者，或为氏族部落作出杰出贡献的"出类拔萃"之人，往往会受到人们的拥戴而成为"王者"。如《韩非子·五蠹》所言："上古之世，人民少而禽兽众，人民不胜禽兽虫蛇。有圣人作，构木为巢以避群害，而民说之，使王天下，号之曰有巢氏。民食果蓏蚌蛤，腥臊恶臭而伤害腹胃，民多疾病。有圣人作，钻燧取火以化腥臊，而民悦之，使王天下，号之曰燧人氏。"与此相类似，《易传·系辞下》中也描绘了古代伏羲氏（包牺氏）通过"观象于天，观法于地"而创始"八卦"以及发明"以绳结网"而引导人们猎兽和捕鱼的情景（伏羲氏也因此为后世尊为中国文化和渔牧业的创始人）。还描绘了神农氏制作农具以及教导人们进行物物交换的情形："古者包牺氏之王天下也，仰则观象于天，俯则观法于地。观鸟兽之文与地之宜，近取诸身，远取诸物，于是始作八卦，以通神明之德，以类万物之情。作结绳而为罔罟，以佃以渔，盖取诸离。包牺氏没，神农氏作。斲木为耜，揉木为耒，耒耨之利以教天下，盖取诸益。日中为市，致天下之民，聚天下之货，交易而退，各得其所，盖取诸噬嗑。"如上出现的有巢氏、燧人氏、伏羲氏、神农氏等这些"圣人"，大概正是中国远古最早出现的"王者"。所有这些人，作为中国上古时代的杰出领袖，而被后世纳入"三皇五帝"这一帝王谱系当中。不过，由于历史久远，因而其成员一直很难确证。例如，被称为"三皇"或者被指代为天皇、地皇、泰皇（人皇）的，通常有伏羲、神

① 《尔雅·释诂》说："朕，身也。"在先秦时代，"朕"是第一人称代词，意为"我"。不分尊卑贵贱，人人都可以自称"朕"。据《史记·秦始皇本纪》记载：秦既灭六国，议君主称号，王绾、李斯等议："天子自称曰'朕'。"此后遂专为帝王自称。根据许慎《说文解字》解释，"朕"，小篆"月"字旁原作"舟"字旁，指木造船的两块木板间隙。以其极为细小譬喻寡德以自谦，类似寡人之义。又据《史记·李斯列传》记载：赵高因为"所杀及报私怨众多，恐大臣入朝奏事毁恶之"，乃说秦二世说："天子所以贵者，但以闻声，群臣莫得见其面，故号曰'朕'。"

农、黄帝、祝融、女娲、燧人等人；"五帝"则有太昊、神农、黄帝、少昊、颛顼、帝喾、唐尧、虞舜等人。

在中国历史上，三皇五帝时代正处于部落联盟时代。作为最早的社会形态，部落联盟的统治权力最初并没有集中于一人之手，而是由结盟的各氏族首领分别担任、轮流执掌，权力的产生和获取往往需要经过"联盟会议"之类的民主程序以及"禅让"之类的交接方式。然而，随着氏族首领的权力和财富的增长，首领职位的更替不再由氏族会议选举产生，而是由首领直接传给自己的后代。这一过程其实并没有像传说中的那样以一种温良谦让的方式进行，相反，却充满了诸多的争夺与血腥。史载，尧原本想把氏族首领的职位传给儿子丹朱，然而这一举动激起了大臣们的强烈反对，于是，舜采取行动，"囚尧，复堰塞丹朱，使不与父相见"[1]，随后又"放尧于平阳"[2]，最终取得了首领之权。历史仿佛总是充满了轮回或报应，当后来舜临死前也想把首领职权传给儿子商均之时，禹同样采取了强制手段，把舜流放南方的苍梧，又"辞避舜之子商均于阳城"，最终"即天子位"[3]。

而为了进一步巩固王权，禹先后发动了对共工和三苗等不欲臣服的部落的战争。相传在与共工决战之际，禹曾在涂山（今安徽蚌埠西郊怀远县境）召开了历史上著名的"涂山之会"："禹会诸侯于涂山，执玉帛者万国。"[4] 在涂山大会上，禹论功行赏，对有功者赏，对作恶者惩，从而使众人咸服，由此确立了天下共主地位。在这种权力机制下，原先的众多部落首领，此时大都转化成世袭贵族，而成为各自邦国的君长。此后，禹在以前诸侯国的基础上，又分封了很多诸侯国，并彻底征服了三苗等部落。在制度上，禹把本来应征询于四岳（氏族部落的一种组织或联盟议事会议）的大权集中到自己一人手里，从而使得君主的独裁权力得以确立："令民皆

① 《史记·五帝本纪》。
② 《史通·疑古》，引《古本竹书纪年》。
③ 《史记·夏本纪》。
④ 《左传·哀公七年》。

则禹。不如言，刑从之！"① 从史籍来看，禹在当时的权力已足以让人望而生畏："昔禹致群臣于会稽之山，防风氏后至，禹杀而戮之。"②

禹虽然取得了极大的独裁权力，但并没有妄想权力世袭，他在涂山之会上曾宣誓：天下受之于舜，将来亦必定传之贤人，绝不私之一家一姓。但是到了其子启那里，情况却发生了改变。启倚仗家势，明确提出了要将王位由家族世代延续即世代为王的要求，并采取了强迫手段使各部落臣服于他。随后，启把自己家族的姓氏"夏后氏"作为部落联盟的称号，中国历史上的第一个王朝——夏朝由此建立。不过，由于当时传统的"禅让"观念没有完全消除，东方偃姓之族的首领伯益就曾借此与启发生争夺，结果失败。这就是《古本竹书纪年》中所说的："益干启位，启杀之。"同时，西边的诸侯有扈氏也起兵反对，"启伐之，大战于甘。……遂灭有扈氏。天下咸朝。"③ 在这种情势下，为了使世袭王权为众多的诸侯所承认，夏启于都城阳翟（今河南禹州）召集众多的诸侯，举行盛大的献祭神灵的活动——"钧台之享"。这次盟会确立了夏启"共主"地位，废除了禅让制，确立了王位世袭制度，中国历史上"家天下"的局面由此形成。

在家天下的权力体制下，君主的生活与部落联盟时代躬亲劳动、以身作则相比，已经迥然有别。据《韩非子·五蠹》说："尧之王天下也，茅茨不翦，采椽不斫；粝粢之食，藜藿之羹；冬日麑裘，夏日葛衣；虽监门之服养，不亏于此矣。禹之王天下也，身执耒臿以为民先，股无胈，胫不生毛，虽臣虏之劳，不苦于此矣。"大意是说：尧统治天下的时候，他的住房简陋，茅草盖的屋顶都不加修剪，栎木做的椽子都不加砍削；吃粗糙的粮食，喝野菜煮的羹；冬天穿小鹿皮做的袍子，夏天穿葛布做的衣服；即使看门人，穿的吃的都不会比这更差了。禹统治天下的时候，亲自干活，给百姓带头，累得大腿上没有肌肉，小腿上不长毛；即使奴隶的劳动都不会比这更苦了。然而，到了夏启时代，尤其是在其晚年，生活开始变

① 《史记·夏本纪》。
② 《国语·鲁语上》。
③ 《史记·夏本纪》。

6

得奢侈，终日沉迷于歌舞声色之中，朝中政事不修。启死了之后，王室内乱，启的五个儿子展开了激烈的争斗，最终权位被其中的太康所得。但是，太康即位后，更是变本加厉，"盘于游田，不恤民事"①。东夷的有穷氏部落首领后羿就趁太康畋猎之时，将太康射杀，立太康之弟仲康为傀儡君主。这就是历史上的"太康失国"。可悲的是，后羿和太康一样，也终日畋猎游玩，沉湎于酒色，不问政事，而被其亲信寒浞伺机暗杀。为防止夏后势力的复兴，寒浞在仲康死后，又灭掉了继仲康之位的仲康之子相，即史书中所说的"灭夏后相"②。后来，相的遗腹子少康经过周密策划，最终诛杀寒浞，夺回王位。少康在位期间，"能布其德，而兆其谋，以收夏众，抚其官职"③，一度出现过夏王朝"回光返照"的局面，史称"少康中兴"。然而，随着此后统治者权力的不断膨胀和生活的日趋腐化，到了夏朝末年，由于夏桀"残贼海内，赋敛无度，万民甚苦"④，最终被商汤所灭。

商汤灭夏之后建立商朝，定都城于亳（今河南商丘）。从商汤立国到盘庚迁殷（今河南安阳）约三百年间，商王的权力在社会生活的各个领域中都处于不断加强并逐渐扩大的趋势。从先秦古籍和甲骨卜辞等资料可知，被殷人尊为高宗的武丁仍然要经常参加社会劳动并组织群众生产："其在高宗，时旧劳于外，爰暨小人。"⑤ 但是，自武丁之子祖甲后，商王日渐摆脱社会生产劳动，也很少关心民间疾苦，而一味地追求安逸享乐："峪自时厥后，立王生则逸，（生则逸）不知稼穑之艰难，不闻小人之劳，惟耽乐之从。"⑥ 其中，最具典型的，是末代君主商纣王："厚赋税以实鹿台之钱，而盈钜桥之粟"，穷奢极欲，造"酒池""肉林""为长夜之饮""重辟刑，有炮烙之法"，并随意杀戮重臣，"剖比干观其心""囚箕子""醢九侯""酪

① 《尚书·五子之歌》。
② 参见《左传·哀公元年》。
③ 《左传·哀公元年》。
④ 《韩诗外传》卷十。
⑤ 《尚书·无逸》。
⑥ 《史记·殷本纪》。

7

鄂侯""囚西伯羑里"①，充分显示出专制君主的残暴、凶狠和为所欲为。故而，商朝最终被周所灭，乃势所必然。

就王位继承而言，在商代，"兄终弟及"的有十四王，"父死子继"的有十六王。而到了西周时期，除孝王继其兄懿王之外，其他帝王都是传子的。正如《礼记·礼运》所描绘的，在"选贤与能"的"大同之世"以后，就是"各亲其亲，各子其子"的"小康之世"。这一历史事实也表明"父死子继"的君主世袭制在周代已基本确立，从此，传子制成为权力继承的"不二法门"。韩非子所言："舜逼尧，禹逼舜，汤放桀，武王伐纣，此四王者，人臣弑其君者"，实际上正是从"父死子继"这一君主世袭是从原则出发来谴责"僭取"王位的人臣的。显然，韩非子在这里忽略了王位世袭并非自古就有的，也非一劳永逸的，而是历史形成的。

问题在于，由于在一夫多妻制的背景下，国君往往有着众多的子嗣，从而使得以何标准立储，又成为一个新的问题。为尽可能地避免争位之乱，周朝统治者确立了嫡长子继承制，所谓："立嫡以长，不以贤；立子以贵，不以长。"② 就是说，如有嫡子，则从嫡子中选年岁最长的；若无嫡子，则从众庶子中选地位最贵的，即"子以母贵，母以子贵"③。显然，嫡长子继承制的本质在于以身份定继承权，即"生而有之"，而不是根据继承者自身的贤德。这就避免了许多储位之争，从而确保君位能够顺利传承。这种制度自然难免使许多平庸之人成为嗣子，却换来了安定太平。如王国维所言："古人非不知官天下之名美于家天下，立贤之利过于立嫡，人才之用优于资格，而终不以此易彼者，盖惧夫名之可藉而争之易生，其弊将不可胜穷，而民将无时或息也。故衡利而取重，絜害而取轻，而定为立子立嫡之法，以利天下后世。"④

不过，嫡长子继承制并未为周王朝换来太平盛世，春秋时期便多次出

---

① 《史记·殷本纪》。
② 《公羊传·隐公元年》。
③ 《公羊传·隐公元年》。
④ 王国维：《殷周制度论》，载《观堂集林》卷十，中华书局1959年版，第458页。

现弑君篡权之事。史载："春秋二百四十二年，亡国五十二，弑君三十六。"① 之所以发生如此多的内乱，除了诸多社会、政治原因之外，还与嫡长子继承制本身存在着很大的关联。嫡长子继承制以出生资格来确定继承权的客观要求，有时往往由于其才德不济，而引起国君其他子嗣的觊觎与争夺；有时也由于国君自身的偏爱与喜好，而常常置嫡长子继承制于不顾，从而给国家带来了或大或小的动乱。一个常见的现象是，历史上许多兄弟争位事件，正是由庶、嫡并宠引起的。正如大臣辛伯曾告诫周桓王："并后、匹嫡、两政、耦国，乱之本也。"② 此类事件，在先秦时期及先秦之后，可谓俯拾皆是。著名的汉武帝、汉昭帝、汉明帝、秦二世、隋炀帝、唐太宗、唐高宗等，都非嫡长子，其即位都经历了或大或小的动乱。

二、绝地天通

随着王权世袭观念在意识形态领域的牢固扎根和在全社会范围内的广泛认同，使得后世任何不同于此的权力更迭方式，都必须对权力和统治的合法性作出解释。于是，在神话笼罩的上古时代，天命与王权的联姻便成为必然。

天命的起源，客观的原因在于自然的神秘、强大，主观上则应归因于原始先民的蒙昧、内心的虚弱与无奈。在古代，农业生产的顺利进行，不仅依赖于人的劳作，还要仰仗于天时、地利，这使人们习惯于对自然抱有一种人格意义上的情感，这不仅表现为人对自然的"顺应与屈从"，对"风雨时至""媚神求福"的祈求，也不乏"过则为菑"③ 的畏惧心理。正是基于此种现实，站在神坛上的帝王及其诸侯大夫等众多家族领袖，便别出心裁地借助天命来诠释政治的合法性，以维护自身的权力与权威。

作为人格化的至上神，"天"作为上古时代人们宇宙观念的核心，具有

---

① 《淮南子·主术训》。
② 《左传·桓公十八年》。
③ 《左传·昭公元年》。

无与伦比的神性和不可逾越、不可侵凌的权威。在这一点上，世界各个文明可以说概莫能外、基本趋同。有所差异的是，西方基督教文明中所表达的"原罪"意识，在根本上宣判了人间世俗权力的罪性是不可避免的，神恰恰就是要通过对人的惩罚来展现他的意志，法律精神和对神的信仰建立在以抑制王权为特征的意识形态的基础上。而在中国的天命观中，信仰的目的不是贬抑现实权力的罪性，而是印证现实权力的正当性。结果，在中国传统社会中，神没有成为超然于现实权力的监督者和惩罚者，反而成了现实权力的合谋者和辩护人。按照中国古代"天佑王权"的观念，"天"支配着宇宙万事万物、社会现象和人的命运，王权代表着天意和神权，服从王权就是服从神权，违抗君王的意志就是违背天的命令。于是，"天道"成为"人道"的根据和来源。所谓"善言天者，必应于人"①，说的便是这个道理。

这种以神权为基础的天命理论，最早发端于当时普遍流行的原始巫术文化。在中国古代，巫师或者说巫觋（女曰巫，男曰觋）的一项重要职能，就是通过神魂附体或使鬼神降临，以实现与鬼神沟通对话的目的。在中国古人的视野中，山高而为通天的捷径，群巫就在此种神奇的通道上升降上下，通天就是通神。正是凭着这种神性力量，巫觋由此在中国古代社会生活中享有崇高的地位。中国文化中最关键的概念"圣"（其繁体字是"聖"），从词源学上讲，是由一只大耳朵和一张小口组成，意味着对神灵旨意的聆听和传播。当然，他们不仅是天地、人神的沟通者，还是当时社会知识的创造者、积累者，诸如文字、乐舞（乐舞原本是通神、向神献礼的一种方式）、天文历算、八卦、易学和冶金术的发明，事实上都和巫师的作为存在很大的关系。在巫术文化流行的时代，这些传说中的半人半神的人物凌驾于社会之上，感召一切，指挥一切，从而逐渐树立起无可比拟和不容置疑的庄严权威，并深深渗透到当时的政治和生活事务之中。《左传》称"国之大事，在祀与戎"②，这表明，祭祀与征伐在当时都是相当重

① 《素问·气交变大论》。
② 《左传·成公十三年》。

要的事。祭祀权原来操在氏族长老之手，或由专设的神职人员执掌，但凡氏族或国家的重大事件，诸如军事统帅的任命或出征、王的即位等，都要举行宗教祭祀活动，以求得到神的佑护。在这一过程中，一些巫师正是利用他们的声望和人们的信任，实现了政治权力的集结，从而攫取到统治社会的最高权力。

中国历史传说中的颛顼时期的重、黎二人"绝地天通"事件所包含的深层意味，便是部落联盟首领通过取缔民间巫师与天神交往的权力的宗教改革，从而将与天神打交道的原本是巫师的职能，转变为世俗帝王的特权。绝地天通的事迹在《尚书》《山海经》和《国语》中都有呈现。相比之下，《尚书》的记载过于简单，《山海经》的描述富于神话色彩，而《国语》的记载较为翔实，具体如下：昭王问观射父，"《周书》所谓重、黎使天地不通者，何也？若无然，民将能登天乎？"对曰："非此之谓也。古者民神不杂，民之精爽不携贰者，而又能各肃衷正，其智能上下比义，其圣能光远宣朗，其明朗光照之，其聪能听彻之，如是，则明神降之，在男曰觋，在女曰巫。是使制神之处位次主，而为之牲器时服，而后使先圣之后之有光烈，而能知山川之号，高祖之祖，宗庙之事，昭穆之世，齐敬之勤，礼节之宜，威仪之则，容貌之崇，忠信之质，洁之服，而敬恭明神者，以为之祝。""于是乎，有天地神民类物之官，是谓五官，各司其序，不相乱也。民是以皆能有忠信，神是以能有明德，民神异业，敬而不渎，故神降之嘉生，民以物享，祸灾不至，求用不匮。及少昊之衰也，九黎乱德，民神杂糅，不可方物。夫人作享，家为巫史，无有要质。民匮于祀，而不知其福，享无度，民神同位。""颛顼受之，乃命南正重司天以属神，命火正黎司地以属民，使复旧常，无相侵渎，是谓觉地天通。"①

在这里，观射父实际上描述了古代宗教的三个发展阶段：第一个阶段，"民神不杂"，即神事与民事有着明确的区分，由少数有巫术的人主持宗教事务，而普通民众则只能听命行事。第二个阶段，"民神不分""夫人

① 《国语·楚语下》。

作享，家有巫史"，即人人都能进行祭祀活动和沟通神灵，神、民同位。这种情况显然使得宗教权威受到威胁。这一阶段，实质上展示了当部落交往越来越频繁时所出现的宗教冲突的局面。第三个阶段——"绝地天通"，即垄断通天通神的手段。史载，黄帝在统一黄河流域的过程中，曾经对当时流行的各种宗教信仰有所调整、规范："黄帝且战且学仙，患百姓非其道者，乃断斩非鬼神者""黄帝时，万诸侯，而神灵之封居七千。"① 这表明黄帝在统一信仰的前提下曾对那些不服从统一的宗教信仰的部落进行过打击，而那些表示臣服的诸侯则得到了适当的地位。经过几次部落联盟大战，黄帝基本上聚合了东西方各族，在宗教信仰上也基本实现了统一。但是，南方的九黎、三苗等部族仍保存着"家为巫史"的宗教传统。于是，黄帝之孙颛顼命重、黎二人去南方分别管理神事和民事，使民、神异业，且不准一般人通天，从而实现了如中原地区一样的官方宗教垄断。

这种对神权的掌握，也意味着统治者独占了"通天地"的特权。《论语·泰伯》说："唯天为大，唯尧则之"，就是说只有尧作为中介，才能沟通天人。正是由于有了这种特权，自然也为后世对王权的神话提供了可能。譬如，西汉时期的董仲舒曾这样解释说："古之造文者，三画而连其中，谓之王。三画者，天地与人也。而连其中者，通其道也。取天地与人之中，以为贯而参通之，非王者孰能当是？"按照董仲舒的这一解释，既然王者就是能通天地的人，天下之人自然都应服从于天子："唯天子受命于天，天下受命于天子。"② 可见，董仲舒神化王权的思路与"绝地天通"绝无二致。

在现实中，正是由于对祭祀天神的垄断，帝王对世俗政治权力的获取以及征战杀伐，便具有了"受命于天"的借口与庇护。如司马迁所言："自古受命而王，王者之兴何尝不以卜筮决于天命哉。"③ 譬如，禹在征伐

---

① 《史记·封禅书》。
② 《春秋繁露·王道通三》。
③ 《史记·日者列传》。

三苗出征时宣称："非唯小子，敢行称乱，蠢兹有苗，用天之罚。"① 夏启也极力宣扬"有夏服天命"②，并曾在讨伐有扈氏之前宣誓："有扈氏威侮五行，怠弃三正，天用剿绝其命，今予惟恭行天之罚。"③ 在这里，对异己的征讨被说成是天命所归、替天行道。王命和天命由此顺理成章地联为一体，"天"成了现实权力的合谋者和辩护人。这种将统治地域、现实王权与神秘天命三者相互结合，以说明国家权力合法性的做法，构成了中国古代国家意识形态中权力"正统论"的雏形。史载，夏代少康复国之时，曾经"复禹之迹，祀夏配天，不失旧物"④。在这里，所谓"复禹之迹"就是恢复禹的业绩，突出强调禹与夏的关系，以说明少康是禹的合法继承者；所谓"祀夏配天"，是指建立特别的宗教仪式，将祭天与祭祖相结合，以说明夏王之权力合乎"天命"。

而作为商朝的开国之君，商汤既不是由氏族成员选举产生的，也不是因禅让制度由"传贤"得到的，更不像禹传子那样是由世袭得来的，而是经过"革命"、用暴力手段夺取来的。因此之故，商汤需要对权力的合法性进行辩护。于是，便有了以下说辞："有夏多罪，天命殛之"⑤ "天维时求民主，乃大降显休命于成汤"⑥。从此，商朝之人对神的崇拜更是无以复加："殷人尊神，率民以事神，先鬼而后礼，先罚而后赏，尊而不亲。"⑦ 不仅如此，商人在继承夏朝天命观的基础上还进行了大胆的改造，把夏朝所尊奉的"天神"改成为"帝"或"上帝"，并直接宣称"上帝"就是他们的祖先："有扈方将，帝立子生商""天命玄鸟，降而生商"⑧。由此，殷商之王即为上帝的后裔，便从血缘上找到了作为"上帝"代理人的合法依据，商王也因为人、神结合的性质，而成了有别于一切人的神，成为人上

① 《墨子·兼爱下》。
② 《尚书·召诰》。
③ 《尚书·甘誓》。
④ 《左传·哀公元年》。
⑤ 《尚书·汤誓》。
⑥ 《尚书·多方》。
⑦ 《礼记·表记》。
⑧ 《诗经·商颂·玄鸟》。

之人。故而，当盘庚迁都于殷的决策遭到群情抵触时，他便以"恪谨天命"①相胁迫。而武乙因为"射天"②之举，自然便被视为无道之君。这种观念根深蒂固，以至于到了殷商末年，王朝统治已腐败到土崩瓦解的边缘，纣王仍然迷狂地宣称："我生不有，命在天！"③

同样，周朝灭商也是通过武力手段而取得的。对此，当时的伯夷、叔齐曾批评为"以暴易暴"。这自然就要求周人对为什么灭商作出一个终极的交代。于是，就有了周文王"受命"之说："有周佑命，将天明威，致王罚，敕殷命终于帝"④"惟时怙冒，闻于上帝，帝休，天乃大命文王，殪戎殷，诞受天命，越厥邦厥民"⑤"有命自天，命此文王，于周于京"⑥。而周武王克殷之事，则被视为文王"受命"之功的继续和最终完成："皇天改大殷之命，维文王受之，维武王大克之，咸茂厥功。"⑦ 史载，武王在伐商之前进行军事动员，曾列举商纣王的众多罪行，指出此战的目的是"惟恭行天之罚"⑧。武王攻克商朝都城朝歌之后，曾举行了盛大的仪式，其中有一个场面是："尹佚笑曰：'殷末孙季封，迷先成汤之明，侮灭神不祀，昏暴商邑百姓，其章显闻于昊天上帝。'武王再拜稽首。'膺更大命，革殷，受天明命。'武王又再拜稽首。"⑨ 武王之所以在克殷之后举行这样的仪式，正是在于表明武力伐商只是为了完成上天赐予的任务——解救商邑的百姓，使之免受暴虐统治，从而将自己放在合法的"继统者"的位置上。故此，周公还曾煞有介事地宣称，真正导致商朝覆灭的不是周人，而是商人不恭天命遭到天弃："予惟小子，不敢替上帝命。天休于宁王，兴我

---

① 《尚书·盘庚》。

② 商朝第八个帝王武乙在位时，巫教势力经常假借天意钳制商王的行动，武乙便想方设法打击巫权。《史记·殷本纪》记载，有一次，武乙命人制作了一只皮袋，盛满兽血，挂在树枝上，他亲自挽弓仰射，射破皮袋，兽血喷出，名曰"射天"。经过种种斗争，武乙终于使王权大为上升。

③ 《尚书·西伯戡黎》。

④ 《尚书·多士》。

⑤ 《尚书·康诰》。

⑥ 《诗经·大雅·大明》。

⑦ 《逸周书·祭公》。

⑧ 《尚书·牧誓》。

⑨ 《逸周书·克殷》。

小邦周。"①

　　值得注意的是，"帝""天"原本是殷、周两族不同的宗教信仰，但是经过周人的刻意接合，而成为一神之异名："昔我先王之有天下也，规方千里以为甸服，以供上帝山川百神之祀。"② 就是说，包括五岳河海在内的自然神和以文王为代表的祖宗神均受"帝"支配而处于从属的地位。周人本有自己信奉之神，何故却要把殷人崇拜的上帝请入自己的神殿？历史地看，在神权弥漫的时代，周人要推翻殷政权，不只需要借助武力，还要借助神力。由于殷人的祖先神不便为周人所用，而殷人崇拜的"上帝"因为与周人崇奉的"天"具有相同的自然品格，而且较"天"而言更具人格化特征，因而周人通过对殷人的宗教观念予以损益，并与自己原有的宗教信仰结合，承认帝、天为一物，从而形成"帝天合一"的宗教观念。《诗经·大雅·皇矣》云："皇矣上帝，临下有赫，监监四方，求民之莫。维彼二国，其政不获。……上帝耆之，憎其式廓，乃眷西顾，此维与宅。"大意是说，鉴于夏、商为政失德，上帝才赋予周人统治天下的大任。《诗经·大雅·大明》更写道："维此文王，小心翼翼。昭事上帝，聿怀多福。厥德不回，以受方国。天监在下，有命既集。文王初载，天作之合。"意思是说，周文王小心恭谨地侍奉上帝，所以福气很大。他有德行而又不迷糊，所以得到四方诸侯的尊敬。天监视善恶于人间，天的命令如果人遵守的话人就有福了。因而，文王登上王位，正好是一种"天作之合"。凡此种种，都造成了夏、商、周三代在法统上的连续性以及文化上的统一性，并由此进一步表明了周朝政权的合法性。

　　问题的真正实质在于，在周人的观念里，"受命"便意味着"受民""受疆土"："皇天既付中国民越厥疆土于先王，肆王惟德用……用怿先王受命。"③ 这是说，君主拥土治民的权力，来源于天神的赐予，只要接受了天命，就能通过神授君权，使周王获得统治天下土地和人民合法的实际权

---

　　① 《尚书·大诰》。
　　② 《国语·周语中》。
　　③ 《尚书·梓材》。

力。文王和武王既已尽受命，那么，其后的"继体之君"自然就成为天命合法的承担者，而"保命受祀"也便成为其维持政权的重要目标："……欲至于万年，惟王子子孙孙永保民。"① 周王之所以称"天子"，并不在于自命血统意义的天之嫡子，而在于作为天命的代理人，象征着政治、道德的最高权威。不仅如此，周天子生为人间的代表，死后也要回到上帝之侧："文五陟降，在帝左右。"② 此后，历代王朝的最高统治者均以"天子"自居，就是这种君权神授观念的延伸。就这样，以君权神授为契机，人世间的政治领袖被推上神坛，由此获得了至高无上的政治地位和绝对权威。

三、敬德保民

周人的天命观固然强化了对政权的合法性解释，但是，一个不可回避的问题是：夏、商、周三代的兴亡更替既然以天命为转移，这自然会引出"天命靡常"③ 的结论，就是说，天命并非一成不变，永远赋予一姓一王。既如此，"天命靡常"是否对周人也适用？"君权天授"说虽然将合法性的最终根据都归结于"天"，却对"天"的随意性缺乏把握。商代夏、周代商的事实充分说明，"君权天授"使君权获得了一种绝对性与神圣性，却不一定能保证其延续性、永恒性。这便是周朝伊始统治者不得不面对的一个深层隐忧。

难能可贵的是，在这一问题上，周初统治者能够以一种"不可不监于有夏，亦不可不监于有殷"④ 的积极而慎重的心态，提出了"天命不易"⑤"天难忱斯"⑥ 的思想。"天命不易"并非说天命不可改易，而是说天命是很难保持的。所谓"天难忱斯"，也并非否认天的权威，而意在强调天威

---

① 《尚书·梓材》。
② 《诗经·大雅·文王》。
③ 《诗经·大雅·文王》。
④ 《尚书·召诰》。
⑤ 《尚书·君》。
⑥ 《诗经·大雅·大明》。

可畏。既然威严显赫的上帝目光时时地监视着人间的王权，随时都可能改变天命，故而，周人反复强调"天不可信"①，警告自身不要消极地一味信赖天命、安于天命，而应该对无常的天命保持一种自我惕惧之心，展露出周人难能自觉的忧患意识和理性之光。譬如，周公曾对后嗣子孙告诫道："厥基永孚于休"（我们的基业会不会永远美好地延续下去），"其终出于不祥"（我们会不会最后走到不吉祥的道路上去）。②

周初统治者正是通过对天命与政权关系的理性反思，进而对传统的"天命"观念进行了大胆改造，"以德配天"，将"德"的范畴融入"天"的观念中。周公说："天不可信，我道惟宁（文）王德延。"③ 就是说，一味依赖上天是靠不住的，我们还必须敬修自己的德行。所谓"皇天无亲，惟德是辅"④，就是说，"天"平等地养育着各个部族和每个子民而没有任何的偏颇和亲疏，它对世俗生活的干预是依德而取舍的。既如此，君主唯有"聿修厥德，永言配命"⑤，即通过修德勤政和蓄养万民，才能得到天命的眷顾和认可。而上天则时时监视着人间统治者，考察他们是否按照天意来行事："惟天监下民，典厥义。"⑥ 史载，召公在周成王面前曾直截了当地指出，夏、商两代都曾得到过上天的垂爱，今天却都灭亡了，究其原因，正是在于"惟不敬厥德，乃早坠厥命"，因此召公劝告成王："王敬作，所不可不敬德。"⑦ 同样，周公汲取商王"自绝于天，结怨于民"的灭亡教训，告诫康叔说："别求闻由古先哲王，用康保民。弘于天，若德裕乃身，不废在王命。"⑧ 总之，周欲"受天永命""惟王其疾敬德"，⑨ 这便是周初统治者形成的基本政治共识。

① 《尚书·君奭》。
② 《尚书·君奭》。
③ 《尚书·君奭》。
④ 《左传·僖公五年》。
⑤ 《诗经·大雅·文王》。
⑥ 《尚书·高宗肜日》。
⑦ 《尚书·召诰》。
⑧ 《尚书·康诰》。
⑨ 《尚书·召诰》。

从当时的政治现实来看，商、周之际的大变局和社会矛盾，则成为周初统治者德治的催化剂。西周建立之初，依然存在两股政治势力威胁着王朝的政治稳定：一方面是来自于周政治集团内部的以伯夷、叔齐为代表的反对势力，他们视武王伐纣是"以臣弑君"的不仁之举，"叩马而谏"未成，"义不食周粟，隐于首阳山。遂饿死于首阳山"。① 虽然伯夷、叔齐是极少数人的代表，但作为一种政治倾向显然是一种不稳定的因素。另一方面则是以纣王之子武庚为代表的"殷顽民"，虽然武王"封子武庚禄父，以续殷祀"②，但武庚不服，曾发动反叛。武王历时三年才把这次大规模叛乱镇压下去。即便如此，"殷顽民"的复辟思想并未被彻底消除。为了从思想上进一步淡化"殷顽民"对商王朝的政治依恋，同时告诫周室的宗亲新贵要居安思危、勤政保民，故而，才有了周初"敬德保民""明德慎罚"的政治路线的确立，从而使周朝的政治由此驰入一个更为健康、理性的方向。

"敬德保民"的基本内涵，就是以"敬德"为前提，在实践中落实"保民"的原则。史载，周武王曾向商纣王的元老重臣箕子问政。箕子建议：凡事除了"谋及卿士""谋及卜筮"之外，像"国危""国迁""立君"等大事，还要"谋及庶人"。③ 历史地看，中国传统政治对于"民"之地位和作用的认识，经历了一个长期的历史过程。《尚书》作为我国最早的一部史书，记载了尧至西周若干政治家的言论和相关史实。其中，包含丰富的民本思想，如帝舜说："天聪明，自我民聪明；天明畏，自我民明畏。"④ 就是说，上天和民众的意志是相通一致的，上天所听所见，是以民众的所听所见为根据的；上天的所奖所惩，是以民众的所好所恶为根据的。在夏代，人们就已经认识到了"民可近，不可下，民为邦本，本固邦宁"⑤ 的道理。而商王朝的统治者也已领悟到，政治首先要勤于民事，否则，就会

① 《史记·伯夷列传》。
② 《史记·殷本纪》。
③ 《尚书·洪范》。
④ 《尚书·皋陶谟》。
⑤ 《古文尚书·五子之歌》。

重蹈夏桀灭亡的覆辙："夏王灭德作威胁利诱，以敖虐于尔万方百姓"，"天道福善祸淫，降灾于夏，以彰厥罪。"① 汤武革命的成功，则被认为是顺应天意和民心的结果："天地革而四时成；汤武革命，顺乎天而应乎人，革之时大矣哉。"② 为此，周初的统治者反复告诫子孙后代："君子其所无逸。先知稼穑之艰难，乃逸，则知小民之依""怀抱小民，惠鲜鳏寡"③ "天听自我民听，天视自我民视"④ "民之所欲，天必从之"⑤。在这种观念中，天命的垂注或转移，乃是以统治者的所作所为是"得民"还是"失民"为根据的。换言之，天命不是上帝出尔反尔的恶作剧，而取决于王者的统治能否使人民安定。人民安居乐业，天命就会长久；人民困苦不堪，天命就会改易。类似的表述还有许多，诸如："视民如子。见不仁者诛之，如鹰鹯之逐鸟雀也"⑥ "是宜为君，有恤民之心"⑦ "德以治民，君请用之"⑧，等等。在这里，对民生之现实情态的关切，便成为周代统治者从事政治事务的关注重点："一曰慈幼，二曰养老，三曰振穷，四曰恤贫，五曰宽疾，六曰安富。"⑨

从相关历史资料来看，周初德治的实践举措具有十分丰富的内容。其中，主要有：其一，由国家来劝民务农，并为之提供防灾御灾保障："列树以表道，立鄙食以守路，国有郊牧，疆有寓望，薮有圃草，囿有林池，所以御灾也。其余无非谷土，民无悬耜，野无奥草。不夺民时，不蔑民功。有优无匮，有逸无罢。国有班事，县有序民。"⑩ 意思是说，种植行道树木标志里程，偏远地区要有旅客餐饮服务站点；城市近郊要有牧场，边境要建迎宾客栈；洼地里要让野草丛生，城区里要分布树林和水池，以备防

---

① 《尚书·汤诰》。
② 《易·革象辞》。
③ 《尚书·无逸》。
④ 《尚书·泰誓》。
⑤ 《尚书·泰誓》。
⑥ 《左传·襄公二十五年》。
⑦ 《左传·庄公十一年》。
⑧ 《左传·僖公三十三年》。
⑨ 《周礼·地官·大司徒》。
⑩ 《国语·周制》。

灾；大片土地都种粮食，使农民不会将农具悬挂闲置。衙役不可以耽误农务，不可以浪费人民劳力；国民优裕无匮乏；有休闲，无过劳；城府的基础设施井然有序，地方的力役供求得当。西周统治者还通过专职行政机构的设置来实施社会救济政策，即"司民协孤终"①，并有着充分细化的救荒备灾对策："民饥则勤而不宾，举祭以薄，乐无锤鼓，凡美禁；畜不阜群，车不雕攻，兵备不制，民利不淫；征当商旅，以救穷乏，问随乡，不鬻熟，分助有匡，以绥无者，于是救困。"就是说，遇到饥年则慰问宾客而不宴享，祭祀时供品要少。奏乐不用钟鼓，所有华美之物都要禁用。牲畜不能成群地饲养，车子不用雕饰，兵器不用新造。民众之用不能过于浪费，赋税征收以商旅为主，以救济缺粮的人。了解灾情，随乡而异，不准出售熟食。根据不同情况，分别资助与匡救，以安定缺粮的人。在饥年的时候，救困是中心。而遭遇"大荒"之时，则要进一步采取如下对策："有祷无祭，国不称乐，企［途］不满壑，刑法不修，舍用振穷；君亲巡方，卿参告籴，余子运，开口同食，民不藏粮，曰有匡；俾民畜，唯牛羊，与民大疾惑，杀一人无赦；男守疆，戎禁不出，五库不膳，丧处无度，祭以薄资；礼无乐，宫不帏，嫁娶不以时，宾旅设位有赐。"②就是说，大荒之年只祈祷而不祭祀。全国不举乐，饮食不尽欲。刑罚宽缓，不造刑具。施舍用物以赈济穷困。国君应亲自巡视各地灾情，卿大夫参与告籴，国君的庶子也要协助运粮。开仓同吃，民不藏粮，叫作有匡。使百姓养畜只养牛羊。对劫民的盗贼及惑民的左道用严刑杀伐，一个也不赦免。男子守边疆，兵戎禁止出境。五库不修缮，丧礼不遵常度，要尽量节约，祭奠只用少量粢米。礼仪不奏乐，宫室不设帏。嫁娶不拘时日，来访宾客依照身份予以赠赐，等等。

其二，反对滥用攻伐、执行息武政策，发展社会生产。史载：周穆王将去征讨犬戎，祭公谋父曾引用周公之语劝阻说："不可。先王耀德不观兵。夫兵戢而时动，动则威，观则玩，玩则无震。是故周文公之颂曰：'载

---

① 《国语·周语上》。
② 《逸周书·籴匡解》。

櫜干戈，载櫜弓矢。我求懿德，肆于时夏，允王保之。'先王之于民也，懋正其德而厚其性，阜其财求而利其器用，明利害之乡，以文修之，使务利而避害、怀德而畏威，故能保世以滋大。"① 意思是说，先王以道德昭示天下而不炫耀武力。平时敛藏军队，只在适当的时候动用，这样它才会显示出威力，炫耀就会滥用，滥用便失去了威慑作用。所以周公的颂诗说："收起干戈，藏好弓箭，我只求让美德遍及全国而发扬光大，相信我王定能长保封疆。"先王对于百姓，鼓励他们端正德性和敦厚品行，广开财路以满足需求，使他们有称心的器物使用，明示利害所在，依靠礼法来教育他们，使他们能趋利避害，感怀君王的恩德而畏惧君王的威严。所以先王能使自己的基业世代相延并不断壮大。《诗经》中还记载了周宣王中兴时期征伐和平定淮泗流域的东南夷族群，以及册命封赏召穆公姬虎的历史事件："四方既平，王国庶定。时靡有争，王心载宁。"② 就是说，将士奔波平定四方，战事成功上告我王。四方叛国均已平定，但愿周朝安定盛昌。从此没有纷争战乱，我王之心宁静安详，等等。

其三，提倡选贤纳谏。史载：文王"礼下贤者，日中不暇食以待士，士以此多归之"③。周公为了得到人才，"一沐三捉发，一饭三吐哺，起以待士，犹恐失天下之贤人"④。他们懂得用贤首先还得育才："周王寿考，遐不作人？"⑤ "岂弟君子，遐不作人？"⑥ 意思是说，周王健康而长寿，心情平和快乐的君主，怎能不造就更多优秀的人才？同时，选才时要注意德才兼备的标准，所谓"誉髦斯士"⑦。对于执政者而言，则要有包容、纳谏、敢于自我批评的心胸："厥或告之曰：小人怨汝詈汝。则皇自敬德。厥愆，曰：朕之愆。"⑧ 就是说，面对小民的怨言，统治者应诚惶诚恐，以德

---

① 《诗经·周颂·时迈》。
② 《诗经·大雅·江汉》。
③ 《史记·周本纪》。
④ 《史记·鲁周公世家》。
⑤ 《诗经·大雅·棫朴》。
⑥ 《诗经·大雅·旱麓》。
⑦ 《诗经·大雅·思齐》。
⑧ 《尚书·无逸》。

自责。总之，在敬天的同时还要对人民实行德政，而不能一味地依靠天意的蒙骗和暴力的强制，这就是周初德治的基本要求和体现。

西周初年，周统治者在镇压了武庚叛乱之后，为了消弭民怨，实现长治久安，统治阶层汲取商纣王滥用刑罚的失败经验，在崇尚德治的同时，也慎用刑罚，即"明德慎罚"。所谓"明德"，是说无论是立法，还是施政、司法都要重视并体现"德"的要求及其潜移默化的功能。据说周武王和权臣贤良在一起商议治国安邦和立法建制的良策时，权臣贤良们曾提出三个不同的方案：姜太公基于"爱其人者，兼爱屋上之乌；憎其人者，恶其余胥"的理由，主张把殷人都杀光："咸刘厥敌，使靡有余"；召公主张"有罪者杀之，无罪者活之"；周公则主张应保持原来的社会关系不变，推行宽缓怀柔的统治政策，不要激化社会矛盾，要利用殷商的贵族进行统治，使人民安居乐业："各安其宅，各田其田，毋故，毋私，惟仁之亲。"① 周武王最后采纳了周公的意见，并确立了因人因地因时制宜的法治原则，主张在刑事政策上做到"刑乱国用重典，刑新国用轻典，刑平国用中典"②。周穆王时期，统治者在法制建设上取得的一个重大成就，就是根据吕侯建议而制定了中国古代第一部成文法《吕刑》。该法明确宣示："朕敬于刑，有德惟刑"，即在充分肯定刑罚的作用前提下，明确了"刑"是"德"的一部分。同时，刑罚的目的不是威慑人民，而是为民谋福："非讫于威，惟讫于富。"③ 在这个基调上，很自然导出《吕刑》的"哀敬折狱"治狱思想，即对待犯罪的人当以同情教育的态度，在刑罚中贯彻德治的精神。比如，周代规定"三赦"之法，对"幼弱、老耄、蠢愚"之人的犯罪行为，不予追究刑事责任。④ 而对那些"不孝""不慈""不恭""不友"之人，则要"刑兹无赦"⑤。

"慎罚"原则是强调惩罚应以安民为前提，须慎而又慎，所谓："敬明

---

① 《尚书·牧誓》。
② 《周礼·秋官·大司寇》。
③ 《尚书·吕刑》。
④ 《周礼·秋官·司刺》。
⑤ 《尚书·康诰》。

乃罚……惟民其康义。"① 史载，被现代人公认为"司法鼻祖"的舜帝时代的皋陶（也称为"咎陶"或"咎由"）就极力强调刑事审判的这种审慎精神："与其杀不辜，宁失不经。"② 意思是说，在刑事裁判难以决断时，与其错杀无辜的人，不如让通常适用的法律在此情形下不适用。这与现代死刑适用观念中"疑罪从无"的人权保障思想一致。皋陶还提出："罚弗及嗣，赏延于世；宥过无大，刑过无小；罪疑惟轻，功疑惟重。"③ 就是说，对个人的处罚不应当延及子孙，而对个人的奖赏则应当世代相传；宽恕犯过错的人不会太过分，而对个人的刑罚即使再小也必须执行；罪行确定存在疑问时应当从轻，功劳确定存在疑问时应当从重。这同现在法治理念中刑罚轻缓、刑罚必须执行以及刑法的谦抑性可谓异曲同工。皋陶还强调应以"法治"辅助"德治"，最终实现没有犯罪现象的社会局面："明于五刑，以弼五教，期于予治，刑期于无刑"④，等等。

周初统治者继承了这种审慎的司法精神，并进一步提出了一系列刑罚原则：（1）刑罚适用要适当、适中、公正，所谓："罔非在中""咸庶中正"。如果没有公正合理的处罚，就不会有良好的政治局面："天罚不及，庶民罔有令政在于天下。"⑤（2）尊重客观实际，不凭自己的主观断案，要做到"听讼之两辞"⑥，即听取双方的口供，查清事实。（3）要做到廉明执法："无或私家于狱之两辞，狱货非宝。"⑦ 就是说，听取双方的口供查清事实，不得在诉讼中私自谋利。在办案中，对于"惟官，惟返，惟内，惟货，惟来"⑧，即倚仗权势随意处理、或挟私报复、或暗中控制、或索受贿赂、或受人请托的办案者，要与犯人以同罪论处。（4）要重视行为人的主观心理状态，注意区分犯罪的故意与过失、惯犯与偶犯："人有小罪，非

---

① 《尚书·康诰》。
② 《尚书·虞书·大禹谟》。
③ 《尚书·虞书·大禹谟》。
④ 《尚书·虞书·大禹谟》。
⑤ 《尚书·吕刑》。
⑥ 《尚书·吕刑》。
⑦ 《尚书·吕刑》。
⑧ 《尚书·吕刑》。

眚，乃惟终，自作不典，式尔，有厥罪小，乃不可不杀。乃有大罪，非终，乃惟眚灾，适尔，既道极厥辜，时乃不可杀。"① 这段话的大意是，有人罪过虽小，但因是故意或一贯犯罪，不可不杀；反之，有人犯了大罪，但是由于过失或偶犯，也可不杀。(5) 严禁滥杀无辜，反对族诛连坐："奸宄杀人，历人宥"②"乱罚无罪，杀无辜，怨有同，是丛于厥身"③，强调"父子兄弟，罪不相及"④。(6) 规定"三刺"制度："一曰讯群臣，二曰讯群吏，三曰讯万民"⑤，即对于重大疑难案件要求首先交给大臣们来讨论；群臣讨论尚不能决定者，再交给官吏们讨论；还不能决定者，最后交给国人讨论，等等。

当然，明德慎罚的关键，还在于统治者要注重自身的品行修养，为此，周初统治者勉励自己应做到：(1) 克制己性。所谓"治民祗惧，不敢荒宁"⑥"无康好逸豫"⑦，就是强调政治职责，不能放纵，不能好逸恶劳。所谓"节性，惟日其迈"⑧，就是说只要时时克制贪欲、闲奢，就会天天有长进。史载："周公旦惧康叔齿少，告以纣之所以亡者以淫于酒。酒之失，妇人是用，故纣之乱自此始。"⑨ 言下之意，酒色之乐必然导致政治上的放纵废弛，因而是统治者之大忌。(2) 以先哲作为修养的典范。《尚书·康诰》提出："往敷求于殷先哲王用保乂民"，就是说，要在殷商之前的贤明君主的传闻里，寻求安民养民的方法。在这方面，远古时代的尧、舜、禹等"圣人"被周人屡屡提及。比如，舜颂尧德时所说的"文武并用"之术："帝德广运，乃圣乃神，乃武乃文，皇天眷命，奄有四海，为天下君。"⑩ (3) 行为要时时恪守中道。《尚书·洪范》把人的个性和行为分为

---

① 《尚书·康诰》。
② 《尚书·梓材》。
③ 《尚书·无逸》。
④ 《左传·昭公二十年》。
⑤ 《周礼·秋官·小司寇》。
⑥ 《尚书·无逸》。
⑦ 《尚书·康诰》。
⑧ 《尚书·召诰》。
⑨ 《史记·卫世家》。
⑩ 《尚书·虞书·大禹谟》。

三德："一曰正直，二曰刚克，三曰柔克"，并总结出运用的办法：对待心怀鬼胎的小人，应该用"刚克"的手段予以剪除；对待高洁光明的君子，则用"柔克"的方法予以招揽。总之，刚柔适中的性格和处事行为，应成为统治者倡导和追求的最高境界，等等。

四、"天德合一"

周人以"德"治国，带来了社会文明的进步。史载，文王修政明德："维天之命，于穆不已；于乎不（丕）显，文王之德之纯。"① 武王灭殷后，"散鹿台之财，发巨桥之粟，以振贫弱萌隶"②。之所以说"周虽旧邦，其命维新"③，新就新在确立了"王其德之用，祈天永命"④ 的信念。正是在此信念的激励下，周初的开国之主和守成明君几乎都堪称勤勉、谦逊的典范："比于文王，其德靡悔；既受帝祉，施于孙子。"⑤ 成王大力赞扬武王能继文王之业，并表示自己也将像武王继文王那样来继承武王的事业："仪式刑文王之典"⑥ "不愆不忘，率由旧章"⑦。成王以及其后的康王正是由于传承了先王的勤政爱民策略，而成就了为后世盛赞的"成康之治"。

周初国泰民安的德治实践，为后世统治者提供了一个成功的"治世"样板。孔子称赞周武王的德行："周有大赉，善人是富。虽有周亲，不如仁人。百姓有过，在予一人。谨权量，审法度，修废官，四方之政行焉。兴灭国，继绝世，举逸民，天下之民归心焉。所重民，食丧祭。宽则得众，信则民任焉，敏则有功，公则说。"⑧ 就是说，周朝大加封赏，使善人都富贵起来。我虽然有至亲，却不如有仁德的人。百姓如果有罪过，都归我一

① 《诗经·周颂·维天之命》。
② 《史记·殷本纪》。
③ 《诗经·大雅·文王》。
④ 《尚书·召诰》。
⑤ 《诗经·大雅·皇矣》。
⑥ 《诗经·周颂·我将》。
⑦ 《诗经·大雅·假乐》。
⑧ 《论语·尧曰》。

25

人来承担。检验并审定度量衡，恢复废弃的职官，全国的政令就行得通了。复兴被灭亡的国家，接续断绝了的世族，提拔被遗落的人才，天下百姓就会诚心归服了。所重视的是：人民、粮食、丧礼、祭祀。宽厚，会得到群众的拥护；诚信，百姓就会依靠你；勤敏，就会取得功绩；公平，就会使百姓高兴等。周人的这些德治思想及其实践，经过后世以孔子为代表的儒家学派的"继志述事"，以德治为理念的政治制度逐渐得以系统化和强化，从而成为中国传统社会统治阶层所标榜和推崇的理想政治——"王道""仁政"。

不过，与西周初年不同，自西周中后期以后，由于统治者缺乏自律，不守礼法，不修德政，周王室逐渐走向衰微。如周厉王专山泽之利，对人民实行高压政策，致使民怨沸腾。"厉王流彘"① 事件充分表明，人们对周王室的统治已经到了无法忍受的地步。其后，周王朝虽经"宣王中兴"，仍无法阻止江河日下的颓势。而西周末年周幽王烽火戏诸侯的荒诞事例，更表明统治者的行为已到了一种为所欲为、无所顾忌的程度。与此同时，统治阶层内部弑君弑父、兄弟相斗、兄妹乱伦等丑闻也层出不穷。这在史籍中可谓俯拾皆是。譬如，那些保存于《诗经》大雅、小雅中的"变雅"诗（相对于西周前期那些以"歌功颂德"为主题的"正雅"）以及"变风"诗。"变雅"诗多出自贵族阶层中的忠贞之臣、明智之士，他们站在维护贵族统治的立场上，对统治集团中那些道德沦丧、不修德政的行为进行揭露、劝谏，充满着无奈和悲愤的情绪，也表现出对统治集团能重修德政的期盼。比如，《诗经·小雅·节南山》说："方茂尔恶，相尔矛矣。既夷既怿，如相酬矣"，意思是说，你们内部争斗正盛，时刻准备兵戎相见，希望矛盾既已平息、心情愉快，并能欢饮相聚、彼此尊重。《诗经·大雅·瞻卬》上说："人有土田，女反有之；人有民人，女覆夺之孙"，意思

---

① 据《国语·周语上》记载，周厉王暴虐无道，百姓纷纷指责而受到厉王的刑杀，从此，"国人莫敢言，道路以目"。召公曾劝诫说："防民之口，甚于防川。"周厉王不听。公元前841年，发生了历史上著名的"国人暴动"，愤怒的人群包围了厉王的王宫，不可一世的厉王眼看大势已去，遂渡过黄河跑到了彘地（山西霍州）。史书称之为"厉王流彘"。

是说，别人的土地家园，你反而据为己有；别人的仆人奴隶，你反而要掠夺在手。《诗经·大雅·民劳》中说："敬惧威仪，以近有德"，即应端正、警觉自己的行为举止，亲近品德高尚的君子。《诗经·小雅·雨无正》中说："凡百君子，各敬尔身"，意思是说，你们这些朝中的贵族群臣，都应该洁身自好。"变风"诗则出自于民间，表现出与贵族政治讽刺诗截然不同的政治取向，表现出对统治者强烈的蔑视和痛恨之情。如《诗经·邶风·新台》讽刺卫宣公霸占儿媳，诗中将他比作"癞蛤蟆"；《诗经·齐风·南山》《诗经·齐风·敝笱》讽刺齐襄公与同父异母的妹妹文姜的乱伦丑行，等等。

正是在这些作品中，向来至高无上的天命观念，遭遇到痛切的失望、深刻的怀疑和激烈的否定。概括而言，这些诗在天命观上主要有上天"谴告"说和上天"不惠"说这两种倾向。上天"谴告"说，是利用自然灾害和异常现象对王权发出警告：若不改弦更张，天命就要改易。譬如，在《诗经·小雅·十月之交》中，诗人举出日食与月食、雷电、洪水、山崩、地震等种种自然灾异，证明问题的严重性，希望当权者反躬自省，亡羊补牢。这首诗强调人的行为可以触怒上帝，揭露了王权政治的黑暗是上帝降下自然灾异的渊源。上天"不惠"说则认为，上帝本身就不是一个好东西，不良不善，作威造孽，是个对社会没有补益、对人事没有帮助的凶神恶煞。如《诗经·大雅·桑柔》针对蝗灾，斥责上帝毁坏庄稼，荒芜田园："天降丧乱，灭我立王。降此蟊贼，稼穑卒痒。哀恫中国，具赘卒荒。"《诗经·大雅·云汉》针对旱灾，怨愤上帝残害生灵："天降丧乱，饥馑荐臻……周余黎民，靡有孑遗。"《诗经·大雅·荡》控诉上帝是"性本恶"的根源："疾威上帝，其命多辟。天生烝民，其命匪谌。"《诗经·小雅·巧言》则揭示上帝是人世间是非不分、赏罚不公的根源："悠悠昊天，曰父母且。无罪无辜，乱如此幠。昊天已威，予慎无罪。昊天泰燷，予慎无辜。"《诗经·小雅·正月》谴责上帝夺人福禄，是致人贫困的根源："民今之无禄，天天是椓"，等等。

上天"谴告"说和上天"不惠"说的分歧，标志着传统宗教崇拜的破裂：一些人仍旧在维护、发展着周初以来的天命观；另一些人则力图从传统思想的束缚中挣脱出来，不愿继续忍受这种残暴的不合理的神权统治。即便如此，这些诗篇对天命的责怨，仍然是以德行之善恶作为臧否之标准的。事实上，正是周人"以德配天"的"天命"观念及其德治实践，催生出一种"天德合一"的文化理念。《左传》作为解释春秋战国之际历史变迁的宏大史书，着眼于现世的兴衰治乱，通过将天命神意与人之道德紧密结合，赋予道德以神学目的。它在大讲鬼神对人的控制的同时，又极力渲染道德决定人的归宿，并通过对鬼神预言的道德阐释，建构了一个天命控制人类历史、道德决定人间命运的"天德合一"的天命观体系。这种文化理念所表达的是，天、神虽然控制历史，但它所依据的是人德，人的道德行为是天命降福降祸的根据，因而，归根结底，掌握自己命运的是人而不是神。故而《左传》所记录的人物，总是千方百计地寻找个人行为乃至家国与"德"的关联。具体而言，德之于国，是政治的基础；德之于人，是安身立命之本；德之于战争，是胜负的关键，等等。如楚庄王问鼎之大小轻重，周王室的大臣王孙满回答道，天下共主的更迭，夏、商、周的替代，均是由德决定的："在德不在鼎。……德之休明，虽小，重也。其建回昏乱，虽大，轻也。天祚明德，有所底止。……周德虽衰，天命未改，鼎之轻重，未可问也。"① 这种以"德"作为天道影响人道的判断标准，表面上天道支配人道，实际上肯定的是人道的作用，即个人可以通过修德行礼来求取福禄，国家可以通过德治礼法而达到兴盛。

在《左传》中，君主由"天"所立，受鬼神庇佑，在世俗社会中具有和"天"一样的崇高地位和至高权力："君命，天也，若死天命，将谁仇？"② 此外，君主死后还可以升为神鬼敬奉天命："叔父陟恪，在我先王之左右，以佐事上帝。"③ 当然，君主在享有至高权力的同时也必须受"天"制约，即君主维护其权力的关键还在于能否以德事天。对于作为世

① 《左传·宣公三年》。
② 《左传·定公四年》。
③ 《左传·昭公七年》。

俗政权辅佐地位的群臣，《左传》指出其最基本特质就是要忠心："臣无二心，天之制也"①，但并非盲目愚忠和独裁，而要受以"德"为判断标准的"天"约束。所谓"社稷无常奉，君臣无常位"②，就是说，如果君主失德，那么贤臣可取而代之。对于下层阶级，《左传》常把"民"的利益放在首要位置。例如，随国的大夫季梁对西周初年的"民之所欲，天必从之"的思想作了进一步发展，提出了"民"为"神之主"的命题："夫民，神之主也，是以圣王先成民而后致力于神。"③并进一步提出："国将兴，听于民；将亡，听于神。神，聪明正直而壹者也，依人而行。"④就是说，民意可以主导神意，世俗政权只有把民的利益置于神的利益之前，致力于保民恤民、使人民和乐，才会得到神的赐福。《左传》还突出了"天网恢恢，疏而不漏"的力量，认为"天"对于奖惩对象尽管有时并不一定产生直接的作用，但最终都能达到赏罚分明的结果。

这种对天人关系体系的重塑，既不否定天道的存在和"天"的至高地位，又充分高扬了"人道"价值，使人民把关注重点集中在世俗社会领域。这一思想从《左传》所记载的郑国子产关于国内两次重大事件的处理（昭公十八年的火灾及昭公十九年的水灾）中充分体现出来。对于这两次事件的处理，子产在不否定天道高于人道的情况下，指出天道与人道并不直接相关，人也无法了解天意，因此可以废弃不必要的敬天尊神仪式来专注人事，应通过勤修政事妥善解决灾害事宜。《左传》对子产的言行表达了肯定的态度，并引孔子之言称赞子产是"古之遗爱"⑤。随着"人""德"观念的高扬，《左传》甚至出现了"弃天命于不顾"的记载，如借孔子之口指出"祸福无门，唯人所召"⑥，强调人间的吉凶祸福发生的决定性原因在于人，与天命、神鬼没有任何关系。

---

① 《左传·庄公十四年》。
② 《左传·昭公三十二年》。
③ 《左传·桓公六年》。
④ 《左传·僖公十九年》。
⑤ 《左传·昭公二十年》。
⑥ 《左传·襄公二十三年》。

总的看来，从《左传·桓公六年》中的"民为神之主"把重民和敬神联系起来，到"尽人事而听天命"的新天人观，逐渐完成了中国思想史上由天命中心论向人本主义的过渡。① 据《左传·襄公二十五年》记载，齐庄公被杀死，大夫晏婴不肯从君而死，理由是："君民者岂以陵民，社稷是主；臣君者岂为其口实，社稷是养。故君为社稷死，则死之，为社稷亡，则亡之；若为己死而为己亡，非其私昵，谁敢任之！"在这里，国家与君王、政权与个人已经区分开，并被明确的表达为：国家社稷，人民高于君王。《左传·襄公十四年》云："天之爱民甚矣！岂其使一人肆于民上，以从其淫，而弃天地之性，必不然矣！"意思是说，如果说一人凌驾于万民之上，就等于违背天地之性。

在《左传》之后，天人关系的发展走上了两个方向：一是由《左传》所开拓的提高人的价值、弱化"天"的权威而形成了子产"天道远，人道迩"的思想，并影响了孔子"敬鬼神而远之""未能事人，焉能事鬼"思想的形成，发展至战国时期就产生了孟子"民为贵，社稷次之，君为轻""重民之产"的思想和荀子"天人之分"的观念，从而形成后世对天道神鬼进行直接质疑和彻底否定的无神论传统；二是"敬天""重德"思想在与阴阳、灾异思想的不断融合中，到了西汉时期，董仲舒提出以"君权神授"为要旨的庞大的"天人感应"神学体系，并对后世专制思想意识形态产生了极其深远的影响。

---

① 参见孙雨楼：《从〈左传〉看春秋时期天人思想转变》，《四川教育学院学报》2010年第6期。

第二章　宗法分封制

　　纵观整个夏、商、周三代，王权正是在天命的庇护下进一步确立了以宗法制为基础的社会秩序建构，并逐渐发展出一整套维持宗法关系的社会管理规范——礼制。与此同时，在社会秩序上，自夏、商以来，尤其是在周代，统治阶层通过"裂土分封"，确立起一套尊卑有别的社会等级结构，并产生出中国传统社会最早的政治形态——贵族君主制。此外，正是以这种宗法、分封制为基础，中国历史上初步形成了以"华夷之分"为内核的"天下观念"及华夷关系秩序的雏形。

一、宗法与礼制

　　宗法制起源于原始社会瓦解时期的父权家长制。在此体制下，父亲具有一切财富的绝对所有权，以及生杀其子女、后裔和奴仆的权力，故而处于一种绝对的支配地位。在部落联盟时代，具有共同始祖和宗庙祭祀的众多家族构成了同一宗族，祭祖之庙即被称为"宗"，甲骨文"宗"字即作室屋下有神主之形。一般而言，同一宗族拥有最高的首领——族长（谓之"宗子"或"宗主"）、共同的姓氏、宗庙、墓地、公共财产等。宗法，就是家族共同遵守的各种法规。到帝尧时，宗族社会已逐渐成为一种较为稳定的政治结构，祖庙成为其部落联盟的宗教政治活动中心，故而，舜继帝位便先要祭拜祖庙："正月上日，受终于文祖。"① 到禹统治时期，家天下的社会结构已经出现："明明我祖，万邦之君。有典有则，贻厥子孙。"② 意思是说，禹作为夏王朝的创建者，制定了国家法典，故而成为后世子孙的楷模，传给他的子孙。

在商代，祖先崇拜意识更为浓厚。对于开国帝王来讲，王位是由上天的意志来确定的，但对于其后世子孙来讲，王位则来自先祖留下的家业，所以祖先崇拜与天神崇拜相比，对维护王权政治显得更为重要。成汤作为商代的开国之君，死后便成为商人的最高祖先神。商王朝的这种祖先崇拜思想，在《尚书》中有着充分的体现："先王顾天之明命，以承上下神祇。社稷宗庙，罔不祇肃。天监厥德，用集大命，抚绥万方。"③ 意思是说，先王成汤顾念天命，因此供奉神祇，宗庙社稷无不恭敬严肃。上天看到汤的善政，因此降下重大使命，使他安抚天下。"先王子惠困穷，民服厥命，罔有不悦。并其有邦厥邻，乃曰：'徯我后，后来无罚。'王懋乃德，视乃厥祖，无时豫怠。奉先思孝，接下思恭。视远惟明，听德惟聪。"④ 意思是说，先王成汤慈爱穷困的人民，人民服从他的教导，无不喜悦。连他的友邦和邻国，也这样说：等待我们的君主吧，我们的君主来了，就没有祸患了。大王要勉力增进你的德行，效法你的列祖，不可有顷刻的安乐懈怠。事奉先人当思孝顺；接待臣下当思恭敬。观察远方要眼明，顺从有德要耳聪。"先王惟时懋敬厥德，克配上帝。今王嗣有令绪，尚监兹哉！"⑤ 意思是说，先王因此勉力敬修自己的德行，以能够匹配上帝。现在我王继续享有好的基业，希望看到这一点，等等。

在现实中，随着家族组织的日益壮大，家族组织内部逐渐出现了分族结构，即所谓"宗氏"与"分族"的尊卑之别。在商代，所谓宗氏，就是家族组织中处于支配地位的亲属团体；分族则是处于从属地位的亲属团

---

① 《尚书·舜典》。
② 《尚书·五子之歌》。
③ 《尚书·太甲上》。
④ 《尚书·太甲中》。
⑤ 《尚书·太甲下》。

体。到了周代，统治者则以自己的家族为中心，按血缘关系的亲疏远近，进一步明确了人的身份等级，以之作为建立和巩固其政治权力的社会基础。这种嫡庶制度的核心原则就是所谓"亲亲"。进行这种嫡庶分辨的目的，就是要将从天子到诸侯、大夫直至家族的所有等级次序都由宗法制度来排定，以避免继统、权位、财产等方面的僭越和争夺。如《吕氏春秋·慎势》所言："先王之法，立天子不使诸侯疑（拟）焉，立诸侯不使大夫疑（拟）焉，立嫡子不使庶孽疑（拟）焉。疑（拟）生争，争生乱，是故诸侯失位则天下乱，大夫无等则朝廷乱，妻妾不分则家室乱，嫡孽无别则宗族乱。"按照周制，最高统治者称天子，统治天下的土地和臣民。而天子之位的继承，一般按照"立嫡以长不以贤，立子以贵不以长"的原则来进行。显然，这种传子法使父子之间的关系不仅具有父子之间的"亲亲"之义，同时也具有君臣之间的"尊尊"之义。弟兄之间的关系也是如此：当兄长继承王位之后，兄长为君，弟弟就为臣，兄弟之间的关系就变成了君臣关系，由此在血缘关系中注入了政治灵魂。《仪礼·丧服传》说："诸侯之子称公子，公子不得称先君，公子之子称公孙，公孙不得祖诸侯，此自卑别于尊者也。若公子之子孙有封为国君者，则世世祖是人也，不祖公子，此自尊别于卑者也。"这里所说的"自卑别于尊"和"自尊别于卑"，正是周代宗法制度的基本精神。它所强调的是君主与同姓家族的其他成员之间的政治尊卑，这种尊卑差等虽然与家族内部血统关系不无联系，但君主已经不是一般意义上的家族长，与君主同姓的任何家族成员都不能以单纯的血缘宗法关系理解其与君主之间的关系，所谓"诸侯之尊，弟兄不得以属通"。[①]

就这样，由"亲亲"到"尊尊"，周朝统治的基本原则便得以正式确立。这种宗法制度不仅规范了贵族之间的血缘亲疏关系，更重要的是宗法制度也决定了他们各自的政治地位。在这种宗法制度下，天子是大宗，享有至高无上的权力；诸侯是小宗，因此要听命于天子；卿大夫相对于诸侯

[①]　《穀梁传·隐公七年》。

又是小宗，因此卿大夫又要听命于诸侯，等等。由此，周代整个政治统治集团成了一个贵贱有序、亲疏有殊的大家族。周人的这种社会政治图式，血缘关系与政治体制合二而一，宗族集家庭、社会、政治多种功能于一身，贵贱尊卑不可逾越。如《诗经·小雅·頍弁》所表达的："有頍者弁，实维何期。尔酒既旨，尔肴既时。岂伊异人？兄弟俱来。茑与女萝，施于松上。未见君子，忧心炳炳。既见君子，庶几有臧。"这里运用了菟丝对松柏的攀附关系，刻画了大宗的主导作用及小宗的依附性，当然也体现出宗族间的脉脉温情。

在周代的整个社会结构中，周王是不容置疑的天下宗主，所谓"恺悌君子，民之父母"①。周王与庶民之间，既有严格的"君臣"政治隶属关系，又有严密的"父子"式的血缘隶属关系。《诗经·大雅·灵台》说："经始灵台，经之营之，庶民攻之，不日成之，经始勿亟，庶民子来。"这首诗讴歌的是周文王修筑灵台之事，庶民们像儿子给父亲干活那样踊跃。这就形成了中国特有的"家""国"同构的社会政治结构。"国"就是"家"，"家"就是"国"，国家关系实际就是家庭的关系，家庭的关系也是国家的关系。后世孔子所言的"君君、臣臣、父父、子子"②，正是对这种王权统治的恰当概括。

如果说宗法制度是确立了社会关系的结构形式，礼制则为维护这种社会关系结构提供了相应的伦理和行为规范。"礼"的本质就在于规范社会行为、维护社会秩序："礼之于正国也，犹衡之于轻重也，绳墨之于曲直也，规矩之于方圆也。"③"礼"源于原始习俗，主要体现为对神的崇拜，并在祭祀活动中逐渐形成一定的仪式和规则。《说文解字》释礼："礼，履也，所以事神致福也。"就是说，礼是祭祀鬼神、求得幸福的仪式。在夏、商时期，礼制相对较为简单，仅限于对上帝的尊敬，对宗法的维护，以及对祖训、传统的恪守。而到了周代，随着社会的发展，礼的观念得到不断的

---

① 《诗经·大雅·泂酌》。
② 《论语·颜渊》。
③ 《礼记·经解》。

充实和完善。这与当时的社会变革密切关联。《礼记·表记》引述孔子之言说："夏道尊命，事鬼敬神而远之，近人而忠焉。先禄而后威，先赏而后罚，亲而不尊。其民之敝，蠢而愚，乔而野，朴而不文。殷人尊神，率民以事神，先鬼而后礼，先罚而后赏，尊而不亲，其民之敝，荡而不静，胜而无耻。周人尊礼尚施，事鬼敬神而远之，近人而忠焉，其赏罚用爵列，亲而不尊。其民之敝，利而巧，文而不惭，贼而蔽。"意思是说，夏朝的治国原则是崇尚君主的政教，侍奉鬼神但敬而远之，亲近人并且待人忠厚，重俸禄而轻威严，重奖赏而轻刑罚，显得亲切而不刻意标榜尊严。这使得人们愚蠢无知，骄傲粗野，笨拙不知道文饰。殷人尊崇鬼神，率领人民侍奉鬼神，重鬼神而轻视礼仪，重刑罚而轻视奖赏，凸显出尊严而显得不太亲和。这使得人民放荡而不安分，好胜而没有廉耻之心。周人崇尚礼而喜好布施恩惠，尊奉鬼神但敬而远之，亲近人并且忠厚待人，用爵位等来对人进行赏罚，显得亲和而没有凸显出尊严。这使得人民贪利取巧，重文饰不知羞愧，相互残害而不知道事理，等等。

面对这种局面，在周公的主持下，周人对夏、商以来的礼仪习俗进行了整理、修订和补充，将宗教祭祀文化及其规范与宗法习惯相结合，形成了一整套以宗法等级制度为核心的典章制度和礼仪规范，包括政治、经济、军事、司法、行政、道德教化、丧葬嫁娶、宗教祭祀等各个方面，几乎囊括了一切社会生活领域，成了西周文明中系统而精致的象征符号，即所谓"周礼"。由此，礼从主要反映神与人关系的仪式和规则，转化为调节人与人关系的社会规范："道德仁义，非礼不定；教训正俗，非礼不备；分争辩讼，非礼不决；君臣上下，父子兄弟，非礼不定；祈祷祭祀，供给鬼神，非礼不诚不庄。"[①]

周礼的本质特征是亲亲、尊尊，它以血缘为纽带，以等级为秩序，严格规定了君臣、父子、兄弟、夫妻、朋友之间的上下尊卑关系、名分和等级特权，从而形成贵贱有别、尊卑有度、等级俨然却又井然有序的礼制秩

---

① 《礼记·曲礼》。

序："君子小人，物有服章，贵有常尊，贱有等威，礼不逆矣。"① 在周统治者眼中，礼具有国家根本大法的性质，所谓"礼者，国之纪也"②。受殷商宗教观的影响，周人认为，天是宇宙和包括人生的世界万物的终极创造者。上天生下了芸芸众生，制定了相应的物象法则，而礼正是这种规则的具体体现："天生蒸民，有物有则"③ "礼以顺天，天之道也"④。按照这种观念，敬畏上天的威灵，就能保有福禄："畏天之威，于时保之。"⑤ 在周初统治者看来，夏、商之所以亡国，主要就是因为其末代统治者懈怠于祭礼，以致"天惟降时丧"⑥，所以，周礼讲究"崇明祀，保小寡"⑦。周初统治者还认为，重视礼不仅可表达对上天的崇敬，而且能够彰显帝王之功德，并劝民向善，实现道德教化，"祈天永命"⑧。史载，鲁庄公要到齐国观看祭祀社神，曹刿劝谏道："不可。夫礼，所以正民也。是故先王制诸侯，使五年四王、一相朝。终则讲于会，以正班爵之义，帅长幼之序，训上下之则，制财用之节，其间无由荒怠。"⑨ 这段说词表明，西周统治者要求诸侯讲习礼仪的目的，在于整顿尊卑、长幼、上下之秩序，从而起到"正民"的表率作用。

对于个人而言，礼则是一种名分，是周人立身行事的日常行为准则，要求体制内的每一个人都应自觉地遵守并维护名分规则，各负其责，各安其分："奉义顺则谓之礼"⑩ "周谚有之曰：'山有木，工则度之；宾有礼，主则择之。'"⑪ 统治阶层正是通过这种名分之礼的教化和遵行，使社会各个阶层的人都认识到自己的位置而不得有任何的僭越，即使牺牲生命，也

---

① 《左传·宣公十二年》。
② 《国语·晋语》。
③ 《诗经·大雅·蒸民》。
④ 《左传·文公十五年》。
⑤ 《诗经·周颂·我将》。
⑥ 《尚书·多方》。
⑦ 《左传·僖公二十一年》。
⑧ 《尚书·召诰》。
⑨ 《国语·鲁语上》。
⑩ 《国语·周语中》。
⑪ 《左传·隐公十一年》。

引以为荣。正如《礼记·礼运》所言："故百姓则君以自治也，养君以自安也，事君以自显也。故礼达而分定，故人皆爱其死而患其生。"孔颖达疏曰："人皆知礼，上下分定，君有危难，皆欲救之，故人皆贪爱其以义而死，竟欲致死救之，耻患其不义而生，不欲苟且生也。"可见，名分观念不是一种简单的名与实之间的逻辑关系，而是通过激发民众对现行秩序现实的内心认可与自觉服从，从而有效地维护统治的合法性。

夏、商、周三代更替的历史镜鉴，使周初的政治精英注意到新王朝的巩固和发展，不仅需要社会意识的作用，更要建立起相应的社会秩序及其相关方略。宗法制度和礼仪制度相结合，正是这个方略的重要特征。西周统治者正是通过将"礼"与宗法制相结合，大力倡导"敬祖""尚孝"的社会风尚，以共同维护现行统治秩序。

就"敬祖"而言，西周与殷商一脉相承，但在强调祭祀天地的同时，更强调祖先祭祀的礼制。这种祭天配祖所表现出的至上神与天子之间虚构的血缘关系，使服从天子的意志与服从天神的意志取得了一致性，从而把社会各等级对天的崇拜，同服膺于周天子的现实统治结合了起来："万物本乎天，人本乎祖，此所以配上帝也。郊之祭也，大报本返始也。"[1] 周礼正是借助于对至上神的祭祀，以突出天子的至尊地位："天子祀上帝，诸侯会之受命焉。"[2] 故而，在周代祭礼的规定中，只有天子才有祭天的特权，诸侯郊祭则为非礼："郊止乎天子，社止乎诸侯，道及士大夫。"[3] 周天子在礼典中的这种特殊地位，充分表明其在社会等级结构中"受命于天"的最高权威。

就"尚孝"而言，由于宗法体系是建立在"亲亲"的伦常关系和"尊尊"的政治关系之上的，因而，与"亲亲"和"尊尊"相适应的"孝"，自然为周人所推崇。《诗经》中许多颂诗大力提倡和歌颂君子的孝行，如《诗经·大雅·卷阿》说"有孝有德"，因此"以引以翼"，获得

---

① 《礼记·郊特牲》。
② 《国语·鲁语上》。
③ 《荀子·礼论》。

了别人的尊重；《诗经·大雅·既醉》说"孝子不匮，永锡尔类"，就是歌颂孝子之孝诚而不竭，长久地赐福给家族，等等。概括而言，"孝"主要体现在社会生活的诸多方面：（1）奉养父母。《尚书·酒诰》言："嗣尔股肱，纯其艺黍稷，奔走事厥考厥长。肇牵车牛，远服贾，用孝养厥父母。"就是要求臣民种好庄稼，为父母兄长奔走效劳；农事完毕，还要出外贸易，换取好的东西奉养父母；在父母的吉庆日，要亲自涤器设膳，陪父母饮酒作乐。（2）慎终追远。在父母去世后，要举办庄重的丧事，寄托哀思。此后的岁月里，还要年年对已故的父、祖进行祭祀，以示怀念。（3）继承和光大先辈的事业。《尚书·康诰》中言："子弗祗服厥父事，大伤厥考心"，认为儿子不能承续父亲的事业，是一件令父辈伤心的不孝之事。（4）"孝"与"忠"紧密相连。《礼记·祭统》说："事君不忠，非孝也"，为此，就需要"外则教之以尊其君长，内则教之以孝于其亲"。

孝道树立起来以后，其他人伦和社会关系如君臣关系、父子关系、兄弟关系、男女关系，自然也就理顺了。《左传·隐公三年》记载，卫国大臣石碏言："君义，臣行，父慈，子孝，兄爱，弟敬。"就是说，只有国君行事得宜，君臣才会服从命令；只有父亲慈爱，儿子才会孝顺；只有兄长爱幼弟，幼弟才会尊敬兄长。如果违反这六种正常人伦关系，就会招致祸害。只有遵守这些道德礼仪，国家才能稳定，社会与家庭才会和谐幸福。同样，《左传·昭公二十六年》记载，晏子说："礼之可以为国也久矣，与天地并。君令臣共，父慈子孝，兄爱弟敬，夫和妻柔，姑慈妇听，礼也。君令而不违，臣共而不二，父慈而教，子孝而箴，兄爱而友，弟敬而顺，夫和而义，妻柔而正，姑慈而从，妇听而婉，礼之善物也。"大意是说，礼可以治理国家，天地一样由来已久了。国君发令，臣下恭敬，父亲慈爱，儿子孝顺，哥哥仁爱，弟弟恭敬，丈夫和蔼，妻子温柔，婆婆慈爱，媳妇顺从，这是合于礼的。国君发令而不违背礼，臣下恭敬而没有二心，父亲慈爱而教育儿子，儿子孝顺而规劝父亲，哥哥仁爱而友善，弟弟恭敬而顺服，丈夫和蔼而知义，妻子温柔而正直，婆婆慈爱而肯听从规劝，媳妇顺从而能委婉陈词，这些就是礼中的好事情，等等。

周礼甚至把有关统治者言行举止的"外仪"上升到与"内德"同等重要的地位来进行要求，以达到维护统治秩序的目的，所谓："有威而可畏谓之威，有仪可象谓之仪。君有君之威仪，其君畏而爱之，则而象之，故能有其国家，令闻长世。臣有臣之威仪，其下畏而爱之，故能守其官职，保族宜家。顺是以下皆如是，是以上下能相固也！"① 就是说，各级贵族只要一言一行都合乎礼乐制度，就是发挥了敬德精神，政权就可以保持巩固。为此，就需要对贵族子弟进行"六仪"教育："乃教之六仪：一曰祭祀之容，二曰宾客之容，三曰朝廷之容，四曰丧纪之容，五曰军旅之容，六曰车马之容。"②

值得注意的是，在《周礼》中，"礼"作为调整政治、经济、军事、司法、教育、婚姻家庭等方面行为规范的总和，既是道德规范，也是法律规范。如《左传·隐公十一年》所言："礼，经国家，定社稷，序民人，利后嗣者也。"其中许多规定是用国家强制力来保证执行的，具有法律效力，违礼的行为均要受到刑法的制裁，即"出礼"则"入刑"。更为重要的是，刑罚的目的在于辅助道德的实现，如《尚书·吕刑》所言："惟敬五刑，以成三德。"这样，法与刑的锋芒被深藏在礼治体系中，最大限度地发挥了教化的作用。后世的孔子及其儒家，正是以"周礼"为蓝本而进行改造，将"亲亲"与"尊尊"渗透到社会生活的方方面面，从而使其成为与中国传统社会相始终的基本制度。

此外，在周制中，与礼密切关联的，还有"乐"。《礼记·仲尼燕居》言："达于礼而不达于乐，谓之素；达于乐而不达于礼，谓之偏。"就是说，礼是靠乐来体现的，乐是为礼服务的，两者都是维护周朝政治统治的有力工具。按照礼制，祭祀、宴饮、射礼、迎送宾客等，都要奏乐。乐既要增加社会各阶层之间的亲和关系，又要明辨等级威严，不可混乱。正如《礼记·乐记》所言："礼乐之情同，故明王以相沿也。"正是在这种明辨等级的前提下，周朝社会在等级之间形成一种亲和性，有效地减少等级之间的

---

① 《左传·襄公三十一年》。
② 《周礼·地官》。

对立、冲突，形成人和、政和的局面，使社会表现得既等级分明，又和谐有序，从而最大限度地发挥了维护社会稳定和促进社会整合的作用："乐至则无怨，礼至则不争。揖让而治天下者，礼乐之谓也。幕民不作，诸侯宾服，兵革不试，五刑不用，百姓无患，天子不怒，如此则乐达类。合父子之亲，明长幼之序，以敬四海之内，天子如此，则礼行矣。"①

二、裂土分封

宗法制在奠定了统治体系的同时，事实上也确立了以天子为首的各级贵族的特权。与这种宗法制相关联的，就是分封制（也称"封建制"）。所谓"裂土分封"，就是指国王视全国的土地、人民和权力为己有，然后分封给自己的子弟、同宗和大臣，让他们到各地去做诸侯，所谓："天子有田以处其子孙，诸侯有国以处其子孙，大夫有采以处其子孙，是谓制度。"② 与分封制相伴随的，还有所谓"世卿世禄制"，即贵族世代占有土地、人口、财产和爵位。此外，各级贵族还有征收"赋贡"、肆意处置奴隶、减免刑罚等方面的特权。显然，这实质上是统治者占山为寇、坐地分赃的制度。

历史地看，分封在夏朝就已开始。史载"禹为拟姓，其后分封，用国为姓"③，从而建立起以夏王室为核心的政治秩序。在政治隶属关系上，夏王有召集诸侯颁行政令的盟会权："所以示诸侯礼也，诸侯所由用命也。"④ 还让一些诸侯应王命到中央王朝任职，以达到控制诸侯的目的。相应地，诸侯自然要应召会盟，定期觐见夏王；诸侯还须为王朝提供军役，协助王朝征伐不用王命者；诸侯有责任藩屏王朝、向王朝定期纳贡，等等。同样，商代基本沿袭了分封制："契为子姓，其后分封，以国为姓。"⑤ 到了

---

① 《礼记·乐记》。
② 《礼记·礼运》。
③ 《史记·夏本纪》。
④ 《左传·昭公四年》。
⑤ 《史记·殷本纪》。

周代，分封制已日趋完善。西周初年，周朝统治者将同姓子弟以及异姓同盟氏族的首领分派到各地为诸侯，据《荀子·儒效》记载，周初"兼制天下，立七十一国，姬姓者居五十三人"①。其他分封的诸侯国，还包括殷商遗族（如宋国）和开国功臣后代（如齐国）。其后，诸侯又将封国内的一部分土地和奴隶分给庶子为"采邑"，任命他们为卿大夫。卿大夫又将采邑内的一部分土地和奴隶分给庶子为"禄田"，任命他们为士，等等。

由于分封制主要是按血缘关系亲疏的不同分配的，因而分封制是宗法制的体现，宗法制是分封制的依据，二者相辅相成，共同构成支撑西周上层建筑的两大柱石，所谓"封建亲戚，以藩屏周"②。国家依据"本大末小"的分封原则，从而形成了贵族的各种社会等级："吾闻国家之立也，本大而末小，是以能固。天子建国，卿置侧室，大夫有贰宗，士有隶子弟，庶人、工、商，各有分亲，皆有等衰。"③

在宗法制系统中，贯彻的是一种"别子为祖"的原则。《礼记·丧服小记》载："别子为祖，继别为宗，继祢者为小宗，朋五世而迁之宗，其继高祖者也，是故祖迁于上，宗易于下。尊祖故敬宗，敬宗所以尊祖祢也。"就是说，周天子的"别子"被分封为诸侯，就是新的诸侯国始祖。清儒陈立说："天子以别子为诸侯，其世为诸侯者，大宗也。诸侯以别子为卿，其世为卿者，大宗也。卿以别子为大夫，其世为大夫者，大宗也。大夫以别子为士，其世为士者，大宗也。天子建国，则诸侯于国为大宗，对天子而言则为小宗。"④ 由此看出，作为宗法核心内容的大宗、小宗之别，与分封制度下的层层封建完全合拍。在宗法系统里面，诸侯和大夫具有双重身份，对于上一个层次而言是"小宗"，对于下一个层次而言是"大宗"。各个"小宗"要尊奉"大宗"，所谓"大宗者，尊之统也"。⑤

由此一来，"君统"与"宗统"二者之间的关系便成为一个突出问题。

---

① 《荀子·儒效》。
② 《左传·定公四年》。
③ 《左传·桓公二年》。
④ 陈立：《白虎通疏证·封公侯》条疏。
⑤ 《仪礼·丧服》。

分封制虽然植根于传统的血缘关系，但是在血缘与等级二者之间，它更为注重的是社会的等级。在商代之前，诸侯之于天子，犹如后世诸侯之于盟主，还没有君臣之分。但是到了西周，周天子作为天下共主，不仅是宗法系统中地位最高的宗子、族长，他与同姓的诸父、昆弟以及其他家族成员之间，还存在着一种君臣之间的政治关系。同样，各诸侯国君与其部属之间，也同时具有血缘和政治双重关系。周初大分封以后形成的诸侯国在本质上是地域性的结构，无论西周初年的统治者在怎样的程度上强调同姓、兄弟之国间的宗法关系，但大分封带来的结果，就是在诸侯这一等级上，血缘宗法关系已退居到了次要的地位，而君统的地位则日渐凸显，乃至到了后来的秦汉时代，皇帝与一般贵族、地主之间就已经存在着一条前所未有的鸿沟。史载，刘邦称皇帝之后，尊旧礼，"五日一朝太公，如家人父子礼"，后来有人劝说刘邦之父，谓"天无二日，土无二王。今高祖虽子，人主也，太公虽父，人臣也。奈何令人主拜人臣！如此则威重不行"。此后，其父以尊礼待刘邦，口中还念念有词，"帝，人主也，奈何以我乱天下法！"① 父子关系为宗法关系的核心，于此时已绝对地服从于君权。毕竟，如果将皇帝纳入宗法体系，不啻是对于皇权的贬斥和不尊。因此，汉代的礼学家之所以要竭力将天子排除于宗法体系之外，宣称"诸侯不敢祖天子，大夫不敢祖诸侯"②，正是适应了那个时代的需要。

而在天命盛行的时代，周人的宗法分封制无不深深侵染着天命神学的色彩。周天子称作"元子"，表明他具有王族嫡长子和天神嫡长子的双重身份，因而具有君临天下、以绥万邦的最高权力。所谓"溥天之下，莫非王土；率土之滨，莫非王臣"③，就是周天子居于宗法政治塔尖的生动写照。周人认为，周天子实行宗法分封，广建侯国，就是遵从上天旨意而纲纪天下的为政之道："皇天用训厥道，付畀四方。乃命建侯树屏，在我后之

---

① 《史记·高祖本纪》。
② 《礼记·郊特牲》。
③ 《诗经·小雅·北山》。

人。"① 就是说，封建诸侯既为秉承天命所建，卿大夫也就必须顺从天意以尽到佐助天子、治理国家的义务。

西周时期，宗法分封制在维护天子君统地位的同时，又建立了自天子以至于士的宗法等级关系，实现了君统与宗统的牢固结合，形成了空前广泛的统一王朝。在这种等级制下，国家权力结构的基本框架为：周天子作为最高君主，把所统治的土地和人民分封给诸侯，叫作"天子建国"，天子统治权力所及的地域称为"天下"，政权的名称叫"王室"；诸侯作为封国的君主，把其封地和人民再分封给卿大夫，叫"诸侯立家"，诸侯的辖域称为"国"，政权的名称叫"公室"；卿大夫的辖域称为"采"或"采邑"，政权的名称叫作"家"，他们还要向下封置辅佐其"家"的"侧室"和附属于本宗族的"二宗"（小宗）。这样，王室、公室、家，就构成了从上到下的三级政权；天下、封国、采邑，则是三级政权分属的版图大小不等的辖域；天子、诸侯、卿大夫，是三级政权的等级不同的统治者。在这里，诸侯和卿大夫并不是天子制统和管理之下的推行天子政令的官僚，而是拥有独立自主权的统治者，因而也都跟天子一样称为君主。正如《礼记·丧服传》所说："君谓有地者。"郑玄注曰："天子、诸侯、卿大夫有地者皆曰君。"《尔雅·释诂》也说："王、辟、公、侯，君也。"西周在牢固确立起社会等级阶梯的同时，又严格规定了统治阶层内部各个等级上下之间的从属关系："天有十日，人有十等，下所以事上，上所以供神也。故王臣公，公臣大夫，大夫臣士，士臣皂，皂臣舆，舆臣隶，隶臣僚，僚臣仆，仆臣台。"② 由此，周代便出现了一个上自天子、中为各级贵族、下至平民和庶人皂隶的层层相叠的金字塔式的等级制度。

具体而言，这种政权形式具有如下特点：

第一，从王室与诸侯的关系来看，在政治上，王是天下之"共主"，有权"合诸侯"，到诸侯国"巡狩"；诸侯则有义务朝天子以"受职""述

---

① 《尚书·顾命》。
② 《左传·昭公十年》。

职”。孟子曾对此描绘道："入其疆，土地辟，田野治，养老尊贤，俊杰在位，则有庆，庆以地。入其疆，土地荒芜，遗老失贤，掊克在位，则有让。一不朝，则贬其爵；再不朝，则削其地；三不朝，则六师移之。"① 意思是说，天子到某个诸侯国，如果那里土地开垦得多，田野整治得好，老人得到赡养，贤人受到尊敬，有才能的人在位做官，就有奖赏，奖赏以土地。反之，就给予责罚。诸侯一次不朝见天子，就降他的爵位；两次不朝见，就削减他的封地；三次不朝见，就派军队去。在经济上，诸侯按时按等级向天子纳贡："必昔天子班贡，轻重以列。列尊贡重，周之制也。"② 在军事上，各级君主皆独立"作师"（组建军队），但周天子却是名分上的最高统帅："天子作师，公帅之，以征不德。元侯（即诸侯）作师，卿帅之，以承天子……是以上能征下，下无奸慝。"③ 在宗法关系上，天子是天下之大宗，宗庙之制等级分明："天子七庙，诸侯五庙，大夫三庙，士一庙。"④ 祭天祭土也是等级森严："天子祭天，诸侯祭土。天子有方望之事，无所不通，诸侯山川有不在其封内者，则不祭也。"⑤ 诸侯如果行郊天之祀，则被视为僭越。

相应地，在政治上，诸侯、卿大夫在其辖域之内，都是独立自主的，不受天子制控。在经济上，诸侯除按规定向周王室献纳象征性的贡赋外，天子无权另行征调，所谓"天子不求私财"⑥。在军事上，诸侯和卿大夫皆独立组建和统辖自己的军队，只有在抵御"四夷"入侵等特殊情况下，诸侯才派遣军队勤王，等等。当然，各诸侯国还须履行很多责任。周礼所载"九伐之法"，为诸侯国制定了严格的法律准则，对违犯这些法律的诸侯将实行严厉的制裁："以九伐之法正邦国。冯弱犯寡，则眚之；贼贤害民，则伐之；暴内凌外，则坛之；野荒民散，则削之；负固不服，则侵之；贼杀

① 《孟子·告子下》。
② 《左传·昭公十三年》。
③ 《国语·鲁语下》。
④ 《礼记·王制》。
⑤ 《公羊传·僖公三十一年》。
⑥ 《左传·桓公十五年》。

44

其亲，则正之；放弑其君，则残之；犯令凌政，则杜之；外内乱，鸟兽行，则灭之。"① 意思是说，欺负弱小诸侯国的，就削减封地；残害贤良及人民的，就讨伐他；对内施行暴政，对外欺压别国的，就囚禁其君；郊野荒芜，人民流散的，就削减封地；凭借险要不服从中央王朝的就讨伐他；杀害亲族的就拘执正法他；杀害国君的就杀害他；违犯政令轻视国法的，就断绝他与其他诸侯国的往来；外内通淫，像禽兽一样没有人伦的，就灭掉他，等等。

第二，从君权角度看，首先，天子作为天下"共主"，主要是利用"合诸侯"举行盟会（或称会盟）的形式议政。盟会是由部落联盟会议蜕变而来的，多半带有民主协商的性质，"有事而会，不协而盟"，可举行于一年四季。盟会并不干预各诸侯国的自主权，而只是申明各诸侯国大都能接受的某些政治原则和规范，以显示天子的权威，并强调彼此之间应和睦相处："是故明王之制，使诸侯岁聘以志业，间朝以讲礼，再朝而会以示威，再会而盟以昭明。志业于好，讲礼于等，示威于众，昭明于神"② "先王制诸侯，使五年四王、一相朝，终则讲于会，以正班爵之义，帅长幼之序，训上下之则，制财用之节，其间无由荒怠"③。盟会一般实行"周之宗盟，异姓为后"④ 的原则，既行君臣之礼，又行主客之礼；既尚爵，又尚亲、尚齿（年龄），还保留着"歃血盟誓"之类的古老习俗（不仅诸侯之间要盟誓，天子与诸侯之间也要盟誓），等等。

其次，诸侯、卿、大夫享有爵位、封地和对封地内土地人民的统治权等特权，且世代由嗣子继承，不能被无故侵犯和剥夺。周王和列国国君还必须遵守宗法贵族充任高级官吏和世官世禄的制度惯例："文王之治岐也，仕者世禄"⑤ "太古至春秋，君所任者，与同开国之人及其子孙也。……大

① 《周礼·夏官·大司马》。
② 《左传·昭公十三年》。
③ 《国语·鲁语上》。
④ 《左传·隐公十一年》。
⑤ 《孟子·梁惠王下》。

夫以上皆世族。"① 从当时的现实来看，尽管周王名义上有权惩罚不遵守礼制或抗拒王命的诸侯，但事实上施行惩罚见于记载的极少。这是因为"刑不上大夫"，贵族犯法要法外宽容；惩罚容易激起抗命者全宗族甚至全国的武装反抗；周王实力有限，往往要借助其他诸侯之力征伐抗命者，且胜负难卜。因此，周王对于抗命的诸侯，常常只能听之任之。同样缘故，国君对违命的大夫也不能随意惩罚。自西周到春秋，世卿多为巨室，继世之君更不敢得罪巨室。《尚书·洪范》早就告诫君王要"畏高明"，孔子也说要"畏大人"②，孟子说得很俏皮："为政不难，不得罪于巨室。"③

此外，君主虽任命公卿大臣，但公卿大臣对君主有进谏、流放乃至革除的权力。孟子说："君有大过则谏；反复之而不听，则易位。"④ 倘在君主专制时代，这话无疑会被视为"谋大逆"的妖言，但在当时，废君黜君实不乏其例。钱穆指出："宗法封建时代，君权未能超出于宗族集团之上。故君、卿、大夫之位，相去仅一间，君位废立，常取决于卿、大夫之公意。"⑤ 周王或国君遇上重大军政问题，如国危、国迁、立君，都要咨询大夫和国人。关于周代国人（庶民或平民）在国家政治生活中的作用问题，常为人们所忽视。事实上，国人"其非官守，则皆王之父兄甥舅也"⑥，他们还保存着聚族而居、族人互助等氏族时代的传统，是国家军事的基本支柱，常能左右政事。因此君王、卿大夫遇有重大疑难都要征求国人的意见，争取他们的支持。

第三，从君臣关系看，周代君臣并不像后来的秦汉时代那样，在称谓方面"泾渭分明"。由于天子与诸侯之间存在亲属关系，因而天子称诸侯为伯父、叔父、伯舅、叔舅，国君通常称大夫为伯父、叔父、伯舅、叔

---

① （清）俞正燮：《癸巳类稿》卷三《乡兴贤能论》。

② 《论语·季氏》。

③ 《孟子·离娄上》。

④ 《孟子·万章下》。

⑤ 钱穆：《国史大纲》，商务印书馆1996年版，第83页。

⑥ 《国语·晋语四》。

舅，这在当时并不鲜见。周代在进行朝礼时，臣拜君也拜，臣立君也立：
"君举旅于宾及君所赐爵，皆降，再拜稽首，升，成拜，明臣礼也。君答
拜之。礼无不答，明君上之礼也。"① 朱熹对此曾解释说："古之朝礼，君
臣皆立，至汉，皇帝见垂相起，盖尚有此礼，不知后来，如何废了。三代
之君，见大臣皆立，乘车亦立……"② 更为重要的是，周代君臣之间只有
职位的不同，尚无后世那样位势悬隔的"君尊臣卑"。从《左传》中可以
看到很多这样的事例：有些大臣强谏国君，居然"临之以兵"；面斥国君，
甚至"不顾而唾"，而且轻蔑地直呼国君的嫡母为妇人；公然废除国君成
命，有的竟敢把国君颁发的文书"削而投之"，大臣或一般官吏可以同国
君平等地讨论问题，甚至毫无顾忌地谈论逐杀暴君是正当的；君臣间有争
执，臣下也能与君王居于同等地位，或通过"交质"来消除猜疑，或通过
"相讼"来解决争端，等等。当时还没有"忠臣不事二主"的观念，臣下
对于君王，用不着俯首帖耳、奴颜婢膝。臣对于君，可以合则留，不合则
去。孔子就是这样做的，他最初事鲁定公，不合，于是辞官离鲁，游说列
国，等等。诚如肖公权指出的："在宗法之中君主与贵戚分权而不独尊，士
民有族属之谊而非真贱。"③

　　总的来看，周代既存在一个名义上统一的国家，又存在众多分地而治
的诸侯国；既存在一个名分上的天下"共主"，又存在众多的拥有自主权
的等级有别的君主。这就不可能存在像后世秦汉时期君对臣的君主专制政
体，也不可能存在"中央"对"地方"的集权。宗周与分封的诸侯国之间
的关系是宗主国与殖民城邦之间的松散关系，类似于现代社会的联邦体制
下中央政府与地方政府的关系。因而，可将这种君权相对分割的多元化结
构称之为"贵族君主制"或"等级君主制"。

---

① 《礼记·燕礼》。
② 《朱子语类》卷九一。
③ 肖公权：《中国政治思想史》，辽宁教育出版社1998年版，第179页。

三、天下观念

在部落联盟时代，社会秩序虽然还较松散，却已有一个中心。史载：帝尧以其仁德"光被四表，格于上下""以亲九族""平章百姓"，并"协和万邦"①。而舜的仁政和刑罚则使"天下咸服"②。禹的威势更是"东渐于海，西被于流沙，朔南暨声教，讫于四海"③。在夏朝，"禹平洪水，定九州，制土田，远近贡入赋"④。"贡赋"这一象征政治上臣属关系的经济义务，标志着各个部落已经联结为以一个权力为中心的政治共同体。同时，为纪念战胜水患，禹用当时天下九州出产的铜铸了九个鼎，借以显示自己成为九州之主。九鼎也由此成为日后国家政权的象征，所谓"鼎在国在，鼎失国亡"。"九州"是指将天下划分为冀、兖、青、徐、扬、荆、豫、梁、雍九个区域。这种地理区域的划分虽然还不具有实际意义，但作为一种理想化的地方制度，则展示了人们向往国家一统、九州攸同的政治蓝图。《诗经·商颂·玄鸟》中"古帝命武汤，正域彼四方。方命厥后，奄有九有"，"邦畿千里，维民所止，肇域彼四海。四海来假，来假祁祁"的诗句，则展示了商汤及其子孙武丁不断开疆拓土的统一向上的繁荣景象。成书于春秋战国时期的《山海经》则把全国分为东西南北中五部分，其意义不仅在于描述自然环境，更重要的是表达远古时期中华民族的先民们追求国家统一的自然地理观。

不过，这种"天下一统"的观念，只是把华夏文明所覆盖的地区视为一个整体，而把周边少量的"四夷"排除在外。这种"华夷秩序"源于中国古代邦国关系体制——畿服制。所谓畿服制，即以王畿为中心，按相等远近作正方形或圆形边界，依次划分区域为"甸服""侯服""宾服""要

---

① 《尚书·尧典》。
② 《尚书·尧典》。
③ 《尚书·禹贡》。
④ 《尚书·禹贡》。

服""荒服"，是为"五服"："先王之制，邦内甸服，邦外侯服，侯卫宾服，蛮夷要服，戎狄荒服。甸服者祭，侯服者祀，宾服者享，要服者贡，荒服者王。日祭、月祀、时享、岁贡、终王，先王之训也。"① 相应地，作为落实华夷秩序观基本理念和原则的制度安排，朝贡制度便应运而生。《尚书·禹贡》说："五百里甸服：百里赋纳总，二百里纳铚，三百里纳秸服，四百里粟，五百里米。五百里侯服：百里采，二百里男邦，三百里诸侯。五百里绥服：三百里揆文教，二百里奋武卫。五百里要服：三百里夷，二百里蔡。五百里荒服：三百里蛮，二百里流。"这段话的大意是：王四周各五百里的区域，叫作甸服：其中最靠近王城的一百里地区缴纳带藁秸的谷物，其外一百里的区域缴纳禾穗，再往外一百里的区域缴纳去掉藁芒的禾穗，再往外一百里的区域缴纳带壳的谷子，最远的一百里缴纳无壳的米。甸服以外各五百里的区域叫侯服：其中最靠近甸服的一百里是封王朝卿大夫的地方，其次的百里是封男爵的领域。其余三百里是封大国诸侯的领域。侯服以外各五百里的区域是绥服：其中靠近侯服的三百里，斟酌人民的情形来施行文教。其余二百里则振兴武力以显示保卫力量。绥服以外各五百里是要服：其中靠近绥服的三百里是夷人们住的地方，其余二百里是流放罪人的地方。要服以外各五百里是荒服：其中靠近要服的三百里是蛮荒地带，其余二百里也是流放罪人的地方。

当然，朝贡制度所包含的"中国"与"诸藩"关系的内在意义是双向的：即藩属国要向"中国"进贡，"中国"则对其统治者进行册封，并一定程度负责其安全等事务。此后，随着地域扩展和文明传播辐射的扩大，五服制又逐步演变成九服制："乃辨九服之邦国：方千里曰王畿，其外方五百里曰侯服，又其外方五百里曰甸服，又其外方五百里曰男服，又其外方五百里曰采服，又其外方五百里曰卫服，又其外方五百里曰蛮服，又其外方五百里曰夷服，又其外方五百里曰镇服，又其外方五百里曰藩服。"② 九服之中前五服谓之"中国"，后四服则是"四夷"。

---

① 《国语·周语》。
② 《周礼·夏官·职方氏》。

这种建基于畿服制基础之上的华夷秩序观的基本内涵，就是以中华帝国为中心，域外诸邦对中华帝国"以臣事君，以小事大，慕德向化，梯山航海，克修职贡"；中华帝国则是抚驭成邦，一视同仁，导以礼义，变其"夷"习。在这一框架下，域外诸"藩国"，如群星参斗、葵花向阳一般，围绕着中华帝国运转、进步，并在中华帝国的监督和保护、保证下，彼此相安无事，决不允许那种无视中华帝国的威德、以强凌弱、以众暴寡的情况发生。所谓"天地之间，帝王酋长，因地立国，不可悉数，雄山大川，天造地设，各不相犯"，以共享"太平之福"。①

当然，中原部族的优越感和文化中心意识的形成，经历了一个漫长的历史过程。在一个很长的时期内，东夷文化一直居领先地位。中国的龙、凤文化就是东夷太昊、少昊最早创立的图腾意识。"太昊氏以龙纪，故为龙师而龙名。我高祖少昊挚之立也，凤鸟适至，故纪于鸟，为鸟师而鸟名。"② 到了夏、商时期，各部族文化开始融汇成华夏文化中心的雏形。西周初年，统治者一改夏商对诸部落、方国的臣服政策，而把自己的宗族成员派到各地实行直接统治，把其他势力所及的部落文化逐步同化到中原文化中来，所谓"帅其宗氏，辑其分族，将其丑类，以法则周公"③。意思是说，让他们率领本宗各氏族，集合其余的小宗族，统治六族的奴隶，来服从周公的法制，由此归附周朝听取命令。例如，封到少昊之墟的伯禽"变其俗，简其礼"，封到营丘的齐太公"因其俗，简其礼"④，封到殷墟的卫康叔"启以商政，疆以周索"，封到夏墟的唐叔"启以夏政，疆以戎索"⑤，等等，都是对当地部落文化进行不同程度的融汇和同化。

随着中原地域华夏文化中心的形成，从周天子到以姬姓为主的各诸侯国，开始以诗书礼乐法度等相标榜，而逐渐滋生出浓厚的华夏族优越感。当时的世界就是"诸夏"，也叫"天下"，在其边缘是"四裔"，即东夷、

---

① 《明太祖实录》卷三十七。
② 《左传·昭公十七年》。
③ 《左传·定公四年》。
④ 《史记·鲁周公世家》。
⑤ 《左传·昭公十七年》。

西戎、北狄和南蛮，由此形成"天子有道，守在四夷"①的华夷统治格局。

公元前 770 年以降，周平王东迁，王室日渐衰落，诸侯争霸的大门由此开启。与此同时，中原四周各族群内徙的步伐也日渐加快，尤其是北方、西北各族群大量迁入中原，中原地区由此形成了各种族群交错杂处的局面。就整个春秋时期的"华""夷"称呼而言，齐、鲁、晋、郑等奉行周礼的中原诸侯国，以其在四夷之中，故自称"中国""中华"或"华夏"；而居住在中原地带的不奉行周礼的方国及中原外缘的秦、楚、吴、越乃至于燕等，则被称或自称为"夷狄"。例如，南方吴国尽管是周太王的儿子太伯、仲雍所建，但由于地处蛮夷，断发文身，仍被视为"夷蛮之吴"。而同为仲雍后代的虞仲，被封于夏墟，建立了虞国，因其地在河东，且尊奉周礼，则被称为"中国之虞"②。楚是黄帝之孙"颛顼之苗裔"，越"其先大禹之苗裔"，都因这种礼制界定而被排斥在中国之外。秦亦为"颛顼之苗裔"，秦襄公立国，受周平王封爵，"与诸侯通使聘享之礼"，但因其长期受戎狄文化侵染，使中原诸侯"夷翟遇之"。③

随着王室衰微，四夷之族纷纷入侵中原。在此情势下，中原地区各诸侯国为了"不以中国从夷狄"④，要求团结一致，共同对夷。在周天子名存实亡的情况下，齐桓公首倡"尊王攘夷"，成为极富时代精神的口号。其后，晋、楚纷起效仿，相继成就霸业。春秋时代的"华夷之辨"，就是在这一背景下展开的。所谓"华夷之辨"，就是从文化上严格区分华夏与夷狄。其中，占据主导地位的是主张"贵中华""贱夷狄"的华夏正统论。此时的"华夏"往往与"夷狄"相对应，以彰显其"高贵"与"卑贱"、"典雅"与"猥琐"、"仁义"与"贪婪"之别。如《左传·闵公元年》载管仲语曰："戎狄豺狼，不可厌也；诸夏亲昵，不可弃也。"鲁成公因晋景公接待不敬，欲背晋附楚，季文子以为不可，说："'非我族类，其心必

① 《国语·周语上》。
② 《史记·吴太伯世家》。
③ 《史记·秦本纪》。
④ 《左传·成公七年》。

异'，楚虽大，非我族，其字我乎？"①"狄，豺狼之德也"②，等等。在孔子看来，不仅夷狄制度落后，风俗文化更不足取，故极力强调"裔不谋夏，夷不乱华"③"内诸夏而外夷狄"④。孟子虽然尊称东夷的舜和西夷的周文王为"先圣""后圣"，却又极力倡导华夷文化大防："吾闻用夏变夷者，未闻变于夷者。"⑤

在这种文化氛围下，曾被视为蛮夷的迅速崛起的秦、楚、吴、越等国，尽管先后发起对华夏正统地位的咄咄进逼，但又表现出对华夏文化的一种强烈的向心力和归属感。春秋初年，楚武王"欲以观中国之政，请王室尊吾号"⑥，遭到拒绝后，以楚先君为"文王之师""成王举我先公"相标榜而自立为王。公元前606年，楚庄王观兵周境，问九鼎之轻重，直截了当地向周天子的正统地位挑战。继楚国之后，位处东南的蛮夷之国吴、越，与位于西方的夷狄之国嬴秦，先后逐鹿中原，从而打破了以往唯有华夏国度才能争夺天下的独占权。在这种情势下，先前"王者不与四夷之主中国"的政治观念，早已名存实亡。公元前482年的"黄池之会"（今河南省新乡市封丘县南），吴晋争盟。吴人曰："于周室，我为长。"⑦ 结果，吴王夫差凭借对自己姬姓血统的有力论证和强大的军事势力，不仅取得了"主盟先歃""执诸侯之柄"⑧ 的盟主地位，还让周敬王尊称其"伯父"，恢复其华夏正统种族的身份。

在围绕华夏正统地位的争端过程中，华夷边界也随之漂移、扩展。其中北方的狄族多为晋所兼灭，西方的戎族多为秦所兼并，东方的夷族多并于齐和鲁，南方的苗蛮及众多华夏小国则为楚所统一。随着秦、楚、吴、越等在春秋时期还是夷狄的族群参与中原的争霸，到了战国时期，则已与

---

① 《左传·成公四年》。
② 《国语·周语》。
③ 《左传·定公十年》。
④ 《公羊传·成公十五年》。
⑤ 《孟子·滕文公上》。
⑥ 《史记·楚世家》。
⑦ 《左传·哀公十三年》。
⑧ 《国语·吴语》。

齐、三晋同称"诸夏"。而那些曾是夷族的首领，此时也被列入华夏族的正统始祖和圣君，如"舜生于诸冯，迁于负夏，卒于鸣条，东夷之人也。文王生于岐周，卒于毕郢，西夷之人也"，他们之间"地之相去也，千有余里"，之所以"得志行乎中国"，是因为他们"若合符节。先圣后圣，其揆一也"①。至此，真可谓英雄不问出身了。正是战国时代的这次民族大融合，为秦汉开始形成统一的多民族国家奠定了坚实的基础。此后，随着秦朝的"大一统"，华夏民族的疆域范围扩大，而"四夷"则成为边疆地区少数民族的统称了。

四、分封的挽歌

在西周前期，许多侯国是新封之国，人口稀少，经济文化比宗周落后，需要宗周庇护。同样缘故，侯国内新封的卿大夫采邑也需要侯国庇护，因此宗周与诸侯国，诸侯国内朝廷与采邑，彼此尚能相安，局势比较稳定。但是，周代诸侯、王朝的卿大夫对于周王，诸侯国的卿大夫对于国君，一开始就具有相对独立性，有封国或封邑、人民、武装，从而拥有独立的资本。因此，宗法分封制伊始，便埋下了分裂割据的祸根。随着封国实力的发展和血缘纽带的日渐松弛，宗法分封制的弊端渐渐暴露无遗。在维护王权或君权方面，它不仅没能巩固和加强王权或君权，反而不断削减王权或君权的物质基础——土地和人民。大分封之后，周王直辖的只是王畿内一部分土地和人民。继世的周王遵照惯例分封其姻亲，则王室直辖的土地、人民便相应减少，王权也就每况愈下。同样缘故，多数诸侯国国君直辖的土地、人民也在不断减少。至春秋时期，各诸侯国和众多采邑随着人口增加、经济增长，羽翼渐丰，出现了天子不能控制诸侯，诸侯不能控制大夫的局面。因此，周王朝的分封制就像一把双刃剑，它在将权力关系播撒在王朝的角角落落的同时，也最终为自己准备了掘墓人，最终造成周

---

① 《孟子·离娄下》。

王室衰微、诸侯争霸的局面。

当然，周王室的衰落也有其他原因。与西周初期克勤克俭的诸王相比，自周公东征后，政权稳定，"殷鉴"已置诸脑后，周王的自我克制逐渐让位于"随心所欲"，并与生产劳动之间已经拉开距离。尽管还保留着周王关怀生产劳动的"籍田礼"①，但也只是走走过场，不过是为了"征则有威，守则有财""能媚于神，而和于民""享祀时至，而布施优裕"。② 到周宣王时，公开宣布"不籍千亩"，与生产劳动彻底断绝了联系。从此，"不稼不穑"便成为西周贵族阶级的特权。

春秋时期，周天子的地位一步步下降，势力范围也不断缩小，作为天下共主的周天子徒有虚名，偏守一隅。相反，某些诸侯国的权力和地位得到空前的提高，并开始朝完全独立自主的方向发展。如《史记·周本纪》说："平王之时，周室衰微，诸侯强并弱，齐楚秦晋始大，政由方伯。"尽管如此，周王的名义依然是那个时代最大的资本和筹码。实力雄厚的大国诸侯以维护周人内部团结、共同对敌为号召，才能控制局势。这就是春秋诸霸高喊"尊王攘夷"和"挟天子以令诸侯"的主要原因。可以说"若即若离"，就是春秋时期君统与宗统关系的集中表达。

随着原始的血缘联系开始瓦解，对于君统之内的直系子孙，春秋列国国君表现出一种双重态度：一方面，国君在其家族中排除了旁系，只把直系子孙留在君统中，并按一定的继承顺序使君权在直系近亲内传递，这体现了国君优待直系近亲的亲亲之道；另一方面，春秋列国国君对其直系子孙实施了一系列控制措施，以防范"亲亲"害于"尊尊"。这些措施主要有：首先，严格限制直系子孙的政治权力。春秋国君的直系子孙大多未有具体的官职，有时受君命参政，但其涉足政治的范围受到严格限制。其次，推崇忠孝观念，从思想上加强对直系子孙的控制。对于弑君父者，社会舆论则持强烈的批评态度。《左传·文公十八年》载，莒太子弑纪公而奔

① 又称"亲耕"，即孟春正月，春耕之前，天子率诸侯亲自耕田的典礼。这是祈求丰收的礼俗之一，寓有重视农耕之意。

② 《国语·周语上》。

鲁。宣公欲授予其采邑，季文子则将其驱逐出境，理由是"夫莒仆，则其孝敬，则弑君父矣；则其忠信，则窃宝玉矣。其人，则盗贼也；其器，则奸兆也"。再次，对威胁君权的直系子孙则予以诛杀。另外，为了按照自己的意志传递君权，国君对其亲子往往进行空间隔离，甚至驱逐、诛杀其直系子孙以减少其对君权的觊觎。这方面的事例不胜枚举，如郑文公"逐群公子"[1]；郑庄公驱逐其弟大叔段[2]；卫惠公放公子黔牟，杀左公子泄、右公子职[3]；齐襄公绌公孙无知秩服，杀公子彭生，群弟诸公子恐祸及而外逃[4]；晋献公铲除桓、庄之族，尽杀诸公子[5]；齐桓公杀兄公子纠[6]；齐庄公杀异母兄弟公子牙[7]；宋昭公将去群公子，引起穆、襄之族叛乱[8]；郑襄公欲去群兄弟[9]，等等。上述史实表明，春秋时期，在列国君统的内部，血族关系也已经被赤裸裸的政治利害关系所代替。

正是在权力争夺的过程中，各诸侯国内不断涌现出许多实力雄厚的强宗大族（即私家大夫），如鲁之三桓（孟孙氏、叔孙氏、季孙氏出自鲁桓公，故而合称为"三桓"），晋之六卿[10]，郑之七穆（良氏、罕氏、游氏、国氏、驷氏、印氏等），齐之高、国、庆、崔，宋之华、向、乐、皇，卫之孙、宁等。这些多为列国的别子之宗。只有晋国汲取"曲沃并晋"[11]的

---

① 《左传·宣公三年》。

② 《左传·隐公元年》。

③ 《左传·庄公六年》。

④ 《左传·庄公八年》。

⑤ 《左传·庄公二十五年》。

⑥ 《左传·庄公九年》。

⑦ 《左传·襄公十九年》。

⑧ 《左传·文公七年》。

⑨ 《左传·宣公四年》。

⑩ 这是春秋时晋文公建立的军事政治制度，分为中、上、下三军制，每军各设一名将、一名佐。他们按照"长逝次补"的规则轮流执政，对内协助晋公管理国家军事、政治，对外"尊王攘夷"，维护晋国霸业。晋平公以后，六卿被赵氏、韩氏、魏氏、智氏、范氏、中行氏六家把持，之后六卿特指这六家。晋定公时，范氏、中行氏衰落后，六卿成为四卿。

⑪ 晋国第十代国君晋文侯去世后，其子昭侯伯继位，封叔叔成师于曲沃，称为曲沃桓叔。公元前739年，昭侯之子平继位为孝侯，后为曲沃桓叔之子曲沃庄伯所杀。此后，双方又经过数番争夺，庄伯之子曲沃武公最终消灭了晋侯的所有势力，更号为"晋公"，晋国内乱才得以暂时告一段落。这一历史过程，被后世称为"曲沃并晋"。

教训，重用异姓异氏贵族，故公族不显。列国之所以重用公族，主要在于诸侯国君与公族之间存在着事实上的血缘关系，这种血缘关系不仅是无法人为废除的，而且在一定程度上利用这种天然的血缘关系作联系，对维护公室的统治是有利的。故而，国君一方面通过建立别子之宗，规定其"自卑别于尊"①，使血缘关系服从于政治关系；另一方面又赋予各别子之宗以贵族身份并建立地方政权，以达到藩屏公室的目的。然而，一旦列国别子之宗势力壮大，则会转而与公室展开斗争。这些强宗大族世代掌握政权，左右政局，致使"公室"卑弱，"私家"强大，"政在家门"，甚至出现"臣弑其君者有之，子弑其父者有之"②的情况，如卫之孙氏、宁氏共同驱逐卫献公；鲁之三桓"三分公室""四分公室"，后来三桓中的季氏终于驱逐了鲁昭公，最终季氏也因其家臣阳虎叛乱，不久即随着鲁君一起灭亡了。《史记》记载："《春秋》之中，弑君三十六，亡国五十二，诸侯奔走不得其社稷者不可胜数。察其所以，皆失其本已。"③此后，春秋初"礼乐征伐自诸侯出"的政治形势，又进一步蜕变为"自大夫出"，甚至某些执政的私家大夫的家臣也有很大势力，可以左右政局，以致出现"陪臣执国命"的局面。后世的孔子将此称之为"礼坏乐崩"④。

这种频繁发生的政治动乱表明，宗法制度日益失去了对贵族成员的约束力，社会正在经历一个权力资源的再分配。到了战国时期，旧的贵族政权开始土崩瓦解，如韩、赵、魏"三家分晋"⑤，齐国的"田氏代齐"⑥。在激烈的战国变法运动中，靠血缘宗法关系世代掌权的"贵戚之卿"纷纷败下阵来，被迫退出历史舞台。至战国晚期，"战国七雄"中仅燕国王室为姬姓，其余六国均由异姓掌权。

---

① 《礼记·仪礼丧服传》。

② 《孟子·滕文公下》。

③ 《史记·太史公自序》。

④ 《论语·季氏》。

⑤ 三家分晋是指春秋末年晋国被韩、赵、魏三家瓜分的事件。三家联合灭掉了同为晋国四卿的智氏。公元前403年，周威烈王封三家为侯国。史学界以此作为东周时期春秋与战国的分界点。

⑥ 田氏代齐，指战国初年齐国田氏取代姜姓成为齐侯的事件。公元前386年，周安王正式册命田和为齐侯。公元前379年齐康公死，姜氏绝祀，姜氏齐国完全为田氏齐国取代。

虽然各诸侯国新旧贵族交替的趋势日益明显，但传统的宗法影响依然存在，人们仍然认为"周，天下之宗室也"①。战国时期的各国君主对于宗庙依然恭敬有加，"聚散民，立社稷主，置宗庙"②，被视为国家存在的标志。无论是哪个社会阶层的人，依然将宗族作为安身立命的根本，重视本宗族的宗庙的存亡之事："为人孙者，体此道以守宗庙，宗庙不灭之谓祭礼不绝。"③

可以说，战国时期是中国社会一次重大的转型时期。从社会结构上看，原来的地缘与血缘合一的地方行政组织，逐渐转变为单一的以地缘关系为基础的行政组织。这个过程从春秋中期即已开始，这一时期，虽然分封还在进行，但却是"受土而不临民"，某些国家（如楚、秦等）在新得的领土上设置县郡，不再分封，开始派家臣或官吏到各地充任地方长官，这就是郡县制的形成。如果说春秋时期是郡县制与分封制并存的局面，那么，到了战国时期，郡县制则取代分封制而占了主导地位。在郡县制下，作为地方政府的县和郡直接听命于国君，郡县长官对郡县的土地不再拥有所有权，而只是代表国君实施统治，其权力和利益与世卿世禄的大夫有着天壤之别。由此，分封制无可挽回地走向衰落。与此同时，传统的世卿世禄制迅速瓦解，出现了全新的官僚制度。在官僚体制下，官位不再世袭，官吏也不再享有封地及武装，任之即官，去之即民。

郡县制的创立以及官僚制度的出现，不仅加速了宗法封建制的崩溃，而且也为各国君王统治权力的加强、中央集权政治制度的建立以及国家的统一提供了可能。随着战国时代不断升级的兼并战争，列国的经济军事优势逐渐集中到少数大国，结束诸侯混战、实现统一的趋势越来越明朗化。所有这一切，都朝着中央集权的方向演进，建立一个统一的、君主专制的大帝国已成大势所趋。

---

① 《战国策·秦策一》。
② 《韩非子·初见秦》。
③ 《韩非子·解老》。

第二篇

专制的奠基

第三章　处士横议

　　历史进入到春秋战国时期，随着宗法分封制的逐渐瓦解，社会各方面都出现了巨大的变革。这其中，一个极为重要的方面，就是"学在官府"，即文化教育为贵族所垄断的局面被打破，民间私学悄然勃兴，所谓"天子失官，学在四夷"。① 相应地，一个新兴的社会阶层——"士"阶层也随之崛起。面对当时的社会困局，他们"宁鸣而死，不默而生"②，纷纷"著书言治乱之事，以干世主"③，中国社会由此进入一个"处士横议"④"百家争鸣"的新时代。面对当时"礼崩乐坏"的局面，诸子百家"无不言治"⑤。正如司马谈在《论六家要旨》中所言："夫阴阳、儒、墨、名、法、道德，此务为治者也。"而其中最为引人注目的，当推儒家、墨家、道家及法家，他们各自从不同角度提出了一整套治国安邦的政治方略，并引发了诸多激烈的争论。

一、克己复礼

　　春秋末年，随着统一的中央权威日渐丧失，"犯上""作乱"日显频繁，

---

① 《左传·昭公十七年》。
② 范仲淹：《灵乌赋》，《范文正公集》卷一，四部丛刊初编本。
③ 《史记·孟子荀卿列传》。
④ 《孟子·滕文公下》。
⑤ 《淮南子·要略》。

所谓："上失其道，民散久矣。"① 依孔子之见，社会动荡的原因在于"人心不古"，要改变当时"民散"的情况，使之恢复秩序，应复兴礼、乐。在孔子看来，对社会的管理，说到底是对人的管理，治世之道即治人之道，必须以关于人的道理来治人："文武之政，布在方策。其人存，则其政举；其人亡，则其政息。"② 儒家的这种"为政在人"的管理之道，并不像西方人本管理理论那样以"个体的人"为中心的人本管理，而是强调作为群体成员的人及其群体性身份，即个体的存在依赖于一定的等级秩序。为此，孔子高擎"礼治"大旗，尊崇尧、舜、周公等人物，努力使"礼"重新成为一切社会成员的行为准则。不过，孔子提倡"复礼"，并不是为了恢复旧的礼仪形式本身，因为在孔子看来，礼仪形式是会随着时代的推移而有所因革、损益的："殷因于夏礼，所损益，可知也；周因于殷礼，所损益，可知也；其或继周者，虽百世，可知也。"③ 孔子提倡"复礼"的主旨在于"亲亲"与"尊尊"，即以血缘为基础、以等级为特征的宗法统治体系，要求各阶层统治者都能够安于名位而不僭越，所谓"礼之用，和为贵，先王之道斯为美"④，从而更有效地统治人民："上好礼，则民易使也。"⑤ 相应地，也要对人民"齐之以礼"⑥，即用"礼"来调节人与人之间的复杂关系，确定每一个人应受的约束，使所有的人都按照礼制规定，做到贵贱有等、上下有序、各处其位、各称其事。此外，在孔子的思想中，"礼"和"乐"是并称的，且是作为"礼"的最高表现形式而受到孔子的重视，所谓"兴于诗，立于礼，成于乐"⑦。

在孔子看来，要把人们重新引导进"礼"的规范，就要让社会成员在心理上树立一种敬畏意识，使其通过内在约束而自愿自觉地遵守客观外在

---

① 《论语·子张》。
② 《礼记·中庸》。
③ 《论语·为政》。
④ 《论语·学而》。
⑤ 《论语·宪问》。
⑥ 《论语·为政》。
⑦ 《论语·泰伯》。

的"礼"。换言之，要"复礼"，就必须"克己"，让一切言行都应置于"礼"的规范和约束之下，做到"非礼勿视，非礼勿听，非礼勿言，非礼勿动"①。为此，孔子提倡"吾日三省吾身"②，倡导"己欲立而立人，己欲达而达人"③"己所不欲，勿施于人"④ 的忠恕之道，建立"诚信""温良恭俭让"的人际关系，建立"君君、臣臣、父父、子子"⑤ 的长幼有序的社会关系，达到"老者安之，朋友信之，少者怀之"⑥，从而实现"天下归仁"的社会理想："克己复礼为仁。一日克己复礼，天下归仁焉。"⑦

在孔子那里，"仁"作为解决人际关系问题的最高准则，孔子虽然对此作出过诸多不同的解释，但其中心思想是"爱人"⑧"爱众"⑨。史载，孔子的学生子贡向孔子请教："如有博施于民而能济众，何如？可谓仁乎？"孔子回答说："何事于人！必也圣乎！尧舜其犹病诸！"⑩ 此种博爱源于何处？孔子向内将根源挖掘到人最为自然的血缘亲情："孝悌其为仁之本。"⑪然后，再将这种本于血缘的亲情层层外推，投射到家庭范围之外的人。故此，孔子极力提倡，人应为道德理想的实现而奉献自己："志士仁人，无求生以害人。有杀身以成仁。"⑫

孔子的仁学尽管把血缘关系推广到现实的人际关系中，但是，他对仁的本源性并未作出更多的诠释。孟子继承了孔子"仁"的社会理想，超越血缘亲情而径直将"善"作为人内在固有的品性，认为，"人皆有不忍人之心"，人人皆有实现善的能力："君子所性，仁义礼智根于心。"⑬ 这些善

① 《论语·颜渊》。
② 《论语·学而》。
③ 《论语·雍也》。
④ 《论语·颜渊》。
⑤ 《论语·颜渊》。
⑥ 《论语·公冶长》。
⑦ 《论语·颜渊》。
⑧ 《论语·颜渊》。
⑨ 《论语·学而》。
⑩ 《论语·雍也》。
⑪ 《论语·学而》。
⑫ 《论语·卫灵公》。
⑬ 《孟子·尽心上》。

心包括分别作为仁、义、礼、智之端的"恻隐之心""羞恶之心""恭敬之心""是非之心"等。孟子通过"乍见孺子将入与井"而援之以手的例子，不仅说明了人先天具有的良知良能，也意味着恻隐之心本身就具有对任何同类的同情心，因而博爱之情并不须血缘亲情的层层外推。在孟子的致思取向中，因为人性本善，所以可以用"仁政"方法引导人民。只要能保持善性并加以发扬，就会成为圣人，即"人皆可以为尧舜"①。

如此一来，外在的道德规范就被转化为人心中固有的道德自律原则。孟子进而为政治社会级差序列结构的正当性与合理性作出了自己的论证。在其看来，人不可能以"一人之身"而有"百工之所为"，因此，社会等级的区分是天然合理的："劳心者治人，劳力者治于人，治于人者食人，治人者食于人，此天下之通义也"，"无君子莫治野人，无野人莫养君子。"②为此，孟子希望社会生活中的每个人都能自觉服从这种秩序安排，都能在自己的内在心性上下工夫，在善良、忍让、尊敬、畏惧等良知良能上下工夫，从而重新恢复社会秩序的和谐与稳定。所以，孟子十分注意个体人格的培养，强调"善养吾浩然之气"③，提倡"富贵不能淫，贫贱不能移，威武不能屈"④的"大丈夫"气节。

在孟子的视野中，王权是人的成善的内在要求向统治者为政的必然延伸，"先王有不忍人之心，斯有不忍人之政矣。以不忍人之心，行不忍人之政，治天下可运于掌下。"⑤而要推行仁政、王道，君王应做民众的表率，上行下效，使百姓与君王同心，所谓："君仁莫不仁，君义莫不义，君正莫不正。一正君而国定矣。"⑥虽然孟子认为"唯仁者宜在高位，不仁而在高位，是播其恶于众也。上无道揆，下无法守"⑦，但是在现实生活中，君王

---

① 《孟子·告子下》。
② 《孟子·滕文公上》。
③ 《孟子·公孙丑上》。
④ 《孟子·滕文公下》。
⑤ 《孟子·公孙丑上》。
⑥ 《孟子·离娄上》。
⑦ 《孟子·离娄上》。

往往会因外界环境的影响或自我的放纵而偏离正轨甚至作出恶行。为此，孟子要求大臣们肩负起"正君心"的重任："务引其君以当道，志于仁而已"；而大臣要做到"责难于君""陈善闭邪"，才是对君主的"恭敬"。① 这自然就需要君主与大臣不断加强自己的德性修养："亲亲，仁也；敬长，义也。"② 孟子进而把"亲亲""敬长"的仁义道德推广到全社会："老吾老，以及人之老；幼吾幼，以及人之幼"③，主张统治者应"乐以天下，忧以天下"④。

孟子的"性善说"似乎为儒家的德治图式找到了一个看似合理的心性凭借，但是，这种将政治理想建基于统治者的同情心及"推恩"之政上，显得并不可靠。为此，后世的荀子一改孟子的思路，以"性恶"立论，在荀子看来，"饥而欲饱，寒而欲暖，劳而欲休"⑤，本来就是人性的真正面目，而道德意识乃是通过后天的人为（"伪"）而获得的，因此，"人之性恶，其善者伪也。"⑥ 他把人性总结为三个方面："生而有好利焉""生而有疾恶焉""生而有耳目之欲、有好声色焉"。⑦ 具体而言，"生而有好利"指的是人生下来就喜好私利，顺着这种本性，人与人之间就会有争夺发生，这样谦让便消失了；"生而有疾恶"指忌妒和憎恨是人的本性，顺着这种本性，残害忠良的事就会发生，忠诚信用便会消失。"生而有耳目之欲、有好声色"指的是人生下来就有耳目的欲求，喜好声音和美色，顺着这种本性，淫乱的事情就会发生，礼义、等级制度和道德观念便消失了，等等。

在荀子看来，这些无礼义节制的欲望，正是造成社会争斗和动乱的根源，因而，需要对此进行相应地规范。荀子通过对现实世界的观察，总结

---

① 《孟子·告子下》。
② 《孟子·尽心上》。
③ 《孟子·梁惠王上》。
④ 《孟子·梁惠王上》。
⑤ 《荀子·性恶》。
⑥ 《荀子·性恶》。
⑦ 《荀子·性恶》。

道：人们最难以忍受的是与自己同样的人凌驾于其上，所以社会要稳定就必须人为造就一定程度的差别："分均则势偏，势齐则不壹，众齐则不使。有天有地而上下有差，明王始立而处国有制。夫两贵之不能相事，两贱之不能相使，是天数也。"① 而从社会分工的角度来看，社会各个阶层都应当有其固定的行为模式或职业范式，否则就会导致社会的混乱："职分而民不慢，次定而序不乱。"② 因此，荀子认为，消除争乱应从"明分使群"开始，即通过明确人们的社会地位，并通过建立一定的社会机制，使人们都能按照"分"的要求去行动："人君者，所以管分之枢要也"③"治国者，分已定，则主相、臣下、百吏各谨其所闻，不务听其所不闻；各谨其所见，不务视其所不见"④。

在荀子的理论体系中，"礼"正是适应这种"定分"的要求而产生的："人生而有欲……使欲必不穷乎物，物必不屈于欲，两者相持而长，是礼之所起也。"⑤ 荀子关于"礼"的论述比较复杂，有诸如作为习俗存在的礼、作为道德意义上的礼和作为治国之道的礼，等等。但荀子强调"礼"的最终目的在于治理国家，体现在对社会等级的划分上："礼者，贵贱有等，长幼有差，贫富轻重皆有称者也。"⑥ 这种"礼"通过对人们的社会地位作出等级规定，并使人们能够按照相应的行为模式去行为："故先王案为之制礼义以分之，使有贵贱之等、长幼之差、能不能之分，皆使人载其事而得其宜。"⑦ 在荀子看来，如果没有"礼"，等级秩序就无法建立，社会就会陷入混乱无序的状态，而通过"隆礼"就可以使君主更好地管理臣子和推行政事："先王恶其乱也，故制礼义以分之，使有贫富贵贱之等，足以相兼临者，是养天下之本也。"⑧ 荀子还从成汤、文武之所以得天下，而夏

① 《荀子·王制》。
② 《荀子·强国》。
③ 《荀子·富国》。
④ 《荀子·王霸》。
⑤ 《荀子·礼论》。
⑥ 《荀子·富国》。
⑦ 《荀子·荣辱》。
⑧ 《荀子·王制》。

桀、商纣之所以失天下的历史对比中总结道："隆礼贵义者其国治，简礼贱义者其国乱。"① 因此，"礼者，治辩之极也，强国之本也，威行之道也，功名之总也。"②

荀子在强调以礼为"别"的同时，认识到还必须依靠一种力量将本已分开的社会捏合在一起，这个力量就是"乐"："乐合同，礼别异"③，即"乐"可以消融不同分工所导致的怨怒情绪，从内心深处树立和谐气氛，使人们安于"礼"所造成的社会秩序，并进而向人们描述了礼治所达到的理想社会图景："农以力尽田，贾以察尽财，百工以巧尽器械，士大夫以上至公侯莫不以仁厚智能尽官职。夫是之谓至平。"④

相比较而言，孔子主张建立"君君、臣臣、父父、子子"的礼治社会，荀子则在此基础上进一步明确了儒家礼治的目标："贵贵、尊尊、贤贤、老老、长长，义之伦也。行之得其节，礼之序也。"⑤ 值得注意的是，与孔子依照血缘亲疏划分等级、期求单纯的宗法等级的社会秩序不同，荀子不仅以社会贵贱，而且以对社会财富的占有状况来划分等级，从而将人们在职业、财产、权力分配上的等级差别视为社会治理的前提："分均则不偏，势齐则不一，众齐则不使。"⑥ 显然，这种以"礼"来划分贫富贵贱的原则，大大淡化了孔子的"泛爱众"的原则，失去了儒家"仁"的精髓。荀子明确宣称："隆礼义之为尊君也"⑦ "上事天，下事地，尊先祖而隆君师，是礼之三本也"⑧。君主由此获得了永久处于至尊地位的理由。荀子还经常把"义"和"礼"合在一块来讲。在荀子那里，"礼"是外在的"分"，即宗法等级制度所规定的等级名分，而"义"是内在的"分"，即对宗法等级制度及其等级名分的自觉意识和服从，所谓"少事长，贱事

---

① 《荀子·议兵》。
② 《荀子·议兵》。
③ 《荀子·乐论》。
④ 《荀子·荣辱》。
⑤ 《荀子·大略》。
⑥ 《荀子·王制》。
⑦ 《荀子·君道》。
⑧ 《荀子·礼论》。

贵，不肖事贤，是天下之通义也"。① 荀子之贵"义"表明，儒家思想由最初孔子重视"亲亲"发展为荀子重视"尊尊"，这反映了战国末期强化君主专制统治和重构宗法等级制度的时代要求。肖公权先生指出："荀子正名之法，其原因出于仲尼。然孔子以仁爱为政本。故虽轻视民智，而能行其术者尚不失为仁惠之专制。"②

在具体操作上，荀子通过将"礼"制度化并以外在强制力加以维护，提出礼法兼用、互补，使人们的行为齐一、规范，使权力集中于君主和中央，从而实现国家的统一，并为即将来临的中央集权的政治结构进行了理论上的建构：其一，强调"权出于一"《荀子·议兵》。在中央国家机构权力的分配上，荀子认为可以保留公侯、大夫、士等职位，但他们自主自治的实际权力同以往的封国时期相比要大大削弱，中央对"不轨者"有权规制和惩处："制度以陈，政令以挟。官人失要则死，公侯失礼则幽，四方之国有侈离之德则必灭。"③ 其二，就君臣关系而言，君主有制衡群臣的权力，但不必事必躬亲，而应建立由"相"统领百官、总理政务的行政系统，由"便辟左右"组成的行政监督监察系统和众多"使臣"组成的外事工作系统构成的中央官僚系统和机构，并置于君主集中统一的总揽统摄之下。④ 其三，实行政府官员政绩考核制度，提出采取分级、分职的定期考核制度，并根据考核结果实施赏罚奖惩。对"相"的考核由君主主持，岁终举行，"岁终则奉其成功以效于君，当则可，不当则废。"百官则由相按季度考核，"度其功劳，论其庆赏"⑤。荀子的如上构想，深深地影响了其学生韩非、李斯等人，从而极大地影响了秦汉时代的官僚制建构。

---

① 《荀子·仲尼》。

② 肖公权：《中国政治思想史》，新星出版社2005年版，第98页。

③ 《荀子·王霸》。

④ 《荀子·王霸》。

⑤ 《荀子·王霸》。

二、兼爱非攻

与儒家学派一样，墨子整个思想都是围绕着"平乱求治"展开的。相传，墨子"学儒者之业，受孔子之术"①，后来又与儒家分道扬镳，创立了墨家学派。因其在当时影响甚大，与儒家并称"儒墨显学"。不过，儒墨之间在政治理想、人生态度等方面都存在明显分歧，并发生过激烈争论。

孔子提出"仁者爱人"②，而墨子则倡导"兼爱"之说。墨子在其著作中，以人物为例，对兼爱之说进行了详细的诠释：巫马子是儒家"爱有差等"的信徒，认为"愈接近我的，我愈爱"，由此导致一种极端利己主义的观点："有杀彼以利我，无杀我以利彼。"③ 墨子反问巫马子说："然则一人说（悦）子，一人欲杀子以利己；十人说子，十人欲杀子以利己；天下说子，天下欲杀子以利己。一人不说子，一人欲杀子，以子为施不祥言者也；十人不说子，十人欲杀子，以子为施不祥言者也；天下不说子，天下欲杀子，以子为施不祥言者也。说子亦欲杀子，不说子亦欲杀子，是所谓荡口者也，杀子之身者也。"④ 在这里，墨子用一个二难推理，揭示了极端利己主义理论上存在的矛盾："损人以利己"将对自己一无所利。因为如果将你的"损人以利己"的学说加以宣传，那么赞成你的观点的人，必定为了满足其私利而把你杀掉；不赞成你的观点的人，认为你宣扬了不祥的言论，也必定把你杀掉。因此，墨子得出结论，只有提倡兼爱，才能实现利己；而要实现利己，就要提倡兼爱。

墨子生活的时代，"天下失义，诸侯力征……以攻伐兼并为政于天下"⑤。在墨子看来，社会动乱的根源在于，天下之人互相争夺与仇视，即"起不相爱"。具体而言，自爱其身不爱他人之身，故有盗杀等现象；自爱

---

① 《淮南子·要略》。
② 《论语·颜渊》。
③ 《墨子·耕柱》。
④ 《墨子·耕柱》。
⑤ 《墨子·节葬下》。

其家不爱他人之家，故有篡夺等现象；自爱其国不爱他人之国，故有攻战等现象。而"不相爱"则源于把人们分为贵贱等级的差别，所谓"罪生于别"。① 具体而言，统治者维护等级制，损民以自利，厚敛民财，不劳而食："必厚作敛于百姓，暴夺民衣食之财，以为宫室台榭曲直之望，青黄刻镂之饰。为宫室若此，故左右皆法象之。是以其财不足以待凶饥，振孤寡。故国贫而民难治也。"② 为此，墨子倡导"兼爱"说，就是让人们不分彼此亲疏、不分等级无差别地爱一切人："视人之国，若视其国；视人之家，若视其家；视人之身，若视其身。"③ 由此而达到这样一种理想社会："强不执弱、众不劫寡、富不侮贫、贵不傲贱、诈不欺愚。"④

与超越利害的儒家仁爱原则不同，墨子倡导"兼爱"不是留在空泛的说教上，而是以"交相利"作为"兼相爱"的补充："夫爱人者，人必从而爱之；利人者，人必从而利之；恶人者，人必从而恶之；害人者，人必从而害之。"⑤ 这种"对等回报"是以先利他人为出发点："我先从事乎爱、利人之亲，然后人报我爱、利吾亲。"⑥ 对于儒家崇尚的超越功利的"义"，墨家学者也着眼于以"利"释之："义，利也。"⑦ 墨子认为，凡是"利天下""利人"的行为，就是"义"，也就是善，否则就是"不义"，也就是恶。只要人人都能坚持以"义"为自己的行为准则，做到"利人乎即为，不利人乎即止"⑧，"有力者疾以助人，有财者勉以分人，有道者劝以教人"⑨，那么人们就会"相爱"和"相利"。

墨子崇尚的"利"固然包括个人利益，但主要是指"天下之利""万民之利""百姓之利""国家之利"。针对当时社会"饥者不得食，寒者不得

① 《墨子·兼爱上》。
② 《墨子·辞过》。
③ 《墨子·兼爱中》。
④ 《墨子·兼爱中》。
⑤ 《墨子·兼爱中》。
⑥ 《墨子·兼爱下》。
⑦ 《墨子·经上》。
⑧ 《墨子·非乐》。
⑨ 《墨子·尚贤下》。

衣，劳者不得息"① 的现实状况，墨子将兴利的目光投向了广大的下层民众，主张："凡足以奉给民用则止。诸加费不加民利者，圣王弗为。"② 墨子的很多主张正是围绕着"兴天下之利"这一宗旨而展开的，这主要有：（1）强本。墨子把粮食看作是国家之宝："五谷者，民之所仰也，君之所以为养也。故民无仰，则君无养；民无食，则不可事。"③ 因此，主张让驱供战争和差役之用的农夫返归故里，从事耕种，弗夺其力，弗夺其时。如此，"固本而用财，则财足。"④ （2）节用。墨子强调人在自然面前要有所节制，应居安思危，做到取之有度，用之有道："五谷常收而旱水不至"⑤ "爱尚世与后世，一若今之世"⑥。（3）节葬。当时统治者"厚葬""久丧"成风，墨子坚决反对，因为这会导致："国家必贫，人民必寡，刑政必乱。"⑦ （4）非乐。当时统治者极尽声乐享受，"倦于听治"，墨子认为，这样做长此以往会影响政务与生产，甚至带来国家危乱，故而，"为乐非也"⑧，不可不禁止。

面对当时战乱频繁、死者不可胜数的局面，墨子从兼爱的立场出发，强烈谴责战争是"亏人自利"的不义行为，并把那种"处大国则攻小国""强者劫弱""杀不辜者"的国君称为"暴王"⑨。墨子为此奔走呼吁："断指与断腕，利与天下，相若无择也。死生利若，一无择也。"⑩ 他还与弟子从事实际的防御战术与装备的研究，并亲自投入防御战斗。当然，墨子并非反对一切战争，认为对"暴残之国"进行"兴师诛罚"也是必要的。如果作战双方都是仁人，就没有相互敌对的理由可言；如双方都用暴力，也

---

① 《墨子·非乐上》。
② 《墨子·节用中》。
③ 《墨子·七患》。
④ 《墨子·七患》。
⑤ 《墨子·七患》。
⑥ 《墨子·大取》。
⑦ 《墨子·节葬下》。
⑧ 《墨子·非乐上》。
⑨ 《墨子·天志中》。
⑩ 《墨子·大取》。

就无所谓君子了。而一味反对战争、逃避战争，则"暴乱之人也得活，天下害不除"，深重残害社会，"不义莫大焉"①。

在后世的庄子看来，墨子的兼相爱、交相利的理想过于高远、缥缈，难为常人接受："今墨子独生不歌，死不服，桐棺三寸而无椁，以为法式。以此教人，恐不爱人；以此自行，固不爱己。……其行难为也，恐其不可以为圣人之道，反天下之心，天下不堪。墨子虽独任，奈天下何!"② 实际上，墨家的"爱无差等"是指感情层次上的，而非功利层次上的。对此，墨家有一个生动的说明："二子事亲，或遇熟，或遇凶，其爱朵也相若。"③ 大意是说，有两个儿子，一个遇到丰年，收成好，侍奉父母的较厚；另一个遇到荒年，收成差，侍奉父母的较薄。两个儿子的奉养虽然有厚薄之分，但他们对父母的爱却是一样的。利虽有厚薄，但爱无差等。关于"爱"与"利"这种通约和统一关系，后期墨家有一段话作出了说明："爱、利，此也；所爱、所利，彼也。爱、利不相为内、外；所爱、所利亦不相为外、内。"④ 就是说，无论在付出爱和利的一方，还是接受者一方，爱和利都不能有内外之分。"爱"中有"利"，"利"中有"爱"，感情和利益在道德上是紧密联结、融合统一的整体。由此可见，墨家"兼爱"说实际上是对孔子"仁"学的重新改造，这种改造集中表现为以"爱"释"仁"，以"利"释"爱"，从而使儒家的纯情"仁爱"道德有了具体的"利益"内核。

不过，对于"兼爱"的正当性，墨子并没有深入论述，而只是借助天、鬼神来说明："天必欲人之相爱相利，而不欲人之相恶相贼也。"⑤ 墨子设想，在远古时代，大家意见纷纷，像禽兽一般各顾自己且相互争斗，故而需要确立起一定的社会秩序。墨子将这一重任寄托于"天"或上帝、鬼神："古者上帝鬼神之建设国都、立正长也，非高其爵，厚其禄，富贵佚

---

① 《墨子·非儒》。
② 《庄子·天下》。
③ 《墨子·大取》。
④ 《墨经·经说下》。
⑤ 《墨子·法仪》。

而错之也，将以为万民兴利除害、富贫众寡、安危治乱也。"① 在墨子看来，只有"天"或"上帝"才能提供真正的正义："天必欲人之相爱相利，而不欲人之相恶相贼……爱人利人者，天必福之，恶人贼人者，天必祸之。"② 为此，墨家以"莫若法天"③ 为旗帜，将"天"作为决定世间人事的最高主宰，倡导"天志"学说："顺天意者，兼相爱，交相利，必得赏。反天意者，别相恶，交相贼，必得罚。"④ 墨子进一步指出，要"顺天意"，则必行"善政"，这样的政治"上利于天，中利于鬼，下利于人"⑤，这样的国君是"圣王"；反之，以暴力穷兵黩武、以强凌弱的国君为"暴王"，他们所行的是"力政"。只要顺"天志"、行"善政"，就可以实现"刑政治、万民和，国家富，财用足，百姓皆得暖衣饱食，便宁无忧"⑥ 的理想政治。

墨子虽然以虚幻的"天志"揭示了"兼爱"的正当性，但是，他也清醒地认识到，在现实生活中要推行"兼爱"，光靠"天志"是不行的，国家的治乱应由社会人事来决定。只要为君者行"义政"，为官者"不敢怠倦"，农夫"强乎耕稼树艺，多聚菽粟"，妇人"强乎纺绩"，国家才会繁荣富强，人们才能荣贵温饱。反之，迷信命运，不求进取，只能使人失去斗志，造成听天由命的风气："今用执有命者之言，则上不听治，下不从事。上不听治，则刑政乱；下不从事，则财用不足……而暴人之道也""群吏信之，则怠于分职，庶人信之，则怠于从事。吏不治则乱，农事缓则贫"。⑦ 为此，墨子主张"非命"："以命为有，贫富寿夭，治乱安危有极矣，不可损益也。"⑧ 墨子通过历史考察指出，同样的天下，同样的百姓，在桀纣统治下就大乱，而汤武治理则是盛世太平，可见天下的"安危治

---

① 《墨子·尚同中》。
② 《墨子·法仪》。
③ 《墨子·法仪》。
④ 《墨子·天志上》。
⑤ 《墨子·天志上》。
⑥ 《墨子·天志中》。
⑦ 《墨子·非命上》。
⑧ 《墨子·兼爱下》。

乱"在于人，而与"命"无关："在于桀纣，则天下乱；在于汤武，则天下治"① "安危治乱存乎上之为政也，则夫岂可谓有命哉"！② 在墨子看来，儒家倡导的"有命"论实际上是"以教众愚朴人"③ "贼天下之人"④，这种在政治上明哲保身的做法是不对的，真正的"仁人"应"事上竭忠，事亲得孝，务善则美，有过则谏""仁人之所以为事者，必兴天下之利，除去天下之害，以此为事者也"。⑤

可见，墨子"兼爱"思想的逻辑，实际上是"敬天命"和"重人事"的对立统一。墨子借重"天志"，是利用平民之迷信，借鬼神之制裁，以防止相恶相贼，规范统治者的行为。与孔子"仁学"中的"为仁由己"、自内而外的"克己复礼"不同，墨子秉持的是一种自上而下、自天及人的思维理路，是一种"宗教"式建构，恰与基督教、佛教否定血缘等级，主张人人平等的思路相同。墨子通过把"兼相爱"上升为"天"的意志，幻想利用传统宗教迷信的力量来实现其理想社会，这对于社会下层民众具有极强的吸引力。这一主张正与墨子的平民立场密切相关。墨子出身于"贱人"，面对当时"民财不足，冻饿死者不可胜数也"⑥ 的社会状况，自然产生了对既存等级制度的强烈反感，故而，他站在"背周道"⑦ 的立场，提出了"人无幼长贵贱，皆天之臣也"⑧，要求君主"视弟子与臣若其身"⑨，希望改变农、工、肆（商）劳动者的卑贱地位，达到"饥者得食，寒者得衣，劳者得息"⑩ 的理想社会。这正是墨子乐此不疲、四处奔走所要争取实现的目标。墨家的特别之处还在于：它不仅是一个学术派别，也是一个

① 《墨子·非命上》。
② 《墨子·非命下》。
③ 《墨子·非命中》。
④ 《墨子·非儒》。
⑤ 《墨子·兼爱中》。
⑥ 《墨子·节用上》。
⑦ 《淮南子·要略》。
⑧ 《墨子·法仪上》。
⑨ 《墨子·兼爱上》。
⑩ 《墨子·天志中》。

有着共同理想和严密组织的团体（其成员称为"墨者""钜子"），这一团体希冀"百姓皆得暖衣饱食"的秩序社会，而节用苦行，终生为之而奔波。对此，庄子也曾由衷地称赞道："墨子真天下之好也！将求之不可得也，虽枯槁不舍也！"①

墨子深谙儒家之利弊，因而他所进行的"非儒"才能屡中要害，更因其关注一般民众而获得普遍的社会支持。实际上，"兼爱"说正是墨子对"仁者爱人"应有之义的彻底衍发。墨子指责儒家分辨"亲疏尊卑之异""亲亲有术，尊贤有等"②，打破了儒家套在人们身上的宗法枷锁，故而终战国之世，儒学始终与墨学相抗衡。为改变"天下之言，不归墨则归杨"③的局面，孟子起而"辟墨"，认为兼爱使人沦丧，无异于禽兽："墨氏兼爱，是无父也。"④ 孟子捍卫儒家核心价值的信念无疑是极其坚定的，但不可否认的是，孟子在批判墨家的同时，又悄然吸收了墨家兼济民众等思想，从而将儒家贵族式的内圣修身之学发展成一种济世救民的外王之学。史载，孟子曾率领弟子"传食于诸侯"⑤，其"天下有道，以道殉身，天下无道，以身殉道"⑥的豪情和"平治天下，舍我其谁"⑦的气概，亦彰显勇猛刚毅之品格；其担当天下责任的气度，也足以与墨家敢于自我牺牲之精神相匹配。历史地看，孟子辟墨之后，墨学精华已融入儒家，墨家学说由显而微，进而成为"绝学"。造成这种状况的一个很大原因正是先秦时期的墨子之"非儒"与孟子之"辟墨"。⑧

---

① 《庄子·天下》。

② 《墨子·非儒下》。

③ 《孟子·滕文公下》。

④ 《孟子·滕文公下》。

⑤ 《孟子·滕文公下》。

⑥ 《孟子·尽心上》。

⑦ 《孟子·公孙丑下》。

⑧ 参见孔德立：《关于墨子"非儒"与孟子"辟墨"》，《北京师范大学学报》2009年第6期。

三、无为而治

当孔、墨直面人生，积极重构社会秩序及其规范之时，老子开创的道家学派则站在儒、墨的对立面，反对礼义，否定忠孝，抨击法令，排斥兼爱，诅咒战争，主张"绝圣弃智""清虚自守"，崇尚"小国寡民"，等等。老子其人的真实情况，至今迄无定论。从《老子》一书的内容看，它大约出现于孔墨之后、孟庄之前，是春秋末战国初的作品，代表了那些对社会变革持冷眼旁观的"隐者"的态度。①

面对当时"天下无道""戎马生于郊"② 的社会现实，老子尖锐指出，导致民不聊生的根源在于统治阶级"求生"太厚，过于"有为"："民之饥，以其上食税之多，是以饥；民之轻死，以其上求生之厚，是以轻死。民之难治，以其上之有为，是以难治。"③ 普通百姓被迫为了生计而纷纷为盗，所谓"法令滋彰，盗贼多有"④。对此，老子开出的药方是：不要过度地沉湎于物欲、争斗之中，主张过一种简单、朴素的生活。因为简单，所以没有乱事，国与国之间不相往来，大家相安无事："以道在天下，其鬼不神。非其鬼不神，其神不伤人。非其神不伤人，圣人亦不伤人。夫两不相伤，故德交归焉。"⑤ 因而，老子特别向往一种"小国寡民"的社会："小国寡民，使有什伯之器而不用，使民重死而不远徙。虽有舟舆，无所乘

---

① 司马迁在《史记·老子韩非列传》中提出以下几种说法：（1）"老子者，楚苦县厉乡曲仁里人也，姓李氏，名耳，字聃，周守藏室之史也"。孔子曾"问礼于老子"，《老子》系老聃所作。（2）老子为周太史儋："或曰儋即老子"，但又持存疑态度："或曰非也，世莫知其然否。"现当代学术界对此仍有争论：（1）老子在孔子之前或并时，《老子》系老聃遗说的发挥。持此说者有马叙伦、唐兰、郭沫若、吕振羽、高亨等。郭沫若还认为《老子》是老聃弟子环渊发挥老聃思想而作。（2）老子是战国时代人，《老子》也作于战国时代。持此说者有梁启超、冯友兰、范文澜、侯外庐等。（3）《老子》成书更晚，即在秦汉之间或汉初。持此说者有顾颉刚、刘节等（马王堆汉墓帛书《老子》的出土，已证明此说不实）。

② 《老子·第 46 章》。

③ 《老子·第 75 章》。

④ 《老子·第 57 章》。

⑤ 《老子·第 60 章》。

之；虽有甲兵，无所陈之；使民复结绳而用之。甘其食，美其服，安其居，乐其俗。邻里相望，鸡犬之声相闻，民至老死，不相往来。"①

在老子那里，"小国寡民"的状态，才是一种自然的状态。当然，老子并非为自然而自然，其目的则是要为混乱的社会寻求一个根本的解决方法。老子认为，治理天下要遵循"道"的规定。那么，何为"道"？在老子那里，"道"是宇宙的最终本源和存在的依据，是宇宙间的最高权威，是人们活动的内在根据和行为的最高准则。具体而言：其一，"道"先天存在，无态无形，却无处不在，充满天地间："有物混成，先天地生。寂兮寥兮，独立不改，周行而不殆。"② 其二，"道"乃是世间万事万物的宗师，"道"生万物："道生一，一生二，二生三，三生万物，万物负阴而抱阳，冲气以为和。"③ 其三，万事万物都是依照"道"运行的，人的行为处世也必须依"道"而行："人法地，地法天，天法道，道法自然。"④ 老子认为，只要把握了古今的"道"，就能驾驭好一切："道常无名，朴虽小，天下莫能臣也。侯王若能守之，万物将自宾。"⑤

可见，老了讲"道"，实质是在为社会立法，是试图为当权者提供更合乎规律的治国安邦方略。关于道家的"德"，老子说，"德者得也；得道之谓德。"⑥ 就是说，人们对道有所体认而变为自己的行为准则，道所体现的必然之理就转化为人生行为的当然之则。如此，本体之道便成为自己内在的德性品格："道生之，德育之，物形之，势成之。是以万物莫不遵道而遗德。道之遵，德之贵，夫莫之命，而常自然。故道生之，德育之，长之育之，亭之毒之，养之覆之；生而不有，为而不持，长而不宰，是谓玄德。"⑦ 就是说，自然界养育了万物却不把持万物，故而作了万物的首长却

① 《老子·第80章》。
② 《老子·第25章》。
③ 《老子·第42章》。
④ 《老子·第25章》。
⑤ 《老子·第32章》。
⑥ 《老子·第37章》。
⑦ 《老子·第51章》。

不宰制万物,这正是自然界的"玄德",也就是"天道"的最高境界。老子正是以"道"取代"天"在宇宙间的优先地位,从而与尊天、法天的孔子和墨子形成了鲜明的学术分野。

道家的治道方略,落实到实践层面,就是所谓的"无为之治"。在《尚书》《诗经》《左传》《国语》等文献中,虽然不难找到效法自然、垂拱而治的论点,但从现存文献看,最早系统阐述"无为而治"的,当推老子。概括而言,老子"无为而治"的要点主要有:

其一,自然而为。"无为"既不是无所作为:"非谓其凝滞不动也";也不是随心所欲:"辅万物之自然而不敢为",而是顺应自然法则,遵循事物客观发展规律:"道不违自然,乃得其性,法自然也。法自然者,在方而法方,在圆而法圆,于自然而无所违也。"[①] 事物发展还没有达到一定程度时,不要人为地勉强去做,否则必败:"为者败之,执者失之。是以圣人无为,故无败;无执,故无失。"[②]

其二,清静无为。老子把君主执政分为四种类型:"太上,下知有之;其次,亲而誉之;其次,畏之;其次,辱之。"[③] 就是说,最好的统治者是人民不知道他的存在;其次是百姓亲近、称赞他;再次的统治者是百姓害怕他;最坏的统治者是被人民轻侮。为什么第一种是最好的执政者呢?因他"悠兮其贵言"[④],清静无为,很少发号施令,任万物自然生息,顺万物自然之情,而"功成事遂"[⑤]。老子说:"治大国,若烹小鲜。"[⑥] 就是说,治国就像煎小鱼一样,不要翻弄折腾,不要随意扰民,否则后果不堪设想。为此,老子提出"圣人处无为之事,行不言之教"[⑦] 的治国纲领,主张把政治回归到完全清静无为的状态中去,认为只要统治者不多事扰民,

① 楼宇烈:《王弼集校释》,中华书局1980年版,第213页。
② 《老子·第64章》。
③ 《老子·第17章》。
④ 《老子·第17章》。
⑤ 《老子·第17章》。
⑥ 《老子·第60章》。
⑦ 《老子·第2章》。

老百姓便会自然归化："我无为而民自化,我好静而民自正,我无事而民自富,我无欲而民自朴。"①

其三,无欲无私。老子认为,在现实生活中,人的欲望过分膨胀,使自然的人性被扭曲,为争夺名利钩心斗角、尔虞我诈,结果人欲横流,社会陷入一片混乱,所谓:"罪莫大于可欲,祸莫大于不知足,咎莫大于欲得。"② 为此,他要求执政者"少私寡欲"③"故知足之足,常足矣"④"知足不辱,知止不殆"⑤"是以圣人去甚、去奢、去泰"⑥。

其四,要"为而不争"。世间的一切恩怨和仇恨,社会的一切残杀和战争,根源都在一个"争"字上。为此,老子反复告诫人们:"圣人之道,为而不争。"⑦ 为政者应该胸中怀有天下百姓,为天下谋福利:"圣人无常心,以百姓心为心。"⑧ 统治者只有甘于"下民",把自身的利益追求置于百姓的利益之后,如"水"般滋养万物,才能更好地实现统治:"夫唯不争,故无尤"⑨"江海之所以为百谷王者,以其善下之,故能为百谷王。是以圣人欲上民,必以言下之;欲先民,必以身后之。是以圣人处上而民不重,处前而民不害。是以天下乐推而不厌"⑩。在老子看来,正因为不自我夸耀,不自高自大,反而能取得成功:"以其终不自为大,故能成其大"⑪"夫唯不争,故天下莫能与之争"⑫。故而,为政者应有"功成而弗居"⑬的胸怀。

总之,自然界的规律,不用争就会取胜,不用声张就会有应答,不用

---

① 《老子·第57章》。
② 《老子·第46章》。
③ 《老子·第19章》。
④ 《老子·第46章》。
⑤ 《老子·第44章》。
⑥ 《老子·第29章》。
⑦ 《老子·第81章》。
⑧ 《老子·第49章》。
⑨ 《老子·第8章》。
⑩ 《老子·第66章》。
⑪ 《老子·第34章》。
⑫ 《老子·第22章》。
⑬ 《老子·第2章》。

召唤就会到来，看来好似松懈疏散却善于安排："天之道，不争而善胜，不言而善应，不召而自来；弹然而善谋。"① 可见，"无为"是一种似无实有的统治技巧，"无为而无不为"② 才是要达到的终极目的，并且，"为无为，则无不治"③。儒家其实也讲无为而治，但旨趣却大不相同。相比较而言，道家的无为而治以虚无、清静为基础，顺道而为，顺其自然，以清静无事、返璞归真来达到"无为而治"的境界。而儒家所说的无为而治，则是指君主通过"德修于己"的无为手段，达到"感化他人"的有为目标，实现天下致治："无为而治者，其舜也与？夫何为哉？恭己正南面而已矣"④ "是故君子笃恭而天下平"⑤。

正是从道法自然的立场出发，老子将儒家所崇尚的"礼"视为产生社会祸乱的总根源，而大力鞭挞："大道废，有仁义；智慧出，有大伪；六亲不和，有孝慈；国家昏乱，有忠臣。"⑥ 就是说，在文明未开化的远古时代，人们并不需要道德、礼法和一切制度设施。那时，人的存在方式最切近"道"的本真状态。而智慧的出现，意味着本真之道的废弛，于是就有了诈伪；有了孝慈伦理，便意味着人们之间不再自然和亲；人们提倡忠臣，是因为王道、国家、历史失去了自然的秩序。因此，礼法制度从表面看是文明的表征，而从反面看恰恰是纷争混乱的开始：人们失去了自然大道，于是提倡德性；失去了德性，于是提倡仁爱；失去了仁爱，于是提倡仁义；没有了仁义，于是提倡礼法制度，所谓："失道而后德，失德而后仁，失仁而后义，失义而后礼。夫礼者，忠信之薄而乱之首。"⑦

战国时代的庄子沿袭老子的这一致思取向，进而彻底否定了礼的价值："道不可致，德不可至。仁可为也，义可亏也，礼相伪也。"⑧ 庄子的

---

① 《老子·第 73 章》。
② 《老子·第 48 章》。
③ 《老子·第 3 章》。
④ 《论语·卫灵公》。
⑤ 《礼记·中庸》。
⑥ 《老子·第 18 章》。
⑦ 《老子·第 28 章》。
⑧ 《庄子·知北游》。

意思是，道（德）神圣广大，无处不在，又无形无象，无为自然，超出感官认知层面，而礼与仁义属有为范畴，与道相对立，隐藏着人性、人情的异化。在庄子生活的时代，社会状况比老子时代更加惨烈和危险："方今之时，仅免刑焉。福轻乎羽，莫知之载，祸重乎地，莫知之避"①　"今世，殊死者相枕也。桁杨者相推也，刑戮者相望也"②。为此，他推崇老子，强调人类回归自然，达到返璞归真："夫至德之世，同与禽兽居，族与万物并。恶乎知君子小人哉，同乎无知，其德不离；同乎无欲，是谓素朴。素朴而民性得矣。"③ 庄子认为，在礼乐仁义产生之前的"至德之世"，标志着人类历史上的黄金时代，君王遵道无为，民众逍遥自由，二者均处于自然状态，人性因之真实自然。社会中虽然有君、有民，却无君与民的等级区分，有人生"至德"却无君子和小人的道德划分，人们素朴纯真，无知无欲，不分彼此你我，人与禽兽同居共存，和睦相处，自然万物处于原生状态，随意生长而不受干扰。简言之，至德之世即是人我为一、天人和谐的人生境界和生活世界。

面对战国时期凶残、险恶、丑陋的社会现状，庄子从普通个人出发，开出了一剂如何处乱世的"药方"："无用之用"。他举例说，栎树因为是"不材之木，无所可用"，故能终其天年；楂、梨、橘、柚等果树却因有大用，而"中道夭"④。一句话，皆因有用，而不能自保。庄子为此慨叹道："人皆知有用之用，而莫知无用之用也。"⑤ 庄子这一思想历来颇遭非议，被认为是不尽社会责任的混世主义。其实，对于处在"窃钩者诛，窃国者为诸侯"⑥ 时代的普通民众来说，"无用之用"无疑是一剂保身全命、避免君主迫害的良药。庄子认为唯一能做的，便是企求君主顺应自然，无为而治，以期把君主的危害局限在最小的范围："明王之治，功盖天下而似不自

① 《庄子·人间世》。
② 《庄子·左宵》。
③ 《庄子·马蹄》。
④ 《庄子·人间世》。
⑤ 《庄子·养生主》。
⑥ 《庄子·胠箧》。

己，化贷万物而民弗恃；有莫举名，使物自喜；立乎不测，而游于大有者也。"① 所谓"明王之治"，就是不强迫百姓按统治者的意志去行事，而是以百姓之意志为依归，并且不用权谋智巧，不假借仁义之名目，不制定强制性的法律，对百姓之事不横加干涉，让百姓按自己的意愿自由地生活下去。由此，庄子得出这样的结论："绝圣弃智而天下大治。"② 这就要求统治者不要用那么多的智谋心计，超然于政治上的得失，对个人的地位、荣辱不放在心上，"喜怒哀乐不入于胸次""处卑细而不惫"，忘我为人，不为"物役"。③ 如此，才能顺应人性之需要，在政治上表现得豁然而自由。

可见，庄子所提倡的理想人格，就是一种超脱于"君君、臣臣"的社会政治关系之外的具有独立身份的人格。然而，在现实世界中，个人处处不自由，个性处处受压抑。在庄子看来，这除了因为有外在的社会政治和刑法的束缚之外，更有"内刑"的束缚，主要指当时儒家所宣扬的一套伦理道德准则。为此，与老子一样，庄子也反对儒家仁义之说："屈折礼乐以匡天下之形，悬其仁义以慰天下之心。"④ 庄子认为，"仁义"是与真正的人性相对立的，正是因为有了这一套仁义道德的精神枷锁，个人就不能按照天性自由自在地生活了。如果说仁义的产生造成"天下始疑"，使人民因迷惑而由淳朴走向虚伪，那么，礼乐的产生造成"天下始分"，使人民因等级名分的出现而由人我同一状态走向彼此分离对立状态。更为可悲的是，所谓的圣人竟然企图用礼乐"匡天下之形"，限定人的言行举止，用仁义"慰天下之心"⑤，约束人的思想意识，结果是人人弃却真性以放纵和满足物欲，从而导致人的异化、人际关系的紧张以及人与自然的冲突，并导致天下大乱的局面。为此，庄子判定以"礼"治天下是"治之末"⑥。

战国时期是崇尚功利的时代，但庄子却敏锐地看到功利主义的目标与

---

① 《庄子·应帝王》。
② 《庄子·在宥》。
③ 《庄子·田子方》。
④ 《庄子·马蹄》。
⑤ 《庄子·马蹄》。
⑥ 《庄子·天道》。

个人合乎本性的自由发展之间的矛盾，认为，追逐外在的功名，使得人们放弃了自我个性的发展要求，是"以物易其性"①。故而，在中国思想和文化史上，庄子被视为追求个性自由的象征。然而，庄子式的这种个人主义把个人的利益需求降至最低，主张"重生则利轻"②，从而可以不依赖于任何外部条件，无求于他人，乃至不食人间烟火。相比较而言，西方式的个人主义则鼓励个人通过积极的努力来追求个人利益，并认为每个人如果都积极追求个人利益就会促进整个社会的福祉。同时，庄子关注于"治身"远甚于治国、治天下，认为"道之真以治身，其绪余以为国家，其土苴以治天下"③，这与西方式的个人主义所倡导的个人应积极参与社会政治事务的论调也大相径庭。当然，庄子也并非与现实政治绝对无涉，而只是以旁观者和局外人的立场对现实社会政治进行批判和冷嘲热讽，成为疏离于王权中心的独立批判者，从而与儒家形成一种鲜明的对照。儒家虽然也提倡"特立独行"的君子品格，但总的来说是强调合群与积极入世。而庄子则标榜"天下皆惑我独醒"④，这是一种消极的自我保护性的个人主义，它试图逃避矛盾，避免冲突，而不是积极地去开拓自我发展的自由空间。显然，这种个人自由是极其有限的。

四、富国强兵

无论是儒家的仁义说教还是墨家的兼爱主张，以及道家的无为说教，常常是言者谆谆，听者藐藐。而法家人物则从当时的实际出发，以"论世之事，因为之备"⑤的现实主义态度，理性地认识到，当此纷争不止、竞争激烈之时，只有强调事功，经邦济世，才是当务之急。由此，追求富国强兵的"霸道"走向了历史的前台。

---

① 《庄子·骈拇》。
② 《庄子·让王》。
③ 《庄子·让王》。
④ 《庄子·达生》。
⑤ 《韩非子·爱臣》。

　　法家的早期代表主要是春秋时齐国的管仲与郑国的子产。管仲在齐为相四十余年，厉行改革，"九合诸侯，一匡天下"①，使齐桓公成为春秋时期第一位霸主。而子产在郑国为相数十年，进行了"作丘赋"（丘是被征服部落的地区，本不服兵役、不承担军赋，赋包括车马、甲盾、徒兵等，春秋战争频繁，各国普遍加赋）等大胆改革，也颇多建树。而真正意义上的法家则出现在战国时期的变法运动中，代表人物主要有战国初期的李悝、吴起，战国中期的商鞅、慎到、申不害，战国末期的韩非、李斯等。

　　战国前期，魏国开各国变法之先声。当时的魏国相对落后，富庶程度不如韩国，军事力量又不如赵国。为了增强魏国实力，公元前422年，魏文侯任用李悝（公元前455—前395年）为相，变法图强，其主要措施有：其一，选贤任能，赏罚严明。当时官禄世袭，为官者不谋官事，淫侈佞邪之风盛甚。为此，李悝向魏文侯建议，剥夺这些无功受禄者的特权，任用真正有才能的人，实行"食有劳而禄有功，使有能而赏必行，罚必当"②。其二，改革军事制度，建立"武卒"制。对军队的士兵进行考核，奖励其中的优秀者，并且按照不同士兵的作战特点，重新将他们进行队伍编排。其三，废除井田制，"尽地利之教"③。井田制是商周以来的以国有为名的贵族土地所有制，因土地划分为许多方块，周边为私田，中间为公田（也叫"大田"），且形似"井"字形，故曰井田制。周王把土地层层分封给诸侯，而各级受封的封建领主又把距离城市较远、土质瘠薄的坏田分给住在野外的庶人。庶人每年要先在领主的大田上劳作，然后才准许去耕种自己作为维持最低生活的那一小块土地。显然，在这种土地制度下，生产力的发展受到极大的束缚。为鼓励农民生产，尽可能地开垦荒地和提高单位面积的产量，即"尽地利之教"④，魏国开始废除井田制，把国家掌握的一部分荒地分给没有土地的农民，转为自耕农。其四，实行法治，著成《法

---

① 《史记·管晏列传》。
② 《说苑·政理》。
③ 《汉书·食货志》。
④ 《汉书·食货志》。

经》。《法经》是中国历史上第一部系统的法典（与罗马的《十二铜表法》基本产生于同一时期），强调"不别亲疏，不殊贵贱，一断于法"① 的"法治"原则，成为以后历代法典的蓝本，等等。如上变法措施使魏国最早称雄于诸侯。后来的吴起变法、商鞅变法无不受到李悝变法的影响。

吴起当年曾辅助李悝在魏国变法，后因政治斗争而逃到楚国。当时，楚国内部民不聊生，饿殍遍野，外部又遭到当时日渐强盛的北方三晋的步步紧逼。为此，公元前 382 年，楚悼王任命吴起主持变法：其一，明法审令。为使思想认识和舆论一致，禁止纵横家进行游说："破横散从（纵），使驰说之士无所开其口。"② 其二，废除贵族特权，削弱大臣威权。针对当时楚国大臣权势过重、受封贵族太多的政治弊端，吴起采取"均楚国之爵，而平其禄，损其有余，而继其不足"③ 的政策，即对无功劳的贵族及其后代实行均爵、平禄，对立有军功和其他有功人员则授予爵禄，以解决分配不公，并逐渐废除贵族世卿世禄制，"使封君子孙三世而收爵禄"④"以抚养战斗之士"⑤。同时，禁止官吏结党营私，不超越所规定的权力："卑减大臣之威重""禁明党以励百姓"⑥。此外，为进一步削弱贵族权势，并加强对荒蛮边境地区的开发，还将人口稠密地区的贵族迁徙到边境："往实广虚之地。"⑦ 其三，整顿吏治。一是杜绝权门请托之风："塞私门之请"；二是要求官吏公私分明，言行端正，不计较个人得失，立志为变法的新兴政权效力："使私不害公，谗不蔽忠，言不取苟合，行不取苟容，行义不固毁誉"；三是裁减冗官，选贤任能："罢无能，废无用，损不急之官。"⑧ 其四，加强军事。吴起变法的核心目标是"要在强兵"⑨，以"争

① 司马谈：《论六家要旨》。
② 《战国策·秦策三》。
③ 《说苑·指武》。
④ 《韩非子·和氏》。
⑤ 《史记·吴起列传》。
⑥ 《史记·蔡泽列传》。
⑦ 《吕氏春秋·贵卒》。
⑧ 《战国策·秦策三》。
⑨ 《史记·吴起列传》。

利于天下"①，所以在变法中耕战并重，亦兵亦农，禁止丁民游手好闲、不务耕作："禁游客之民，精耕战之士"②，等等。吴起变法的结果是，楚国一扫过去贫弱局面，变被动挨打为主动进攻："南平百越；北并陈、蔡，却三晋；西伐秦。诸侯患楚之强。"③ 然而，由于吴起变法中的诸多措施主要是针对着旧贵族来的，故新法行之期年，由于楚悼王不幸早逝，吴起失去了坚强的靠山而遭到了楚国贵族的射杀，楚国变法也因此受到挫折。从此，楚国总的趋势是在走下坡路，直至灭亡。故而，后世的韩非子曾评价道："楚不用吴起而削弱。"④

到了战国中期，秦用商鞅变法，齐用邹忌变法，从而使秦、齐同时崛起于西方东方。此后，韩、赵、燕各国都进行了程度不同的变法。而在整个战国变法运动中，秦国的商鞅因袭李悝、吴起，发扬光大，辅佐秦孝公进行了彻底的变法实践，可以说是中国历史上最全面、最彻底、最成功、影响最为深远的一场变法。

商鞅（约公元前395—前338年），卫国（今河南省安阳市内黄县梁庄镇）国君的后裔，姓公孙氏，故又称卫鞅、公孙鞅。后因在河西之战中立功获封商于十五邑（在今河南省淅川县西南），故又称之为商君、商鞅。当时的秦国地处西部边陲，积贫积弱，秦孝公意欲奋发图强，颁布"求贤令"："三晋攻夺我先君河西地，诸侯卑秦，丑莫大焉。……宾客群臣有能出奇计强秦者，吾且尊官，与之分土。"⑤ 商鞅正是在秦孝公求贤令的号召下来到秦国，当他提出"强国之术"时，便使处于困境中的秦孝公（公元前361—前338年在位）如遇"救命稻草"。

在秦国变法前夕，商鞅曾同秦国贵族代表甘龙、杜挚等就"变法"等问题展开过一场辩论。甘龙认为，"圣人不易名而教，智者不变法而治。因民而教，不劳而成功；缘法而治者，吏习而民安之。"杜挚说："利不百，

① 《说苑·指武》。
② 《史记·蔡泽列传》。
③ 《史记·吴起列传》。
④ 《韩非子·问田》。
⑤ 《资治通鉴·周纪二·显王八年秦孝公求贤令》。

不变法；功不十，不易器。法古无过，循礼无邪。"① 而商鞅则认为，社会在不断发展变化，治国思想也应随之而改变，既不能复古，也不能保守："治世不一道，便国不法古。故汤、武不循古而王，夏、殷不易礼而王。反古者不可非，而循礼者不足多。"② 因此，"圣人苟可以强国，不法其故；苟可以利民，不循其礼"③ "不法古，不修今"④。辩论的结果，商鞅占了上风。于是，公元前 359 年，秦孝公命商鞅颁布《垦草令》，从而拉开了秦国变法的序幕。

商鞅根据对战国历史特征的敏锐洞察，认为要想在乱世中求得生存，必须凭借一种强力："国之所以重，主之所以尊者，力也"⑤ "多力者王"⑥。而国家的实力主要来自于农业："故治国者欲民之农也。"⑦ 故而，富国强兵的首要任务就在于大力发展农业："圣人知治国之要，故令民归心于农。"⑧ 为此，商鞅变法要求秦国官吏、贵族、商人必须与农民一起全力除草开荒，增产粮食，做到"民不逃粟，野无荒草"⑨。商鞅变法还把"尽地力"和"尽人力"有效结合起来，做到"地力"与"人力"的均衡和匹配："民胜其地者务开，地胜其民者事徕。"⑩ 鉴于秦当时"地广人稀"，而三晋之地"土狭民众"的状况，商鞅决定实行暂时免租免徭免役的政策，从而使得"山东之民无不西者矣"⑪，极大充实了秦国的劳动力。而为了充分利用国内劳动力，商鞅变法还推行小家庭制，规定：一户有两个儿子的，成年后必须分家独立谋生，否则要加倍缴纳赋税。商鞅还主张由国家垄断山泽资源，把私人经营林、副、渔、猎等各种途径统统堵住，使农村

① 《史记·商君列传》。
② 《史记·商君列传》。
③ 《商君书·更法》。
④ 《商君书·开塞》。
⑤ 《商君书·慎法》。
⑥ 《商君书·去强》。
⑦ 《商君书·垦令》。
⑧ 《商君书·农战》。
⑨ 《商君书·去强》。
⑩ 《商君书·算地》。
⑪ 《商君书·徕民》。

人口除了努力耕织之外，再无其他生活出路："壹山泽，则恶农、慢惰、欲倍之民无所于食……则必农。"① 此外，商鞅还颁布了一些禁令：诸如"废逆旅"（禁止开设旅店，让流亡人口无所居留，出行较远者及旅店的旅客必须持有官府印发的凭证，旅店不能收留没有凭证的旅客住宿，否则店主与奸人同罪）；"使民无得迁徙（禁止民间自由搬迁，尤其是从农村迁往城镇）""声（乐声）、服（戏服）无通于县"（禁止县以下的各种声色娱乐活动，避免农民分心而影响到农业生产），② 等等，目的都是使人民安心于农。

在变法过程中，商鞅逐渐认识到以"井田制"为代表的土地制度已经严重阻碍了社会生产力的发展，故而实行土地改革，颁布"为田开阡陌封疆"法令。③ 之前，一些诸侯国相继在征收田赋方面做了不少改革，如齐桓公时的"相地而衰征"，晋惠公时的"作辕田"，鲁宣公时的"初税亩"，鲁成公时的"作丘甲"，楚康王时的"书土田"，鲁哀公时的"用田赋"和秦简公时的"初租禾"等，也都不同程度上触动了在井田制下土地制度的根基。而商鞅的做法更为彻底，他首先厘清"仓府之数、壮男壮女之数、老弱之数、官士之数、以言说取食之数、利民之数、马牛刍藁之数"④，然后，以此为基础，提出了"为国分田"⑤ 的方案：根据田土的质量和数量分配给农民，破除地界，重新丈量土地，按亩征收田赋；实行"制土分民"⑥，鼓励人民开垦荒地；将贵族的闲置耕地收回国有后重新分配；允许土地自由买卖，等等。这些政策的实行，使农民的土地所有权得到了合法承认，从而极大地调动了农民生产的积极性。

而为了使人民尽可能专心于农业生产，商鞅又实施"抑商"。其理由

---

① 《商君书·垦令》。
② 《商君书·垦令》。
③ "陌"指亩与亩之间的小道，"阡"指百亩与百亩之间的小道，"封疆"则指大块田地周围所建筑的封土堆和矮墙，是土地所有者的标记。
④ 《商君书·去强》。
⑤ 《商君书·算地》。
⑥ 《商君书·徕民》。

是"民之内事，莫苦于农""商贾之士佚且利"，① 故而人民不愿意从事农业生产，造成"农者寡而游食者众""一人耕而百人食""地虽广而粮不足，人虽众而兵不强"② 的社会现象和问题。故而，欲使人民安于农，必须对商贾加以限制："令商贾技巧之人无繁"③，排斥"游食"、杜绝"技艺"，"去无用，止浮学事淫之民"④。商鞅变法规定：凡是从事工商业或是因不生产导致贫困破产的人，连同妻子、儿女罚入官府为奴；根据商人家庭的人口，摊派徭役，对他们的一切奴仆，均在官府中注册登记，轮番承担徭役；实行粮食贸易管制："使商无得籴，农无得粜。……无裕利则商怯，商怯则欲农"⑤，使商人和游手好闲者只能以高价向国家购买口粮，以减少经商兴趣；对商业征收重税："不农之征必多，市利之租必重"⑥，等等。当然，商鞅并非完全禁止工商业，他也认为，"农、官、商三者，国之常食官也。农辟地，商致物，官法民。"⑦ 但是，对于农业与商贸的关系，商鞅依然主张以农业为本位。在其看来，如果不重视粮食生产，即使暂时增加了货币，到头来粮食不够吃，还得去向别的诸侯国购进，导致"金、粟两死，仓、府两虚，国弱"；反之，如果重视农业生产，增加粮食储备，那么，不仅可以保证国内粮食需要，还可出口多余粮食换货币，这样便可以"金、粟两生，仓、府两实，国强"。⑧

商鞅不但把重农当成治国强兵的根本，而且将发展农业（粮食）生产与夺取战争胜利相联系，进一步提出了富国强兵的"耕战"（或"农战"）方略："耕战二者，力本"，"国之所以兴者，农战也"⑨。农战的重要性是显

---

① 《商君书·算地》。
② 《商君书·农战》。
③ 《商君书·外内》。
④ 《商君书·农战》。
⑤ 《商君书·垦令》。
⑥ 《商君书·外内》。
⑦ 《商君书·弱民》。
⑧ 《商君书·去强》。
⑨ 《商君书·农战》。

而易见的："国待农战而安，主待农战而尊"①，为此，商鞅提出全国皆兵："能壹民于战者，民勇；不能壹民于战者，民不勇。圣王之见王之致于兵也，故举国而责之以兵"②，从而将民众的主要意向与行为纳入"国家军事化"轨道。而为了使百姓积极从事农战，商鞅认为，办法的中枢是一个"利"字："民之欲利者，非战不得，避害者，非战不免。"③ 其改革旨在实现"利出一孔"："利出一孔者，其国无敌。利出二孔者，（其）国半利。利出十孔者，其国不守。"④ 即用各种政治手段使臣民只有一条可靠直接的获得爵位、俸禄、富贵奢华的途径，这就是为国家和君主建立功勋，而建立功勋的主要手段是"耕战"。

为了保证耕战这一国家战略的实施，商鞅在政治上废除了世卿世禄制度，建立起"军功爵制"，规定：除了从事农战以外，不得授予官爵："善为国者，其教民也，皆从壹空而得官爵。是故不以农战，则无官爵。"⑤ 即使宗室，"非有军功"，亦"不得为属籍"⑥。有军功可以彰显荣耀，没有军功即使富有也不能彰显荣耀；土地、房产的分配以及家臣、奴婢的服饰，都按爵位等级决定；二级以上的爵位可以用来抵罪，等等。商鞅认为，只要"力尽而爵随之，功立而赏随之"⑦，人们必然就会尽力于农战，所谓："利出于地，则民尽力。名出于战，则民致死。"⑧ 为此，商鞅还把农战作为国家的常规教育："是故民闻战而相贺也，起居饮食所歌谣者，战也"⑨，由此培养出秦国士卒尚武、好战的风气："使民之所苦者，无耕；危者，无战"⑩"民之见战也，如饿狼之见肉也"⑪。而对不积极从事农战，甚至破

---

① 《商君书·农战》。
② 《商君书·画策》。
③ 《商君书·慎法》。
④ 《商君书·析令》。
⑤ 《商君书·农战》。
⑥ 《史记·商君列传》。
⑦ 《商君书·错法》。
⑧ 《商君书·算地》。
⑨ 《商君书·赏刑》。
⑩ 《商君书·慎法》。
⑪ 《商君书·画策》。

坏农战者予以严惩，没有完成的要受重罚。赏之重、严之酷要达到这种境地："民见战赏之多则忘死。见不战之辱则苦生。赏使之忘死，而威使之苦生。"① 总之，"王道非外，身作壹而已矣。"② 就是让农民一心想着农战，一心为了农战，一心从事农战。这些措施的实施，大大增强了秦国的军事实力，其结果自然会使秦国战斗力旺盛，所向披靡，"三军之众，从令如流，死而不旋踵"③。

在实行军功爵制的同时，为了便于征兵作战和加强相互监视，商鞅还改革户籍制度，他在先前秦献公"户籍相伍"制度（按五家为一伍为单位将全国人口进行编制）的基础上增加什伍连坐法，将全国居民五家编成一伍，十家编成一什，以伍什为基本单位，居民相互监督检举，一家犯法，十家连坐；不告发奸人的处以腰斩；告发奸人的与斩敌首级受同样赏赐，即赏赐告奸者爵位一级；隐藏奸人的与投降敌军受同样惩罚，即匿奸者本人将被处斩，其全家财产被充公，等等。由此，商鞅构建了一个私欲膨胀、利欲熏心的激励机制，使秦人的社会组织性大大增强，为了实现功利目的而可以不顾一切。

为了保证农战策略的有效实施，商鞅还要求政府官员做到"无宿治"，即当天事必须当天干完，以提高政府工作的效率："无宿治，则邪官不及为私利于民，而百官之情不相稽，则农有余日。邪官不及为私利于民，则农不败。农不败而有余日，则草必垦矣。"④ 商鞅还将"无宿治"和国家的强弱联系在了一起："以日治者王，以夜治者强，以宿治者削。"⑤ 在此基础上，他把这种"无宿治"的措施和"断于下"的思想结合起来："上令而民知所以应，器成于家而行于官，则事断于家。故王者刑赏断于民心，器用断于家……治国贵下断，故以十里断者弱，以五里断者强。"⑥ 意思是

---

① 《商君书·外内》。
② 《商君书·农战》。
③ 《商君书·画策》。
④ 《商君书·垦令》。
⑤ 《商君书·去强》。
⑥ 《商君书·说民》。

说，国君有命令，民众知道怎么执行，好比器物在家里做成却适合在官府里使用，这就是政事在家里判断。所以想要统一天下的人，在使用刑赏时，要让民众可以在心里判断怎么做受赏，怎么做受罚，就像在家里就可以判断怎么样为官府制造器物一样，所以治理国家最好的办法，就是让民众能自己判断他的行为是否受赏或罚，等等。这种吏治举措，自然为秦国开拓出一种刚健、清新和高效的政局。

商鞅变法的整个过程，实际上就是一个将人民的意志和力量集中到农战上去的"抟力"的过程。在商鞅看来，只有如此，才能够实现富国强兵："故治国者，其抟力也，以富国强兵也。"[1] 故而，"凡将立国，事本不可不抟也。" 而为了更好地实现"抟力"，商鞅严格禁止"私斗"："为私斗者，各以轻重被刑大小"[2]，因为频繁的私斗不但破坏生产，而且造成大量无辜劳动力的伤亡。与此同时，"抟力"之后，还需"杀力"，就是将力用到战争上，向外进行扩张。商鞅将此称之为"毒"，认为生力后一定要"输毒"。否则，只会导致人民安逸享乐、疲沓懈怠："力多而不攻则有好虱"[3]，甚至导致国家走向衰落："力多而不用则志穷，志穷则有私，有私则有弱。故能生力不能杀力，曰自攻之国，必削。"[4] 这实际上也为秦国当时对外扩张的意图和行径提供了一个"充足"的理由。

商鞅通过二十年的变法实践和理论倡导，形成广大民众、官吏勤奋作为、朴实无华、努力耕战、崇力尚武的社会风尚，整个社会呈现出开拓进取、积极有为、奋发向上的蓬勃景象："民以殷富，国以富强，百姓乐用，诸侯亲服。"[5] 史载，荀子游秦时曾发表"观后感"："观其风俗，其百姓朴，其声乐不流污，其服不佻，甚畏有司而顺，古之民也。及都邑官府，其百吏肃然，莫不恭俭、敦敬、忠信而不楛，古之吏也。入其国，观其士大夫，出于其门，入于公门；出于公门，归于其家，无有私事也；不比

---

① 《商君书·壹言》。

② 《史记·商君列传》。

③ 《商君书·壹言》。

④ 《商君书·说民》。

⑤ 《史记·李斯列传》。

周，不朋党，偶然莫不明通而公也，古之士大夫也。观其朝廷，其朝闲，听决百事不留，恬然如无治者，古之朝也。故四世有胜，非幸也，数也。是所见也。故曰：佚而治，约而详，不烦而功，治之至也，秦类之矣。"① 无独有偶，韩非入秦也作过类似的对比："彼法明，则忠臣劝；罚必，则邪臣止。忠劝邪止而地广主尊者，秦是也；群臣朋党比周，以隐正道，行私曲而地削主卑者，山东是也。"② 这种有为气象，恰与东方诸国的乱政构成鲜明反差。

　　商鞅尽管在秦孝公死后为旧贵族势力所杀，但"商君虽死，秦法未败"③，之后的秦统治者依然皈依了商鞅变法的种种举措，从而使秦国迅速崛起，一跃而成为战国七雄中的最强国，并最终为此后秦统一中国奠定了牢固的基石。《汉书·食货志》言："孝公用商鞅之法，坏井田，开阡陌，急耕战之赏，虽非古道，犹以务本之故，倾邻国而雄诸侯……移风易俗，民以殷盛，百姓乐用，诸侯亲服，获楚魏之师，举地千里，至今治强。"可以说，在战国诸子中，既在思想学识上堪称"博物君子"，又能"出将入相"、创下不朽功勋者，商鞅首当其选。与其他诸子相比，商鞅的言论的确远不如他们娓娓动听，但是从历史进程看，只有法家做到了与时俱进，为国家统一提供了切实的措施，因而法家成为诸子争锋的最后赢家——齐用管仲而霸，秦用商鞅而强并最终一统天下。相比之下，儒家对"耕"不是很重视，他们认为"耕"是下等事，"战"最好要避免；墨家对于农耕以及手工业给予重视，但是反对战争；道家主张的清静无为也好，全真养生也好，还是阴谋的统治术也好，对于耕战问题都没有给予高度的重视。惟其如此，就社会变革而言，法家学说自有其不可磨灭的恒久意义。从历史上看，每当国家危殆弱乱之时，总有赖法家学说以求自强。汉代萧何、曹参、贾谊、晁错等，皆用其道而规划天下。宋代王安石与明代张居正，锐意革新，力谋富强，也是秉承法家学说进行的。日本近代古学

---

① 《荀子·强国》。
② 《韩非子·饰邪》。
③ 《韩非子·定法》。

派正是通过法家的理论才摧毁了在日本统治长达一两百年的朱子学体系，这一"脱儒入法"运动，奠定了日本早期近代化的立国基础，成为明治维新时期"脱亚入欧"论的理论先导和实践先驱。① 同样，在中国近代大变革的时势面前，众多有识之士更是借法家学说而表达其富国强兵的理想追求。在这些学人的视野中，法家思想有儒家所不能及的地方，乃是一条被历史掩埋的中国政治现代化的道路。如严复说："居今日而言救亡学，惟申韩庶几可用，除却综名核实，岂有他途可行？"②

尽管如此，一个明显的局限是，法家的富强之路是建立在国富民穷、国强民弱的"零和博弈"之上的，即主张无限地扩大国家权利而缩小人民的利益。这基于其国家本位主义的立场，它不为民众设定任何权利，民众从来只有服从的义务。在法家的认识视野中，人民并不是国家的主人，而只是君主成就霸业的工具："昔之能制天下者，必先制其民者也；能胜强敌者，必先胜其民者也。"③ 为此，法家设计了一套非常完备的社会控制机制，在致力于削弱贵族、大臣权力的同时，还采取了"弱民"措施。商鞅说："民弱国强，国强民弱，故有道之国，务在弱民。"④ 商鞅追求的是"弱民"，要使民处在最软弱的地位，以最大限度加强君权。而为达到进一步控制民众的目的，法家还实行"愚民"政策："民愚，则易力而难巧""民愚则易治也"。⑤ 为此，商鞅极力提倡朴实的民风和社会时尚："愚农不知，不好学问，则务疾农""归心于农，则民朴而可正也，纷纷则易使也，信可以守战也"。⑥ 在商鞅看来，愚昧无知的人不知道自己劳力的价值，干活使劲不吝惜气力。穷困驱使人不得不去计较利害。不吝惜气力和不看重自己生命的人，乐意接受朝廷的役使。计较利害的人因害怕刑罚而忍耐受苦。不怕受苦，利于开发地利。听从使唤打仗时就能发挥力量："夫民之

---

① 参见韩东育：《徂徕学派与法家的"人情论"》，《日本学刊》2002 年第 5 期。
② 严复：《与熊纯如书》，见王栻主编：《严复集》，中华书局 1986 年版，第 620 页。
③ 《商君书·画策》。
④ 《商君书·弱民》。
⑤ 《商君书·定分》。
⑥ 《商君书·农战》。

情，朴则生劳而易力；穷则生知而权利。易力则视死而乐用，权利则畏罚而易苦，易苦则地利尽，乐用则兵力尽。"①

　　法家的弱民、愚民思想对于中国整个传统社会都产生过巨大而又深远的影响。从长远看，这些钳制了人们的思想，进而也妨碍了社会的真正进步。事实证明，只有充分发挥人的内在潜力和自由创造，充分实现各种社会力量的整合，从而增强社会的活力，这是保证一切社会价值目标的实现和进行制度革新的根本所在。因此，我们对法家自强学说的借鉴，必须冲破国家与民众"零和博弈"的怪圈，充分发扬民众的能动性，我们才有可能真正走向富强之路，实现国家与民众利益的"共赢"。

---

　　① 《商君书·算地》。

第四章　王霸之辩

　　在先秦治道论争中，一个最为突出的问题，就是"王道"和"霸道"的分殊。王道一词最早见于《尚书·洪范》："无偏无党，王道荡荡；无党无偏，王道平平；无反无侧，王道正直。"意思是说，统治者应该去掉自己的偏好，不折不扣地遵循像尧舜以至文、武、周公等历代圣王的经国治民之术。"王道"最初是先秦诸子的共同话语，当然内容不尽相同。比如，儒家的"王道"是圣王"垂拱而天下治"①，法家王道的核心则为"国富而治"②。而自孟子对王道和霸道进行严格区分之后，王道遂成先秦儒家的"一家之论"。按照孟子的解释，王道具有道德的规定性，即"以德行仁者王"，典型代表是夏、商、周三代的圣王，比如，尧"克明峻德，以亲九族。九族既睦，平章百姓；百姓昭明，协和万邦，黎民于变时雍"③；与王道相对应的，则是"以力假仁者"④的霸道，典型代表便是春秋五霸以及战国七雄的兼并之道。在此意义上而言，王道的负笈者是儒家，霸道的鼓吹者则是法家。自此，"王霸之辩"遂专指儒法争衡。

---

①《周易·系辞下》。
②《商君书·农战》。
③《尚书·尧典》。
④《孟子·公孙丑上》。

一、为政以德

面对春秋以来"礼崩乐坏"的局面，孔子高举"仁"字大旗，醉心于恢复"周礼"和周朝的德治盛事。在孔子那里，相对于"礼"的外在形式来说，"仁"学则强调一种内在的道德自觉。孔子学说的全部基点在于：要求人们把外在的规范化为人的内在自觉，把"道之以德"同"齐之以礼"相提并论，实现德治和礼治相结合。"为政以德"主要包括如下内涵：

其一，以德示范、上行下效。即引导统治者对上、对下都以道德人格的自我完善为标准。在孔子的想象中，如果统治者能够以身作则，树立一个道德的样板，则无须命令，百姓就会照样而行；否则，反之："其身正，不令而行；其身不正，虽令不从。"① 在孔子看来，"君""民"之间存在着一种上行下效的关系："上好礼，则民莫敢不敬；上好义，则民莫敢不服；上好信，则民莫敢不用情。"② 由此，就可以由"正己"达成"正人"之目的："政者，正也。子率以正，孰敢不正？"③ 具体而言，如果君子"笃于亲"，则民"兴于仁"；如果君子"慎终追远"，则"民德归厚"；统治者如果能够以德治国，老百姓就好比众星参北斗一样，欣然向善："为政以德，譬如北辰，居其所而众星拱之。"④ 因而，当鲁国掌权的季康子因盗贼众多、治安不良而求教于孔子时，孔子说："苟子之不欲，虽赏之不窃。"⑤ 含有官逼民反、乱自上作之意。后来季康子又问治理政事是否可以杀掉无道的人而接近有道的人？孔子回答说："子为政，焉用杀？子欲善，而民善矣。君子之德风，小人之德草，草上之风，必偃。"⑥ 言下之意，当政者道德品质如何会直接影响到社会风气的好坏，只要以身作则，民风自然就会

---

① 《论语·子路》。
② 《论语·子路》。
③ 《论语·颜渊》。
④ 《论语·为政》。
⑤ 《论语·颜渊》。
⑥ 《论语·颜渊》。

好起来。

为此，在孔子看来，统治者需要通过"修己"以实现"安人""安百姓"①。具体而言，当政者必须修炼恭、宽、信、敏、惠等"天下为仁"的五种美德："恭则不侮，宽则得众，信则人任焉，敏则有功，惠则足以使人。"②"恭"是说待人要谦恭有礼，行为要庄重；"宽"就是宽恕人、容纳人，能够宽容各种不同意见；"信"是指人们要诚实不欺，做到"言而有信"③，取信于民，"民无信不立"④；"敏"是勤勉的意思："敏于事而慎于言"⑤；"惠"是指对人要慈惠、恩惠，"其养民也惠"⑥"君子惠而不费"⑦，即主张给人们一定的好处和实惠。只有如此，才可以取得如下事功："恭则不侮，宽则得众，信则人任焉，敏则有功，惠则足以使人。"⑧大意是说，当政者用道德去处世，通过人际关系的和谐化去治国理政，就会取得好的成效，达到"得众"和"使人"的目的。这实际上就是马克斯·韦伯所说的在人际关系中以个人的超凡魅力来树立权威的方法。孔子认为，只要努力去追求，就能达到"仁"的要求："为仁由己"⑨"我欲仁，斯仁至矣"⑩。面对当时"圣人不在天子位"的政治现实，孔子坚持"以道事君，不可则止"⑪，感叹道："道之将废也与，命也！"⑫

孟子秉承孔子的治国之道，指出，要想以王道治理国家社会，君王首先自己必须具有高尚的道德人格："一正君而国定矣"⑬"不仁而得天下者

---

① 《论语·宪问》。
② 《论语·阳货》。
③ 《论语·学而》。
④ 《论语·颜渊》。
⑤ 《论语·学而》。
⑥ 《论语·公冶长》。
⑦ 《论语·尧曰》。
⑧ 《论语·阳货》。
⑨ 《论语·颜渊》。
⑩ 《论语·述而》。
⑪ 《论语·颜渊》。
⑫ 《论语·宪问》。
⑬ 《孟子·离娄上》。

未之有也"①。然而，在现实生活中，君王往往会因外界环境的影响或自我的放纵而偏离正轨甚至作出恶行，为此，孟子要求大臣们肩负起"正君心"的重任，"务引其君以当道，志于仁而已"②，大臣"责难于君""陈善闭邪"，才是对君主的"恭敬"③。这就需要君主与大臣不断地加强自己的德性修养，善于倾听百姓的意见，惩治那些贪污腐败、鱼肉百姓的官吏，等等。不过，孟子学说强调"求仁得仁"的心灵超越，忽视了孔子"学而时习之"的知识渴求，认为"仁义礼智，非由外铄我也，我固有之也，弗思耳矣"④，遂导致儒家修身之学与王道政治一并陷入神秘主义，故而孟子时时感叹："若夫成功，则天也。"⑤

荀子也指出："君者，民之原也：原清则流清，原浊则流浊。"⑥ 为此，他对君主的道德修养提出了严格的要求，君主的一切言行都要以礼义作为最高的取舍衡量标准，应做到："畏患而不避义死，欲利而不为所非。"⑦荀子认为，要达到礼义道德的要求，个人要发挥自身的主观努力，见善思齐：一是要学礼、知礼。礼是学习得来的，人只有学习礼义才能正身，才有向圣人迈进的可能："学恶乎始？恶乎终？曰：'其数则始乎诵经，终乎读礼；其义则始乎为士，终乎为圣人。'"⑧ 二是要知礼而行："学至于行之而止矣。"⑨ 三是要持之以恒，反省存善，"见善，修然必以自存也；见不善，愀然必以自省也"⑩，等等。

从管理学的角度看，儒家"以身作则"式的道德示范是一种间接控制，即用道德来引导人民、教化人民，使人民知道哪些行为是符合道德的

① 《孟子·尽心下》。
② 《孟子·告子下》。
③ 《孟子·离娄上》。
④ 《孟子·告子上》。
⑤ 《孟子·梁惠王下》。
⑥ 《荀子·君道》。
⑦ 《荀子·不苟》。
⑧ 《荀子·劝学》。
⑨ 《荀子·儒效》。
⑩ 《荀子·修身》。

高尚行为，而哪些行为是不符合道德的卑鄙行为。自孔子开始，"正人先正己"的以身作则原则，为历代儒学大师所倡导。《礼记·大学》中讲到"八条目"，即格物、致知、诚信、正心、修身、齐家、治国、平天下。前五条是"修己"的方法，后三条就是"安人"的具体展开，各自分别指向家庭管理、国家管理和社会管理。"修己"是个人品德的修养，是管理的起点，修己的极致就是"内圣"；"安人"是国家治理的目标，是管理的目的，也是儒家所追求的"外王"。

其二，道德教化。对此，孔子有过经典性的论述："道之以政，齐之以刑，民免而无耻；道之以德，齐之以礼，有耻且格。"① "格"意谓为政者以德化民，又以礼齐之，就能培养起人的羞耻心，使之自愿与为政者相沟通，自觉与为政者合作；同时，民知羞耻，知是非，则自愿服从政令，自觉遵守规矩。这种自觉心的形成靠的是日熏月染的道德教化，即通过晓之以理、动之以情，使人心悦诚服、自愿服从，形成道德自觉。在孔子看来，教化虽需假以相当时日，却是塑造人心的根本措施，一旦功成，即可收一劳永逸之效；相反，"不教而诛谓之虐；不戒视成谓之暴；慢令致期谓之贼。"②

孟子从性善论的立场出发，指出，君王有善心，可以通过发展自己的"善端"，将之延续、体现在政治活动中，实现仁政。民众亦有善心，但要切实地保证王道的实现则必须对民众施以教化，使之扩充"善端"，进而具备较高的道德品质。所以，对民众而言，重要的不是采用刑罚惩戒，而是实施道德教化："善政，民畏之；善教，民爱之。善政得民财，善教得民心。"③ 为此，孟子反复强调肯定办学的重要性："设为庠序学校以教之。庠者，养也；校者，教也；序者，射也。"④

荀子从人性恶的角度，也论证了教化的必要性。在他看来，人生来是

---

① 《论语·为政》。
② 《论语·尧曰》。
③ 《孟子·尽心上》。
④ 《孟子·滕文公上》。

好利恶害的，如果任凭自由发展，必然会导致人与人之间的纷争冲突，因此，必须对恶的人性加以控制，使人们合乎社会的要求："今人之性恶，必将待师法然后正，得礼义然后治。今人无师法，则偏险而不正；无礼义，则悖乱而不治。"① 为此，他特别强调了"圣人君师"的作用："君子者，礼义之始也……无君子，则天地不理，礼义无统，上无君师，下无父子，夫是之谓至乱。"② 这个过程，就是所谓"化性起伪"："圣人化性而起伪，伪起而生礼仪，礼仪生而制法度。……起礼义，制法度，以矫饰人之情性而正之，以扰化人之情性而导之也，始皆出于治，合于道者也。"③

在儒家那里，道德是政治的根基，政治是道德的外延。实施教化的目的，最终就是要实现具有高尚的道德行为，即君子人格。君子既要不断通过学习自我完善道德修养，同时又要参与国家管理，将道德学说灌输给社会各阶层，所谓"学而优则仕，仕而优则学"④。君子的目标在于追求至上的"道"。儒家要求人们"安贫乐道"，正是出于同样的目的追求，即为维护正道、追求正义而安于贫贱。孔子说："君子谋道不谋食""君子忧道不忧贫"。⑤ 故而，颜回箪食瓢饮，受到孔子的称赞。孟子曾对这种品质给予极高评价："居天下之广居，立天下之正位，行天下之大道；得志，与民由之；不得志，独行其道。富贵不能淫，贫贱不能移，威武不能屈，此谓大丈夫。"⑥ 而在荀子那里，"道"甚至高于君王，"道存则国存，道亡则国亡"⑦ "从道不从君"⑧。

这种以德育之教制约君权的思想，在历史上曾起到过相当积极的作用，使封建君王们不得不时而注重自己的道德修养，同时也催生了许多勤劳国事、不懈于治的贤臣良吏。从孔子对"仁"的阐发到荀子尊崇"圣人

① 《荀子·性恶》。
② 《荀子·王制》。
③ 《荀子·性恶》。
④ 《论语·子张》。
⑤ 《论语·卫灵公》。
⑥ 《孟子·滕文公下》。
⑦ 《荀子·君道》。
⑧ 《荀子·臣道》。

君师"的影响力，说明先秦儒学正由注重于"内圣"之道开始向注重"外王"之道转变。然而，在这一转变中，民众的自主性降低了，而"圣人君师"的权威及其礼仪规范的强制性却大大增加了。因为"礼仪法度者，圣人之所生也"①，而圣人创造这些礼仪法度就是为了治理百姓的："礼之生，为贤人以下至庶民也"②"众庶百姓则必以法数制之"③。

其三，以民为本。作为周朝德治的维护者，孔子思想中始终贯穿着重民的观念。孔子认为，民富是国富的基础与前提，民富才能国富，因而他力主富民为先。孔子虽然极力维护等级制度，但他不希望贫富之间的过分对立，所谓："有国有家者，不患寡而患不均，不患贫而患不安。盖均无贫，和无寡，安无倾。"④ 为此，孔子主张轻徭薄赋、尚俭节用、安富恤贫，要"因民之利而利之"⑤。孔子还有一个观点值得重视，那就是"富而后教"的思想。一次孔子与冉有到卫国。子曰："'庶矣哉！'冉有曰：'既庶矣，又何加焉？'曰：'富之。'曰：'既富矣，又何加焉？'曰：'教之。'"⑥ 在这里，孔子把"富民"与"教民"结合起来，以达"富而好礼"之目的。

孟子针对当时"民之憔悴于虐政，未有甚于此时者也"⑦ 的严酷现实，阐明了以民为本、得民心的重要性："得天下有道：得其民，斯得天下矣。得其民有道：得其心，斯得民矣。"⑧ 就是说，统治者只有以民为本，获得民众的支持才能维持自己的统治。故而，孟子把"亲亲"的血缘情感推而广之用于一般民众："亲亲而仁民。"⑨ 孟轲还把"王者之民"与"霸者之民"作了对比："霸者之民欢虞如也，王者之民嗥嗥如也，杀之而不怨，利

---

① 《荀子·性恶》。
② 《荀子·大略》。
③ 《荀子·富国》。
④ 《论语·季氏》。
⑤ 《论语·尧曰》。
⑥ 《论语·子路》。
⑦ 《孟子·公孙丑上》。
⑧ 《孟子·离娄上》。
⑨ 《孟子·尽心上》。

之而不庸，民日迁善而不知为之者。夫君子所过者化，所存者神，上下与天地同流，岂曰小补之哉？"① 就是说，"霸者"治理之下的民众固然欢欢喜喜，快快活活，却总不如"王者"治理之下的民众心情舒畅，怡然自乐。如果说在孔子那里，维护民众的利益还要依靠君主之德来判断和抉择的话，那么在孟子那里，民众的主体资格便大大增强了。孟子所说的"王"是没有自足的权威的，而取决于人民是否接受："民为贵，社稷次之，君为轻。是故得乎丘民而为天子，得乎天子为诸侯，得乎诸侯为大夫。诸危社稷，则变置。"② 在这里，孟子已暗示出人民之于君王微妙的制衡关系。不过，孟子的着重点在"民生"，而没有深入到民的政治权利。梁启超说得好："故执政者若违反民意，除却到恶贯满盈群起革命外，在平时更无相当的制裁之法，此吾国政治思想中之最大缺点也。"③

荀子在民本问题上最著名的论述，便是以"水""舟"的比喻说明民众对国家兴亡的关系："马骇舆，则君子不安舆；庶人骇政，则君子不安位。马骇舆，则莫若静之；庶人骇政，则莫若惠之。选贤良，举笃敬，兴孝弟，收孤寡，补贫穷。如是，则庶人安政矣。庶人安政，然后君子安位。传曰：'君者，舟也；庶人者，水也。水则载舟，水则覆舟。'此之谓也。"④ 这一段论述的主旨，是探讨政权稳定的基本原理。"马"是驱动"舆"前进的不可缺少的动力，要想安坐"舆"中，享受车辆带来的快捷与舒适，就必须使马儿乐于由你驱使，因此"静之"是驱车最重要的要领。君子为政也是这个道理，"庶人"如马，"政"如车舆，要想安享权力带来的尊贵与风光，莫若使庶人安于统治，乐于效劳。荀子认识到了"庶人"既是君权存在的基础又是君权覆亡的力量，但他并没有据此得出"政从庶人"或"君随民愿"的结论，而是把主动权依然交给了国君，认为统治者不必为庶人的力量惊慌失措，"惠之"即可，从而使自己的权力更为稳

---

① 《孟子·尽心上》。
② 《孟子·尽心下》。
③ 梁启超：《先秦政治思想史》，东方出版社1996年版，第35页。
④ 《荀子·王制》。

固。可见，荀子的君民"舟水"关系说，实质上弱化了孟子民本思想的力度。

荀子甚至认为，民众愚陋无知，他们的功业、财富、安危乃至生命依赖于君主的支持才能有所保障："彼众人者，愚而无说，陋而无度者也。"① 在荀子的立论中，君主是臣民的主宰，而臣民则成了君主的子弟和仆从："君子以德，小人以力；力者，德之役也。百姓之力，待之而后功；百姓之群，待之而后和；百姓之财，待之而后聚；百姓之埶，待之而后安；百姓之寿，待之而后长；……天地生之，圣人成之。"② 依此推论，服从君主就成了臣民的天职，无论是圣君、中君、暴君的态度，对于臣民而言，总的原则应该是"从命而不拂"，即便是对待"暴君"，也仅仅是"晓然以至道"罢了："恭敬而逊，听从而敏，不敢有以私决择也，不敢有以私取与也，以顺上为志，是事圣君之义也。忠信而不谀，谏争而不谄，拼然刚折端志，而无倾侧之心，是案曰是，非案曰非，是事中君之义也。调而不流，柔而不屈，宽容而不乱，晓然以至道而无不调和也，而能化易，时关内之，是事暴君之义也。"③ 可以说，西周以来发展起来的民本思想，到了荀子这里最终被画上了一个休止符："上者，下之本也"④ "君者，民之原也"⑤ "臣之于君也，下之于上也，若子之事父，弟之事兄，若手臂之头目而覆胸腹也"⑥。总之，"君为民本"，荀子的理论无比明确，故而成为后世专制主义的最好粉饰。

二、缘法而治

针对儒家的"为政以德"，法家则提倡"缘法而治"，儒、法两家之间

---

① 《荀子·非相》。
② 《荀子·富国》。
③ 《荀子·臣道》。
④ 《荀子·正论》。
⑤ 《荀子·君道》。
⑥ 《荀子·议兵》。

由此形成了尖锐的对立。

早在春秋时期，子产针对反对"刑不可知，威不可测"①的传统礼治的神秘主义做派，通过"铸刑鼎"，公布成文法，强调"都鄙有章，上下有服"②。然而，这一举措，直接威胁到了氏族贵族的特权地位。按照当时晋国贵族叔向的说法："昔先王议事以制，不为刑辟""民知有辟，则不忌于上""民知争端矣，将弃礼而征于书。锥刀之末，将尽争之"，由此"国将亡"。③ 就是说，有了刑书作依据，民有争端，就会依据刑书打官司，礼就没用了，郑国就要乱了。后来以"克己复礼"为己任的孔子，也持同样的反对论调："民在鼎矣，何以尊贵？贵何业之守？贵贱无序，何以为国？"④

从当时的实际情况来看，春秋乱世，郑国身为小国，外有强敌环伺，内有土地兼并，且政出多门。为了在这种内忧外患当中求生存，子产在国家治理上转向更明确、更易操作的法治手段。不过，对于子产而言，成文法的公布虽在一定程度上破坏了周礼，但他仍然用周礼来处理郑国的内政外交事务，并办起了乡校，"以论执政"，孔子后来对此评论说："以是观之，人谓子产不仁，吾不信也。"⑤

如果说子产是一位不彻底的改良者，与子产同时的名家先驱邓析则是一位彻底的改革家。邓析认为，周礼是"乱世之礼，烦而难遵"⑥，主张抛弃周礼而实行法治，明确提出"不法先王，不是礼义"⑦"民一于君，事断于法"⑧，要求以"法"作为衡量人们言行是非的标准。邓析在子产"铸刑书"之后别造《竹刑》⑨，是因为刑书是铸在鼎上的，必然文词简约，邓

① 《左传·昭公六年》。
② 《左传·襄公三十年》。
③ 《汉书·刑法志》。
④ 《左传·昭公二十九年》。
⑤ 《左传·襄公三十一年》。
⑥ 《邓析子·转辞》。
⑦ 《荀子·非十二子》。
⑧ 《邓析子·转辞》。
⑨ 《左传·昭公九年》。

析遂对其加以引申以使之周详，将其刻在竹简上，人称"竹刑"。而后执政者"杀其人而用其道"，并非书不善，只是因其"以下乱上者也"①。这正是中国政治的特点，事虽正确，但由下层民众为之则非。

正是邓析等人的法治思想推动了战国变法运动的发展。史载，魏文侯时的李悝变法著《法经》，曾"集诸国刑典"和"撰次诸国法"。商鞅主张"任法而治"②，既与李悝的《法经》有直接继承关系，也源于邓析的法治思想。商鞅将先秦之前的历史划分为"上世""中世"和"下世"三个阶段："上世亲亲而爱私，中世上贤而说仁，下世贵贵而尊官。"③ 就是说，在民知其母而不知其父的远古时代，人们的道德原则是亲近亲人而酷爱私利；而到了"中世"，当贤者确立了不偏不邪的正确原则，主张无私，民众就喜欢仁爱的道德原则了。但是，大凡讲究仁爱的人都把爱护、便利别人作为自己的事务，贤能之人把荐举别人作为自己的处世原则，这种情况在伴随百姓增多而没有制度保障的情况下，就会产生混乱，所以圣人确定土地、货财、男女之名分，随之确立禁约，设立官衙、君主，于是，崇拜权贵的思想就被树立起来，所谓"下世贵贵而尊官"。在商鞅看来，这种社会情况的变化，在民风方面体现得最为明显，"世事变而行道异也。"④ 具体而言，"古之民朴以厚，今之民巧以伪。故效于古者，先德而治；效于今者，前刑而法。"⑤ 就是说，由于古时的民风厚朴，所以君王"因事而制礼"，以德就可以治理好天下；而今世则是强国事兼并，弱国务力守，民风巧伪，诸侯国君要想维持自己的统治和取得兼并战争的胜利，就必须实行"以力服人""缘法而治"的"霸道"。为此，商鞅基于对"好利恶害"的现实人性的把握，进一步阐述了以"刑赏"为主要内核的"法治"的可行性："人君（生）而有好恶，故民可治也。……好恶者，赏罚之本也。

①《左传·定公九年》。
②《商君书·慎法》。
③《商君书·开塞》。
④《商君书·开塞》。
⑤《商君书·开塞》。

夫人情好爵禄而恶刑罚，人君设二者以御民之志，而立所欲焉。"①

　　而为了使法成为全社会必须严格遵守的言行标准，获得莫大的权威，在商鞅看来，必须做到：其一，法律在制定之初就应做到清楚明白，并保持法律的稳定性，不得随意更改："故圣人为法，必使之明白易知，名正，愚知遍能知之……法令明白易知……万民皆知所避就，避祸就福，而皆以自治也""法者，不可不恒也""有敢剟定法令，损益一字以上，罪死不赦"。② 其二，信赏罚必。商鞅认为，"民信其赏，则事功成；信其罚，则奸无端"③ "法之不行，自上犯之"④，故当时秦国太子犯法，商鞅遂动之以刑，从而将诚信理念灌输到了社会的底层，以致 "秦妇人婴儿皆言商君之法"⑤。其三，法不阿贵，刑无亲疏。商鞅在变法中主张 "刑无等级"："自卿相、将军以至大夫、庶人，有不从王令、犯国禁、乱上制者，罪死不赦。"⑥ 同时又主张刑无亲疏："赏厚而信，刑重而必，不失疏远，不违亲近。"⑦ 其四，赏罚分明，轻罪重罚。商鞅主张刑赏并举、赏罚分明，但在商鞅那里，二者地位不同：就赏赐的范围而言，商鞅主张 "少赏"，对一般的 "善行" 不予赏赐，只赏农战与告奸："告奸者与斩首者同赏"⑧；而就赏赐的规格而言，商鞅主张 "厚赏"，凡是 "戮力本业，耕织致粟帛多者复其身"⑨ "能得甲首一者，赏爵一级，益田一顷，益宅九亩，一除庶子一人，乃得入兵官之吏"⑩。相对于 "赏" 而言，商鞅更注重用重刑。这样做的主观动机在于："重罚轻赏，则上爱民，民死上；重赏轻罚，则上不爱民，民不死上。"⑪ 而从客观上则可以起到 "以刑去刑""民不敢试" 的

---

① 《商君书·错法》。
② 《商君书·定分》。
③ 《商君书·修权》。
④ 《史记·商君列传》。
⑤ 《战国策·秦策一》。
⑥ 《商君书·赏刑》。
⑦ 《商君书·修权》。
⑧ 《史记·商君列传》。
⑨ 《史记·商君列传》。
⑩ 《商君书·境内》。
⑪ 《商君书·去强》。

效果："刑罚：重其轻者，轻其重者，轻者不至，重者不来，此谓以刑去刑，刑去事成"① "民不敢试，故无刑也。……故禁奸止过，莫若重刑"。因而，轻罪重罚是使人忍一时之苦而收长久之利的强国方略："故重轻，则刑去事成，国强。"② 此外，商鞅还主张从小处着手，"治于治之时"，将"小过"在萌芽中就予以消除，因为"刑如于罪所终，则奸不去……故王者刑用于将过，则大邪不生"③。

以商鞅变法为代表的轰轰烈烈的战国变法运动取得了明显的效果："法大用，秦人治"④ "秦人大说，道不拾遗，山无盗贼，民勇于公战，怯于私斗，乡邑大治"⑤。然而，这种重刑主义一直饱受诟病。在文子学派看来，法治致力于精细严密，使法律条文烦多苛细，人们为躲避法律的惩罚，势必绞尽脑汁，钻法律的空子："法烦刑峻即民生诈，上多事则下多态，求多即得寡，禁多即胜少。以事生事，又以事止事，譬犹扬火而使无焚也；以智生患，又以智备之，譬犹挠水而欲求其清也。"⑥ 同时，法家对人性采取一种漠视的态度，往往纯然用冷酷的、机械的、物化的眼光对待自己的同类，结果招致的反对抵触更多："事烦难治，法苛难行，求多难赡。"⑦ 为此，文子主张以"法省不烦""法宽刑缓"⑧ 取代"严刑峻法"，从而给人们留下一点自由宽松。

不过，在战国后期的韩非看来，宽缓之法与时代潮流不相符合："如欲以宽缓之政，治急世之民，犹无辔策而御悍马，此不知之患也"⑨ "今缓刑罚行宽惠，是利奸邪而害善人也"⑩。为此，韩非依然秉承商鞅"轻罪重罚"的理念："重罪者，人之所难犯也；而小过者，人之所易去也。使人去

① 《商君书·靳令》。
② 《商君书·说民》。
③ 《商君书·开塞》。
④ 《史记·秦本纪》。
⑤ 《史记·商君列传》。
⑥ 《文子·道德》。
⑦ 《文子·上仁》。
⑧ 《文子·精诚》。
⑨ 《韩非子·五蠹》。
⑩ 《韩非子·难二》。

其所易，无离其所难，此治之道。夫小过不生，大罪不至，是人无罪而乱不生也。"① 在韩非看来，对轻罪实行"重刑"符合人们的畏惧心理和利害原则，人总是有所畏才有所惧，有所惧才有所思，有所思才不轻举妄动："所谓重刑者，奸之所利者细，而上之所加焉者大也；民不以小利蒙大罪，故奸必止者也。"② 实行重刑，就是要造成一种威慑气氛，使人们不为一时的冲动所驱使，用理智的力量控制自己的行为："人有祸则心畏恐，心畏恐则行端直，行端直则思虑熟，思虑熟则得事理。"③

故而，身处"大争之世"④ 的韩非，反反复复告诫君主要"务力"："故国多力，而天下莫能侵也"⑤ "力多则人朝，力寡则朝于人，故明君务力。夫严家无悍虏，而慈母有败子，吾以此知威势之可以禁暴，而德厚之不足以止乱也"⑥。韩非通过徐偃王行仁义而徐国灭亡的例子所要说明的道理是，不务攻守，侈谈仁义，实为亡国之道："浅薄于争守之事，而务以仁义自饰者，可亡也。"⑦ 韩非还继承了荀子凡事都要用事实加以印证的"符验"思想，提出自己的"参验"说："循名实而定是非，因参验而审言辞。"⑧ 意即凡事都要通过多方考察，才能判定是非；凡事都要经过实际效果的检验才能确定其是否正确。由此出发，韩非指出，儒墨"言必称先王"、武断地肯定尧舜的一切行为而不用事实加以检验的做法是一种愚弄和欺骗："故明据先王，必定尧舜者，非愚则诬也。"⑨

与商鞅一样，韩非也认为，人人都有追求切身利益的"自为心"："人无毛羽，不衣则不犯寒；上不属天而下不著地，以肠胃为根本，不食则不能活；是以不免于欲利之心。"⑩ 这一天性决定了人们的行为必然是趋利避

---

① 《韩非子·内储说上》。
② 《韩非子·六反》。
③ 《韩非子·解老》。
④ 《韩非子·八说》。
⑤ 《韩非子·饬令》。
⑥ 《韩非子·五蠹》。
⑦ 《韩非子·亡征》。
⑧ 《韩非子·奸劫弑臣》。
⑨ 《韩非子·显学》。
⑩ 《韩非子·解老》。

害的:"好利恶害,夫人之所有也。"① 人与人的关系也是一种利害算计的关系,比如,在父母与子女之间:"父母之于子女也,犹用计算之心相待也。"② 君主和臣民之间也是如此:"人臣之情,非必能爱其君也,为重利之故也"③ "臣尽死力以与君市,君垂爵禄以与臣市"④。其他自不待言,譬如,"舆人成舆欲人之富贵,匠人成则欲人之夭死也,非舆人仁而匠人贼也,人不贵则舆不售,人不死则棺不卖,情非憎人也,利在人之死也"⑤。"王良爱马,越王勾践爱人,为战与驰,医善吮人之伤,含人之血,非骨肉之亲也,利之所加也"⑥,等等。韩非由此推演出治国之道:"凡治天下,必因人情。人情者,有好恶,故赏罚可用;赏罚可用,则禁令可立而治道具矣。"⑦ 在韩非看来,既然人的本性是趋利避害,故而只能顺应人的这种本性,采用刑、赏"二柄",以严刑禁奸,以爵禄赏功,从而驱使老百姓致力于耕战:"至夫临难必死,尽智竭力,为法为之"⑧ "利之所在,民归之;名之所彰,士死之"⑨。韩非对此补充解释道,尽管高尚之人可以不用奖赏去鼓励他们就可以努力为君主耕战,尽管刑罚也不能禁止那些最下贱之人的不法行为,但不能因此而不设立治国用民的赏罚手段:"天下太上之士,不可以赏劝也;天下太下之士,不可以刑禁也。然为太上之士不设赏,为太下之士不设刑,则治国用民之道失矣。"⑩

韩非进一步以老子的道家哲学为基础,对法治的合理性进行了哲学论证。在老子的观念中,天地万物始终遵循着"道",各得其所,各处其宜。在韩非看来,作为处理各种社会关系的法,也正是自然界的规律在政治领

① 《韩非子·难二》。
② 《韩非子·六反》。
③ 《韩非子·二柄》。
④ 《韩非子·外储说右下》。
⑤ 《韩非子·备内》。
⑥ 《韩非子·备内》。
⑦ 《韩非子·八经》。
⑧ 《韩非子·饰邪》。
⑨ 《韩非子·外储说左上》。
⑩ 《韩非子·忠孝》。

域中的体现："道者，万物之始，是非之纪也。"① 凭借个人的智能和才能容易发生失误，而按规律和法办事万无一失，即所谓"道法万能，智能多失"②。因此，韩非主张"以道为常，以法为本"③，即治国理民要按客观规律办事，以法作为治国的根本。如此一来，国家自然就能治理得很好："古之牧天下者……因道全法……治之至也。"④ 因此，"一民之轨，莫如法"⑤"明主不可须臾忘于法"⑥。

这种以"道"为准则来对人的行为和制度进行正当性论证的方式，与西方人习惯于将"自然"作为道德和法律的理论基础相类似，二者都秉承对自然规律客观性的信仰与追求。在古希腊时期，柏拉图由于认识到人类的本性永远倾向于贪婪与自私，因而便从其最先的"哲学王"主张转向对法治的推崇："人类必须有法律并且遵守法律，否则他们的生活将像最野蛮的兽类一样。"⑦ 作为柏拉图思想的继承者，亚里士多德也认识到人和制度的缺陷及不完备性，指出法律是"摒绝了欲望的理智"，代表理性的统治，因此，"法治应当优于一人之治""法律是最优良的统治者"⑧。这种对理性的推崇，成为西方自然法观念最具特色的标志和观念基础。这种自然法传统认为，法律以秩序为直接目标，为了人们能够更好地生活而建立一种规则，即体现自然法精神的人类法律。同样，在法家那里，法就像度量衡一样，是一套客观规则："尺寸也，绳墨也，规矩也，衡石也，斗斛也，角量也，谓之法。"⑨ 商鞅把"法"比作"日月"，认为要使法像日月那样恒常和公平："明主之使其臣也，用之必加于功，赏必尽其劳。人主使其民信此

---

① 《韩非子·主道》。
② 《韩非子·饰邪》。
③ 《韩非子·饰邪》。
④ 《韩非子·大体》。
⑤ 《韩非子·有度》。
⑥ 《商君书·慎法》。
⑦ 柏拉图：《柏拉图全集》第 3 卷，人民出版社 2003 年版，第 518 页。
⑧ 亚里士多德：《政治学》，商务印书馆 1965 年版，第 167、171 页。
⑨ 《管子·七法》。

如日月，则无敌矣。"① 由此出发，法家对人治思想提出了批判。慎到说：
"君人者，舍法而以身治，则诛赏予夺，从君心出矣。……君舍法，而以
心裁轻重，则同功殊赏，同罪殊罚矣。怨之所由生也。……故曰：大君任
法而弗躬，则事断于法矣。法之所加，各以其分，蒙其赏罚而无望于君
也。是以怨不生而上下和矣。"② "官不私亲，法不遗爱，上下无事，唯法
所在。"③ 韩非指出："释法术而任心治，尧不能正一国；去规矩而妄意度，
奚仲不能成一轮。"④

相比之下，在儒家礼治秩序中，社会地位与社会关系总是处于优先地
位，所以其合理性要低得多。而法家注重客观性，避免主观随意性，虽然
并不能保证绝对的社会公正，但较人治而言，显然更有利于实现社会公
正。可以说，在古代历史中，只有古罗马的法治才达到了如此高的理性化
程度。其他无论是古印度的法律，还是中世纪西方的法律，都深受宗教法
的影响，包含着强烈的非理性因素。在实践中，法家通过"一断于法"⑤
的制度设计，打破了"别亲疏，殊贵贱"的传统"礼治"秩序，从而推动
了当时的政治变革。历史事实一再警示我们的是，治理国家不能对人性存
有丝毫的侥幸，底线和标准只能有一个，那就是对规则的共同恪守与尊
重。"法趣上下，四相反也，而无所定，虽有十黄帝不能治也"⑥。这应该
是先秦法家留给我们的最大财富和警示。

在国家治理体系和具体实施过程中，要使法律获得充分的权威，还须
做到法律至上，即当法律与权力者的意志、道德、宗教等规范发生冲突
时，应以法律为准。20 世纪美国著名法学家富勒（Lon L. Fuller）曾指出，
有关法律的制定、解释、适用等程序上的八个原则：一般性或普遍性；公
布；非溯即既往；明确；不矛盾；可为人遵循；稳定性；官员行为与法律

---

① 《商君书·弱民》。
② 《慎子·君人》。
③ 《慎子·君臣》。
④ 《韩非子·用人》。
⑤ 《汉书·司马迁传》。
⑥ 《韩非子·五蠹》。

的一致性。① 事实上，这些法治理念在先秦法家那里都已得到充分阐述：
（1）普遍适用性："法者，天下之仪也。所以决疑而明是非也，百姓之所悬命也。"② （2）公开、明确。须将法律公之于众，"使之明白易知，名正，愚知遍能知之"③ "明主之法必详事"④。（3）法不应溯及既往："令未布而民或为之，而赏从之，则是上妄予也；令未布而罪及之，则是上妄诛也。"⑤ （4）法不应有内在矛盾："一置其仪，则百官守其法；上明陈其制，则下皆会其度矣。君之置其仪也不一，则下之倍（背）法而立私理者必多矣。"⑥ （5）严肃性："君臣上下贵贱皆从法"⑦ "法已定矣，不以善言害法"⑧ "法不阿贵，绳不挠曲"⑨ "明君无偷赏，无赦罚"⑩。（6）相对稳定性。法律一旦制定就要保持一定的稳定性："法者，不可不恒也"⑪ "治大国而数变法，则民苦之"⑫ "法禁变易，号令数下者，可亡也"⑬。（7）可遵守性："立可为之赏，设可避之罚"⑭，"故令于人之所能为，则令行，使于人之所能为，则事成"⑮。（8）官方行动与已颁布的法律的一致性："明主使其臣不游意于法之外，不为惠于法之内，动无非法"⑯ "明君置法以自治，立仪以自正也"⑰，等等。

　　问题在于：法家虽然强调"君臣皆从法"，但是，在君主制下，由于

---

① Lon L. Fuller, *The Morality of Law*, Revised Edition, Yale University Press, 1969, pp. 46–94.
② 《管子·禁藏》。
③ 《商君书·定分》。
④ 《韩非子·八说》。
⑤ 《管子·法法》。
⑥ 《管子·法禁》。
⑦ 《管子·法法》。
⑧ 《韩非子·饬令》。
⑨ 《韩非子·有度》。
⑩ 《韩非子·主道》。
⑪ 《管子·法法》。
⑫ 《韩非子·解老》。
⑬ 《韩非子·亡征》。
⑭ 《韩非子·用人》。
⑮ 《管子·形势解》。
⑯ 《韩非子·有度》。
⑰ 《管子·法法》。

"法自君出"，这就从根本上决定了"专制"破坏"法治"的必然性。韩非也告诫君主不能够"舍常法而从私意"①，那么，如何使君主尊重法律而不逞私欲，就应当存在一个外在的强制力量，令君主不敢为非？但是，法家人士却没有去考虑如何设计出一个外在的抑制君主的强制力量。因此，中国传统的法治观念虽然在一定程度上限制了"专制"，但是在现实中君主常常凌驾于法律之上。历史地看，虽然有少数君主较为开明，较为注意不以意乱法，但终究无法改变"专制"破坏"法治"的这种必然之势。著名思想家卡尔·波普尔说得好："我们需要的与其说是好的人，还不如说是好的制度。"我们渴望得到好的统治者，但历史的经验向我们表明，我们不可能找到这样的人，惟其如此，设计出一套"使甚至坏的统治者也不会造成太大损害的制度"是十分重要的。②按照现代"法治"观念，法律产生于人民并代表着人民的意志，统治权力的行使应以法律为前提和准绳。马克思指出："独立的法律既不属于我，也不属于政府""法官除了法律就没有别的上司。"③为此，在法权关系上，我们需要实现从权力至上到法律至上的转变，改变过去那种法随个人的权力而存废的不正常现象，并让法治摆脱行政权力的干预，坚持司法独立。如此，方能真正从人治走向法治。

三、宽猛相济

在德治和法治、王道和霸道之间，其实并非截然对立、"泾渭分明"。与之相伴随的，还有所谓"宽""猛"相济，即道德教化和严刑峻法的两手并举。从现有文献看，历史上率先提出并践履这一原则的，是春秋时期的子产。史载，子产在临终时曾交代后任说："为政莫若猛""政猛而民畏，

---

① 《韩非子·饰邪》。
② 卡尔·波普尔：《猜想与反驳：科学知识的增长》，上海译文出版社1986年版，第491页。
③ 马克思、恩格斯：《马克思恩格斯全集》第1卷，人民出版社1995年版，第176、180—181页。

如火烈而人知趋避；政宽则民慢，如水柔而易狎玩，反多溺死"，要求后面的继承者做到"宽以济猛，猛以济宽，政是以和"①。孔子虽然反对子产的"铸刑鼎"，但也肯定子产"德法兼行"的治绩："其养民也惠，其使民也义"②。孔子认为，统治者不仅要关怀"德"，而且要关怀"刑"，二者同为治国不可缺少的工具："礼乐不兴则刑罚不中，刑罚不中则民无所措手足。"③ 孔子追求的是一个没有纷争的"无讼"社会，法治只是实现礼制的一个手段；官司的职责不仅是明辨曲直，扬善抑恶，更要教民息讼，使民无讼："听讼，吾犹人也，必也使无讼乎！"④ 孔子还认为，法律应轻缓宽和、中正公平，体现仁爱精神，并起到维护孝道的作用。所谓"父为子隐，子为父隐"⑤，即是强调血缘亲情及孝道，以对抗当时株连亲属的非人道法律原则。《礼记·檀弓》载孔子之语，称父母之仇"弗与共天下也"，并认为复仇是尽孝道的表现。

　　孟子同样主张把道德和法度结合起来，共同作为治国的工具："徒善不足以为政，徒法不足以自行。"⑥ 同时，法律必须受道德的制约。孟子的弟子桃应设计的"桃应难题"充分说明了这一点：假如舜为天子，皋陶为司法官，舜的父亲瞽叟杀了人，那么舜该怎么办呢？孟子认为舜应让皋陶带人把他父亲抓起来，在其父被关入监狱之后，舜再偷偷背负他的父亲逃到海边隐居下来，把天子之位像丢破鞋一样丢掉，然后与其父快快乐乐度过一生："舜视弃天下犹弃敝屣也。窃负而逃，遵海滨而处，终身诉然，乐而忘天下。"⑦ 这个故事所蕴含的意义是，当道德与法律发生矛盾的时候，必须舍法律而全道德。这反映了一种法律道德主义的见解。依据这样的标准，不仁不义就是犯罪。从这样的立场出发，不道德的人也就是违法犯罪

① 《左传·昭公二十年》。
② 《论语·公冶长》。
③ 《论语·里仁》。
④ 《论语·颜渊》。
⑤ 《论语·子路》。
⑥ 《孟子·公孙丑上》。
⑦ 《孟子·尽心上》。

之人。结果，道德本身成了判断是否违法、定罪量刑的依据。

荀子生活的时代，法家学说一度成为"圣之时者"①。为此，他将法纳入自己的礼学体系，提出了"隆礼重法"及"王霸并用"的治国方略："治之经，礼与刑。君子以修百姓宁。明德慎罚，国家既治四海平。"② 在荀子看来，礼义教化虽然可以"赏不用而民劝，罚不用而民服"③，但礼义教化不是万能的，对于那些不能用礼义教化的人，则必须待之以刑罚："故不教而诛，则刑繁而邪不胜；教而不诛，则奸民不惩；诛而不赏，则勤厉之民不劝。"④ 当然，如果不进行礼义教化而单靠刑罚，也不能制止作恶："赏庆刑罚势诈不足以尽人之力。"⑤ 因此，治理国家应礼法结合，双管齐下，"善者教之，恶者惩之"⑥。不过，荀子仍然秉持儒家的传统，认为法从属于礼，法应依据礼义而制定："礼者，法之大分，类之纲纪也"⑦"礼义生而制法度"⑧。此种法律用荀子的话说就是"礼法"，就是指在立法上体现礼的精神、在司法上维护礼的法律。否则，就不是真正的法律："故非礼，是无法也。"⑨

先秦儒家多推崇远古圣君，主张"法先王"，但是远古圣君的政治多为道听途说，即使有些许真实性，也仅仅是远古政治之一隅，殊不足以服人。为了使儒家思想更具说服力，荀子极力主张"法后王"："欲观圣王之迹，则于其粲然者矣，后王是也。"⑩ 荀子的历史观似与法家类似，但事实上仍有较大的不同。法家的历史进化论是以"今胜古"为基础的，他们认为当今之世就应当有当今的治术，先王之制不能应世之变，故不足效法。在荀子看来，"法后王"与"法先王"其实是一致的，无论是先王时代或

---

① 《孟子·万章下》。
② 《荀子·成相》。
③ 《荀子·君道》。
④ 《荀子·富国》。
⑤ 《荀子·议兵》。
⑥ 《荀子·王制》。
⑦ 《荀子·劝学》。
⑧ 《荀子·性恶》。
⑨ 《荀子·修身》。
⑩ 《荀子·非相》。

是后王时代，欲得天下之治，必先贯彻礼制，既然周代曾存在治世，而文武周公又尚礼治，则效法周代之治也就是"法后王"。显然，荀子的"法后王"试图以礼的精神贯穿历史，以此为儒学的改造提供一种历史观。

在荀子看来，儒家欲求发展，必须因现实形势的转变作出调整。相对于传统理想化的儒学思想，荀子呈现出更充分的现实主义品格。荀子晚年游秦，亲见秦"威强乎汤武，广大乎舜禹"的"治之至"①的法治局面，认识到不能空洞地论述儒家"德治""仁政"。为此，荀子一改传统儒家对霸道的态度，主张兼用王霸："人君者，隆礼尊贤而王，重法爱民而霸。"②不过，荀子期望的只是霸者仍能"仁民爱物"，至于"用力"或"用德"则退居次席："上可以王，下可以霸"③"粹而王，敬而霸"④。荀子把当时的儒士分作俗儒、雅儒和大儒三等。俗儒、雅儒所学的就是单纯的霸。大儒的政治方略，法后王，兼王霸，隐然已有法家的风范："略说先王而足乱世，其衣冠行伪已同于世俗矣，其言议谈说已无以异于墨子矣，呼先王以欺愚者而求衣食焉，傆然若终身之虏而不敢有他志，是俗儒者也。法后王，一制度，隆礼义而杀诗书，其言行已有大法矣，然而明不能齐法教之所不及，闻见之所未至。知之曰知之，不知曰不知，内不自以诬，外不自以欺，以是尊贤畏法而不敢怠傲，是雅儒也。法后王，统礼义，一制度，以浅持博，以古持今，以一持万。苟仁义之类也，虽在鸟兽之中若别白黑。倚物怪变，所未尝闻也，所未尝见也，卒然起一方，则举统类而应之，无所。张法而度之，则晻然若合符节，是大儒者也。"⑤可见，礼治与王道优先，这是荀子为儒家学说确立的基本原则。在此原则之下的礼法互补、王霸并用，成了汉代以后历代王朝治理国家的基本模式。肖公权先生指出："吾人如谓荀子集先秦礼论之大成，似无重大之错误。"⑥

---

① 《荀子·强国》。
② 《荀子·强国》。
③ 《荀子·王制》。
④ 《荀子·王霸》。
⑤ 《荀子·儒效》。
⑥ 肖公权：《中国政治思想史》，辽宁教育出版社1998年版，第98页。

法家一贯是站在儒家教化之道的对立面的。商鞅指出，"仁者能仁于人，而战国不能使人仁；义者能爱于人，而不能使人爱。是以知仁义之不足以治天下也。圣人有必信之性，又有使天下不得不信之法……饿不苟食，死不苟生。此乃有法之常也。圣王者，不贵义而贵法……法必明，令必行，则已矣。"① 就是说，仁者能够做到的仅仅是自己成为仁者，而不可能把他人变成仁者——所谓"推爱不远"，所以用仁义本身去治天下会适得其反，只有法才能治天下。公正地说，儒家原则并非完全没有作用，毕竟，事实上教化成功的例子也不少，但教化缺乏必然性，并非"不得不信之法"。在商鞅看来，儒家将伦理扩张为政治的做法不太适合现实政治的需求，只有做到"法明""令行"，让人们对统治者的法令充分信赖，才能实现有效的统治。

而作为先秦法家的集大成者，韩非在商鞅的基础上，更是对儒家德治观念做了全方位的批驳：

其一，德治过于理想化。在儒家那里，德治的推行依赖于人们的自觉性，但问题是，碰到不愿意克己的又怎么办呢？面对"八佾舞于庭"的季氏，孔子在当时也只好发一通"是可忍也，孰不可忍也"② 的感叹而已。按照儒家的说法，德治必待尧、舜那样的"圣人"以身作则而得以实现，但尧、舜"千世而一出"③，因而期待"圣人"治国，以圣君的标准要求每一个在现实世界中执政的君王，只能是一种稀世之举："抱法处势则治，背法去势则乱。今废势背法而待尧舜，尧舜至乃治，是千世乱而一世治也。"④ 即使从具体实行来说，德治主张什么事都要君主以身作则，也是不切实际的："且夫以身为苦而后化民者，尧、舜之所难也……将治天下，释庸主之所易，道尧、舜之所难，未可与为政也。"⑤ 在韩非看来，相形之下，以法之威严来阻止犯罪的方法似乎更有实际效力。只有坚持"缘法而

① 《商君书·画策》。
② 《论语·八佾》。
③ 《韩非子·难势》。
④ 《韩非子·难势》。
⑤ 《韩非子·难一》。

治"，即使让一个中等才能的"中君"治理国家，也可以将国家治理好。

其二，德治不具有必然性。按照儒家的看法，法治的力量是暂时的、表面的、外在的，只有德治的力量才是长远的、深层的、内在的。与此针锋相对，韩非指出，长期来看教化或许有用，短期来看教化几乎无用，因为儒家所谓"自善之民""百世无一有"。① 韩非举了两个例子，一个是舜通过身体力行治理地方事务的例子，说明德治的劳而功缓："舜救败，期年已一过，三年已三过。舜有尽，寿有尽，天下过无已者；以有尽逐无已，所止者寡矣。"② 而法治则不然："赏罚，使天下必行之。令曰：'中程者赏，弗中程者诛。'令朝至暮变，暮至朝变，十日而海内毕矣，奚待期年？"③ 另一个是不肖之子无法用母爱、师教加以改变，执法官吏一到，立即恐惧变节的例子："今有不才之子，父母怒之弗为改，乡人谯之弗为动，师长教之弗为变……州部之吏操官兵、推公法而求索奸人，然后恐惧，变其节，易其行矣。"④ 因此，韩非视儒家的道德教化理论为迂腐之谈："父母之爱不足以教子，必待州部之严刑者，民固骄于爱，听于威矣"⑤ "威势之可以禁暴，而德厚之不足以止乱"⑥。故此，与商鞅一样，韩非也认为，教化缺乏必然性："夫圣人之治国，不恃人之为吾善也，而用其不得为非也……故有术之君，不随适然之善，而行必然之道。"⑦

其三，一味地实施德治，会导致以私废公乃至亡国。战国时期，君主集权的建立，面临的最大、最直接的威胁，就是传统的宗法贵族。因此，打击和削弱这些"私家势力"，便成为战国变法运动的重要内容。法家之所以反对儒家的亲亲原则，正是由于这些私利集团的结党营私及由此导致的社会分裂："人主释法而以臣备臣，则相爱者比周而相誉，相憎者朋党而

① 《韩非子·显学》。
② 《韩非子·难一》。
③ 《韩非子·难一》。
④ 《韩非子·五蠹》。
⑤ 《韩非子·五蠹》。
⑥ 《韩非子·显学》。
⑦ 《韩非子·显学》。

相非。"① 韩非用各种例子证明亲亲原则对国家的危害，比如鲁国士兵贪生怕死因此总是败北，是因为士兵担心自己死了老父无人赡养；孔子认为这表现了孝德，推荐这样的人当官，然而，结果鲁国就越来越衰弱了。② 韩非还列举了当时的种种不正常现象："为故人行私谓之'不弃'，以公财分施谓之'仁人'，轻禄重身谓之'君子'，枉法曲亲谓之'有行'，弃官宠交谓之'有侠'，离世遁上谓之'高傲'，交争逆令谓之'刚材'，行惠取众谓之'得民'。"③ 韩非指出，这些不正常的现象，虽然被人们认为是德行，但实际上是背德之行：所谓"不弃"，恰恰说明官吏有奸邪；所谓"仁人"，恰恰说明国家财富受到了损害；所谓"君子"，恰恰说明民众已难以管理；所谓"有行"，恰恰说明法治受到破坏；所谓"有侠"，恰恰说明为官者不能履行职责；所谓"高傲"，恰恰说明民众不能侍奉君主；所谓"刚材"，恰恰说明法令不能推行；所谓"得民"，恰恰说明君主受到孤立，等等。④ 由此，在现实中导致了这样一种是非颠倒的现象：自私作恶的人受到称誉奖赏，而公正善良的人却受到诋毁惩罚。法家正是深深认识到了这种"以私废公"的危害性，因而极力主张"任法去私"："故大臣争于私而不顾其民，则下离上。下离上者，国之隙也。秩官之吏隐下以渔百姓，此民之蠹也。故有隙蠹而不亡者，天下鲜矣。是故明王任法去私，而国无隙蠹矣。"⑤

其四，韩非指出，君主治国，针对的是全体国民，而君子只占全体国民的极少部分，所以，治国之道不能像儒家那样按君子的特点来制定，以君子之道治国只能是一种迂阔而不切实际的空想："今学者之说人主也，不乘必胜之势，而务行仁义则可以王，是求人主之必及仲尼，而以世之凡民皆如列徒，此必不得之数也。"⑥ 不仅如此，以君子之道治国也会给社会的

---

① 《韩非子·南面》。
② 《韩非子·五蠹》。
③ 《韩非子·八说》。
④ 《韩非子·八说》。
⑤ 《商君书·修权》。
⑥ 《韩非子·五蠹》。

治理带来祸患:"今贞信之士不盈于十,而境内之官以百数,必任贞信之士,则人不足官。人不足官,则治者寡而乱者众矣。"① 在韩非看来,处在一个秩序混乱、社会动荡的环境中,除了极少数的君子,人人都把个人的利益看成高于一切,治国的方略只能根据小人的特性来制定,只有通过严格的法治才能使小人改恶从善。德治的方法不仅无益于改造小人,甚至会使仅有的君子也成为小人;而只有"法"才能够发展公利并且保护任何人的私利,因为法本身是无私的普遍有效的制度,就像天地和自然规律是无私的一样。在法家看来,关键还是在君主自身,君主只有抛却一己之利,实行公正严明的法律,国家才能安定富强;反之,则会走向衰亡:"奉法者强,则国强;奉法者弱,则国弱""国有常法,虽危不亡"。② 所以,仁义惠爱的方法是不能采用的:"吾以是明仁义爱惠之不足用,而严刑重罚之可以治国也。"③ 正是基于如上立场,韩非甚至认为国家治理与否,与是否需要争取"民心"没有关系:"欲得民之心而可以为治,则是伊尹、管仲无所用也,将听民而已矣。民智之不可用,犹婴儿之心也。"④ 对此,韩非举了这样一个例子:秦昭王生病,百姓们纷纷买牛为他祈祷,秦昭王不仅不因此感谢百姓,反而处罚了地方官。理由是:"夫非令而擅祷,是爱寡人也。夫爱寡人,寡人亦且改变而心与之相循者,是法不立;法不立,乱亡之道也。"⑤

法家尽管极力地批判了德治,但并不绝对排斥德和德治。实际上,正是在对儒家的批判中,法家表达出自己独特的道德观和德治主张。这主要体现在:

其一,法家认同儒家所提倡的某些道德规范。商鞅讲:"圣君之治人也,必得其心,故能用力,圣君独有之,故能述仁义于天下。"⑥ 韩非也强

---

① 《韩非子·五蠹》。
② 《韩非子·饰邪》。
③ 《韩非子·奸劫弑臣》。
④ 《韩非子·显学》。
⑤ 《韩非子·外储说右下》。
⑥ 《商君书·靳令》。

调，设立法度是为了"惮乱主黯上之患祸，而避乎死亡之害，知明乎身而不见民萌之资利者，贪鄙之性也。臣不忍向贪鄙之为，不敢伤仁智之行"①。可见，儒法两家都认同"仁"这一道德品质。不同的是，儒家所谓的"仁"是君主个人道德品质的表现，而法家所谓的"仁"乃是"法"的道德属性，反对君主依靠个人的道德品质来进行社会政治管理，也反对臣下依靠个人的道德品质来取悦于君主，所以韩非才说："君通于不仁，臣通于不忠，则可以王矣。"② 再如，法家不仅认同"信"的道德价值，而且同样把"信"作为维系社会秩序的最基本的价值基础。商鞅说："国之所以治者三：一曰法；二曰信；三曰权。法者君臣之所共操也。信者君臣之所共立也。权者君之所独制也，民信其赏则功成；信其刑则奸无端。惟明主爱权重信，而不以私害法，故赏厚而信，刑重而必，不失疏远，不违亲近，故臣不必主，而下不欺上。"③ 韩非也告诫君主："小信成则大信立，故明主积于信""赏罚不信则禁令不行"，④ 因而他极力强调："明于治之数，则国虽小，富；赏罚敬信，民虽寡，强。"⑤

其二，法家提倡用严刑峻法治国，但"民本"原则仍是其基本的道德主张。韩非认识到君主对臣民的依赖关系，所谓"众人助之以力"⑥，因而统治者应为民众着想，依民心而行政："君人者，以群臣百姓为威强者也。群臣百姓之所善，则君善之；非君臣百姓之所善，则君不善之。"⑦ 如果君民矛盾激化，必将影响国君权力的稳固和国家的兴衰，这与富国强兵的宗旨是相违背的："人不得乐所长而忧所短。失所长则国家无功，守所短则民不乐生。"⑧ 韩非强调，法治本身是"利民萌，便众庶之道也""故不惮乱主暗上之患祸，而必思以齐民萌之资利者，仁智之行也。惮乱主暗上之患

① 《韩非子·问田》。
② 《韩非子·外储说右下》。
③ 《商君书·修权》。
④ 《韩非子·外储说左上》。
⑤ 《韩非子·饰邪》。
⑥ 《韩非子·功名》。
⑦ 《韩非子·八奸》。
⑧ 《韩非子·安危》。

祸，而避乎死亡之害，知明夫身而不见民萌之资利者，贪鄙之为也。臣不忍向贪鄙之为，不敢伤仁智之行"。①

其三，法家尤其强调为政者的道德修养和道德行为。在韩非的视野中，执法者本身也必须有高尚道德品质："圣人之治民，度于本，不从其欲，期于利民而已"②"善为吏者树德，不能为吏者树怨。概者，平量者也；吏者，平法者也。治国者，不可失平也"③"智术之士，必远见而明察；不明察，不能私；能法之，必强毅而劲直，不劲直，不能矫奸"④。按照韩非的法治理念，只要官吏都能秉公办事，国家就会出现繁荣昌盛的局面："官不敢枉法，吏不敢为私利，货赂不行，是境内之事尽如衡石也。"⑤

可见，在道德问题上，法家同儒家争论的焦点并不在于要不要道德，更重要的是如何去重构适合新秩序的道德理想和行为准则。春秋战国之际的王政衰微、礼崩乐坏，社会生活中丧失了基本的价值准则。法家认为，既然时代已经发生变化，那么确立社会秩序的基础也必须改变。在法家那里，整肃社会秩序的关键在于确立一个客观、公正的价值准则，即以"法"作为最基本的价值准则来支撑一种新的社会和道德秩序。如果缺少了法这一客观的标准，就会出现"贱爵轻禄，不作而食，不战而荣，无爵而尊，无禄而富，无官而长"⑥的混乱状态。在这一点上，法家的目标与儒家其实是一致的，即都指向一种道德的社会秩序："为人臣忠，为人子教，少长有礼，男女有别"⑦"非其义也，饿不苟食，死不苟生"⑧"故其治国也，正明法，阵严刑，将以救群生之乱，去天下之祸，使强不凌弱，众不暴寡，耆老得遂，幼孤得长，边疆不侵，君臣相亲，父子相保，无死

① 《韩非子·问田》。
② 《韩非子·心度》。
③ 《韩非子·外储说左下》。
④ 《韩非子·孤愤》。
⑤ 《韩非子·八说》。
⑥ 《商君书·画策》。
⑦ 《商君书·赏刑》。
⑧ 《商君书·画策》。

亡系虏之患"①。

那么，这种道德秩序如何可能？商鞅指出："刑生力，力生强，强生威，威生德，德生于刑"②"力生强，强生威，威生德，德生于力"③。就是说，恩德并非来自说教、内省的作用，而是能靠力战、刑法等强力手段和途径获取的。因此，只有圣明的君主才会拥有实力，才能在天下奉行仁义。这也是商鞅认为杀戮、刑罚能够回归于道德，而道义反而合乎残暴的道理："天下行之，至德复立，此吾以杀刑之反于德，而义合于暴也。"④商鞅进一步指出，在"任力""贵法"的时代推行法治，才是施行最大的仁义；相反，儒家的德政反而会毁坏仁义："以刑治则民威，民威则无奸，无奸则民安其所乐；以义教则民纵，民纵则乱，乱则民伤其所恶。"⑤韩非秉承了商鞅这一思想主张，认为，在现实社会中，人们的道德行为是法治的结果，都可以通过严刑峻法达到："圣王之立法也，其赏足以劝善，其威足以胜暴，其备足以必完法。"⑥韩非甚至认为，法治在争于气力的乱世是建立道德行为的唯一手段："故圣人陈其所畏以禁其邪，设其所恶以防其奸，是以国安而暴乱不起。吾以是明仁义惠爱之不足用，而严刑重罚之可以治国也。"⑦反之，如果君主不采用法治，即使是本来有道德的人也有可能变成小人："人主离法失人，则危于伯夷不妄取，而不免于田成、盗跖之取可也。"⑧总之，在先秦法家那里，君主只要实施严格的法治，就能达到"君子与小人俱正"⑨的理想境界。

---

① 《韩非子·奸劫弑臣》。
② 《商君书·说民》。
③ 《商君书·靳令》。
④ 《商君书·开塞》。
⑤ 《商君书·开塞》。
⑥ 《韩非子·守道》。
⑦ 《韩非子·奸劫弑臣》。
⑧ 《韩非子·守道》。
⑨ 《韩非子·守道》。

第五章　尊君尚贤

先秦诸子经过长期的治道论争，在与现实的激烈冲撞中，儒、墨、道等各家学说因其保守性、理想性或消极性，更像是一种智慧的思辨，而不是一种理性的思考，故而有悖于时代潮流。而只有法家学说，以其与时俱进的现实品格和理性精神，赢得了时代的青睐。在"百家争鸣"中，尽管诸子分歧犹存，但也暗含着"趋同"的思想因子。最终，战国中晚期"尚力"的社会现实，促使各家学说以法家学说为"基调"，共同奏响了"崇公""尊君"与"尚贤"的时代旋律，从而为其后君主专制体制的形成奠定了思想前提。

一、崇公抑私

事实上，"春秋"和"战国"这两个时期的分立，表现在政治特征上，"春秋"以"尊王攘夷"为号召，而"战国"则以"富国强兵"为圭臬。而在精神层面，表现为从春秋"尚礼仪"到战国"尚功利"的价值转换。如果说春秋五霸的"尊王攘夷"尚能够体现一种"内敛"精神，那么，在战国时期群雄争霸的局势下，这种"内敛"精神也渐趋衰退，而对现实功利的追求则成为时代的"主旋律"。正是在战国时代群雄逐力的压力和挑战面前，一些经过长期的政治军事斗争而登上权力中心舞台的法家人士，大胆突破先王之道和礼治传统，转而诉诸富国强兵事功来开辟历史前进的道路，从而带来了事功精神的普遍高涨。史载，孟尝君为谋取个人的私利通过魏冉劝强秦征伐自己的祖国，此后以魏"相"的身份"西合于秦、赵，与燕共伐破齐"①；苏秦追求事功的坎坷境遇，曾让他慨叹道："嗟乎！贫穷则父母不子，富贵则亲戚畏惧。人生世上，势位富贵，盖可忽乎哉！"② 而像吴起那样个人能力极强，但为实现自己的功利目的而不择手段的人，则成为战国士人的典型代表。这群"士"们，其地位就像孟子所说的："诚小人也。"③ 比如，商鞅曾长期在魏相公叔痤门下打工；申不害是郑国亡国的贱臣；李斯更是可怜，所以在当小吏见厕中鼠和仓中鼠时，感慨万千。茅厕中的老鼠吃的是脏东西，每逢有人或狗进入茅厕，老鼠总是吓得四处逃窜。官仓中的老鼠则住在宽敞的房中，"食积粟""不见人犬之扰"。李斯对此大发感慨："人之贤不肖譬如鼠矣，在所自处耳。"法家诸子的早期处境使他们"不羞小节而耻功名不显天下"，坚信"诟莫大于卑贱，而悲莫甚于穷困"，认为"处卑贱之位"而不设法爬上高位者，就同禽兽没有什么两样。④ 既然整个社会上上下下都存在着功利的冲动，相互之间必然就会发生冲突。战国时期的"公私之辩"就是在这种社会背景下展开的。

"公"与"私"的划分，最初是指基于分封制而来的社会身份的标识："公"主要指的是分封诸侯之国和国君，即"公家"；"私"主要指的是诸侯国里的大夫之家和大夫，即"私家"。相应地，在当时的井田制下，也形成了公田与私田的划分。春秋中后期，各国在经济上纷纷进行了租税改革，将"籍公田"的集体劳役地租转变为家庭实物地租，不分公田、私田，一律按亩收税。这种做法既为政府增加了收入，也适应了人们追逐更多私利的要求。随后各诸侯国又通过国家法令授田于民，使私有制正式得到国家法令的确认，私有观念也随之在社会各阶层意识中得以确立。到了

---

① 《史记·孟尝君列传》。
② 《战国策·秦策一》。
③ 《孟子·公孙丑下》。
④ 《史记·李斯列传》。

战国时期，个体家庭逐渐成为基本的经济单位，与之相联系，私营工商业也开始兴起并得到迅速发展。在这一过程中，许多贵族"降至皂隶"，而一批庶民、工商业者，甚至奴婢却在各种机遇中地位上升，或以勇敢赢得军功，以智慧换取官职，或以财力跻身权贵阶层。故《诗经》曰："'高岸为谷，深谷为陵'。三后之姓于今为庶。主所知也。"① 与这种社会结构的变化相适应，"私"的范围不断扩大，不仅包括特定的下层贵族，更包括贵族以外的"士、农、工、商"之民。

随着财产私有化迅猛发展，人们为争私利而上下奔走。诚如管子所言："夫凡人之性，见利莫能勿就，见害莫能勿避。其商人通贾，倍道兼行，夜以继日，千里而不远者，利在前也。渔人之入海，海深万仞，就彼逆流，乘危百里，宿夜不出者，利在水也。故利之所在，虽千仞之山，无所不上；深渊之下，无所不入焉。"② 针对春秋之际人们竞相争逐名利的社会现状，孔子首先肯定人们厌恶贫贱追求富贵的欲望和行为是符合人性的、正当的："富与贵，是人之所欲也，不以其道得之，不处也。贫与贱，是人之所恶也，不以其道得之，不去也"③ "不义而富且贵，于我如浮云"④。不过，孔子要求人们对富贵的追求应以合乎道德的方法取得。在处理义利关系上，孔子经过对富贵前景的追求与道德信义的持守之间进行权衡，主张"见利思义""义然后取"。⑤ 在孔子那里，君子行事以义为准绳，义是划分君子与小人的标准："君子喻于义，小人喻于利。"⑥ 孔子认为，在一个多行不义、严重失范的国度里发财做官是可耻的，因为那意味着同流合污、趁火打劫，应引以为耻；而在一个广行仁义、秩然有序的国度里，如果不能摆脱贫贱，则说明缺乏向善的进取心或不够勤勉，也是一种

---

① 《左传·昭公三十二年》。
② 《管子·禁藏》。
③ 《论语·里仁》。
④ 《论语·述而》。
⑤ 《论语·宪问》。
⑥ 《论语·里仁》。

耻辱:"邦有道,贫且贱焉,耻也。邦无道,富且贵焉,耻也。"①

而孟子谈论更多的是君子在义与利之间应当具有的操守:君子应做到"穷不失义,达不离道""穷则独善其身,达则兼善天下"②,甚至"舍生而取义"③。这与孔子所提倡的"志士仁人,无求生以害人,有杀身以成仁"④,可谓一脉相承。不过,孟子主张合理处理公私、义利关系,如《孟子·万章上》说,舜的弟弟象暴傲不仁,曾经多次迫害舜。舜立为天子后不诛杀象,还封象为有庳之君,经常接见象,保持兄弟情谊。但不许象亲自治理有庳之民,而派官吏代象治理,收取贡税缴纳给象,以免他祸害有庳之民。朱熹《集注》说,孟子讲这个故事的用意是:"言圣人不以公义废私恩,亦不以私恩害公义。"

荀子秉承孔孟的立场,认为,"唯利所在,无所不倾,若是则可谓小人矣。"⑤ 但在公私问题上,荀子则强调公与私完全对立,认为维护公道、公利的人臣是"上则能尊君,下则能爱民"的"圣臣";而不顾公道、朋党图私的人臣是"上不忠乎君,下善取誉乎民"的"篡臣"⑥。荀子不仅将"公正无私"作为道德修养的要求,还将其推广到政治制度方面,认为君子因"能以公义胜私欲"⑦,"公道""公平"要体现于"明分职,序事业,材技官能"的政治制度中,办理诸政治事务只有"隆礼至法"才能体现"公道""公义"。⑧ 至此,私利已完全被公利所掩盖。

墨家以增进天下、国家、人民之利为宗旨,以不以私利害天下公利的态度,鲜明地表现出他的公私观。墨子的公义虽然没有完全否定个人之利,如他说:"故衣食者,人之生利也"⑨,并一再讲要"交相利",但在理

---

① 《论语·泰伯》。
② 《孟子·尽心上》。
③ 《孟子·告子上》。
④ 《论语·卫灵公》。
⑤ 《荀子·不苟》。
⑥ 《荀子·臣道》。
⑦ 《荀子·修身》。
⑧ 《荀子·君道》。
⑨ 《墨子·节葬下》。

论上他并没有给"私"留下合理的位置，他鞭挞的对象就是"自爱""自利"，也就是自私；同时，要上同于天子。墨子的"公"与"同"是相通的，"公"和"同"都是由"上"（圣王、圣人、天子、政长等）灌输、教育、赏罚的结果。

道家的立公灭私之路是回归自然、与道同体。他们认为，私、我、己，仅是自然的一种存在形式或衍生过程中的一种现象。因此，私、我、己与万物并没有什么区别，由此很自然导出无己、无私的结论："五官殊职，君不私，故国治。"① 在道家那里，"公"的本质就是取消人的主体意义，即庄子说的"吾丧我"②。这固然是最彻底的公，但也是最无情的公，因为连人本身也被剥夺了，人也变成了非人。

法家从人性论角度对人的自私自利的本性进行探讨，并在一定程度上肯定了"私利"的合理性。商鞅说："民之欲富贵也，其阖棺而后止。"③但是，他们的出发点并不是考虑如何使民众的合法财产得到法律和制度的保障，而是将"私利"视为罪魁祸首和万恶之源，必欲彻底灭之而后快。基于富国强兵的宗旨和农战政策的实施，在商鞅那里，所有的私家大族，只要不在国家体系之中或对国家有离心倾向的都在打击之列："无爵而尊，无禄而富，无官而长，此之谓奸民。"④ 商鞅甚至把公私问题提到国家存亡的高度上上来认识："公私之交，存亡之本也。"⑤ 为此，他坚定地主张立公去私，并进而提出"公天下"思想："尧、舜之位天下也，非私天下之利也，为天下位天下也。论贤举能而传焉，非疏父子亲越人也，明于治乱之道也。故三王以义亲天下，五伯以法正诸侯，皆非私天下之利也，为天下治天下。是故擅其名而有其功，天下乐其政而莫之能伤也。"⑥

---

① 《庄子·则阳》。
② 《庄子·齐物论》。
③ 《商君书·刑法》。
④ 《商君书·画策》。
⑤ 《商君书·修权》。
⑥ 《商君书·修权》。

慎到的公私观与道家的清静无为理论有联系，认为"君道无知无为"①就是公，除去主观成见按一个统一的客观标准办事就能"至公大定"②，这是不同于商鞅的地方。但慎到与商鞅一样，把法治与人治之争归结为公私之争，认为实行人治，"国家之政要在一人之心"③"诛赏予夺，从君心出"④，是非全凭君主"心裁"，所以人治就是私。慎到还强调了公私不可两立的性质，认为立法是为了使人在认识上、行为准则上一致起来，是为了"立公义"，以限制不合公共要求与愿望的个体行为（"私"）："法虽不善，犹愈于无法，所以一人心也……故蓍龟，所以立公识也；权衡，所以立公正也；书契，所以立公信也；度量，所以立公审也；法制礼籍，所以立公义也。凡立公，所以弃私也。"⑤ 值得注意的是，慎到的法治理论不只是从维护君权考虑，而是建立在对广大老百姓社会权力的认识上。他所谓"公"，主要指广大人民；他所谓"私"，也包括天子、君王在内："古者，立天子而贵之者，非以利一人也。曰：天下无一贵，则理无由通，通理以为天下也。故立天子以为天下，非立天下以为天子也；立国君以为国，非立国以为君也；立官长以为官，非立官以为长也。"⑥ 因此，实行法治，应做到"官不私亲，法不遗爱，上下无事，唯法所在"⑦"我喜可抑，我忿可窒，我法不可离也"⑧。

其后，韩非还从字义上说明公与私的对立："古者仓颉之作书也，自环者谓之私，背私谓之公。公私之相背也，乃仓颉固以知之矣。"⑨ 韩非进而指出了两者对立的现实基础："匹夫有私便，人主有公利。不作而养足，不

---

① 《慎子·大体》。
② 《慎子·逸文》。
③ 《慎子·威德》。
④ 《慎子·君人》。
⑤ 《慎子·威德》。
⑥ 《慎子·威德》。
⑦ 《慎子·君臣》。
⑧ 《慎子·逸文》。
⑨ 《韩非子·五蠹》。

仕而名显，此私便也；息文学而明法度，塞私便而一功劳，此公利也。"①
他指出公私相背是基于利益的冲突，旨在强调公私对立之绝对性与必然
性："私行立而公利灭也。"② 在公与私的对立中，韩非否定私而倡导公，
主张一切以公利为准："为公者必利，不为公者必害"③"私义行则乱，公
义行则治，故公私有分"④"吏无私利而正矣"⑤。然而，现实却是"私门
将实，公庭将虚"⑥"贵私行而贱公功"⑦。为此，韩非指出，要消除这些
现象的危害，维护国家和国君的根本利益，"必明于公私之分，明法制，去
私恩"⑧"君臣废法而服私，是以国乱兵弱而主卑"⑨。在这里，韩非将审
明公私之分视为关系国家治乱强弱、生死存亡的关键问题，提出以"立法
废私"作为解决公私冲突的原则与方法："夫立法令者，以废私也。法令行
而私道废矣""道私者乱，道法者治""法立，则莫得为私也。"⑩

　　由上观之，先秦诸子在公私关系上彻底排除了"私"，因此剩下的只
有"公"才是唯一合法与合理的。而当时民本思想盛行，有"得民者倡，
失民者亡""立君为民"等诸多经典之论。在这种精神氛围中，"公"与
"百姓""众"相结合，便成为"公天下"论的基本思路，所谓"大道既
隐，天下为家"⑪。于是，在百家争鸣中，比较具体的立君为"民"也开始
向比较抽象的立君为"公"、为"天下"转换。这种将为天下众生谋福利
转换成为国家共同体谋公益的思路，就是"天下为公"论。

　　在战国以后的中国历史发展过程中，崇公抑私的观念一直受到推崇，
共同缔造了中国传统文化中崇尚群体和整体利益的精神，"天下为公"成为

① 《韩非子·八说》。
② 《韩非子·五蠹》。
③ 《韩非子·外储说右上》。
④ 《韩非子·饰邪》。
⑤ 《韩非子·外储说右下》。
⑥ 《韩非子·扬权》。
⑦ 《韩非子·亡征》。
⑧ 《韩非子·饰邪》。
⑨ 《韩非子·奸劫弑臣》。
⑩ 《韩非子·诡使》。
⑪ 《礼记·礼运》。

一种具有超时代价值的口号。然而，这种公私观所追求的公利具有双重性：一是追求天下大公，二是维护君主之利。在君主专制的中国，"公"的主体是"朝廷"而非"国家"，"公"是以政权来体现的，政权又是以君主为代表的，从而导致公的概念与君主或官府混淆不清。譬如，韩非在其理论设计中曾预设了这样一个大前提：趋利避害，民之本性，"苦小费而忘大利"①，常常毁公利而存私利，或者贪一时之利而废根本之利；而只有君主才是国家与民众总体之公利的自觉维护者，才能"利民萌，便众庶"②。然而问题在于，国君会不会也"苦小费而忘大利"呢？国君在每个具体问题上的意志是否能体现公利呢？姑且不论桀纣之类的倒行逆施，即便是贤明之君也难免有事与愿违的不智之举。虽然韩非也告诫君主不能"舍常法而从私意"③，但"生法者君也"④。既然君主是立法者，言出而法随，又如何能使君主尊重法律而不逞私欲呢？韩非的理论把君主代表公利的问题说得太绝对，而悄然将国家与君主等同，"公"既指国家，同时也指君主。由此，"公天下"也就变成了"君天下""家天下"。

历史地看，随着后世统治者以"公"的名义，日益将公共资源和公权力集中于自己之手，进而又"化公为私"，从而充分暴露了这种"大公无私"的欺骗性质——"假公济私"。与此同时，随着"公天下"观念的流行，"私"也逐渐丧失其正当性与合理性，而被置于"恶"的地位。这样就出现了一个无法解决的悖论："私"虽是客观存在，但在观念上是不合理的；人们在"私"中生活，但观念上却要不停地进行"斗私""灭私"；人们在实际上不停地谋"私"，但却如"做贼"一样战战兢兢，不能得到应有的保障。理论上一味地提倡"立公灭私"，在事实上却极难做到，于是就出现了大批的"假人"，即阳公阴私、假公济私、化公为私，等等。对此，先哲们其实也早有觉察，如韩非说："阴相善而阳相恶，以示无私"⑤

---

① 《韩非子·南面》。
② 《韩非子·问田》。
③ 《韩非子·饰邪》。
④ 《韩非子·任法》。
⑤ 《韩非子·备内》。

"彼有私急也，必以公义示而强之"①。

这种"朕即国家"的专制意识，可谓遗祸无穷。自战国末期兴起的"崇公抑私"观念，并逐渐成为日后两千多年来人们处理"公私"问题的基本框架。依据立公灭私的原则，不允许有独立于国家之外的民间社会的存在。所有的居民都必须纳入"编户齐民"的行政管理系统。当时发展起来的编户齐民制度不是一般的行政管理与户口登记，而是一整套的人身控制、职业控制、行为控制、义务控制和社会控制体系，是君主直接对每个人的统治和奴役制度。人们除垂直隶属于君主外，完全没有任何横向的自由空间，自然也就没有民间社会的活动余地。这就从根本上取消了人们横向联合的可能性，把人的社会联系减少到最低程度。经过战国变法运动，各国都已打破了旧的经济制度和政治制度，中央集权的统一国家的建立已成为不可阻挡的历史趋势。在庞大的君主权力面前，人们越是孤立，就越便于君主专制。因此不难理解，秦始皇统一之后首要举措之一就是迁豪。汉承秦法，也是不停地迁豪和打击豪强。这种"公"胜"私"的过程，也就是从分封制国家转向君主集权国家的过程。② 可见，"立公灭私"的观念虽然看起来十分纯真、高尚、典雅，但实际上则是武断、凶残、专制。③

二、圣人执要

自历史进入战国时代，随着诸侯权力的急剧膨胀，致使"威分于陪臣之邦""天下乖戾，无君君之心"④，各国无论强弱，都深陷于战乱的危机之中，弱国有被灭之险，强国则有变弱之虞。在这种事关国家兴衰和族群兴亡的状态之下，强化王权和加强中央集权成为必要。正是在这种社会情势下，先秦诸子共同奏响了专制的主旋律。

---

① 《韩非子·说难》。
② 刘若男：《春秋战国公私观念的内在矛盾》，《太原师范学院学报》2008年第6期。
③ 参见刘泽华：《春秋战国的"立公灭私"观念与社会整合》（下），《南开学报》2003年第5期。
④ 柳宗元：《封建论》。

就儒家而言，孔子固然"重民""贵民"，但意在"使民"，所谓"惠足以使人"①。在孔子那里，管理者与被管理者被分别标以"君子"和"小人"的身份，"君子学道则爱人，小人学道则易使也"②。君子与小人之间存在无法跨越的界限，广大民众只能作为被役使的对象接受组织的规范，并为整个社会组织的存在和运行发挥其力量。孔子将"孝悌"作为"仁之本"，旨在使"天下"之"民"皆具"仁"德，皆能"事上也敬"③，以"亲亲"来维护"尊尊"。在此，孔子无疑是居高位者的代言人。当然，孔子在强调有道君主权威至上的同时，还强调臣权和庶民议政之权，尤其肯定了"诤臣"匡正君主之过的作用和重要性。《荀子·子道》转述孔子的话："昔（若）万乘之国有诤臣四人，则封疆不削；千乘之国有诤臣三人，则社稷不危；百乘之家有诤臣二人，则宗庙不毁；父有诤子，不行无礼；士有诤友，不为无义。"

孟子的民本思想虽然在先秦成为一座"高峰"，但实际上都是为了更好地维护君主的统治。这主要表现在：其一，"富民"是推行王政的前提。孟子认为，作为一国君主，"得天下"的关键，在于对民众"所欲与之聚之"④，也就是把民众之丰衣足食看作是达到理想政治的基始："养生丧死无憾，王道之始也。"⑤ 其二，强调"制民之产"。孟子认为，人民有了固定的产业，才会安分守己："民之为道也，有恒产者有恒心，无恒产者无恒心。"⑥ 为此，孟子主张分土地给农民，使人民都能养家糊口，以保持统治秩序的稳定，从根本上防止人民犯上作乱："是故明君制民之产，必使仰足以事父母，俯足以畜妻子，乐岁终身饱，凶年免于死亡；然后驱之而善，故民之从之也轻。"⑦ 其三，施仁乐。孟子强调君王应"与民同乐"⑧，不

① 《论语·阳货》。
② 《论语·阳货》。
③ 《论语·公冶长》。
④ 《孟子·离娄上》。
⑤ 《孟子·梁惠王上》。
⑥ 《孟子·梁惠王上》。
⑦ 《孟子·梁惠王上》。
⑧ 《孟子·梁惠王下》。

如此不可以"为王"："乐民之乐者,民亦乐其乐;忧民之忧者,民亦忧其忧。乐以天下,忧以天下,然而不王者,未之有也。"其四,非战事,省刑罚。孟子认为,只需施行仁政,无须通过战争,便可得天下:"今天下之君有好仁者,则诸侯皆为之驱矣。虽欲无王,不可得已。"① 同时,孟子看到仅靠外在强力维持的政治统治是难以持久的,故而反对暴政残民和高压政治,主张君主施行仁政、"省刑罚,薄赋敛"②,等等。

在君主和民众的关系问题上,孟子充分肯定了民众的基础作用,即"得乎丘民而为天子"③,但到了荀子这里,民众基本上被撇开,一切都要以君为转移:"君者,国之隆也。"④ 人君只要以礼为武器,以尊贤为手段就可以得天下:"人君者,隆礼尊贤而王。"⑤ 君和礼相比较,人君又是最重要的,因为礼义法度由圣人君师所造,国家兴亡由君执导:"主者,民之唱也;上者,下之仪也。彼将听唱而应,视仪而动。"⑥ 所以荀子说:"有治人,无治法。"⑦ 不过,荀子为了追求天下统一的社会,依然把人民看成是国家构成的一个重要因素:"天子生民,非为君也。天子立君,以为民也"⑧ "庶人安政,然后君子安位"⑨。为此,荀子要求国君应实行轻徭薄赋和藏富于民的"裕民""惠民"⑩ 政策,要"生民则致宽,使民则极理"⑪,保民、爱民应做到像爱护"赤子"一样:"上之于下,如保赤子。政令制度,所以接下之人,百姓有不理者如豪末,则虽孤独鳏寡必不加焉。故下之亲上,欢如父母,可杀而不可使不顺。"⑫ 在这里,君民关系被

①　《孟子·离娄上》。
②　《孟子·梁惠王上》。
③　《孟子·尽心下》。
④　《荀子·致士》。
⑤　《荀子·强国》。
⑥　《荀子·正论》。
⑦　《荀子·王制》。
⑧　《荀子·大略》。
⑨　《荀子·王制》。
⑩　《荀子·富国》。
⑪　《荀子·王霸》。
⑫　《荀子·王霸》。

荀子阐释为父母与子女的关系，但"制之以礼，行之以孝"①，说到底，上示爱于下，就是为了换取对下的支配权，而这种支配权又被包裹在脉脉温情里，让在下者甘心情愿接受支配。这正是荀子理论的实质。

由上观之，从孔子到荀子，儒家政治理念经过了一个渐趋清晰、合理的转换过程，儒家所主张的政治理想越来越趋向于现实，孔子遵礼而体认礼所维护的专制王权。孟子思想中虽然潜含对专制王权的否定，但却将君主作为既成事实，从而完成了向"不忍人之政"的转换。荀子既接受君主专制，又把它亲情伦理化，试图使君主专制受到一种特殊的制约，这也是儒家学说在社会转型时期作出的一种自我调整，从而成为后世君主专制的最好粉饰。

而墨家学说之所以也走向"专制"，是因为墨子认识到仅仅靠"兼爱""非攻"的道德说教，没有一个得到普遍承认和服从的政治权威，是不能制止当时的混乱局面的。在墨子看来，社会上自是而相非，以致互相贼害的悲惨局面，主要原因是"生于无政长"②。因此，只有做到"一同天下之义"③，即天下一切问题均由天子思考、裁定，臣民都得以天子的是非为是非，严格效法、顺从天子，才能实现天下大治："圣王皆以尚同为政，故天下治。"④ 在墨子看来，君主要实现这种严密控制，需要一种相应的组织管理体制："善为君者，劳于论人，而佚于治官。"⑤ 为此，墨子设计出了一个包括了天子、诸侯、将军、乡长、里长、士、庶人这样一个行政等级序列，并自上而下逐级贯彻上一级领导意图的组织管理体系："天子立，以其立为未足，又选择天下之贤可者，置立之以为三公。天子、三公既以立，以天下为博大，远国异土之民，是非利害之辨，不可一二而明之，故划分万国，立诸侯国君。诸侯国君既以立，以其立为未足，又选择其国之贤可

①《荀子·王霸》。
②《墨子·尚同上》。
③《墨子·尚同上》。
④《墨子·尚同下》。
⑤《墨子·尚贤中》。

者，置立之以为正长。"① 由此，通过这种思想统一和逐级管理，墨子建立起了一个以"天子"为核心的绝对统治秩序。至于这一统治体系中的各级领导，全都是上帝鬼神和天子所选、所立、所使，用来统治万民使之上同天意的："昔之圣王禹汤文武……天福之，使立为天子。"②

那么，如何实现这种"尚同"的局面呢？在墨子看来，天子的旨意通过各级行政长官贯彻到民间，做到"上下同义"，步调一致，就可以做到"治天下之国，若治一家；使天下之民，若使一夫"③。墨家认为，自天子以下，从士庶人以至三公诸侯，全都不能独立自主，必须唯上是从："天子之所是，皆是之；天子之所非，皆非之。"④ 可见，尚同学说的精义，正在于树立专制君主的绝对权威。不仅天子是天下最圣明尊贵的完人，国君，各乡各里的乡长里长也同样如此："义者，政也。无从下之政上，必从上之政下。是故庶人竭力从事，未得次己而为政，有士正之。士竭力从事，未得次己而为政，有将军大夫正之。将军大夫竭力从事，未得次己而为政，有三公诸侯正之。三公诸侯竭力听治，未得次己而为政，有天子正之。天子未得次己而为政，有天正之。……故天子者，天下之穷贵也，天下之穷富也。"⑤ 在这样一种制度下，人民对统治者只能绝对服从。从当时的社会形势看，针对旧贵族的叛乱无已，为了防止贵戚世卿篡权夺位，需要创立君主自由任免大臣的官僚体制，以消除战乱稳定社会。墨家的尚同主张正反映了这种时代要求，并在后来的法家中得到了进一步的体现。

和先秦各家学派不同，墨家还结成了一个纪律严明的组织，墨者"以钜子为圣人"⑥ "皆可使赴火蹈刃，死不还踵"⑦，类似于一种"武士的行会"式的"准军事组织"，讲究令行禁止、绝对服从。墨家钜子同其徒属

---

① 《墨子·尚同上》。
② 《墨子·法仪》。
③ 《墨子·尚同下》。
④ 《墨子·尚同上》。
⑤ 《墨子·天志上》。
⑥ 《庄子·天下》，"巨子"又作"钜子"，即墨家组织的首领。
⑦ 《淮南子·泰族训》。

的关系，是独断与盲从的主奴隶属体制，这也正是墨家尚同学说所要求的君臣之义。墨子自命已掌握了全部终极真理，任何人另作探索均属徒劳无功；如若谁要独立思考反对他的言论，便是以卵击石自取灭亡："子墨子曰：吾言足用矣！舍言革思者，是犹舍获而捃粟也；以其言非吾言者，是犹以卵投石也。尽天下之卵，其石犹是也，不可毁也。"① 可见，墨子实际上已将自己等同于传说中的救世主。在这位"先知"的神圣光环笼罩下，墨家的徒子徒孙只能顶礼膜拜、迷信盲从。墨家子弟和法家一样，之所以受到秦国的优容尊宠，所谓"圣人隐伏墨术行"②，说明在推行专制主义方面，二者实属同道。

从现实来看，战国时期激烈的社会动荡和社会分化，使得国家对社会控制能力持续减弱，人们利益实现的渠道也变得多元化，即"谈说之士资在于口，处士资在于意，勇士资在于气"③，人们的利益实现完全游离于君主控制之外，自然很难要求他们为君主和国家尽力。然而，为了在国与国之间空前剧烈的竞争中取胜，就必须竭尽全力来提高"国家"的综合实力，就必须高度集中一切战争资源，以国家权力来结束社会资源多元拥有的状态，建立起一元化的社会体制："夫擅国之谓王，能专利害之谓王，制杀生之威之谓王。"④ 因此，正是"争于气力"的社会现实，使强化君主集权成为战国政治的"主旋律"。如肖公权先生所言："侵略与自卫皆有待于富强。于是君权之扩张遂同时成为政治上之需要与目的。"⑤ 如此一来，"尊君"成为必然选择。而最能体现这种政治走向和特点的，便是法家。

春秋时代的管仲虽也主张"尊君"，但前提是"令重则君尊"及"令尊于君"。⑥ 由于"令重""令尊"在先，自然就要求"君臣上下贵贱皆从

---

① 《墨子·贵义》。
② 《荀子·成相》。
③ 《商君书·算地》。
④ 《战国策·秦策三》。
⑤ 肖公权：《中国政治思想史》，辽宁教育出版社1998年版，第210页。
⑥ 《管子·重令》。

法"①。而到了战国时代，"尊君"成为一种绝对的需求。只有既富国强兵又能集中国内的一切力量，才有可能与列国逐鹿中原。于是，在整个战国变法运动中，加强君主的权力，强化中央集权和尊君成为这场变革的主旋律。商鞅提出："民之所欲万，而利之所出一；民非一则无以致欲，故作一。作一则力抟，力抟则强……塞私道以穷其志，启一门以致其欲，使民必先行其所要（恶），然后致其所欲，故力多。"② 而要做到这一切，必须仰赖专制君主的引领和推动，即君王为统一"全民"的意志、为整合一切资源和力量而独操"利"之源泉和孔道，"民"求利之途径必须与专制君王富国强兵的目标相吻合，个人"小利"的获取必须以实现"国家"之"大利"为基础。

可以说，战国变法运动中的所有措施，无不与加强君王的专制密切关联：其一，在经济上和资源分配上，商鞅变法倡导"利出一孔""一山泽"，集全国之力于"农战"。此外，统一度量衡制，以便于国家田租、军赋的征收及军功赏赐、官僚俸禄的发放。其二，在政治上，加强中央集权，建立官僚体制。这一运动是从打击公族开始的。李悝变法就有废除世卿世禄之意，但重点放在提拔人才上，而不是打击大族。吴起变法开始明确、自觉地打击旧贵族，"使封君之子孙三世而收爵禄绝灭百吏之禄秩"③。而商鞅在秦国对大族的打击就从其本身直接开始："宗室非有军功论，不得为属籍。"④ 在战国变法中，对旧贵族采取屠杀、削除他们的封爵和采邑，因其手段的残酷而遭到的反抗也最激烈，吴起被射死，商鞅被车裂，正好说明这场斗争的激烈、复杂和残酷。对国君来说，弄得不好，还有可能使其政权被颠覆。燕王哙的改革遭到太子及大臣的反对而被杀。赵武灵王的胡服骑射虽然成功了，但他自己却被卿大夫囚禁而饿死。相比之下，通过提拔新人来取代旧贵族就成为比较稳妥的办法。即提拔下层出身的"士"

---

① 《管子·任法》。
② 《商君书·说民》。
③ 《韩非子·和氏》。
④ 《史记·商君列传》。

担任将相和郡县长官，不再世袭，由国君自由任命，付给俸禄而不再是采邑，等等。其三，在文化上加强思想统一。对那些不利于农战的博闻、辩慧之类的人，坚决不"授官予爵"①，甚至不允许民众有任何议政的权利："不可以评刑，不可以独立私议以陈其上。"② 其四，革除落后的群婚遗俗，废除大家庭制，造就有利于专制集权统治的小农家庭基础等。

战国变法运动，既是加强君主集权的过程，也是"大一统"的实现过程。"大一统"是实力的较量，谁对贵族打击最力，中央集权最彻底，谁就最有力量统一中国，也就最有资格成为新世界的主人。相对于其他各国的变法，秦国的商鞅变法无论是在富国强兵还是在中央集权方面都最为彻底，因此，秦国当之无愧地成为未来社会的主宰。尽管商鞅变法把社会拉向一个极其愚昧单调、统治残酷，且军事色彩很浓的专制社会结构中，将社会的丰富性异化为简单而暴决的统治关系，但是这一历史进程却是不可逆转的。随着战国变法运动的开展，活跃在政治舞台上的各个诸侯国都先后开始了权力集中化的进程。

到战国晚期韩非生活的年代，统一王朝的轮廓清晰可见，"戈兵一度，书同名，车同轨"③，因而，如何让这个即将形成的统一帝国实现有效管理和长治久安，便成为当时人们关注的焦点。在韩非看来，一个国家之所以能在激烈的竞争中立于不败之地，对君主来说，关键在于如何能够控制人们追求利益的渠道，将人们对个人利益的追求转变成为君主效力卖命的过程。在法家诸子中，商鞅重法，申不害重术，慎到重势。韩非认为，法、术、势三派立论的角度虽然不同，但在强化君主权力上则是一致的，三者"不可一无，皆帝王之具也"④。为此，韩非将法、术、势三家理论熔于一炉并加以深化和发挥，从而形成了绝对君主专制理论。

在韩非看来，君主只是一个孤家寡人，无论其如何聪明绝顶，总是

---

① 《商君书·农战》。
② 《商君书·刑约》。
③ 《管子·君臣上》。
④ 《韩非子·定法》。

"力不敌众，智不尽物"① "少能胜之"②。只有以"法"绳下，"寄治乱于法术，论是非于赏罚，属轻重于权衡"③，才能"力寡而功多"；反之，"则劳心积虑而治愈乱"④。为此，韩非通过以功利予夺的"赏罚"为主体内容的"法治"，实现了君主专制与"国富兵强"的紧密结合："受赏者甘利，未赏者慕业，是报一人之功而劝境内之众也。"⑤ 反之，"人不乐生则人主不尊，不重死则令不行也"⑥ "使人不衣不食而不饥不寒，又不恶死，则无事上之意"⑦。所以，对富国强兵和尊君无益的"不臣天子，不友诸侯，耕作而食之，掘井而饮之……无求于人"之"高士"，韩非主张："必于除之而后快"⑧ "夫见利不喜，上虽厚赏无以劝之；临难不恐，上虽严刑无以威之；此之谓不令之民也……有民如此，先古圣王皆不能臣，当今之世，将安用之"⑨。当然，将这些"不合作者"全部杀光并不现实，因此以暴力强制的手段斩断其生活的根基，最终逼使其服从专制君王的意志，便是更加"现实"而"有效"的选择："夫驯乌者断其下翎焉，断其下翎则必恃人而食，焉得不驯乎？夫明主畜臣亦然，令臣不得不利君之禄，不得无服上之名；夫利君之禄，服上之名，焉得不服？"⑩ 这样一来，如果君主能够做到"一断于法"，就能达成天下臣民尽皆匍匐于法律之下的"法治"境界。当然，在中国传统观念中，法律制度是由君主制定和推行，臣民没有发表意见的权利，只能匍匐于法律制度的约束。

就"势"而言，在战国法家中，慎到（约公元前390—前315年）以"贵势"著称。慎到长期在齐国稷下学宫讲学，其学术从道家出发兼容法

① 《韩非子·八经》。
② 《韩非子·难三》。
③ 《韩非子·大体》。
④ 《韩非子·定法》。
⑤ 《韩非子·六反》。
⑥ 《韩非子·安危》。
⑦ 《韩非子·八说》。
⑧ 《韩非子·外储说右上》。
⑨ 《韩非子·说疑》。
⑩ 《韩非子·外储说右上》。

家思想，并逐渐归于法家。慎到把权力作为政治的核心，认为君主只有拥有权力才能够对他人进行控制，因此君王应当百般努力地去张大自己的权势。慎到把君主和权势分别比喻为飞龙和云雾，飞龙有了云雾才能飞得高，如果云雾散去，飞龙就是地上的蚯蚓了。慎到还把"法"视作权势的外化，认为法令必须依靠权势才能推行于众，因此应当"尚法"而不应当"尚德"。在慎到看来，不仅人民要"役法"、官吏要"守法"，就连君王也不能任断枉法。慎到的这一致思取向，大大抬高了"法"的地位，甚至在一定程度上限制了君王的绝对权力："大君任法而弗躬，则事断于法矣。"① 就此而论，慎到与商鞅可谓殊途同归。

　　慎到的重势之说为韩非吸收继承。韩非引用慎子的话说："贤人而拙于不肖者，则权轻位卑也；不肖而能服于贤者，则权重位尊也。……吾以此知势位之足恃，而贤智之不足慕也。"② 因而，君主所制定的法律要想得到臣民的普遍遵从，就必须拥有绝对的统治权："君执柄以处势，故令行禁止。柄者，杀生之制也；势者，胜众之资也"③ "人臣之于其君，非有骨肉之亲也，缚于势而不得不事也"④。韩非曾形象地把"势"比作老虎的爪牙，"夫虎之所以能服狗者，爪牙也。使虎释其爪牙而狗用之，则虎反服于狗矣"⑤。为此，韩非主张，"权势不可借人"⑥ "人主之所以身危国亡者，大臣太贵，左右太威也。所谓贵者，无法而擅行，操国柄而便私也。所谓威者，擅权势而轻重者也"⑦。不过，韩非认为仅据"自然之势"是不够的，还应充分制造"人设之势"来大大拔高"自然之势"，进一步拉开君臣之间的距离，形成居高临下的态势："凡明主之治国也，任其势。"⑧ 而要做到这一点，君主应时刻把握人性本利的原则，不断撩拨臣下的欲望，

---

① 《慎子·君人》。
② 《韩非子·难势》。
③ 《韩非子·八经》。
④ 《韩非子·备内》。
⑤ 《韩非子·二柄》。
⑥ 《韩非子·内储说下》。
⑦ 《韩非子·人主》。
⑧ 《韩非子·难三》。

让他逐渐地完全依赖自己："若如臣者，尤兽鹿也。唯荐草而就。"①

"势"有如此强大的功效，但还必须通过具体的手段予以保持和强化。这些具体的手段就是"术"。申不害作为法家"术"派的重要代表，在韩国为相十五年，"脩术行道，国内以治，诸侯不来侵伐"②。申不害指出，权势是君主所有的，为防止失势被臣下所篡夺，君主必须运用一种统治"术"来驾驭臣下。老子曾说："鱼不可脱于渊，国之利器不可以示人。"③这大抵表现出道家主张君主在后台控制，而不希望公布成文的"礼""法"以约束君王。申不害深得道家这一要领，主张君王秘密施用权术以潜御群臣。与慎到不同的是，申不害对于权力的理解并没有受到"法"的限制，而是教导君王为了达到目的可以不择手段，强调的实际上是"人治"而非"法治"。

韩非进一步发展了申不害的"术"论，认为，君臣之间无时无刻不在钩心斗角、互相算计，"上下一日百战"④。君主既是孤家寡人，就必须时刻防范他人的"奸邪"行为。而如何辨奸、识奸，则要靠"术"。如果说"法"是公开的，"术"则是君主深藏于胸中用于对付各种异端和驾驭群臣的权术："人主之大物，非法则术也。法者，编著之图籍，设之于官府，而布之于百姓者也。术者，藏之于胸中，以偶众端潜御群臣者也。故法莫如显，而术不欲见。是以明主言法，则境内卑贱莫不闻之也。不独满于堂；用术，则亲爱近习莫之得闻也，不得满室。"⑤ 在韩非那里，"术"甚至成了判别君主是否高明的标准。高明的君主，"有术而御之，身坐于庙堂之上，有处女子之色，无害于治"；不善于用术的君主，"身虽瘁耀，犹未益也。"⑥ 韩非甚至为君主提出了"绝奸萌"之术，即"禁奸心"，没有客观

① 《韩非子·内储说上》。
② 《史记·韩世家》。
③ 《老子·第36章》。
④ 《韩非子·扬权》。
⑤ 《韩非子·难三》。
⑥ 《韩非子·外储说左上》。

标准，完全听凭君主个人随心所欲，捕风捉影，从而使"群臣竦惧乎下"①，不敢有丝毫作奸犯科之心。

如上韩非所论法、术、势的核心，无不归结于国君集权。韩非把势、术融入法家，赋予私密的、等级的、任断的"术"以正当性，实际上就等于取消了规则的公开性、平等性、严格性。故而，"后此之法家，则名为法，实乃术家言耳。"②韩非站在君主本位立场上，事事都从维护君主的角度出发，君主如何加强权力，如何确保权力不至于旁落，韩非可谓机关算尽。在韩非的理论中，君主既抱"法"处"势"而又挟"术"，其专制权力达到了无以复加的地步。而道家对"道"的超越性理解和普遍性解释，恰好为法家的君主权势至大的绝对君主论提供了宇宙认知上的依据。老子用车轮、车毂、车辐的隐喻来说明"中心"的绝对至上性："三十辐共一毂，当其无，有车之用。"③而这个宇宙空间的中心，在道家那里即被看成神秘的"道"，也被称为"一"或"太极"，万物皆赖之以生，赖之以成。韩非正是由此导出其君主集权主义，他说："事在四方，要在中央，圣人执要，四方来效。"④这一理论的依据，便是道家宇宙的最高本体"一"（"道"），它是秩序的象征，而人应法天道，当然亦应有最高的"一"，而君主正是这个最高的"一"。

儒家尽管推崇君主，但是也向君主提出了许多要求，高谈"以道事君，不可则止"⑤"从道不从君"⑥。然而，这实际上否定了君主的绝对性，把君主置于时刻都危如累卵的境地。而韩非的"道、法合流"从理论上终结了作为诸子的君道两分、"道高于君"的人文理念，统治者的势位本身即成为真理与谬误的裁判："道无双，故曰一。是故君主贵独道之容。"⑦由

---

① 《韩非子·主道》。
② 吕思勉：《先秦史》，上海古籍出版社 2005 年版，第 441 页。
③ 《老子·第 11 章》。
④ 《韩非子·扬权》。
⑤ 《论语·先进》。
⑥ 《荀子·臣道》。
⑦ 《韩非子·扬权》。

此，君主获得了至高无上的地位，不必再为自己身份的合法性和确定性所困扰："道者，万物之始，是非之纪也，是以明君守始以知万物之源，治纪以知善败之端。"① 韩非在秦代"大一统"政治专制前夕完成的这种"君道同体"论，开启了君主神圣的权力之门。本来韩非对于人性的基本认识是不承认人们有"向善"的自觉性，是"不恃人之为吾善也，而用其不得为非也"②。然而，韩非在强烈的君本位立场的驱使下，总是宁愿寄希望于君主求治的"自觉性"，这种顽固的君本位意识使得韩非陷入自诩的矛盾之中。可以说，在中国传统社会，虽也有少数君主较为注意不以意乱法，但终究无法改变"专制"破坏"法治"的这种必然性。

总的来看，君主专制主义是战国百家争鸣的必然归宿。刘泽华先生指出，先秦诸子在众多问题上常呈现多方向、多线条的思维，一个问题常有数种不同见解，唯独在君主专制这个问题上，有百海归流之势。诸子百家的政治设计都是君主专制体制内的设计，几乎没有人能够在君主专制制度之外进行体制外的设计，也就没有任何一种区别于君主专制的替代方案和制度的提出。因此，诸子百家越是争辩，君主专制的理论就越是完备、发达、成熟。在这个思想解放、自由、不受束缚的时代，中国第一代"自由"知识分子却心甘情愿、发乎灵魂深处地将其自由设定了一个不可逾越的边界——君主专制！③ 中国专制主义由此开始了两千余年的历史航程。

三、贤人之治

在战国时代，与集权和尊君趋势相伴随的，是"尚贤"的时代大潮。在周朝，"尚贤"原本就是周朝德治实践的必然要素。因为敬德保民、明德慎罚政治路线的推行，关键在于统治者要注重自身道德品行的修养，并能

---

① 《韩非子·主道》。
② 《韩非子·外储说左上》。
③ 参见刘泽华：《中国的王权主义》，上海人民出版社 2000 年版，第 115—128 页。

够"尚贤"以施政；否则，"贤人在下位而无辅，是以动而有悔也。"①"尚贤"的另一面是远离"小人"，"小人"指不知仁义，只以个人财利为中心的人，否则，会给国家造成危乱："'小人勿用'，必乱邦也。"② 从实践上看，周初的统治者大都身体力行，从而成为后世景仰和效法的典范。史载，文王"礼下贤者，日中不暇食以待士，士以此多归之"③；周公为了得到人才，"一沐三捉发，一饭三吐哺"④。

尽管如此，在周代，由于整个社会秩序的建构是以宗法制为基础的，从而使"尚贤"总是屈从于宗法血缘关系及其等级特权秩序，贤士总是处于一种被"豢养"的地位："天地养万物，圣人养贤以及万民。"⑤ 当时盛行的基于血统而世代沿袭的"世卿世禄"制度，等级森严，贵贱分明，其结果则是："士之子恒为士""工之子恒为工""商之子恒为商""农之子恒为农"⑥。在这种体制下，贵族的子孙不管有多么蠢笨和低能，都可以经过世袭得到高官厚禄。显然，这种政治秩序存在着明显的不公，从而无法形成有效的社会激励机制。

春秋战国之际的诸侯兼并，使得贤能之士受到推崇，养士之风盛行。所谓"得士者昌，失士者亡""夫争强之国，必先争谋"⑦，正是这一时代特征的一个典型写照。在此背景下，处于社会底层的"士"阶层迅速崛起。齐桓公、晋文公、魏文侯、齐宣王、燕昭王等都是诸侯中礼贤下士的典型。战国四公子孟尝君、平原君、信陵君、春申君，门下豢养食客数千，多为有一技之长的士人。出入车马，锦衣玉食的优厚待遇，尤其是出将入相、位极人臣的政治地位，极大地刺激了士人的急剧膨胀："春秋以后，游士日多。齐语言桓公为游士八十人，奉以车马衣裘，多其资币，使

---

① 《易经·系辞上》。
② 《易经·象传》。
③ 《史记·周本纪》。
④ 《史记·鲁周公世家》。
⑤ 《颐·彖》。
⑥ 《国语·齐语》。
⑦ 《管子·霸言》。

周游四方，以号召天下之贤士，而战国之君遂以士为轻重，文者为儒，武者为侠。"①

作为传统等级秩序的代言人，儒家固然执着于社会等级的维护，但又十分推崇贤才。在孔子看来，吏治是否清明，直接关系到德治、仁政能否实现，因此，他主张"君子尊贤而容众"②。孔子突破了世袭卿禄的用人制度，主张选拔贤才应不分贵贱，不论地位，不论亲疏。他说："犁牛之子骍且角，虽欲勿用，山川其舍诸?"③ 在这里，孔子以祭祀用的"牺牲"（古代指祭祀或祭拜用品）作比喻，指出，"犁牛之子"虽然出身卑微，但只要自身条件好，符合作祭品的条件，即使是祭祀的人不想用它，难道山河之神会舍弃不用吗? 同时，也不因"小过"而怠误人才，所谓"成事不说，遂事不谏，既往不咎"。④ 对于选材的标准，孔子认为，以中庸为好，如果不这样，那么"狂人"也行，因为他有志向，有进取心。狷介者也可，因为他们比较忠诚，脚踏实地："不得中行而与之，必也狂狷乎! 狂者进取，狷者有所不为也。"⑤ 孔子说的"狂"即有较高的志向，富于进取心。"狷"即自重，有较高的修养。中庸的人虽不会积极、果断行动，但符合常理，做事严谨，没有漏洞。相应地，对于知识分子而言，孔子主张"学而优则仕"⑥，并要求学习应达到"下学而上达"⑦，其标准是通晓世务，明白事理，深入认识问题的本质和规律，并能够运用所掌握知识解决实际问题。孔子说："诵《诗》三百，授之以政，不达；使于四方，不能专对；虽多，亦奚以为哉!"⑧

孟子继承了孔子"举贤才"的思想，更明确了用贤的标准："惟仁者

---

① 顾炎武:《日知录》(集释)。
② 《论语·子张》。
③ 《论语·雍也》。
④ 《论语·八佾》。
⑤ 《论语·子路》。
⑥ 《论语·子张》。
⑦ 《论语·宪问》。
⑧ 《论语·子路》。

宜在高位。"① 就是说只有符合了"仁"的行为标准的人,才为"贤人",可以有资格"治"天下:"尊贤使能,俊杰在位,则天下之士皆悦,而愿立于其朝矣。"② 反之,"不信仁贤,则国空虚",甚至"不用贤则亡"③。

荀子也强调"敬贤"的重要性:"人君者,隆礼尊贤而王"④ "明主急得其人,而暗主急得其势"⑤。在荀子那里,君子在国家中的意义,甚至比土地、百姓、道和法更为重大:"君子者,天地之参也,万物之总也,民之父母也。无君子,则天地不理,礼义无统,上无君师,下无父子,夫是之谓至乱。"⑥ 至于贤能的标准,荀子认为,应该是"既知且仁",也就是德才兼备:"故知而不仁,不可;仁而不知,不可;既知而仁,是人主之宝也,而王霸之佐也。"⑦ 那什么是好的德行呢?荀子认为,好的德行有诸如恭敬、谦逊、忠诚守信、刚正不阿、果断、宽容,等等。那什么是好的才能呢?荀子说:"上则能尊君,下则能爱民;政令教化,刑下如影;应卒遇变,齐给如响;推类接誉,以待无方,曲成制象,是圣臣者也。"⑧ 即对上尊重君主,对下爱护百姓,推行政令教化,从而使人们效法他如影相随;应付突然的变故要迅速敏捷,就像回声一样快;能以"法"类推处理各种事务,从容对待变化无常的情况,处处都能符合规章制度。

需要注意的是,孔子虽也提出了"举贤才",但他仍然强调的是"亲亲有术,尊贤有等"⑨,主张"故旧不遗"⑩,仍然局限在上流社会少数人的范围内。而荀子则试图在等级森严的社会秩序中,为"隆礼敬贤"开辟出一条现实的道理:"虽王公士大夫之子孙不能属于礼义,则归之庶人。虽

---

① 《孟子·离娄上》。
② 《孟子·公孙丑上》。
③ 《孟子·告子下》。
④ 《荀子·强国》。
⑤ 《荀子·君道》。
⑥ 《荀子·王制》。
⑦ 《荀子·君道》。
⑧ 《荀子·臣道》。
⑨ 《墨子·非儒下》。
⑩ 《论语·泰伯》。

庶人之子孙也，积文学，正身行，能属于礼义，则归之卿相士大夫。"① 就是说，只要遵循礼义就可以由较低等级进到较高等级；反之，就必须降低其等级。荀子的这一构想打破了以出身门第为准绳的宗法制度，重新分配社会资源。而重新分配所依据的标准正是"德"与"能"："论德而定次，量能而授官，皆使人载其事而各得其所宜。上贤使之为三公，次贤使之为诸侯，下贤使之为士大夫。"②

既然"德"与"能"决定了社会等级的流动性，这就使得礼治在等级制的外衣下暗含了一定的合理性和公正性，其结果必然是："无德不贵，无能不官，无功不赏，无罪不罚，朝无幸位，民无幸生，尚贤使能而等位不遗。"③ 根据这样的政治理念，虽然人们的身份地位等级森严，尊卑、贵贱、贫富相差悬殊，但由于社会等级的可流动性提供了改变人们身份地位的机会，所以大家虽处下位却不感到屈辱和压迫，反而是心安理得，乐天知命。在这种等级秩序之下，士农工商，百官百吏，各司其职，各尽其力，各安其分，各得其宜。这就是荀子所谓的"王者之政"："农以力尽田，贾以察尽财，百工以巧尽器械，士大夫以上至公侯莫不以仁厚智能尽官职……或禄天下而不自以为多，或监门御旅、报关击柝而不自以为寡。"④

对此，荀子设计了一整套行政制度，将官僚政治中的人划分为"士大夫"和"官人百吏"两类，前者的职能是"志行修，临官治，上则能顺下，下则能保其职"，更是道义的承担者和"礼治""德治"传统的传承与实施者；后者的职能则是"循法则、度量、刑辟、图籍，不知其义，谨守其数，慎不敢损益也，父子相传，以持王公"⑤，只是庞大官僚机器中的具体部件，是一种专门化的、工具性的角色。荀子对此有精密的考虑。《王制》有关于"序官"的大段文字，依次列举了宰爵、司徒、司马、太师、

---

① 《荀子·王制》。
② 《荀子·君道》。
③ 《荀子·王制》。
④ 《荀子·荣辱》。
⑤ 《荀子·荣辱》。

司空、治田、虞师、乡师、工师、讴巫、治市、司寇、家宰、辟公等一系列具体部门行政长官的职责与权限，还论及衣服、宫室、人徒、械用等制度。其他如《富国》《强国》《君道》《致士》《议兵》《王霸》诸篇，对贡赋田税、军政钱粮、政令刑狱、官员的选拔考核等制度，皆有具体的设计安排。从这一详尽的分疏中，我们隐约看到了后世官僚士大夫政治的雏形。正因为荀子对这种"制度典章之学"的详细描绘，从而使其成为先秦所谓"制度化儒家"的最大代表。

与儒家一样，墨子也主张尚贤。在当时"任人唯亲""亲亲尊尊"的宗法等级制度下，处于社会中下层的百姓很少有机会从政。墨子从其兼爱理念出发，以"上古时代"为参照，对当时那种"无故富贵"的不平等现象表达出强烈的愤懑："古者圣王，甚尊尚贤而任使能，不党父兄，不偏富贵，不娶颜色。贤者举而上之，富而贵之，以为官长，不肖者抑而废之，贫而贱之，以为徒役。"① 然而，"今王公大人其所富，其所贵，皆王公大人骨肉之亲，无故富贵、面目美好者也。"② 墨子认为，只有任用贤人，国家才能得到有效的治理："是故国有贤良之士众，则国家之治厚；贤良之士寡，则国家之治薄。故大人之务，将在于众贤而已。"③ 否则，会引起社会大乱："入国而不存其士，则亡国矣，见贤而不急，则缓其君矣，非贤无急，非士无以虑国，缓贤忘士，而能以其国存者，未曾有也。"④ 因此，墨子得出结论："尚贤者，天鬼、百姓之利，而政事之本也。"⑤ 墨子大胆提出，要打破尊卑贵贱的等级界限，只论是否贤能，而不论贫富贵贱亲疏："官无常贵，而民无终贱。有能则举之，无能则下之。"⑥

至于人才的使用，墨子更是提出了一整套详尽的方案：首先，关于贤人的标准，墨子认为，应该具有强志、诚信、轻财、守道、明辨、实干、

---

① 《墨子·尚贤中》。
② 《墨子·尚贤下》。
③ 《墨子·尚贤上》。
④ 《墨子·亲士》。
⑤ 《墨子·尚贤下》。
⑥ 《墨子·尚贤上》。

谦虚等品格，否则，"志不强者智不达；言不信者行不果；据财不能以分人者，不足与友；守道不笃、遍物不博、辨是非不察者，不足与游"①。墨子关于人才教育的门类众多，包含自然科学教育和劳动技术教育等丰富的内容，突破并发展了传统的"六艺"范畴。其次，要将人才合理分工，"使各从事其所能"②，应根据个人德行安排官职，根据官职确定应该做的事情，根据业绩进行赏赐，根据功劳确定俸禄："以德就列，以官服事，以劳殿赏，量功而分禄。"③ 比如，"能谈辩者谈辩，能说书者说书，能从事者从事"④。再次，墨子建议给贤德之人一定的地位、待遇和权力："必将富之、贵之、敬之、誉之。"⑤ 重用人才，就要"高予之爵，重予之禄，任之以事，断予之令"⑥。否则，"爵位不高，则民不敬也；蓄禄不厚，则民不言也；政令不断，则民不畏也。"⑦ 墨子设想，人们看到贫贱者被重用之后，受利益的驱使，会产生连锁反应：富者和近权者不再居高自恃，贫贱和远权者也不再自暴自弃，大家都争先恐后、自强勤勉，从而收到赏善罚恶、劝善教化的效果。

对于君主而言，墨子认为，一个贤明的执政者要一心为民，"必先万民之身，后为其身"，做到"饥即食之，寒即衣之，疾病待养之，死丧葬埋之"⑧。同时，贤明的执政者要能了解国情、民情："上之为政，得下之情则治，不得下之情则乱。"⑨ 更为重要的是，君主要礼贤下士："良才难令，然可以致君见尊"⑩，要充分发挥贤人的才干："贤人唯毋得明君而事之，竭四肢之力以任君之事，终身不倦。若有美善则归之上，是以美善在上而

① 《墨子·修身》。
② 《墨子·节用中》。
③ 《墨子·尚贤上》。
④ 《墨子·耕柱》。
⑤ 《墨子·尚贤上》。
⑥ 《墨子·尚贤上》。
⑦ 《墨子·尚贤中》。
⑧ 《墨子·兼爱下》。
⑨ 《墨子·尚同上》。
⑩ 《墨子·亲士》。

所怨谤在下，宁乐在君，忧戚在臣，故古者圣王之为政若此。"① 墨子还强调，君主必须有敢于矫正君主过失、直言极谏的下属，只有分辨议事的人争论锋起，互相责难的人互不退让，如此，就可以"长生保国"："君必有弗弗之臣，上必有谔谔之下，分议者延延，而支苟者谔谔，焉可以长生保国。"②

墨子提倡唯贤是举，量才授职，从而强有力地冲破了传统盛行的宗法等级观念和世卿世禄制。不过，墨子依然肯定治世之道的"礼"的政治价值，并把没有贵贱上下和亲疏尊卑分别的"国家淫僻无礼"③的状态看作国家乱而不治的根本性标志。墨子说："礼，贵者公，贱者名，而俱有敬焉。等，异论也。"④ 就是说，礼在仪节的意义上表达的是行礼者的恭敬之情，行礼时贵者称公、贱者称名，这种称谓上的不同包含和诠释着人与人的等级差别以及社会的伦常秩序，无非是强化甚至神化礼所规定的君臣上下的绝对界限与森严等级，维护礼赋予君上的至上权威，以防止臣下和民众犯上作乱。墨子只是希望以贤为准则和依据重新划定人的社会等级，确定人在社会中的层级序列，使贤者富贵而有爵禄，使不肖者贫贱而为"徒役"，从而实现对人的存在等级的重构，并且让每一个人拥有提升自身存在等级的权利和机会。不仅如此，在墨子的学说中，"尚贤"以服务于"尚同"为前提，即无论是为政，还是用人，都要以天子的好恶是非为最终标准。如此一来，墨子所谓的"尚贤"也只能流于空谈，最后只能是天子专制。

面对儒墨的"尚贤"之风，道家似不以为然。面对春秋战国之际的社会乱象，他们以最激烈的言辞，抨击阶级社会带来的弊端，反对忠孝，抨击仁义，鄙薄礼义，诅咒战争，主张为政者应守住自然之道，注重自己的修养，心平气和，给天下人作出榜样，所谓"抱一而为天下式"⑤。如此一

---

① 《墨子·尚贤中》。
② 《墨子·亲士》。
③ 《墨子·鲁问》。
④ 《墨子·经说上》。
⑤ 《老子·第23章》。

来，人民相习成风，无须礼仪法度便可实现"自化"。故而，老子说："以智治国，国之贼也"① "不尚贤，使民不争；不贵难得之货，使民不为盗；不见可欲，使民心不乱"②。为此，老子也讲"愚民"："古之善为道者，非以明民，将以愚之。民之难治，以其智多。故以智治国，国之贼；不以智治国，国之福。"③ 因为一旦民智大开，就会增加使用的难度，而"天下从此多故矣"。不过，老子的这些说法与后世愚民政策有所不同。老子的愚民，意在返还人智未开、淳朴自然的原始时代，欲民"含哺而熙，鼓腹而游"④，其意并不是后世之所谓愚民政策，而是明知愚民对民不利而愚之，从而任当权者统治宰割，所谓："权使其士，虏使其民。"⑤ 庄子也反对"尚贤"，认为"举贤则民相轧，任知则民相盗"⑥。为此，庄子主张"去知""忘我"，要人们将"名"与"知"看作"凶器"，以达到消除相互倾轧与争端之目的，甚至"去知"要去到不觉自己有肢体、不觉自己聪明、形与知全不要、忘却自己存在的程度，所谓"堕肢体，黜聪明，离形去知，同于大通，此谓坐忘"⑦，由此走向极端。

在用人问题上，法家的主张显得比较复杂。商鞅认为，"上贤者，以道相出也；而立君者，使贤无用也。"⑧《管子》一书也说："今主释法以誉进能，则臣离上而下比周矣；以党举官，则民务交而不求用矣。是故官之失其治也，是主以誉为赏，以毁为罚也。然则喜赏恶罚之人，离公道而行私术矣。比周以相为匿，是忘主死交，以进其誉。故交众者誉多，外内朋党，虽有大奸，其蔽主多矣。"⑨ 而慎到在这一问题上谈得更为详尽，在其看来，尚贤降低了君主的地位，或者是给君主树立了一个对手，使民慕贤

① 《老子·第65章》。
② 《老子·第3章》。
③ 《老子·第65章》。
④ 《庄子·马蹄》。
⑤ 《战国策·赵策三》。
⑥ 《庄子·庚桑楚》。
⑦ 《庄子·大宗师》。
⑧ 《商君书·开塞》。
⑨ 《管子·明法》。

而不尊君："立君而尊贤，是贤与君争，其乱甚于无君。"① 不仅如此，提倡尚贤势必降低法的地位，从而把政治命运完全维系在贤者的身上："今也国无常道，官无常法，是以国家日缪，教虽成，官不足则道理匮，道理匮则慕贤智，慕贤智则国家之政要，在一人之心矣。"② 慎到的尊君思想固然不值得称道，但他认为把政治命运寄于"圣贤"这种偶然因素之上是非常危险的观念，则颇有见地。慎到还指出，君主事必躬亲、夸能恃才，不表示君主聪明，反倒是无本事和低能的表现，实际上把自己降低到臣子的地位："人君自任，而务为善以先下，则是代下负任蒙劳也，臣反逸矣。"③ 君主自以为最有本事、最聪明，那么臣子们谁敢"与君争为善以先君"呢？臣子们只好把智慧藏起来。然而，臣子们是不会闭目养神的，他们睁大双眼注视着君主的行动，一有过失，"臣反责君"，使君主处于尴尬的地位。如果君主是一个平庸之辈，而又要摆出一副无所不能的架势，指挥一切，势必出乱子；即使"君之智最贤"，但一个人的智慧毕竟有限，"以一君而尽赡下则劳，劳则有倦，倦则衰，衰则复反于不赡之道也"④。依慎到之见，君主的职责是用臣，而不是代臣行事，否则："是君臣易位也，谓之倒逆，倒逆则乱矣。"⑤ 慎到认为，君主要善于发挥臣子的才智，让臣子尽力，君收其利，"仰成而已"："君臣之道，臣事事而君无事，君逸乐而臣任劳，臣尽智力以善其事，而君无与焉，仰成而已，故事无不治，治之正道然也。"⑥

韩非的学说一贯以维护君主独裁专制为己任，在此立场上，他强烈反对"智"与"贤"："人主有二患，任贤则臣将乘于贤以劫其君，妄举则事沮不胜。故人主好贤，则群臣饰行以要君欲，则是群臣之情不效，群臣之情不效，则人主无以异其臣矣"⑦ "夫仁义辩智，非所以持国也"⑧ "势位

---

① 《慎子·佚文》。
② 《慎子·威德》。
③ 《慎子·民杂》。
④ 《慎子·民杂》。
⑤ 《慎子·民杂》。
⑥ 《慎子·民杂》。
⑦ 《韩非子·二柄》。
⑧ 《韩非子·五蠹》。

之足恃，而贤智不足慕也"① "是废常上贤则乱，舍法任智则危。上法不上贤"② "任贤，则臣将乘于贤以劫其君"③ "君有贤臣，适足以为害也"④ "圣人之道，去智与巧。智巧不去，难以为常"⑤ "是以百人事智而一人用力。事智者众，则法败；用力者寡，则国贫。此世之所以乱也"⑥ "明主之道：一法而不求智"⑦ "故有道之主，远仁义，去智能，服之以法。是以誉广而名威，民治而国安，知用民之法也"⑧ "君人者，能去贤巧之所不能守，中拙之所万不失，则人力尽而功名立"⑨。

尽管有如此多的反贤、反智的言论，但韩非并没有以此而否认贤、智在辅佐君主建功立业中的作用。韩非认为，君主要成就功名仅靠一己之智力是远远不够的，必须要有贤臣们的协力辅佐："力不敌众，智不尽物，与其用一人，不如用一国"⑩ "且夫物众而智寡，寡不胜众，智不足以遍知物，故因物以治物。下众而上寡，寡不胜众者，言君不足以遍知臣也，故因人以知人"⑪ "凡五霸所以成功名于天下者，必君臣俱力焉"⑫ "虽有尧之智，而无众人之助，大功不立"⑬。不仅如此，韩非还从国家存亡治乱的高度，进一步阐明了举贤任能的重要性："任人以事，存亡治乱之机也"⑭ "明主之道，取于任，贤于官"⑮ "贤者用之，则天下治；不肖者用之，则天下乱"⑯ "明于

---

① 《韩非子·难势》。
② 《韩非子·忠孝》。
③ 《韩非子·二柄》。
④ 《韩非子·忠孝》。
⑤ 《韩非子·扬权》。
⑥ 《韩非子·五蠹》。
⑦ 《韩非子·五蠹》。
⑧ 《韩非子·说疑》。
⑨ 《韩非子·用人》。
⑩ 《韩非子·八经》。
⑪ 《韩非子·难三》。
⑫ 《韩非子·难二》。
⑬ 《韩非子·观行》。
⑭ 《韩非子·八说》。
⑮ 《韩非子·八经》。
⑯ 《韩非子·难势》。

所以任臣，虽当昏乱之主尚可致功，况于显明之主"①。韩非认为，君主的真正能力并不在于他个人才华的高低，也不在于能否与下属争功，关键在于他能否集思广益，充分发挥臣僚的聪明才智，这成为区分君主高下的重要标准："下君尽己之能，中君尽人之力，上君尽人之智"②"明君之道，使智者尽其虑，而君因以断事，故君不穷于智；贤者勑其材，君因而任之，故君不穷于能；有功则君有其贤，有过则臣任其罪，故君不穷于名。是故不贤而为贤者师，不智而为智者正。臣有其劳，君有其成功，此之谓贤主之经"③。

为此，韩非将管理好官吏视为国家治理好的关键："吏者，民之本纲也"，并提出"治吏不治民"④的重要主张。一方面，官吏是管理者、是执法者，是手中握有权力的人；另一方面，官吏是教化者、示范者，是民的榜样。只要官吏廉洁清明，则老百姓之善者自然奉公守法，其恶者亦不敢为非。正如韩非所言："闻有吏虽乱而有独善之民，不闻有乱民而有独治之吏。"⑤只要各人的职位及职责既已明确，则君"不穷小事"，"君操其名，臣效其形，形名参同，上下和调也"⑥，从而使君主实现了"执一"以"驭多"的无为而治："各处其宜，故上下无为，使鸡司夜，令狸执鼠，皆用其能，上乃无事。上有所长，事乃不方，矜而好能，下之所欺。上下易用，国故不治。用一之道，以名为首，名正物定，名倚物徙，故圣人执一以静，使名自命，令事自定，因而任之，使自事之。"⑦显而易见，韩非的"虚静无为"是一种以"静"带"动"，以"无为"促"有为"的控制之道："人主之道，静退以为宝。不自操事，而知拙与巧；不自计虑，而知福与咎。是以不言而善应，不约而善增。"⑧

---

① 《韩非子·说疑》。
② 《韩非子·八经》。
③ 《韩非子·主道》。
④ 《韩非子·外储说右下》。
⑤ 《韩非子·外储说右下》。
⑥ 《韩非子·扬权》。
⑦ 《韩非子·扬权》。
⑧ 《韩非子·主道》。

在韩非眼中，明法是治国的最高准则："人臣虽有智能，不得背法而专制；虽有贤行，不得逾功而先劳；虽有忠信，不得释法而不禁，此之谓明法。"① 按照这一原则，所谓贤德的臣子，就是能够彰明法度的人："所谓贤臣者，能明法辟，治官职以戴其君者也。"② 而不是那些"喜淫词而不周于法，好辩说而不求其用，滥于文丽而不顾其功者"③。同时，贤臣应懂得统治之术，促使实现君主尊贵、国家安定的目的："夫有术者之为人臣也，得效度数之言，上明主法，下困奸臣，以尊主安国者也。"④ 由此出发，韩非对当时用人中普遍存在的"有私义者尊""澡险谀诤者任""陂知倾覆者使""岩居非世者显""近习女谒并行"及"百官主爵迁人"⑤ 等各种不良现象表示出强烈的愤慨："今则不然，不课贤不肖，不论有功劳，用诸侯之重，听左右之谒，树私党。故财利多者，买官以为贵；有左右之交者，请谒以成重。功劳之臣不论，官职之迁失谬。"⑥

韩非认识到，用人制度的腐败，必然会对整个政治体制带来严重的危害，使"贤者懈怠而不劝""有功者堕而简其业"。⑦ 为此，韩非坚决反对任人唯亲、任人唯私，反对以人的出身、门第、关系等作为择人的标准，主张举贤任能的用人原则："明主者，推功而爵禄，称能而官事，所举者必有贤，所用者必有能"⑧ "内举不避亲，外举不避仇。是在焉，从而举之；非在焉，从而罚之；是以贤良遂进而奸邪并退，故一举而能服诸侯"⑨。韩非还强调，要从最底层选拔人才："明主之吏，宰相必起于州部，猛将必发于卒伍。"⑩ 故而，他高度赞扬周武王、齐桓公等明主用人不拘门第、唯才是举的做法："观其所举，或在山林薮泽岩穴之间，或在囹圄缧绁缠索之

---

① 《韩非子·南面》。
② 《韩非子·忠孝》。
③ 《韩非子·亡征》。
④ 《韩非子·奸劫弑臣》。
⑤ 《韩非子·诡使》。
⑥ 《韩非子·八奸》。
⑦ 《韩非子·八奸》。
⑧ 《韩非子·人主》。
⑨ 《韩非子·说疑》。
⑩ 《韩非子·显学》。

中，或在割烹刍牧饭牛之事。然明主不羞其卑贱也，以其能为可以明法，便国利民，从而举之，身安名尊。"① 此外，韩非认为，英明的君主用法制来选拔人才，不凭自己的感觉来提拔；用法制来衡量功劳，不凭自己的主观意识来估量："故明主使法择人，不自举也；使法量功，不自度也。能者不可弊，败者不可饰，誉者不能进，非者弗能退。"② 这样，有才能的人就不会被埋没，败坏事情的人就不能文过饰非，徒有虚名的人就不能够当官晋升，有功劳而被毁谤的人就不会被降职或罢官。

由上观之，除道家外，贤人之治已成为当时的一股社会潮流。在实践中，法家在相对公平的规则下，把个人命运和国家富强结合了起来，保证了人们通过自身努力而改变命运的机会。这种激励机制强有力地打破了原有的"别亲疏，殊贵贱""礼不下庶人，刑不上大夫"的传统礼治秩序，从而加快了世卿世禄制的解体，"布衣卿相"成为战国时代屡见不鲜的事实，所谓"封建毁而选举行，守令席诸侯之权，刺史、牧、督司方伯之任，虽有元德显功，而无所庇其不令之子孙"。③ 正是当时贤人之治的推行，使得善待人才、尊重人才日渐成为当时全社会的"共识"。成书于秦汉之际的《三略》有如下论述："伤贤者，殃及三世；蔽贤者，身受其害；嫉贤者，其名不全；进贤者，福流于孙。故君子急于进贤而美名彰焉。"④ 而随着其后秦汉"大一统"政治的确立，贤人之治真正被纳入统治思想，促成了官僚制的形成。

---

① 《韩非子·说疑》。
② 《韩非子·有度》。
③ 王夫之：《读通鉴论》卷三十，《宋论》卷十五。
④ 《三略·下略》。

第六章　秦政一统

随着战国末期诸侯兼并日益激烈的社会现实和战国变法运动的不断开展，君主专制成为社会各界的一致呼声和各国君主的共同选择。其中，秦国变法由于最为彻底，也最为成功，而成为诸侯争霸的最后赢家。秦始皇"以法为教"，最终使支配中国社会两千多年的君主专制体制得以确立。然而，秦国"二世而亡"的历史悲剧，招致激烈的"汉儒批法"和汉代治道的"改弦更张"，从而使这场图谋以法治秩序代替传统礼治秩序的努力彻底失败。这事实上也就决定了此后中国历代王朝总也甩不开的"人治"格局。

一、以法为教

春秋战国之际，各国为了在争雄称霸中占据上风，纷纷重用士人。秦国素有开放的用人传统，尤其自商鞅以来，秦政治舞台上的精英人物多为士人，且多为法家学派和一些能征战、会谋略、懂权术的人士。概括而言，秦国重用人才有如下鲜明的特点：第一，唯才是用。宋人洪迈曾把东方各国和秦国的用相情况作过对比："六国所用相，皆其宗族及国人，如齐之田忌、田婴、田文，韩之公仲、公叔，赵之奉阳、平原君，魏王乃至以太子为相。独秦不然，其始与之谋国以开霸业者，卫人公孙鞅也。其他若楼缓，赵人；张仪、魏冉、范雎，皆魏人；蔡泽，燕人；吕不韦，韩人；

李斯，楚人。皆委国而听之不疑，卒之所以兼天下者，诸人之力也。"[1] 第二，礼贤下士。秦孝公接见商鞅，"公与语，不自知膝之前于席也。语数日不厌"[2]。尉缭见嬴政，坚持不行礼，嬴政依然接见，且衣服饮食皆与嬴政同等规格。秦国统治者对士人封爵、封地的优惠政策和待遇，也使得各国的士人愿意为秦国效力。第三，用人不疑。秦孝公不顾旧贵族反对，坚定不移地信任商鞅推行变法。秦武王面对大量状告甘茂的上书，还是信任甘茂，攻下韩国军事重镇宜阳，等等。

不过，这一过程中，秦国也发生了驱逐六国"客卿"的重大事件。史载，秦王嬴政时，韩人郑国入秦做间谍被发现，宗室大臣趁机建议"逐客"，一时间，秦国政局激烈动荡。与韩非同师于荀子的李斯，冒死上《谏逐客书》，力陈历代客卿兴秦之功：第一，国家富强，要大胆接纳和重用国外人才。他指出，秦国历史上的四位国君都是因得客卿的辅佐，才发展壮大了秦国：秦穆公任用由余、百里奚、蹇叔、丕豹和公孙支等人，"并国二十，遂霸西戎"；秦孝公重用商鞅两次变法，使秦国民富国强，又大破"楚、魏之师，举地千里"；惠文王任用魏国人张仪为相，不仅使秦国的版图向四面八方大大扩展，而且用"连横"之计瓦解了六国的"合纵"，使各国都听命于秦国；秦昭王任用魏国人范雎为相，结束了权贵把持朝纲的局面，使君主的权力得以巩固和加强。由此，李斯得出的结论是："向使四君却客而不内，疏士而用，是使国无富利之实，而秦无强大之名也。"第二，引进人才要打破门户之见，消除猜疑之心。只有具有五帝三王一样的"地无四方，民无异国"的胸怀来接纳人才，才能无敌于天下，创万世之功业。否则，猜疑多虑，对国外人才"不问可否，不论曲直"，一概拒之不用，是不可能"跨海内，制诸侯"的。第三，如果说广招天下贤士能壮大自己的话，那么闭关锁国，拒人于国门之外，则只能是"资敌国""外树怨"，损害自己。他指出，"是以太山不让土壤，故能成其大；河海不择细流，故能就其深；王者不却众庶，故能明其德。"现不去考虑如何

---

① 洪迈：《容斋随笔·秦用他国人》，上海古籍出版社 1978 年版。

② 《史记·商君列传》。

吸引更多的人才，还反而"逐客"，这不仅对内削弱了自己，对外也将结下许多怨仇。如此，秦国不要说去并兼六国，完成统一大业，恐怕连现在的地位都难以保住："今逐客以资敌国，损民以益仇，内自虚而外树怨于诸侯，求国无危，不可得也。"为此，李斯建议废除逐客令。秦始皇"卒用其计谋""除逐客之令"。①

从商鞅到李斯，为我们展现出了一幅秦士大夫精英群体的缩影。可以说，效力于秦国的士人几乎都不是以"立言"名世，而是积极参与秦政运作，不仅在历史上留下赫赫功业，也展现了进取的事功精神风貌。法家思想由于契合秦君主政治的事功诉求和现实需要，因而被秦统治者所接纳，并在其百余年的洗礼陶冶下浸以成俗，"管商之法者家有之"②。而墨家思想之所以能够在秦获一席之地，根本原因乃在于墨家"尚功用"思想与秦人事功精神的相通。同理，兵家、农家等学派得以在秦传播，也是因为这些实用之学适应秦人事功的需要。这种执着进取的事功精神漾溢于秦朝廷庙堂之上，播散于都邑乡里之间。从人主、卿相到贩夫走卒，无不"慕业务功""尽智竭力""并心进取"③这种对于事功目标的恒定追求和思想志趣的专注指向性，构成了秦人执着的集体情商，从而成为秦人稳操胜券的一大精神优势。

而包容兼综百家的政治智慧和"战胜不复，而应形于无穷"④的军事韬略，则成为秦人事功精神的另一大特色。在秦国历史上的十几代国君中，可以说几乎没有出现东方列国中诸如人主昏聩、王室父子相斫、女色惑政、篡臣图私、盗跖揭竿、贿赂公行等政治病态。司马迁曾浓墨重彩地评论道："秦孝公据崤函之固，拥雍州之地，君臣固守而窥周室。有席卷天下，包举宇内，囊括四海之志，并吞八荒之心。"⑤ 自秦孝公任用商鞅变法

---

① 《史记·李斯列传》。
② 《韩非子·五蠹》。
③ 睡虎地秦简：《为吏之道》。
④ 《孙子兵法·虚实》。
⑤ 《史记·秦始皇本纪》。

始，国势蒸蒸日上，"自孝公以至于始皇，世世为诸侯雄"①，从而对东方形成显著优势的局面："是知秦战未尝不胜，攻未尝不取，所当未尝不破也。"② 秦惠王任用张仪，东占河西、上郡，南并巴蜀、汉中。秦武王任用甘茂，占领宜阳，控制了东进要冲。秦昭襄王前期任用穰侯魏冉，"秦所以东益地，弱诸侯，尝称帝于天下，天下皆西向稽首者，穰侯之功也"③，后期任用应侯范雎，推行"远交而近攻"的战略，蚕食韩魏，"大破赵于长平"④。秦庄襄王和秦王政初年执政的吕不韦，也继续扩张，灭东周，取太原，建立东郡，隔断了山东六国的联系。在秦王政时，"秦地已并巴、蜀、汉中，越宛有郢，置南郡矣；北收上郡以东，有河东、太原、上党郡；东至荥阳，灭二周，置三川郡。"⑤

至战国末期，随着兼并战争的持续进行，各国之间的均势局面逐渐被打破，开始出现了秦国独占优势的局面。这种政治上的统一趋势反映到思想上，就是各派学术的融通综汇已蔚成风气。在这一过程中，出现了以一家为主兼容他家的思想家，如荀子之礼法并重、韩非之道法合流等。在百家融合潮流中，除荀子、韩非的"兼采"之外，还出现了综合各家学术的"综合家"或者说"杂家"，主要代表作有《管子》《吕氏春秋》。

《管子》相传为春秋时管仲所撰，实际上主要是战国时代齐国稷下学宫的学者追述管仲的言行，同时也打着管仲的旗号阐述自己的主张。迨至秦汉，又有作品掺入。所以，《管子》非一人一时之作，乃是兼有战国甚至秦、汉文字的一部文章汇集，其内容比较庞杂，主要以法家和道家思想为主，兼有儒家、兵家、纵横家、农家、阴阳家的思想，涉及政治、经济、法律、军事、哲学、伦理等各个方面。

而《吕氏春秋》则是由秦相吕不韦汇集门客编写的。吕不韦在政治上主张结束分裂，重建以天子为首的统一王权，以结束分裂割据的状况。从

① 《盐铁论·论功》。
② 《战国策·秦策二》。
③ 《史记·穰侯列传》。
④ 《史记·范雎列传》。
⑤ 《史记·秦始皇本纪》。

历史来看，"秦灭六国，盖始于魏冉，而成于吕不韦、李斯。"① 在吕不韦当政的几年里，秦国在军事上取得了很大的胜利，国内的政治比较清明，思想领域内也达到了秦国历史上最活跃的时期。《吕氏春秋》一书融合儒、道、墨、法、兵、农、纵横、阴阳家等各家学说，试图建立一套与帝国统一后相适应的治理模式。该书内容虽杂，却自成一派，建立了一种新的统一的思想体系，堪称"杂家"的代表作。从思想上看，《吕氏春秋》上承先秦诸子，下启汉代学术，开创了一种融合各家学说自成一体的传统和文化模式，客观上进一步推动诸子学术走向合流，并在相当程度上影响到汉朝的一些著名学者和政治家，如陆贾、晁错、淮南王刘安、董仲舒等，他们都不再是只拘泥于一家一派，而是广泛采纳汲取各家思想，自成一体。从政治上看，《吕氏春秋》编纂的首要目的，就在于为秦的最高统治者提供借鉴，尽管后来为秦始皇断然否决，但从当时的社会形势来看，其许多主张也颇具积极性、前瞻性，在很大程度上也很符合社会发展的需要。其内容主要体现在以下几个方面：

其一，"贵生"的"为君之道"。《吕氏春秋》继承了道家思想传统，提出"贵生"为治国之本的思想："圣人深虑天下，莫贵于生"②"惟不以天下害其生者也，可以托天下"③。同时又从贵生的角度阐述了君主应该修身、节制情欲："君主修身养性而天下已治。"④ 纵观《吕氏春秋》全书，几乎每一篇都有对君主言行、治国之道等进行或明或暗的规谏，涉及君主自我修养、意志品格、为政理事甚至日常起居等方方面面，诸如君王处理政事应时刻如临深渊、如履薄冰，应常存居安思危的忧患意识，应有力排众议的独断精神，应具备慎思明辨和悔过自新的品德素养，以及充分发挥尚贤使能的"任下"品格，等等。

其二，"公天下"思想。《吕氏春秋》从历史的角度论证君道之立是出

---

① 《史记·吕不韦列传》。
② 《吕氏春秋·贵生》。
③ 《吕氏春秋·贵生》。
④ 《吕氏春秋·先己》。

于群众的共同利益，所以国君不能谋求私利："天下非一人之天下也，天下之天下也""尝试观于上志，其得天下失天下者众矣，其得之必以公，其失之必以偏"。① 君道的确立是为了更好地为天下民众谋福利，而不是为了君主一人的私利："群之可聚也，相与利之也。利之出于群也，君道立也。"② 因而，君主治理天下要秉公而行，不要任意偏私，如此方能使天下大治。而实现"公天下"的具体措施，在《吕氏春秋》看来，最好是尧、舜时代的禅让制度："尧有子十人，不与其子而授舜；舜有子九人，不与其子而授禹；至公也。"③ 反之，实行家天下的制度，让不贤之君当政，必然造成政治腐败："败莫大于愚。愚之患，必在自用。自用则戆陋之人从而贺之。有国若此，不若无有。"④《吕氏春秋》甚至主张"废其非君，而立其行君道者"⑤。这可以说既是对远古禅让帝位制度的回顾和依恋，也是对行将亲政的秦王政的一种规诫和警示。

其三，民本思想。尽管《吕氏春秋》产生于素以推行"霸道"著称的秦国，却处处体现出传统儒家所高扬的"王道"和浓厚的民本思想。《吕氏春秋》认识到："凡君之所以立，出乎众也。……夫以众者，此君人之大宝也。"⑥ 故而，主张君主应实行德政以争取民众归附："善为君者，蛮夷反舌殊俗异习皆服之，德厚也。……人主贤则豪桀归之。"⑦ 尤其值得称道的是，与儒、道、墨、法都主张治国要减损人民的欲望不同，《吕氏春秋》公开承认民有欲望是正当的，君主顺应民众的本性和欲望来治理民众："令其民争行义""令其民争乐用"⑧。它虽然是站在统治者的立场，但强调的是"仁义以治之，爱利以安之，忠信以导之"⑨，而不强调用分别尊卑上下

① 《吕氏春秋·贵公》。
② 《吕氏春秋·恃君》。
③ 《吕氏春秋·去私》。
④ 《吕氏春秋·士容》。
⑤ 《吕氏春秋·恃君》。
⑥ 《吕氏春秋·用众》。
⑦ 《吕氏春秋·功名》。
⑧ 《吕氏春秋·为欲》。
⑨ 《吕氏春秋·适威》。

的"礼"去治理民众。在当时的秦国，"尊君"思想占据主导地位，但《吕氏春秋》中除了《慎势》等少数篇提出"势不厌尊"外，多数篇目都与"君尊"的思想相悖，如"古昔多由布衣定一世"① 这一命题对百姓历史作用的肯定，显然是对民本思想的一个发展。《吕氏春秋》还主张让臣民百姓讲话，其理由在于："亡国之主不可以直言。不可以直言，则过无道闻，而善无自至矣。无自至则壅"②，因此，"防民之口，甚于防川"③。这些民本思想，在中国历史长河中，可谓闪过一道亮光。

其四，尚"无为"，兼德、法。自商鞅以来，秦国对法家思想的践履，确实达到了富国强兵的目的，但国君大权集中、严刑峻法的残酷统治，也加深了国人的恐惧与苦难。为此，《吕氏春秋》主张君无为而臣有为的"无为"之道："有道之主，因而不为，责而不诏，去想去意，静虚以待，不伐之言，不夺之事，督名审实，官使自司，以不知为道，以奈何为实。"④ 同时，《吕氏春秋》主张刑德并用，并以德为主："凡用民，太上以义，其次以赏罚。其义则不足死，赏罚则不足去就，若是而能用其民者，古今无有。"⑤ 当时在秦国，法家思想占据主流地位，"多以严罚厚赏"⑥，但过分依赖赏罚的威力，民众趋利而不服从统治，只能导致社会越来越混乱，世道衰落："赏罚甚数，而民争利且不服，德自此衰，利自此作，后世之乱自此始""故礼烦则不庄，业烦则无功，令苛则不听，禁多则不行"。⑦在《吕氏春秋》看来，"大一统"帝国的确立，最重要的不是有强大的军队，也不是严酷的刑罚，而是道德的力量："为天下及国，莫如以德，莫如行义。以德以义，不赏而民劝，不罚而邪止，此神农、黄帝之政也。"⑧

其五，义兵主张。《吕氏春秋》认为，战争尽管有其残酷性，但有时候

---

① 《吕氏春秋·用民》。
② 《吕氏春秋·雍塞》。
③ 《吕氏春秋·达郁》。
④ 《吕氏春秋·知度》。
⑤ 《吕氏春秋·用民》。
⑥ 《吕氏春秋·上德》。
⑦ 《吕氏春秋·适威》。
⑧ 《吕氏春秋·上德》。

是和平手段所不能取代的："家无怒笞，则竖子婴儿之有过也立见；国无刑罚，则臣下百姓之悖逆相侵也立见；天子无诛伐，则诸侯之相暴也立见。故怒笞不可偃于家，刑罚不可偃于国，诛伐不可偃于天下，有巧有拙而已矣。"① 为此，《吕氏春秋》批判了墨家的非攻、救守主张，认为"攻"与"守"只是不同的用兵方式而已，都存在"义"与"不义"的区别，一味地反对"攻"、赞成"守"是不可取的。如果出师是正义的，那么不论"攻伐"还是"救守"都是可以的；反之，则都不可行。② 虽然"兵凶战危"③，但是为了救民众于水火，不得已"举凶器，行凶德"，如此，方能达到威慑敌人的目的，使民众得以生存。所谓："举凶器必杀，杀，所以生之也；行凶德必威，威，所以慑之也。敌慑民生，此义兵之所以隆也。"④ 的确，如果一味地讲非攻、救守，已无法适应当时社会的需要，而最需要的是兴义兵、铲除暴虐之主，实现天下的"大一统"。这一思想的提出，可以说，客观上推动了秦统一六国的进程。

在秦统一六国的前夜，吕不韦等人虽然有预谋变革统治策略的积极努力，却并未被秦始皇所采纳，而自己最终也落得个"饮鸩而死"的悲剧结局。个中原因，自有很多争议。归结起来，主要有如下几点：其一，权力之争。从秦庄襄王即位到嬴政亲政之前，秦国的大权都是掌握在吕不韦手里的。随着秦国进行统一战争的不断胜利，吕不韦的权势也越来越大。史载，甘罗问张唐："'应侯之用秦也，孰与文信侯专？'曰：'应侯不如文信侯专。'"⑤吕不韦权势的膨胀，自然就危及了代表秦王室的嬴政的利益。吕不韦"公天下""禅让"的主张，尽管能得人心，但也不乏其觊觎权力的嫌疑。如此一来，君臣之间的矛盾必然激化。其二，个性因素。史载，秦始皇喜独裁，刚愎自用、事必躬亲，意得欲从："丞相诸大臣皆受成事，倚办于上。上乐以刑杀为威，天下畏罪持禄，莫敢尽忠。上不闻过而日

① 《吕氏春秋·荡兵》。
② 《吕氏春秋·禁塞》。
③ 《吕氏春秋·论威》。
④ 《吕氏春秋·论威》。
⑤ 《战国策·秦策五》。

骄，下慑伏谩欺以取容。"① 吕不韦希冀通过《吕氏春秋》对秦王政进行规劝："书中常有批评人主垄断权力、骄横轻物的话，强调人主应无为而治，君道在于任人用贤""这些话严肃直率，切中秦王政的要害"。② 故而为秦始皇所不容，也是情理之中的事。其三，历史原因。《吕氏春秋》的一些主张与时代不太合拍。比如说，在君权日渐隆盛的时代，公天下、禅让思想无异于痴人说梦。更重要的是，《吕氏春秋》的一些主张与秦国的历史文化传统多有相悖之处。秦国素有强烈的追求事功的精神传统，尤其自秦孝公以来，秦国历代君主朝乾夕惕，前赴后继，对于角逐帝业的事功追求进行了长达百余年的政治接力。这在东周列国史上是极其罕见的。然而，《吕氏春秋》对于儒家、道家采取尽量摄取的态度，对于墨家、法家则多以批判，因而，崇尚无为、德法兼顾的主张，至少在当时的秦国文化氛围中，难以一时获得认同和践履。诚如郭沫若所言："读《吕氏春秋》，你可以发觉它的每一篇每一节差不多都是和秦国的政治传统相反对，尤其是和秦始皇后来的政见与作风作正面的冲突。"③ 总之，"以秦始皇的权力和性格、秦国的历史传统、历史的趋势看，吕氏的失败是自然之事。"④

正是秦国法治传统的惯性作用和强烈的事功精神，再加上秦始皇"刚毅戾深"的个性，使他毫不犹豫地选择了严刑峻法。史载，韩非"喜刑名法术之学""人或传其书至秦"，秦王看到其中的篇章感叹说，"嗟乎，寡人得见此人与之游，死不恨矣！"⑤ 秦国于是发军急攻韩国，韩王被迫遣韩非使秦。秦王得到韩非后起初"悦之"，终"未信用"，最后竟致冤死。但是，嬴政最终全盘接受并实践了韩非的君主专制集权的思想。韩非主张"以法为教"，即以法为标准统一臣民的思想，禁止儒、墨等各种私学，禁止宣传儒家的道德信条："是境内之民，其言谈者必轨于法，动作者归之于

---

① 《史记·秦始皇本纪》。
② 任继愈：《中国哲学发展史》（秦汉卷），人民出版社1985年版，第10页。
③ 郭沫若：《十批判书》，东方出版社1996年版，第380页。
④ 李家骧：《吕氏春秋通论》，岳麓书社1995年版，第13页。
⑤ 《史记·韩非列传》。

功，为勇者尽之于军。"① 秦始皇按照"以法为教"的法家思想进行统治，取消私学，甚至"有敢偶语《诗》《书》者弃市，以古非今者族"②。至此，春秋以来的儒法两家之争，以法家的胜利而告终。秦始皇将法家学说作为主导的治国理念，让李斯主持修订法律，事无大小皆决于法。

与秦朝"以法为教"这一基本国策相伴随的另一个主张，就是"以吏为师"。这一观念原本指的是西周时期官府对教育、文化的垄断，即学在官府，官师合一。到了春秋战国时期，随着官学的衰落和私学的兴起，先前"以吏为师"的局面便逐渐被打破。不过，随着秦国"以法为教"国策的实施，法律规定越来越多，需要有专门的司法队伍培养法律人才，解释法律条文。故而，法家又提出"以吏为师"这一主张，并赋予其特定含义，即"百姓"和"一般官吏"都向"法官、法吏"学习法律。商鞅指出："吏、民（预）知法令者，皆问法官""故圣人必为法令置官也置吏也，为天下师，所以定名分也""名分定，则大诈贞信，巨盗愿悫""以道之知，万民皆知所避就，避祸就福，而皆以自治也。故明主因治而终治之，故天下大治也"③。也就是说，名分确定了，奸诈之人可以变得正直诚实。人民都谨慎忠诚，从而万民都知道应躲避什么、亲近什么。怎样躲开祸患，接近幸福，而且都能自治。明君在人民自治的基础上从事国家的治理，天下就大治了。其后，韩非继承并发展了商鞅的这一思想，系统地论述了以吏为师对巩固绝对君权、加强思想统治的重要性，指出："明主之国，无书简之文，以法为教；无先王之语，以吏为师。"④ 秦始皇三十四年（公元前213年），李斯向嬴政上书曰："若有欲学法令，以吏为师。"⑤ 李斯的建议很快就被全面付诸实践走向制度化。其时，不但"吏"与"师"、"政"与"教"合而为一，而且"师"从属于"吏"，"教"完全由"政"出，皇帝及其属下的各级官吏都把自己视为教化百姓之师，从而构成了从中央到地

---

① 《韩非子·五蠹》。
② 《史记·秦始皇本纪》。
③ 《商君书·定分》。
④ 《韩非子·五蠹》。
⑤ 《史记·李斯列传》。

方实现 "远迩同度"① 的思想教化系统。

二、君主专制

战国初期，诸国兼并、优胜劣汰，迨至战国中后期，列国仅剩七雄，进入战国晚期，六雄渐弱、独秦壮大的趋势愈发明显。从实践上看，秦统一六国，已成为一种历史的必然之事。据统计，在此期间的 130 余年里，秦与六国作战近百次，斩首敌军见于记载的就达 140 万人，逐一击灭敌国，终于在实力和文化精神的竞争中脱颖而出。至秦始皇，最终实现了秦人数百年的事功梦想，促成秦 "六王毕，四海一"② 的伟大功业："秦王积六世之余烈，振长策而御宇内。吞二周而亡诸侯，履至尊而制六合，执棰拊以鞭笞天下。威振四海，南取北越之地，北筑长城而守藩篱，却匈奴七百余里，胡人不敢南下而牧马，士不敢弯弓而报怨。"③

秦国之所以能以皈依法家法治主义而取得最终成功，其原因是多方面的：

第一，法家的思想和主张顺应了当时的需要，合乎民心，这是其成功的根本原因。春秋战国时期是中国大变革时期，孔子一生都在念念不忘恢复礼制，对当时合乎时代潮流、顺乎民心的一切改革都嗤之以鼻，这显然有悖于时代潮流。道家主张无为，以消极遏欲的办法来抵挡，这自然也不会为时代所接受。法家则站在顺应时代潮流的一边，他们意识到了天下熙熙攘攘、皆为利来利往是历史发展的必然，要打破旧的制度，建立一套新的统治秩序，最好的办法是去尽量满足大众的利欲要求。诚如商鞅所言："苟可以利民，不循其礼。"④ 故而，百姓要求土地私有，法家就主张废井田、开阡陌、奖励开垦；百姓对世卿世禄制度不满，法家就主张论功行

① 《史记·秦始皇本纪》。
② 杜牧：《阿房宫赋》。
③ 《史记·秦始皇本纪》。
④ 《商君书·更法》。

赏，鼓励人们耕战。只要战功卓著，即使出身平民，也可以加官晋爵。正是在军功爵的诱导下，秦兵个个善战，人人骁勇。在"饿狼见肉"式的秦兵的频频出击下，六国灭亡自然是势所必然。

第二，法家善于将人之私欲转而为统治者服务。法家的众多代表人物，既主张立法要适应人们自私的本性，又都十分强调立法要出于公心，坚持"一断于法"。这表面似乎是相互矛盾，其实奥妙正在于此。试想，由于人们都是自私自利的，在面临着荣与辱、生与死的抉择时，大多会自己顾自己，不顾其亲情，不尊其尊，只要重刑厚赏，就会使父子不隐、有奸必告，这样也就不难做到不避亲贵、不徇私情，私情也由此转化为"公心"了。商鞅所描绘的"至治"蓝图恰如其分地反映了法家法治主义的这一思想："夫妻交友不能相为弃恶，盖非而不害于亲，民人不能相为隐。"①慎到讲，"人莫不自为也，化而使之为我，则莫可得而用矣"②，可谓一语道破了法家法治主义"一断于法"理论的实质。

第三，法家为国家统一提供了切实的措施。秦国以耕战立国，最后能灭六国而统一天下，可以说是商鞅变法和法家富国强兵思想实践的必然结果。无论从其对以权力中央化为核心的王权政治的鼓吹，还是从其发挥的实际历史功能来看，法家君主论都是理性的。法家的事功目标论虽以君主利益为本位，但其帝天下的目标暗合于历史大势，钱穆指出："秦政后面实有一个高远的理想。"春秋战国时代，旧的社会结构已经瓦解，新的社会秩序尚待形成，社会发展客观上要求稳定。法家用事功精神去拥抱历史，追求强国一统之梦，最终梦想成真，表现出其切合历史维度的进步性。正如马克思指出的，在一定历史条件下，"王权是进步的因素"，它"在混乱中代表着秩序"。③ 故而，最终法家思想赢得了历史的青睐，促成了"大一统"社会格局的形成和君主专制体制的奠基。

---

① 《商君书·禁使》。

② 《慎子·因循》。

③ 马克思、恩格斯：《马克思恩格斯文集》第四卷，中央编译局编译，人民出版社2009年版，第215—225页。

　　大体而言，中国古代的国家政体可以分为贵族君主制和专制君主制两个发展阶段。自夏建国到战国末期，是贵族君主制时期；而自秦统一后建立起中央集权，则是君主专制时期。在贵族君主制时期，君权的独占性和独裁性虽然已为人们所承认，但在宗法分封制下，造成了一个相对分散的权力结构，君主的权力相对有限，最终造成列国争夺天下的混乱局面。这不仅是对周礼等级的嘲弄，也成为后世君主加强君权的动因。在商鞅变法建立起来的君主集权体制下，全国力量都掌握在国君手里，所以便再也没有先前那种大臣随意废立国君操纵政局的情况出现。以商鞅的功劳之大，威望之高，一旦失掉君主信任和支持，也只有束手就擒。魏冉是"昭王亲舅"，三朝元老，劳绩卓著，也是一朝免相，"身折势夺而以忧死"①。吕不韦一手把秦庄襄王捧上宝座，庄襄王死后又辅佐嬴政，但嬴政亲政后一翻脸，也只能落得个"饮鸩而死"②的结局。

　　当然，秦国政权体制的变换并非没有反复。秦统一六国后，在实行中央集权还是分封诸侯的问题上曾发生过激烈的争论。针对淳于越"师古"即恢复分封制的观点，李斯明确提出了"师今"的主张："五帝不相复，三代不相袭，各以治，非其相反，时变异也。"③李斯所谓"师今"，则是要废除分封制，实行郡县制。当时，丞相王绾论述分封制的必要性时说："诸侯初破，燕、齐、荆地远，不为置王，毋以填。请立诸子，唯上幸许。"④如果说王绾是从现实中为分封制寻找根据，那么淳于越则是从历史中去寻找："臣闻殷周之五千余岁，封子弟功臣，自炎枝辅。今陛下有海内，而子弟为匹夫，卒有田常、六卿之臣，无辅拂，何以相救哉？"言下之意，殷周之所以能统治千余年，关键是大封宗族子弟、开国功臣为王，为自己建立辅翼力量。而今天嬴政一统天下，但同姓子弟却为平民。如果不建立诸王为皇室屏障，那么一旦发生春秋时期齐国田常、晋国六卿之类

①　《史记·穰侯列传》。
②　《史记·吕不韦列传》。
③　《史记·秦始皇本纪》。
④　《史记·秦始皇本纪》。

的夺权活动，将会无人来勤王保驾。李斯则认为，恢复分封制只会重演诸侯纷争的混乱局面。春秋战国以来之所以会诸侯混乱，连年不断，正是分封制所造成的恶果。现在终于实现了统一，如果再搞分封制，那就势必架空中央政权，重蹈诸侯割据争战的覆辙。而只有实行郡县制，诸子功臣失去发动战争的客观基础，才不可能有非分之想，也才能确保中央集权巩固，确保国家的安定和统一。李斯说："周文王所封同姓子弟甚众，然后属疏远，相攻击如仇雠，诸侯更相诛伐，周天子弗能禁止。今海内赖陛下神灵一统，皆为郡县，诸子功臣以公赋税重赏赐之，甚足易制。天下无意异意，则安宁之术也，置诸侯不便。"①

最终，秦始皇赞同李斯之议，认为"天下共苦战斗不休，以有侯王"②，彻底废除分封制，分天下为三十六郡。郡之郡守（管行政）、郡尉（管军事）、监御史（监察郡守与郡尉），分别执行职务，互不统属；郡下设县。中央和地方所有重要官吏皆由皇帝任免调动，定期加以考核，从而铲除了地方割据的可能性。在郡县体制下，地方长官不是封君，其职位不能世袭，国君可以撤换他。这样，秦朝将天下权力汇集中央，通过层层政府的有效辖制，从国到郡，从郡到县，从县到乡，君主的意志可贯通到社会的每一个角落。与郡县制相对应，通过剥夺旧贵族的特权，彻底以官僚制取代世卿世禄制。在官僚制度下，终身制和世袭制被废除，俸禄取代了采邑，消除了各级"食土临民"的贵族世卿和大大小小的"独立王国"，官吏的选拔任免不再以宗族血缘关系为依据，而是代之以个人的能力学识，"布衣卿相"正是这个时代的真实反映。

在秦的"郡县制"中，郡守、县令等官员是依照选任进行，选任的依据当然是候选人自身的能力和治理功效。尽管秦始皇的动机是出于维系皇帝一姓永久的私权力，但实际上为职官和百姓开放了社会公权利，间接地制衡了皇帝所代表的行政绝对权力，这使"郡县制"在形式和程序上比分封制更符合儒家仁义公道理想。正如王夫之所言："古者诸侯世国，而后大

---

① 《史记·秦始皇本纪》。
② 《史记·秦始皇本纪》。

夫缘之以世官，势所必乱也。士之子恒为士，农之子恒为农，而天之生才也无择，则士有顽而农有秀；秀不能终屈于顽，而相乘以兴，又势所必激也。封建毁而选举行，守令（郡守、县令）席诸侯之权，刺史牧督（刺史、州牧、都督）司方伯之任，虽有元德显功，而无所庇其不令之子孙。势相激而理随以易，意者其天乎？"① 尽管其设计和推行者——秦帝国蔑视儒家的这种社会伦理思想，但其制度本身所蕴含的伦理趋向却在客观上修正着秦帝国统治者的权力淫威，因而，"郡县者，非天子之利也，国祚所以不长也；而为天下计，则害不如封建之滋也多矣。呜呼！秦以私天下之心而罢侯置守，而天假其私以行其大公，存乎神者之不测，有如是夫！"② 在这里，王夫之从历史发展的必然性中阐释了一种秦制中所蕴含的亦为儒家仁义伦理所推崇的新制度的优越性。

在君主集权下，秦朝中央组织机构实行"三公九卿"制。中央政府"官分文武"③，丞相为文官系统的首领，太尉为武职系统的首领，御史大夫作为丞相的副手，独立于文武行政系统之外，兼掌监察。于是，文臣、武将、监司三大政务系统的框架自此形成，此谓"三公"，互不统属，直接隶属于皇帝。无论中央还是地方政府都由这三大系统构成。在这三大政务系统之外，另有宫廷服务系统，管理皇室、皇族家务。秦朝宰辅虽说为丞相、太尉、御史大夫三职，但由于秦始皇为强化皇权意欲直接掌管军事，故而太尉常虚悬不授。御史大夫较之丞相与太尉差了一个等级，没有平等的政治地位，因此，宰辅中实际上是丞相独任制。"九卿"是指行政系统中的几个部门，其职责分别为：廷尉，掌司法；治粟内史，掌国家财政税收；奉常，掌宗庙祭祀礼仪；典客，处理国内各少数民族事务和对外关系；郎中令，掌管皇帝的侍从警卫；少府，掌管专供皇室需要的山海地泽收入和官府手工业；卫尉，掌管宫廷警卫；太仆，掌管宫廷车马；宗正，掌管皇帝宗族事务。无论是"三公"，还是"九卿"，均由皇帝任免调动，

---

① 王夫之：《读通鉴论·秦始皇一》
② 王夫之：《读通鉴论·秦始皇一》。
③ 《尉缭子·原官》。

一律不得世袭，职业文官阶级自此形成，以任官食禄为职业、听命于皇帝而治理着国家各项行政。这个系统化、完备化的官制，无一不体现出王政对全国各方面的管理控制，从而使上下、大小众多机构、职官只为王效力，唯王命是从。这一体制历经两千多年，直到清朝灭亡，虽经历了不少变化，但其基本框架始终未变。

在政治体制上促成了"大一统"的同时，李斯还提出了思想上的"大一统"："今天下已定，法令出一，百姓当家则力农工，士则学习法令辟禁。今诸生不师今而学古，以非当世，惑乱黔首。丞相臣斯昧死言：古者天下散乱，莫之能一，是以诸侯并作，语皆道古以害今，饰虚言以乱实，人善其所私学，以非上之所建立。今皇帝并有天下，别黑白而定一尊"，因此他建议："史官非秦记皆烧之。非博士官所职，天下敢有藏诗、书、百家语者，悉诣守、尉杂烧之。有敢偶语诗书者弃市。以古非今者族。吏见知不举者与同罪。令下三十日不烧，黥为城旦。所不去者，医药卜筮种树之书。"① 此议一出，正中始皇下怀，遂行焚书之举。焚书的第二年，发生了著名的"坑儒"事件。秦统一之后，秦始皇因寻求长生不老之法，而为一些方士所骗。秦始皇恼羞成怒："吾前收天下书不中用者尽去之。悉召文学方术士甚众，欲以兴太平，方士欲练以求奇药。今闻韩终去不报，徐市等费以巨万计，终不得药，徒奸利相告日闻。卢生等吾尊赐之甚厚，今乃诽谤我，以重吾不德也。诸生在咸阳者，吾使人廉问，或为妖言以乱黔首。"② 便叫御史将咸阳诸生捉拿审问，诸生互相告密，由秦始皇亲自圈定460 余人被活埋于咸阳。这就是历史上的"坑儒"事件。

的确，这次坑杀证明了秦始皇残暴统治的事实，但这并不是专门针对儒生，更不等于秦始皇摒弃儒学。③ 事实上，秦始皇虽崇尚法家，但对于儒学中适合自己统治的部分，不但不排斥，而且还极力提倡。而所谓的"忠孝礼义，男女之别"也并非儒家的专利，它是宗法社会现实在思想领

---

① 《史记·秦始皇本纪》。
② 《史记·秦始皇本纪》。
③ 林剑鸣：《秦汉史》（上），上海人民出版社 1989 年版，第 186 页。

域的共同反映。正如司马谈在《论六家旨要》中所说："法家严而少恩，然其正君臣上下之分，不可改矣""若夫列君臣父子之礼，序夫妇长幼之别，虽百家弗能易也"。① 公元前219年，秦始皇东行泰山，召集齐鲁儒生议封禅泰山之事，并在泰山上立碑铭记："贵贱分明，男女礼顺，慎遵职事。昭隔内外，靡不清净，施于后嗣。"② 碑文一方面是赞颂统一之辞，同时也有表彰与倡导"男女礼顺"的社会风俗之意。这些石刻内容明显地反映秦朝提倡尊礼义、反对淫佚的倾向，说明秦统治者非常注意在全国各地端正风俗，倡导礼义，即所谓的"行同伦"。可见，此时的秦政府已经不再单纯用早期法家的标准要求官吏了，而是同时利用儒家的某些合理因素来规范行政管理行为。正如李泽厚指出的，这"是在讲求功利效用的法家政治实践的基础上，尽量吸收改造各家学说后的一种新创造"③。譬如，云梦秦简中的《为吏之道》，据考证，大约撰写于秦昭王末年到秦始皇三十年（公元前252—前217年）之间，不仅体现出各家流派融合的倾向，且更多地体现了儒家的价值观。④ 从内容上看，《为吏之道》讲的是官吏应当具备的道德规范和行为准则，要求官吏做到"五善"，防止"五失"，认为"君鬼、臣忠、父兹（慈）、子孝，政之本殴（也）"。⑤ 因此，秦帝国虽然有"焚书坑儒"的恶名，但是其制度本身所蕴含的儒家仁义公道并不能因此而被全然抹杀。

从文化发展的角度来看，周代和秦朝都是中国古代文化的积淀和转型期，故而具有一些非常类似的特征。周代建立了包括分封制、世袭制、等级制在内的一系列制度，形成了以周族为核心的华夏文化；秦统一六国，融华夷文化于一体，废封建为郡县，采取了一整套专制主义文化措施，奠定了秦汉汉族文化中心的基本框架。《史记·秦始皇本纪》记载了廷尉李斯、丞相王绾等集合公卿百官议论上尊号的情形："昔者五帝地方千里，其

---

① 《史记·太史公自序》。
② 《史记·秦始皇本纪》。
③ 李泽厚：《中国古代思想史论》，人民出版社1986年版，第140页。
④ 参见高敏：《云梦秦简初探》，河南人民出版社1981年版，第239页。
⑤ 睡虎地秦墓竹简整理小组：《睡虎地秦墓竹简》，文物出版社1978年版，第285页。

外侯服夷服，诸侯或朝或否，天子不能制。今陛下兴义兵，诛残贼，平定天下，海内为郡县，法令由一统，自上古以来未尝有，五帝所不及。臣等谨与博士议曰：'古有天皇，有地皇，有泰皇，泰皇最贵。'臣等昧死上尊号，王为'泰皇'。命为'制'，令为'诏'，天子自称曰'朕'。"秦王嬴政最后的决定是："去'泰'著'皇'，采上古'帝'位号，号曰'皇帝'。"司马迁指出，"始皇自以为功过五帝，地广三王，而羞与之侔"，方自号为"皇帝"①。

"皇帝"制度的确立，正是君主专制最终完成的标志。在这里，皇帝不光是一个称号，而且是国家元首、政府主宰，是一项重要的政治制度。在皇帝之外不存在任何平行的权力主体，天下大权集于中央，中央大权集于皇帝，则皇帝即国家，国家即皇帝，皇帝与专制合而为一，皇帝的一言一行，皆为天下臣民之法律与典范，正所谓"主独制于天下而无所制也"②。从行政体制上看，政府各部门各权力机构都围绕在皇帝周围，宫廷成了国家政治生活的中心，三公九卿制下的分职是决策与行政上下分明，但诸卿机构除掌司法的廷尉、掌外事的典客和掌谷物的治粟内史外，其余均与皇室或皇帝私人事务有关，即皇帝宫廷事务与国家行政事务不分，宫廷与政府混淆在一起，内廷与外朝混杂，这突出地表现了早期传统型皇朝政府"家产制"的特点，也表现出皇权的强大。从军事体制上看，皇帝既是国家首脑，又是全军统帅。作为国家政权支柱的军队，其主力也不再由先前贵族的家兵、私甲拼凑组合，而是由在普遍征发农民的基础上选拔出来的义务兵构成主力，从而逐步形成文武异职、将兵分离的国家军队，彻底废除了世袭贵族出将入相、"家半三军"③的私人武装。在经济上，皇帝拥有至高无上的财政大权，天下土地皆归于皇帝，而为了加强对天下臣民的控制，秦始皇实行迁徙富豪与移民实边的运动，直接调配全国人口，促进社会经济整体化，以加强中央集权统治。此外，秦始皇还统一了全国的

---

① 《汉书·百官公卿表上》。

② 《史记·李斯列传》。

③ 《国语·晋语》。

法令、文字、货币、度量衡，车同轨、书同文、行同伦，修长城，建驰道，拆除内地长城，拆除妨碍统一的关隘、堡垒，疏通河道等，从而把一个幅员广阔、人口众多、风俗各异的国家置于一人统治之下："六合之内，皇帝之土，西涉流沙，南尽北户，东有东海，北过大夏，人迹所至，无不臣者。"① 李白说："秦皇扫六合，虎视何雄哉！"②

公元前 219 年，始皇东巡在泰山刻石颂曰："皇帝临位，作制明法，臣下修饬，二十有六年，初并天下，罔不宾服。亲巡远方黎民，登兹泰山，周览东极。从臣思迹，本原事业，祗诵功德。治道运行，诸产得宜，皆有法式。大义休明，垂于后世，顺承勿革。皇帝躬圣，既平天下，不懈于治。夙兴夜寐，建设长利，专隆教诲。训经宣达，远近毕理，咸承圣志。贵贱分明，男女礼顺，慎遵职事。昭隔内外，靡不清净，施于后嗣。化及无穷，永承重戒。"③ 从泰山石刻的字里行间，可以清楚地看到，秦始皇是把皇帝看作一个崇高的职位，看作一项神圣的职责。作为万民之主，国家元首，皇帝要"不懈于治""夙兴夜寐，建设长利""远近毕理，咸承圣志"，要"慎遵职事"。秦始皇当政时，事无大小都要亲自处理，甚至"以衡石量书，日夜有呈，不中呈不得休息"④，表现出极端的法家作风。为此，他常巡行四方，现场办公。秦始皇登琅邪刻石谓："皇帝之明，临察四方，尊卑贵贱，不逾次行……皇帝之德，存定四极……功盖五帝，泽及牛马。"在最后一次刻石文中，又谓皇帝功德无量，"圣德广密，六合之中，被泽无疆。皇帝并宇，兼听万事"⑤。

如上言论，虽然不无自诩的成分，但就全部传统中国历史而言，真正最大之事应是秦专制集权统一郡县制大帝国的建立及其传衍，故而，明朝的李贽尊秦始皇为"千古一帝"。从此以后，历届王朝更不断加甄，以皇帝为核心的专制政体，始终循着这条轨道运行不辍，直至清末才宣告终

---

① 《史记·秦始皇本纪》。
② 李白：《古风》（其三）。
③ 《史记·秦始皇本纪》。
④ 《史记·秦始皇本纪》。
⑤ 《史记·秦始皇本纪》。

结。其历史之悠久、影响范围之广、影响力之深远、生命力之旺盛，为中国所独有，为世界所罕见。为此，司马迁曾称赞秦始皇："制作政令，施于后王。"谭嗣同说："两千年之政皆秦政也。"毛泽东1973年8月5日《读〈封建论〉呈郭老》中写道："劝君少骂秦始皇，焚坑事业要商量。祖龙魂死秦犹在，孔学名高实秕糠。百代都行秦政法，十批不是好文章。熟读唐人封建论，莫从子厚返文王。"应该说，这些都是较为公允的评价。

三、汉儒批法

秦国"以法为教"的一系列国家制度化建设，再加上秦帝国在历史上的成功，这一切似乎都可以证明法家理论的成功。然而问题在于，在这种理论和体制中，人民成了一群贪利畏死、被君主玩弄于股掌中的愚蠢动物；君主则成为权力无所不为、毫无人性的专制恶魔。当专制君主能够不受约束地大权独揽并纵情恣睢，"罢百姓之力，尽百姓之财"，导致"外内骚动，百姓罢敝，头会箕敛，以供军费，财匮力尽，民不聊生"①，最终，不可一世的秦帝国在农民起义和六国旧贵族的反叛风暴中，顷刻之间"二世而亡"。

秦朝的遽兴遽亡，留给后世王朝以强烈的震撼。代秦而立的汉朝统治者和思想家们不但要面对长期战乱所造成的生产停滞、民生凋敝的社会问题，而且还要梳理总结秦朝灭亡的历史教训，以寻求长治久安。由此，追讨"秦过"、抨击法家的"任法"主张，成为一股时代潮流。史载，陆贾经常向刘邦"说称《诗》《书》以为守成之术"。刘邦最初不甚理解："乃公居马上得之，安事《诗》《书》！"陆贾曰："马上得之，宁可以马上治乎？且汤、武逆取而以顺守之，文武并用，长久之术也。昔者吴王夫差、智伯极武而亡，秦任刑法不变，卒灭赵氏，乡使秦以并天下，行仁义、法先圣，陛下安得而有之？"汉高祖渐趋领悟，谓陆贾曰："试为我著秦所以失

---

① 《史记·张耳陈平列传》。

天下，吾所以得之者，及古成败之国。"① 于是陆贾著文 10 篇，刘邦每读一篇，未尝不称赞，称其书为"新语"。陆贾在这些文章中对历史兴亡进行了深刻的反思，他认为姜太公的封国齐有"德、仁、义"的传统，所以桓公可以称霸，而三晋和秦偏执于"威""刑""虐"，所以都极为短命，结论是："秦非不欲治也，然失之者，乃举措太重、刑罚太极过也"②，结果只能是"事逾烦天下逾乱，法逾滋而天下逾炽，兵马益设而敌人逾多""故虐行则怨积，德布则功兴"。③

从陆贾开始，汉初百年之间，诸儒纷纷总结秦短命而亡的深层原因。汉文帝时期的贾谊指出，秦帝国的过错是摒弃仁道，专任刑罚："秦王治天下，十余岁则大败。此亡它故矣！……秦王置天下于法令刑罚，德泽无一有而怨毒盈于世，下憎恶之如仇雠，祸几及身，子孙诛绝，此天下之所共见也。"④"焚文书而酷刑法，先诈力而后仁义，以暴虐为天下始"⑤，社会风气因此而衰变，"秦以任刀笔吏，吏争以亟疾，苛察相高，然其敝徒文具耳，无恻隐之实"⑥。贾谊批评商鞅说："商君遗礼义，弃仁恩，并心于进取，行之二岁，秦俗日败。"⑦ 秦二世则是："繁刑严诛，吏治刻深；赏罚不当，赋敛无度……蒙罪者众，刑戮相望于道，而天下苦之。自群卿以下至于众庶，人怀自危之心，亲处穷苦之实，咸不安其位，故易动也。"⑧ 董仲舒也指出，秦在统治思想和统治政策方面犯了两个致命的错误：一是"以法为教"而摒弃德治，"使习俗薄恶，人民嚣顽"；二是任用严刑峻法，且"赋敛无度，竭民财力"，以致"百姓散亡"，"群盗并起"，其结论是："自古以来，未尝有以乱济乱，大败天下之民如秦者也。"⑨

---

① 《汉书·陆贾传》。
② 《新语·无为》。
③ 《新语·道基》。
④ 《汉书·贾谊传》。
⑤ 《新书·过秦》。
⑥ 《史记·张释之冯唐列传》。
⑦ 《汉书·贾谊传》。
⑧ 《新书·过秦》。
⑨ 董仲舒：《贤良对策一》。

法家理论是秦赖以起家的思想法宝，故汉儒评论秦政，势必将批判的矛头同时指向法家。在陆贾那里，"法"只有消极惩恶的一面，而没有积极的"教民"功能："民不罚而畏，不赏而劝，渐渍于道德，被服于中和之所致也。夫法令者，所以诛恶，非所以劝善。"① 在贾谊看来，单纯的"任法"易于走向极端，虽然"诛恶"可以收一时之效，但那是建立在人们对法律的恐怖之上的；人们对法律没有价值方面的信仰，则法律不能长久有效地得到贯彻："凡人之智，能见已然，不能见将然。夫礼者禁于将然之前，而法者禁于已然之后，是故法之所用易见，而礼之所为者难知也。"② 因此，必须用"德治"补充"法治"之不足："以礼义治之者，积礼义；以刑罚治之者，积刑罚。刑罚积而民怨背，礼义积而民和亲……道之以德教者，德教洽而民气乐；驱之以法令者，法令极而民风哀。"③《汉书·艺文志》称："及刻者为之，无教化，去仁爱，专任刑法，而欲以致治。至于残害至亲，伤恩薄厚。"法治由此背上了恶名，几乎成为专制、暴政的代名词。以致秦朝二世而亡被说成是历史对法家暴法的报应，法家人士被杀，被认为是罪有应得，等等。总之，对于法家思想，汉初百姓、官吏可谓避之如虎、谈之色变。

实际上，汉代的史论家在分析秦朝统一天下的原因时，多采取了简单化和表面化的处理方式，认为秦朝的兴盛是由于占据了有利的地势，凭借着强大的军事力量和残暴的屠杀政策。而对秦在发展历程中制定政策的时代适应性、文化传统的特殊性、任用贤才的开放性、战略决策的合理性、君臣雄才大略与戮力一心等促进统一的各种因素则少有陈述。他们对秦朝的统一多采取了敌视与否定的态度，分析其取胜的原因时也多是用"逆""暴""虎狼""狙诈"等贬义词。这样的分析显然不利于对秦朝历史的全面认识，不利于对秦朝统一原因的深入系统总结，不利于探索历史发展的规律。而法治在汉初儒士的观念中只等同于暴虐无道、穷兵黩武，而鲜见有

① 《新语·无为》。
② 《汉书·贾谊传》。
③ 《汉书·贾谊传》。

针对法家的具体理论和言论进行诘难者，对法家的一些积极举措也讳莫如深。他们只是借助对秦朝暴政的深刻印象，指责法家"任法""严刑"的主张所造成的恶果。如司马谈在《论六家要旨》中说："法家不别亲疏，不殊贵贱，一断于法，则亲亲尊尊之恩绝矣。可以行一时之计，而不可长用也。故曰：'严而少恩'。"① 对此，司马迁认为，汉代对秦朝认识的主要缺陷在于对秦朝兴盛的因素研究不够，而对秦朝的历史地位"不敢道"，也成为汉代史家论秦的共性："秦取天下多暴，然世异变，成功大。学者牵于所闻，见秦在帝位日浅，不察其终始，因举而笑之，不敢道，此与以耳食无异。悲夫！"②

究其实，崇儒批法是汉代否定秦的暴政并树立新朝形象、重建新秩序的需要。董仲舒认为，秦亡追根溯源，法家学说难辞其咎："至秦则不然，师申商之法，行韩非之说，憎帝王之道，以贪狼为俗，非有文德以教训于下也。"③ 为此，丞相卫绾奏请："所举贤良，或治申、商、韩非、苏秦、张仪之言，乱国政，请皆罢"④，得到武帝的首肯，将申、商、韩之学视为扰乱国政的邪说。此后，法家长期遭受贬斥。西汉中期，众多儒生在盐铁会议上也批判指出，商鞅崇尚功利，蔑视道德，在成就秦朝帝业的同时，也掀开了秦国灭亡之道，这种做法就像饥饿者吃毒肉一样，尽管能够解一时之饥，但其所带来的后果却是难以挽回的："商鞅以重刑峭法为秦国基，故二世而夺。刑既严峻矣，又作为相坐之法，造诽谤，增肉刑，百姓斋栗，不知所措手足也。赋敛既烦数矣，又外禁山泽之原，内设百倍之利，民无所开说容言。……今商鞅弃道而用权，废德而任力，峭法盛刑，以虐戾为俗，欺旧交以为功，刑公族以立威。无恩于百姓，无信于诸侯。人与之为怨，家与之为仇。虽以获功见封，犹食毒肉，愉饱而罹其咎也。"⑤

一个有趣的现象是，虽然法家往往在汉儒论政时被作为批判和攻击的

① 《史记·太史公自序》。
② 《史记·六国年表》。
③ 《汉书·董仲舒传》。
④ 《汉书·武帝纪》。
⑤ 《盐铁论·非鞅》。

对象，但众多儒者于言谈中却在有意无意间流露出法家的思想倾向，在一定程度上认同法家"法""术""势"之核心理论。从贾谊到董仲舒，都曾有过与法家商、韩等惊人相似的论述。汉儒在批评法家时，主要是针对其"严而少恩"、只刚不柔，光讲法治、不讲德治，片面鼓吹暴力、强力实行思想钳制的极端主张而开展的，而对法家思想中可资借鉴的某些部分，他们并没有一概横加排斥。司马迁在论及汉初思想文化的流派时曾说过："自曹参荐盖公言黄老，而贾生、晁错明申、商，公孙弘以儒显。"[①] 这一提法将贾谊与晁错一道归入法家思想和政策的继承者，虽有失偏颇，但也从一个角度反映了一个客观事实，即汉初的儒者虽然在论政时往往把法家作为批判和攻击的对象，但其中又有不少人在一定程度上是认同法家文化的精髓，并努力将其糅合进现行政策中去的。汉初治国的指导思想黄老之学本身是以先秦老学为底本，糅合了法、儒、阴阳等各家学说的新的政治思想。在黄老之学宽大为怀、兼收并蓄的氛围中，法家学说并未真正被封杀，而是以刑名之学的新形式，成为汉初政治指导思想的一部分。从当时的政治需要来看，对于"秦余制度，虽违古而犹继之"[②] 的汉朝来说，是不可能将法家学说彻底废弃的，毕竟专制主义中央集权制度若是缺少了法家学说的精髓，将难以有效和有力地运作。

应该承认，秦统治者抱"法"、处"势"、挟"术"的独裁作为，正是韩非等人思想的体现，但是秦统治者的作为也有与其相违背的一面：其一，韩非明确反对徭役繁多："徭役多，则民苦；民苦，则权势起；权势起，则复除重；复除重，则贵人富。苦民以富，贵人起势，以藉人臣，非天下长利也。"[③] 其二，韩非主张法治，反对儒家、墨家的德治，但并不主张暴政。他指出："故存国者非仁义也，仁者慈惠而轻财者也，暴者心毅而易诛者也。慈惠，则不忍；轻财，则好与。心毅，则憎心见于下；易诛，则妄杀加于人。不忍，则罚多有赦；好与，则赏多无功。憎心见，则下怨

---

① 《史记·太史公自序》。
② 扬雄：《剧秦美新》，《文选》卷四十七。
③ 《韩非子·备内》。

其上；妄诛，则民将背叛。故仁人在位，下肆而轻犯禁法，偷幸而望于上；暴人在位，则法令妄而臣主乖，民怨而乱心生。故曰：仁暴者，皆亡国者也。"① 韩非还提出了慎刑的原则："故至治之国，有赏罚而无喜怒。故圣人极有刑法，而死无螫毒，故奸人服。"② 离开法的依据而妄怒杀戮是起不到用法的效应的："故用赏过者失民，用刑过者民不畏。有赏不足以劝，有刑不足以禁，则国虽大，必危。"③ 其三，韩非倡导凡事必经过验证："无参验而必之者，愚也。弗能必而据之者，诬也。"④ 韩非还明确提出了明君不应事鬼神、信卜筮和好祭祀："用时日，事鬼神，信卜筮而好祭祀者，可亡也。听以爵不以众言参验，用一人为门户者，可亡也。"⑤ 而秦始皇却热衷于这样的活动，执着于长生不死的追求，对虚无缥缈的海上传说和不死之药深信不疑。其四，韩非认为，人应对自我作清醒认识："天下有信数三，一曰智有所不能立，二曰力有所不能举，三曰强有所不能胜。"⑥ 然而，秦始皇的所作所为既不可能通过内心自省有所醒悟，又不存在任何力量可以制约，最终造成"上不闻过而日骄，下慑伏谩欺以取容"⑦ 的局面。其五，韩非之提倡严刑峻法，是针对当时"争于气力"的诸侯兼并局面而言的，他明确提出在不同的时期要运用不同的治国方法。然而，秦始皇把韩非的思想发挥到了极端，而且只是采用了韩非思想中"严刑峻法"的一面，等等。因此，将秦始皇的暴政简单归结为任用韩非的法治思想所致是不适当的。诚如章太炎所言："亡其国者，非法之罪也。"⑧

　　纵观秦统治者的施政措施，其之所以急速灭亡，似有迹可寻：其一，"急"。秦始皇"任战胜之威""伐能矜功"，以致急于兴作，北筑长城，南戍五岭，修驰道，作灵渠，兴宫室，造陵墓……"力役三十倍于古，田租、

---

① 《韩非子·八说》。
② 《韩非子·用人》。
③ 《韩非子·饰邪》。
④ 《韩非子·显学》。
⑤ 《韩非子·亡征》。
⑥ 《韩非子·观行》。
⑦ 《史记·秦始皇本纪》。
⑧ 章太炎：《秦政记》。

口赋、盐铁之利二十倍于古……故贫民常衣牛马之衣，而食犬魔之食"①，从而使本有积极意义的举措成为刻薄急政和穷兵之祸，完全背离了法家"处实务效"、量力而行的事功原则，以致造成"丁男被甲，丁女转输，苦不聊生，自径于道树，死者相望"②的悲惨局面。其二，"独"。秦始皇极端专制，以传位万世为要务，违背了君臣共力、臣民共利的实际传统，使普泛的事功追求畸变为君主独夫之功利，"使天下之人，不敢言而敢怒，独夫之心，日益骄固"③，于是，"上下瓦解各自为制"④，祸乱天下之势终于不可遏止。其三，"侈"。秦始皇"外无敌国之忧而自纵悠""宫室过度，看欲无穷"。如果说筑长城、修驰道等尚可算作国家民众之公利的话，则兴宫室、造陵墓就毫无公利可言。这种"穷困万民以适其欲"⑤的侈靡政治，显然也是对清明的事功政治的背离。其四，"暴"。秦始皇将法家事功思想中固有的迷信强力、摒弃德治和严刑峻法等负面发挥到了极致，"乐以刑杀为威"，积威之下，"天下畏罪持禄"⑥，致使"储衣塞路，囹圄成市，天下愁怨"⑦，最终"楚人一炬，可怜焦土"⑧。因此，正如柳宗元指出的，秦"失在于政，而不在于制"⑨。

汉儒将秦朝灭亡归结为片面任法、任刑的结果，的确未免适当。不过，其中隐含的深层意义却颇耐人寻味：如果秦始皇在国家统一后能转变统治模式，从法治转向儒家王道政治，秦朝的历史一定会完全不同。陆贾最早提出秦朝如果能够"逆取而顺守之，文武并用"，就可以长享天下。之后，贾谊又进一步指出，在攻取天下和治理天下两种不同的情势下，治国策略应作出及时的调整："夫并兼者高诈力，安定者贵顺权，此言取与守

---

① 《汉书·食货志》。
② 《史记·平津侯主父列传》。
③ 杜牧：《阿房宫赋》。
④ 《汉书·袁盎传》。
⑤ 《汉书·贾山传》。
⑥ 《史记·秦始皇本纪》。
⑦ 《汉书·刑法制》。
⑧ 杜牧：《樊川文集》。
⑨ 柳宗元：《封建论》。

不同术也。秦离战国而王天下，其道不易，其政不改，是以所以取之守之者［无］异也。孤独而有之，故其亡可立而待。借使秦王计上世之事，并殷周之迹，以制御其政，后虽有淫骄之主而未有倾危之患也"①，其必然的结果就是："仁义不施，而攻守之势异也。"汉武帝时的严安也有类似的假设："向使秦缓其刑罚，薄赋敛，省徭役，贵仁义，贱权利，上笃厚，下智巧，变风易俗，化于海内，则世世必安矣。"②

如上这些论断实际上已经言及了统治模式的转型问题。历史的深刻教训在于，打天下与守天下应该采用不同的策略和方法。打天下可以采用武力、欺诈、刑法等暴虐的手段，而守天下必须采用文德的方法，以仁义、道德、教化为立国之本。这其中最为关键的，只有以民为本，才能顺乎民心，应乎民意，实现由暴力刑罚到礼义仁德的转变，确保国家的长治久安。诚如贾谊所言："故夫民者，至贱而不可简也，至愚而不可欺也。故自古至于今，与民为仇者，有迟有速，而民必胜之。"③ 进而言之，"逆取顺守"是历史的经验，也是历史的规律。贾谊指出："秦世之所以亟绝者，其辙迹可见也；然而不避，是后车又将覆也"④，野谚曰："前事之不忘，后世之师也。是以君子为国，观之上古，验之当世，参以人事，察盛衰之理，审权势之宜，去就有序，变化有时，故旷日长久而社稷安矣。"⑤

事实上，秦统一全国后，有过两次绝好的转型机遇。第一次是在统一后的初期，当时的有利形势在于：其一，国家统一带来的相对安定的局面，这为统治模式的转型提供了良好的外部环境和群众基础。其二，在统一战争中秦始皇树立了巨大的个人威望，也为他在全国推行新模式提供了权力保障。其三，秦朝在立国之初没有大肆屠杀功臣，没有出现"兔死狗烹""鸟尽弓藏"的悲剧，君臣关系相对和睦。加之秦朝初年吏治尚未腐

① 《新书·过秦》。
② 《史记·平津侯主父列传》。
③ 《新书·大政上》。
④ 《新书·治安策》。
⑤ 《新书·过秦》。

败，"且秦以任刀笔之吏，吏争以亟疾苛察相高"①，这为秦模式的转型提供了良好的组织保证，等等。然而，秦始皇没有顺应人民和时代的要求实现模式的转型，甚至走向其反面："秦虽离战国而王天下，其道不易，其政不改，是其所以取之也，孤独而有之，故其亡可立而待也。"② 第二次是在秦始皇去世之后。秦民希望秦二世能够转变政策："今秦二世立，天下莫不引领而观其亡"③，但是，秦二世依然继续奉行暴虐统治，甚至变本加厉："重之以无道，坏宗庙与民，更始作阿房宫，繁刑严诛，吏治刻深，赏罚不当，赋敛无度，天下多事，吏弗能纪，百姓困穷而主弗收恤。然后奸伪并起，而上下相遁，蒙罪者众，刑戮相望于道，而天下苦之"④，结果导致"群臣人人自危，欲畔者众"⑤ 的局面，秦帝国也因此彻底丧失了实现转型的最后机遇和空间。

---

① 《史记·张释之冯唐列传》。
② 《新书·过秦》。
③ 《新书·过秦》。
④ 《史记·秦始皇本纪》。
⑤ 《史记·李斯列传》。

第三篇

治道的嬗变

第七章　王霸间杂

秦灭汉兴，在政治体制层面上基本是"汉承秦制"。而在意识形态层面，自"汉儒批法"后，法家学说由"阳"转"阴"。从汉武帝举贤良对策到汉宣帝石渠阁会议，再到东汉章帝白虎观会议，历时二百余年，通过以"儒法合流"为基调的秦汉政治文化的整合，最终确立起礼法并用、王霸结合的基本政治构架和以"三纲五常"为核心的礼治秩序。此后，中国传统社会的治世思想虽然也发生过嬗变和衰落的现象，但基本上没有脱离这种思想格局。

一、文景之治

西汉王朝是在秦末战争的废墟上建立起来的，当其时，"民失作业而大饥馑，凡米石五千，人相食，死者过半"，甚至汉初"自天子不能具钧驷，而将相或乘牛车，齐民无藏盖"。[①] 长期的战乱，使得人心思定、人心思治成为社会上下的一致呼声。正是这种社会情势，助长了黄老之道在汉初的勃兴。

道家思想在老子之后大致形成两种走向：一种是以庄子为代表，偏重于继承发展老子的形而上之道，主张绝去礼学、兼弃仁义的道家出世一

---

① 《史记·平准书》。

派；另一种则以稷下学派为代表，偏重于继承发展老子的形下之道，专心于治国之术的"入世"，即"黄老道家"。黄老之道在战国末期已经出现，是托名黄帝之言，以老子道家学说为主旨，兼采阴阳、儒、墨、名、法之学而形成的一种经世之学："道家使人精神专一，动合无形，赡足万物。其为术也，因阴阳之大顺，采儒墨之善，摄名法之要，与时迁移，应物变化，立俗施事，无所不宜，旨约而易操，事少而功多……道家无为，又曰无不为，其实易行，其辞难知。其术以虚无为本，以因循为用。"① 目前被学界公认为是先秦黄老学著作的文献主要有马王堆汉墓出土的"黄老帛书"——《皇帝四经》（包括《经法》《十大经》《称》《道原》）以及《管子》中的《心术上》《心术下》《白心》《内业》等篇章。

概括而言，黄老之学的治国之道主要有：（1）君无为而臣有为。黄老道家发挥了《老子》"无为而无不为"的观念，并克服了庄子"蔽于天而不知人"②的弊端，在"无为"中充实"有为"的内容。这具体落实到政治实践层面，便是所谓"君无为而臣有为"。《管子·心术上》以心比喻君主，用口、鼻等器官比喻百官，主张君主治百官如同用心治身体的其他器官："心术者，无为而制窍者也"，就是说，君主不需要从事具体的事务，他只要统率百官即可，臣子就好像口、鼻等器官一样从事具体的工作。（2）清静自正，无为自化。黄老道家坚持老子"道生万物"的世界本原论，将法视为自然法则在社会政治领域中的体现和衡量是非的标准："道生法。法者，引得失以绳，而明曲直者（也）""是非有分，以法断之；虚静谨听，以法为符"③"法度者，正之至也"④。这就要求排除个人的主观成见，保持公正无私，效法自然之无为，做到"清静自正，无为自化"⑤，"节民力以使则财生，赋欲有度则民富"⑥，等等。（3）刑德相养。黄老道

---

① 《史记·太史公自序》。
② 《荀子·解蔽》。
③ 《皇帝四经·经法·道法》。
④ 《皇帝四经·经法·君正》。
⑤ 《史记·老庄申韩列传》。
⑥ 《皇帝四经·经法·君正》。

家继承了历史上关于刑德并用的思想，并用阴阳论证其合理性，认为阴阳是天地之道所蕴含的自然法则，"刑德" 就是阴阳在社会政治领域内的体现，二者相辅相成："刑晦而德明，刑阴而德阳，刑微而德章"，故而主张"刑德相养"①，即在坚持法治的同时，还应重视道德教化作用，等等。

以上这些主张和措施，对于百业凋敝、民生维艰的汉初社会而言，自然是十分必要的，所以得到了统治者的大力倡导。汉初，陆贾建议刘邦采取宽松的方针策略，施行无为而治："昔虞舜治天下，弹五弦之琴，歌南风之诗，寂若无治国之意，漠若无忧民之心，然天下治。周公制作礼乐，郊天地，望山川，师旅不设，刑格法悬，而四海之内奉供来臻，越裳之君重译来朝。"② 与老子不同的是，陆贾认为 "仁义" 是人道的根本："治以道德为上，行以仁义为本"③，主张把 "文" 和 "武"、仁义教化和法令结合起来，以仁义教化 "劝善"，以法令 "诛恶"，软硬兼施，以实现长治久安，认为 "文武并用，长久之术也"。④ 自此，无为之治成为君臣上下一致的共识。史载："孝惠皇帝、高后之时，黎民得离战国之苦，君臣俱欲休息乎无为，故惠帝垂拱，高后女主称制，政不出户，天下晏然"⑤；汉文帝"本修黄老之言，不甚好儒术，其治尚清静无为"⑥；窦太后亦 "好黄帝、老子言，帝及太子、诸窦不得不读《黄帝》《老子》，尊其术"⑦。不但君主如此，许多重要谋臣，如萧何、曹参、陈平、汲黯等都重视黄老治术，司马谈、司马迁父子亦笃信 "黄老"，认为黄老政治 "与时迁徙，应物变化，立俗施事，无所不宜，指约而易操，事少而功多"⑧。

黄老治道在汉初政治实践中的具体做法主要有：其一，对百姓的无

---

① 《皇帝四经·十大经·姓争》。
② 《新语·无为》。
③ 《汉书·陆贾传》。
④ 《史记·郦生陆贾列传》。
⑤ 《史记·吕太后本纪》。
⑥ 应邵：《风俗通义·正失》。
⑦ 《史记·外戚世家》。
⑧ 《汉书·司马迁传》。

为，即在经济上轻徭薄赋、与民休息、去奢省费："量吏禄，度官用，以赋于民。"① 史载："秦田租口赋盐铁之利，二十倍于古，或耕豪民之田，见税什五"②；汉高帝时"轻田租，什五而税一"；惠帝又免除力田人之徭役终身；汉文帝免除农田租税十二年；汉景帝时改"什五税一"为"三十税一"，等等。其二，君臣间的无为。自汉高祖到惠帝，汉统治者均因循旧制，少事革新。譬如，曹参继萧何为汉丞相，"其治要用黄老术""不治事""举事无所变更，一遵萧何约束""故天下称其美矣"。③ 其三，法制上的无为。刘邦夺取政权之初，废秦苛法，只是约法三章："杀人者死，伤人及盗抵罪。"④ 后来有鉴于"四夷未附，兵戈未息，三章之法不足以御奸"，萧何因时制宜，作《九章律》，但依然是"约法简刑"⑤。到了惠帝和吕后时期，"刑罚罕用，罪人是希。民务稼穑，衣食滋殖"⑥。汉文帝即位后，仍然"躬修俭节，思安百姓"⑦。其四，外交上的无为。汉朝统治者面对北方匈奴的屡次侵犯、挑衅，屈尊和亲，对匈奴骚扰一再退让，以求得边界的安宁，等等。

无为而治在汉朝初期推行了七十余年，经济得以逐渐复苏。至武帝初年，全国一统，政治稳定，"天下殷富""人民乐业"⑧"京师之钱累巨万，贯朽而不可校。太仓之粟，陈陈相因，充溢露积于外，腐败不可食。众庶街巷有马，阡陌之间成群。"⑨ 可谓大见成效，史称"文景之治"。正是在这种情势下，淮南王刘安组织门客编撰《淮南子》一书，通过对汉初道治实践的观察和反思，试图为帝国的长远统治提供一个较为完备的理论学说，从而成为汉初黄老思想的集大成者。其理论要旨有：

---

① 《史记·平准书》。
② 《汉书·食货志》。
③ 《史记·曹相国世家》。
④ 《史记·高祖本纪》。
⑤ 《汉书·刑法志》。
⑥ 《史记·吕太后本纪》。
⑦ 《汉书·食货志上》。
⑧ 《史记·律书》。
⑨ 《汉书·食货志上》。

其一，通而无为。如果说《老子》以"处无为之事"淡化或忽略了人的主动性，《庄子》以"至人无为，大圣不作"① 回避或超脱了人的主观努力，《吕氏春秋》则认为，做任何一件事都必须遵循自然规律，借助客观条件，利用各种积极因素，政治上亦然："因者，君术也；为者，臣道也。为则扰矣，因则静矣。"②《淮南子》继承了《吕氏春秋》的"因而无为"的思想，认为"无为"并不意味着人只能"听其自流，待其自生"；相反，人应当而且必须发挥自身的主动性，所谓"人必加功焉"③。不过，《淮南子》既反对"以火井，以淮灌山"④ 的"强为"，也反对"四肢不动，思虑不用"式的"塞而无为"，而赞同"通而无为"⑤，即不在事物本性展现之前盲目去做，而是顺物之所为而为。这样，"无为"被赋予了儒家式的积极进取精神，并成为落到实处的行为方略："智者不以位为事，勇者不以位为暴，仁者不以位为惠，可谓无为矣。"⑥《淮南子》在以"无为"释"君道"的同时，还明确肯定了"君"制约"臣"的重要性，提出了"人主之术"："清静而不动，一度而不摇，因循而任下，责成而不劳。"⑦

其二，民为国本。如果说《吕氏春秋》主要强调的是"顺民心"和"得民心"，《淮南子》则主要强调"安民""利民""富民"等。《淮南子》在如何安民的具体措施上，将无为之论与民本思想结合起来，即要满足民众需要，就要做到虚静无为："为治之本，务在于安民；安民之本，在于足用；足用之本，在于勿夺时；勿夺时之本，在于省事；省事之本；在于节欲；节欲之本，在于反性；反性之本，在于去载。"⑧ 安民的具体举措是要"利民"："治国有常，而利民为本。"⑨ 这与法家"苟可以利民，不循其

---

① 《庄子·知北游》。
② 《吕氏春秋·任数》。
③ 《淮南子·修务训》。
④ 《淮南子·修务训》。
⑤ 《淮南子·要略训》。
⑥ 《淮南子·诠言训》。
⑦ 《淮南子·主术训》。
⑧ 《淮南子·诠言训》。
⑨ 《淮南子·泛论训》。

礼"① 的思想一致。而"利民"的一个重要方面就是"富民"："臣闻王主富民，霸主富武，亡国富库。"② 就是说，"富民"可以富国，"富武"容易成就霸主，一味地"富库"则有可能陷于财货而国破家亡，因此"富民"是"安民"的关键。而"仓廪实"和"衣食足"则直接关系到老百姓的道德操守："夫饥寒并至，能不犯法干诛者，古今之未闻也。……夫民有余即让，不足则争。让则礼义生，争则暴乱起。……故物丰则欲省，求澹则争止。"③ 既然民众的道德底线、安乐以及民心的归顺都取决于"富民"，为此，爱民之君要"取下有节，自养有度"④，则民不会遭受"饥寒之患"；要生活节俭清静，不恣意挥霍浪费社会财富，不多事、多求、干扰民众，要发展农业生产、减少赋税："治国之道，上无苛令，官无烦治"⑤"功不厌约，事不厌省，求不厌寡。"⑥ 总的来看，《淮南子》的"民本"思想较前人更为系统和具体，从而较前人的"民本"思想更具实现的可能性。

其三，"法生于义"。法家通常都是将立法的权力归于君主，"生法者，君也；守法者，臣也；法于法者，民也"⑦。在法面前，百姓只有被动地服从法律，君主的权力则因缺乏制约而无限膨胀。针对法家的流弊，《淮南子》提出："法生于义"的主张："法生于义，义生于众适，众适合于人心，此治之要也。……法者，非天坠，非地生；发于人间，而反以自正。"⑧ 就是说，法是君主和民众行事的标准，因此立法必须从"义"出发，而"义"必须合乎百姓心意，这是治国的前提。那么，什么样才算得上是"义"呢？《淮南子》解释道："义者，宜也""义者，所以合君臣、父子、兄弟、夫妻、朋友之际""体君臣，正上下，明亲疏，等贵贱，义也"。⑨

① 《商君书·更法》。
② 《淮南子·人间训》。
③ 《淮南子·齐俗训》。
④ 《淮南子·本经训》。
⑤ 《淮南子·齐俗训》。
⑥ 《淮南子·泰族训》。
⑦ 《管子·任法》。
⑧ 《淮南子·主术训》。
⑨ 《淮南子·齐俗训》。

总之，法源于人间的切实需要，不应专属于君主的意愿："法籍礼义者，所以禁君，使勿擅断也。"① 在《淮南子》看来，法不仅生于义，而且它的存在是为了辅助仁义的推行："法之生也，以辅仁义。"② 由此，《淮南子》提出"仁义为本"的主张："治之所以为本者，仁义也。所以为末者，法度也"，并认为，儒家的人治、德治与法家的法治、术治是相辅相成、相济相助的："无法不可以为治也，不知礼义不可以行法"，法的不足有待于仁、义、礼、乐的纠偏，所以绝不能"重法而弃义"，而防止法走向反面的最好办法，是将法交给圣贤之人去合理应用："故国之所以存者，非以有法也，以有贤人也。"③ 因而，这就要求执法者必须严格自律、公正无私，并率先垂范循法："人主之立法先自为检式仪表，故令行于天下。"④

总体来看，在治国之道上，《淮南子》将老、庄的抽象的"无为"原则落实到法家与儒家的政治主张上。一方面，它以"道"为其理论根据，既肯定法家的"法、术、势"思想，又一改法家严刑峻法的过分"有为"；另一方面，汲取了儒家的"崇贤推德"的德治思想，将其"无为而治"的理想建筑在以仁义为本、法制为辅的道德感化之上。故而，这也可以视为此后"王霸杂用"治国之策的前奏。

《淮南子》成书于西汉文景之世黄老无为思潮风行数十年之后，汉武帝"罢黜百家、独尊儒术"政策实施之前。对于刘安本人与《淮南子》而言，汉武帝是一个直接决定其命运的关键人物。史载，刘安于建元二年（公元前139年）进京向武帝献新作《淮南子》，武帝"爱秘之"⑤，然而，此后刘安所涉的谋反、被诛事件，使得《淮南子》中的治道主张难逃被统治者冷落、忽视的命运。不过，与《吕氏春秋》一样，《淮南子》在当时虽未发生政治作用，但对后世也产生了重大影响，它作为一部划时代的

① 《淮南子·主术训》。
② 《淮南子·泰族训》。
③ 《淮南子·泰族训》。
④ 《淮南子·主术训》。
⑤ 《汉书·淮南衡山济北王传》。

"纪纲道德、经纬人事"① 的治世法典，开启了两汉的文化，展示了汉初调和、致用的学术取向与思想特质。

二、儒学独尊

汉初无为而治政策的推行虽然取得了可观的成效，但是，自汉文帝时起，各种社会矛盾与问题也开始日渐显露。这主要表现在：其一，奢靡。休养生息带来社会的安定、兴隆，人们在生活富足后，闲心大起，私欲大增，奢侈之风盛行；官场因循苟安，吏治日益腐败，甚至 "乘富贵之资力以与民争利天下……众其奴婢，多其牛羊，广其田宅，博其产业，畜其积委，务此而亡已，以迫民"，或 "富埒天子"，或资财 "累万金"，"而不佐国家之急"②，结果是 "富者奢侈羡溢，贫者穷急愁苦"③。其二，无法。黄老的独尊，使得 "法网" 疏阔和执法不严，国家法令形同虚设，社会安全缺乏根本的保障，甚至 "盗者剟寝户之帘，搴两庙之器，白昼大都之中剽吏而夺之金"④。更为严重的是，不能严格以法治国还使得地方豪强势力不断膨胀，他们 "衣必文采，食必粱肉""乘坚策肥，履丝曳缟"，以至于 "大者倾郡，中者倾县，下者倾乡里"⑤，从而构成与地方政府相抗衡的体制外势力。其三，无君。由于无为而治本身包含有 "君主无为" 的思想，再加上朝廷当中汉初以来的将相多功臣勋贵，他们恃宠而骄睨君权，气焰跋扈嚣张，无视君臣上下之礼，非常不利于皇帝的集权统治。不仅如此，对中央权力更严重的威胁，还来自于朝廷外部。西汉初年，出于巩固刘家天下的需要，在剪除异姓王的同时曾大封同姓王，但是分封制导致皇权旁落、割据迭起，再加上无为放任的政策，导致诸侯日益坐大，从而逐渐形成对立于中央王朝的势力，给社会带来了新的不稳定因素。

---

① 《淮南子·要略训》。
② 《史记·平准书》。
③ 《汉书·董仲舒传》。
④ 贾谊：《治安策》。
⑤ 《史记·货殖列传》。

在贾谊看来，由于没有制度的约束，人人以俗侈为荣，势必会引起习俗和礼制等方面的僭越，扰乱社会秩序的正常运行："今虽刑余鬻妾下贱，衣服得过诸侯，拟天子，是使天下公得冒主而夫人务侈也。"① 他还针对由于实行分封制而出现的"尾大不掉，末大必折"② 的局面指出，诸侯王千方百计巩固自己的统治，扩展势力，打着"一用汉法"的旗号，实际是要与天子平起平坐："事诸侯王乃事皇帝也。"③ 为此，贾谊在其著名的《治安策》中向汉文帝谏言，实行"众建诸侯而少其力"，以削弱诸侯国的力量。除此之外，贾谊认为，最根本的，还是要建立一种"等级分明""下不得疑"的礼法制度。为此，贾谊主张一律以人们等级地位之高低为标准来决定其名号、旗章、礼仪、秩禄、冠履等，以维护其等级的尊卑，所谓"改正朔，易服色，法制度，定官名，兴礼乐"④。

受先秦法家"势论"影响，贾谊以"势"入礼，力倡君臣之礼，试图通过人为地造成一种尊君之势，使天子"其尊不可及"⑤。如果臣属敢于"忤逆"，就应当以"斤斧对待""上膺者则诛"⑥。在贾谊看来，重礼并非不要法，治国之道应礼法并用："夫仁义恩厚，人主之芒刃也；权势法制，人主之斤斧也。"⑦ 礼的作用偏重于教化，发生在人们的过失罪恶未产生以前，通过"劝善"的办法防止恶的行为发生，防患于未然，但它不具备法的威慑力；法的作用在于当罪恶发生之后，毫不留情地按规定施以刑罚，法能收到比礼较快的效果："夫礼者禁于将然之前，而法者禁于已然之后，是故法之所用易见，而礼之所为生难知也。"⑧ 为此，他一方面对秦的"繁法严刑"表示强烈反对；另一方面又认为该用刑法时必须果断用之，如对诸侯王的越礼非法之举，必须坚决以法治之。不过，为尊崇天子，贾谊主

---

① 《贾谊集校注》。
② 《贾谊集校注》。
③ 《贾谊集校注》。
④ 《史记·屈原贾生列传》。
⑤ 贾谊：《治安策》。
⑥ 《新书·制不定》。
⑦ 贾谊：《治安策》。
⑧ 《汉书·贾谊传》。

张大夫以上的王侯贵族、三公大臣犯罪不能受黥、劓、髡、刖、笞、弃市等刑。他认为，王侯贵族、王公大臣都是"君子"，懂得廉耻节礼，没有庶人的"无耻之心"，对于他们的罪行只能赐死，绝不能施以极刑。这一原则，使贾谊成为中国思想发展史上"礼不及庶人，刑不上大夫"理论的著名辩护士。

贾谊的一些思想在当时即被汉文帝采纳，史载，"诸法令所更定，及列侯就国，其法皆谊发之。"① 但由于他后来遭人忌毁，为文帝疏远而终未能用。然而，从整个中国指导思想的发展脉络来看，贾谊的思想构成了从荀子、韩非到董仲舒的整个统治思想确立过程中的重要一环。

从实践上看，到了汉武帝执政时期，各种社会问题变得更加尖锐。在内政方面，汉景帝时发生的吴楚七国之乱尽管已被平定，但在汉武帝时，宗藩依然拥有一定势力，隐患犹存。汉初中央政策的松弛，地方势力逐渐增强，世家大族对土地兼并日益严重，地方豪民日益骄纵，无视法纪，视自己的领地如独立王国。更为严重的是，西汉对匈奴一直采取退居忍让的和亲方针，反而使匈奴南下侵犯日增，从而构成西汉王朝外部关系中最敏感的危险因素。对于汉武帝而言，他所面临的诸侯、匈奴等繁复纠结的政治、经济、军事问题，靠清静无为显然是于事无补的。为此，武帝即位当年（公元前 140 年），下诏令各级官吏"举贤良方正直言极谏之士"。建元六年（公元前 136 年），"置（《五经》）博士"。元光元年（公元前 134 年），又下诏贤良，要求他们提供如何才能真正实现"章先帝之洪业休德，上参尧舜，下配三王"的方略。② 在这种情势下，董仲舒的《天人三策》应运而生。

从思想发展的脉络上看，董仲舒远承孔孟，近取荀子、贾谊，集黄老、法、儒于一身，兼收阴阳家及某些神权思想，构成了新儒家的思想体系。主要包含以下思想：

其一，尊王顾民。董仲舒理论体系的一个重要方面，就是从"天命"

---

① 《汉书·贾谊传》。
② 《汉书·武帝纪》。

高度论证了君主专制权力的神圣性："受命之君，天意之所予也，故号为天子……"①　在其理论宣传下，神、王关系完全等同于父子关系："诸授之者，皆其父也，受之者，皆其子也，常因其父以使其子，天之道也……"②这种解释把人间的独裁专制说成是神的意志和力量，从而使君主处于至高无上的神圣地位："故王者，唯天之施。"③　董仲舒由此进一步论证了君主制度的永恒性："天不变，道亦不变"④　"王者有改制之名，无易道之实"⑤。当然，董仲舒在强调君主至尊的同时，也一再申述了重民的道理，认为君主必须服从天意，积善修德，应"不夺农时"，使"民家给人足，无怨望愤怒之患"⑥。否则会受到"天谴"："国家将有失道之败，而天乃先出灾害以谴告之，不知自省又出怪异以警惧之。尚不知变，而伤败乃至。……故治乱废兴在于己。"⑦　按照董仲舒的观点，如果上天发威示警，灾异频现，天子应斋戒自省，下"罪己诏"改过自新。最严重的后果，往往意味着更换君主："其恶足以贼害民者，天夺之。"⑧　可见，这种君权神授论在解决政治权威合法性的同时，希望借助天来抑制王权，儆戒君主不能为所欲为："《春秋》之法，以人随君，以君随天。"⑨　即便如此，董仲舒论证的重点，依然是君"立尊卑之制，等贵贱之差"⑩，卑者对尊者必须"顺命"⑪。

其二，德主刑辅。在董仲舒看来，"教化""法度"都是治国的根本："君之所以为君者，威也，故德不可共，威不可分，德共则失恩，威分则失权，失权则君贱，失威则民散。"⑫　为此，他借用阳阴图式把"德"比作

---

① 《春秋繁露·深察名号》。
② 《春秋繁露·五行之义》。
③ 《春秋繁露·说文》。
④ 《汉书·董仲舒传》。
⑤ 《春秋繁露·楚庄王》。
⑥ 《春秋繁露·王道》。
⑦ 《汉书·董仲舒传》。
⑧ 《春秋繁露·尧舜不擅移汤武不专杀》。
⑨ 《春秋繁露·玉杯》。
⑩ 《春秋繁露·保位权》。
⑪ 《春秋繁露·顺命》。
⑫ 《春秋繁露·保位权》。

阳，比作春夏，以生、养万物；把"刑"比作阴，比作秋冬，能够杀、藏
万物。由于阳尊阴卑，因而德治与法治的关系是："刑者，德之辅；阴者，
阳之助也"①，"教，政之本也；狱，政之末也。"② 当然，阴阳调和，万物
才能正常地生育发展："天道之大者在阴阳。阳为德，阴为刑；刑主杀而德
主生。是故阳常居大夏，而以生育养长为事；阴常居大冬，而积于空虚不
用之处。以此见天之任德不任刑也。天使阳布施于上而主岁功，使阴伏于
下而时出佐阳；阳不得阴之助，亦不能独成岁。终阳以成岁为名，此天意
也。"③ 因此，在德、刑二者之间，德是生养万物之根本，刑罚是铲除邪恶
之手段，因而两者的关系便是"德主刑辅"。这样，董仲舒一方面神化了
孔孟"为政以德"的传统主张，另一方面也把法家的法治置于一个重要的
地位，或者说也使法家的法治具有了神性。从历史上看，董仲舒真正使儒
学政治意识形态化，经过历代儒家学者与统治阶层的不断发展，这种刚柔
相济的"仁政"便成为西汉以降历代王朝的治国之道。

其三，"三纲五常"。董仲舒以先秦儒家的相关论述为基础，将"仁、
义、礼、智、信"概括为"五常"："夫仁、谊（义）、礼、知（智）、信五
常之道，王者所当修饬也"④，并把君臣、父子、夫妇的尊卑关系概括为君
为臣纲、父为子纲、夫为妻纲，强化了君臣、父子、夫妻三种关系的社会
功能和力量：（1）在"三纲"中，"君为臣纲"居其首，君是臣的准则，臣
民必须绝对地尊崇君主、服从君主、忠于君主："君人者，国之本也。夫为
国，其化莫大于崇本"⑤ "故屈民而伸君"⑥。（2）"三纲"所规定的君臣、
父子、夫妻关系，是一种严格的尊卑等级关系，君、父、夫的地位尊贵而
臣、子、妻的地位卑下，臣、子、妻应该从属于君、父、夫。虽然"五常"
的道德乃是君臣、父子、夫妻都应该遵守的，但是尊卑等级地位决定了

---

① 《春秋繁露·天辨在人》。
② 《春秋繁露·精华》。
③ 《汉书·董仲舒传》。
④ 《汉书·董仲舒传》。
⑤ 《春秋繁露·立元神》。
⑥ 《春秋繁露·玉杯》。

臣、子、妻单方面的服从关系，从而维护和强化了尊卑等级地位。(3) 在"三纲"中，君是国之本即国家的基础和代表，父是家之主即家庭的主体和代表。就个人与群体的关系而言，个人须服从于家、国这两个群体组织，承担对于家、国的一切责任。这显然是一种群体价值高于个体的价值观念。由于单向服从关系的确定，每个个人就只有义务而无权利。这样一来，孔孟儒学所具有的"匹夫不可夺志"①"人人有贵于己者"②的个体价值意识就被大大弱化了。(4) 尽管董仲舒也承认"义"与"利"二者对人都有价值："天之生人也，使之生义与利。利以养其体，义以养其心。心不得义不能乐，体不得利不能安"③，但在二者的天平上，董仲舒认为"义重于利"，所谓"正其谊（义）不谋其利，明其道不计其功"④。董仲舒以阴阳论"三纲"："君臣、父子、夫妇之义，皆取诸阴阳之道。君为阳，臣为阴；父为阳，子为阴；夫为阳，妻为阴"⑤；又用五行论"五常"，认为木"尚仁"、金"尚义"、水"尚礼"、火"尚智"、土"尚信"，"五常"与"五行"相配，"五行"决定着"五常"。这种类比式论证使"三纲五常"成为永恒的"天道"、绝对的准则，成为此后君主政治秩序存在的根本政治保障。

其四，君道臣行。董仲舒引述孔子之言，赞同"无为而治"，将"垂拱无为，而天下太平"⑥视为理想的政治境界，认为实现无为而无不为的关键是任贤能，辨忠奸，充分发挥臣下的作用，即君无为而臣有为："心所以全者，体之力也；君所以安者，臣之功也。"⑦ 当然，相关的统治手段既有光明正大的，也有深藏不露的。君主既要弘扬孝悌，重视农桑，施行教化，又要善于运用各种"能冥能昏"的政治技巧，使群臣不能测度君主的

---

① 《论语·子罕》。
② 《孟子·告子上》。
③ 《春秋繁露·身之养重于义》。
④ 《汉书·董仲舒传》。
⑤ 《春秋繁露·基义》。
⑥ 《汉书·董仲舒传》。
⑦ 《春秋繁露·天地之行》。

意图和取向："人君贵居冥而明其位，处阴而向阳。"① 在具体的社会治理中，董仲舒认为，君主不可能事必躬亲，这就需要官吏阶层来代行君主的意志，其实也是天的意志。官吏既实施法制，又行教化之职。这种设计实质上是把一直以来分离的"德"（文士行教化之职）与"刑"（官吏实施法制）统一了起来，即通过文士入官，知识阶层与官僚系统合二为一来实现的。而为了能够得到贤俊之才，必须设立学校，以培养德才兼备之人："太学者，贤士之所关，教化之本原也。今以一郡一国之众，对亡应书者，是王道往往而绝也。臣愿陛下兴太学，置明师，以养天下之士，数考以尽其材，则英俊宜可得矣。"② 董仲舒的这一提议，成为此后中国现实政治的一大特色。

其五，"大一统"。汉武帝时，大汉王朝已是"中国一统"，但帝国内部、边缘充斥着诸多夷狄族群，因此，汉朝面临着一个如何对待这些夷狄族群的问题。汉景帝时，公羊寿和胡毋生在《春秋公羊传》（又称《公羊传》或《公羊春秋》）阐发"夷夏之辨"，既强调以华夏为本位，又重视以礼义来分辨夷夏，对夷狄仰慕礼义者则"中国之"，对中国违背礼义者则"夷狄之"。董仲舒在此基础上作了进一步的阐发。首先，董仲舒将夷夏别为三等，即中国、大夷和小夷，强调小夷避大夷、大夷避中国、中国避天子。其次，董仲舒认为，夷夏之辨也需"从变从义，而一以奉天"③。就是说，夷夏之别不但要以礼义为其标准，而且需从变而移。对于那些仰慕华夏文化、遵守礼义道德的蛮夷民族要加以肯定，要对他们以中国相待。比如说，晋国虽然是中原之国，但由于穷兵黩武，无善心和救民之意，所以"不予之"；而楚国虽然是蛮夷之国，但由于其有可贵之美和救民之意，所以要"予之"④。最后，董仲舒强调夷夏之别，但也重视德化四夷、夷夏一统，主张以仁爱之心对待没有归化的蛮夷民族："故王者爱及四

---

① 《春秋繁露·立元神》。
② 《汉书·董仲舒传》。
③ 《春秋繁露·精华》。
④ 《春秋繁露·竹林》。

夷，危者爱及旁侧，亡者爱及独身。独身者，虽立天子诸侯之位，一夫之人耳，无臣民之用矣。"① 董仲舒甚至主张对于不愿归化、不遵守礼义道德的匈奴等夷狄，也可以与他们立盟结交，只是在方法上无法用仁义去说服他们，而只能是"与之厚利以没其意，与盟于天以坚其约，质其爱子以累其心"②。在董仲舒的理论中，"德"是维系一统的重要条件，只有有德者才能成为胜任一统的王者。且《春秋》公羊学既提倡"尊王攘夷"，又说"复九世之仇"，从而为汉武帝"外攘四夷"蒙上了一层正义色彩。

公羊学思想的内涵，除"夷夏之辨"外，更重要的是强调王者独尊的"大一统"的政治秩序。对于《春秋公羊传·隐公元年》中"元年春，王正月"的记述，《公羊传》解释说："元年者何？君之始年也。春者何？岁之始也。王者孰谓？谓文王也。曷为先言王而后言正月？王正月也。何言乎王正月？大一统也。"这段话的大意是：什么叫元年呢？国君即位的第一年。什么叫春呢？一年中第一个季度。王指谁呢？指周文王。为什么先说王后讲正月呢？用的是周文王历法的正月。为什么要用周文王历法的正月呢？那是为了使用天下通用的统一历法（周正建子，周历以农历十一月即子月为正月）。《公羊传》在这里是将统一历法称为"大一统"，将"正月"系于"王"之后，是为了表明采用的是周文王历法的正月（以十一月为正月），即用周正；采用周正，自然就包含着对周文王和周朝天子的尊崇；诸侯用周正、尊崇周天子，当然是一种拥护天下一统的举动。《公羊传》的尊王思想为董仲舒所继承，但在对其内涵的理解上，二者有着较大的出入。董仲舒认为，"王"不是指周文王，而是受命新王："何以谓之王正月？曰：王者必受命而后王。王者必改正朔，易服色，制礼乐，一统于天下，所以明易姓，非继人，通以己受之于天也。王者受命而王，制此月以应变，故作科以奉天地，故谓之王正月也。"③ 即"大一统"不是一统于周天子，而是一统于新王，董仲舒由此诠释了汉帝国"奉天承运"的

① 《春秋繁露·仁义法》。
② 《汉书·匈奴传》。
③ 《春秋繁露·三代改制质文》。

神圣。

董仲舒认为，要实现这种王者一统的政治秩序，还必须实现思想"大一统"。针对"儒家互黜""百家殊方"的思想多元局面，元光元年（公元前134年），汉武帝再次诏贤良对策，在对策中董仲舒明确提出"大一统"是宇宙间普遍规律，并将人们的思想统一到儒家学说上来："《春秋》大一统者，天地之常经，古今之通宜也。今师异道，人异论，百家殊方，指意不同，是以上亡以持一统，法制数变，下不知所守。臣愚以为诸不在六艺之科、孔子之术者，皆绝其道，勿使并进。邪辟之说灭息，然后纪统可一而法度可明，而民之所从矣。"① 汉武帝接受了董仲舒的建议，"罢黜百家，独尊儒术"，实行学术统一，从而结束了长达几十年之久的汉初黄老政治，走向以儒家思想为核心的意识形态霸权的建构。

总的来看，董仲舒把儒、法、道、墨、阴阳、五行之学融合成一个学说，完成了对传统孔孟儒学的改造。董仲舒的"天人感应"论在逻辑上应该说是墨子"尊天明鬼"思想的延展，同时在精神实质上也承继了《吕氏春秋》开拓的方向，竭力把人事政治与天道运行附会而强有力地组合在一起，从而使"天"的意志具备了从表象到内涵都十分具体而完备的宗教色彩与特征，因而，人们将此后的儒家思想称为"儒教"的确是不无道理的。不仅如此，与淮南王刘安的"闭门造车""一厢情愿"的献书方式不同，董仲舒审时度势，深入揣测了汉武帝关注的问题及所持的倾向，全面总结秦之教训和汉初"无为"政治之隐藏的弊端，实行改弦更张，摒弃"无为""恭俭"的思想，倡议实现意识形态霸权。董仲舒所倡导的新儒学所体现的重名分、别尊卑、贵礼法、"主唱臣和""主先臣随""君权神授"和"大一统"的思想文化，巧妙地用儒家的外衣，包裹其强化王权、实现统一的真实目的，迎合了汉武帝意欲强化君王权力和权威的心理，以曲径通幽的方式最终与君主专制主义中央集权政治结合起来。汉武帝的统治需要、政治理想是他决定寻求治国方略的主要根据，他所崇尚和需要的"大

---

① 《汉书·董仲舒传》。

一统"政治必然要求一家的实际独尊，而绝不是道家式百家并兴的形态。因此，董仲舒标榜的"独尊儒术"，已不是纯粹的先秦儒学，而是"博采百家，自成一体"的新儒术，因而所谓"罢黜百家"只是虚有其名，而真实的目的只是"独尊"。

三、阳儒阴法

在实践上，汉武帝在位期间，进一步加强了专制统治。公元前128年，武帝采用主父偃的建议，以"推恩"的名义将原分封诸王领地，实行"分大为小"的政策，"于是藩国始分，而子弟毕侯矣"①。"推恩"的政治后果，使"诸侯稍微，大国不过十余城，小侯不过数十里，上足以奉贡职，下足以供养祭祀，以蕃辅京师。而汉郡八九十，形错诸侯闲，犬牙相临，秉其陇塞地利，强本干，弱枝叶之势，尊卑明而万事各得其所矣"②。公元前112年，汉武帝又以"列侯坐献黄金酎祭宗庙不如法"为由，剥夺了一百多人的爵位。③还颁布了《左官律》，规定诸侯国的官吏不得在朝内任职；颁布《附益法》，规定诸王侯不得参与朝政，不准接纳"宾客"；此后，又用法律手段废除了大批王国和侯国，把他们的领地收归中央，等等。汉武帝在削弱诸侯的同时，还加强对郡县的控制。公元前106年，"乃置交阯、朔方、之州及冀、幽、并、兖、徐、扬、青、荆、豫、益、凉等州，凡十三部，皆置刺史焉"④。

在思想形态领域，武帝的大力"崇儒"，使得儒家礼治理想成为汉代社会的现实。与先秦诸子所倡导的"德治"思想不同，"德主刑辅"不再是一种强调人人修为的道德理想，而是通过将儒家最为推崇的"礼治"观念贯穿到全社会，并成为具有现实意义的社会习惯法，达到"德法合一"，

---

① 《资治通鉴·汉纪》。
② 《史记·汉兴以来诸侯年表》。
③ 《汉书·武帝纪》。
④ 《资治通鉴·汉纪》。

把刚性的法律原则和柔性的道德观念融为一体，使之成为一套有机结合的有效的社会调节系统。其基本表现，就是所谓的"春秋决狱"，即直接引用《春秋》等儒家经典大义作为判案依据。西汉中期以降，无论立法、司法都要求"应经合义"，儒家的经义既是立法、司法的指导，又是审判的准绳，以至于儒家思想支配一切古代法典，成为中国古代法的一大特色。问题在于，以《春秋》作为判案的标准，由于它的微言大义，同样的事情，可以作出完全不同的解释和结论，这就为司法专断打开了方便之门："《春秋》之治狱，论心定罪，志善而违于法者免，志恶而违于法者诛。故其治狱，时有出于法之外者。"①

如果说秦王朝是专制体制的初创时期，还不大懂得用美丽的辞藻掩盖专制的本质的话，那么西汉统治者则懂得了"说一套，做一套"的妙处。史称，汉文帝"外有轻刑之名，内实杀人"②，汉武帝则"内多欲而外施仁义"③。从汉武帝的治国措施来看，一方面强调德教，广施教化，另一方面又以严刑峻法打击诸侯王叛乱和豪强、商贾、农民的反抗，致使刑网密集，酷吏弄法，百姓怨声载道，可谓"外儒佯宽，内法实猛"。汉武帝时淮南王刘安谋反，"上下公卿治，所连引与淮南王谋反列侯二千石豪杰数千人，皆以罪轻重受诛。"④ 综观武帝时代，儒家虽然在学术上被定为正统，但真正活跃在政治舞台上的却多是法家人物，且"酷吏"盛行。酷吏的共同特点是"严而少恩"，为政"酷烈"，诸如暴挫妄杀，或分尸锯项，或椎击成狱，毒若蛇蝎，无恶不作，"所爱者挠法活之，所憎者曲法诛灭之"，致使刑网密集，"吏民益轻犯法，盗贼滋起"⑤。汉武帝要加强中央集权，看中的正是酷吏不惧权势、敢于严法打击富商大贾和地方豪强。不过，就酷吏的个人品质而言，其中不乏一些忠贞廉明、克己奉公的酷吏。例如：郅都，"伉直，引是非，争天下大体""行法不避贵戚""不发私书，问遗无

---

① 《盐铁论·刑德》。
② 《汉书·刑法志》。
③ 《史记·汲郑列传》。
④ 《史记·淮南衡山列传》。
⑤ 《史记·酷吏列传》。

所受，请寄无所听""奉职死节官下，终不顾妻子"；赵禹，"据法守正""为人廉倨，为吏以来，舍毋食客。公卿相造请禹，禹终不报谢，务在绝知友宾客之请，孤立行一意而已"；张汤任职时，极力从事国家法制建设，贡献极大，"以知阴阳，人主与俱上下，时数辩当否，国家赖其便"，且为官廉洁，死后，"家产直不过五百金，皆所得奉赐，无他业"。事实上，酷吏是君主专制政治的产物，这些人"逢君之恶"，唯皇帝意志是从："所治即上意所欲罪，予监史深祸者；即上意所欲释，与监史轻平者。"杜周，"上所欲挤者，因而陷之；上所欲释者，久系待问而微见其冤状。"① 他们虽然在官场常能平步青云，但大多结局悲惨。皇帝用酷吏，是为了维护专制政治之威；杀酷吏，也是为了维护专制政治。这正是专制体制下官吏不可避免之命运。

可见，在汉武帝重法轻儒的政治实践中，儒学只能处于"缘饰"地位。董仲舒思想体系的真正要义实际上便是所谓的"以儒饰法"。如董仲舒言："圣人之治国也，务致民令有所好，有所好然后可得而劝也，故设赏以权之。有所好必有所恶，有所恶然后可得而畏也，故设法以畏之。既有所劝，又有所畏，然后可得而制""责名考质，以参其实。赏不空行，罚不虚出，是以群臣分职而治，各敬而事，争进其功，显广其名，而人君得载其中，此自然致力之术也。圣人由之，故功出于臣，名归于君也"。② 这一切，在某种意义上象征着儒学向儒术的转变。对此，"阳儒阴法""外儒内法"的表述可谓切中要害。即表面的主导是儒家，是道德理想主义；实际的核心是法家，是专制主义加上功利主义。可以说，利益实惠而不动听，道德动听而不实惠，历来的统治者都是如韩非所说的"阴为厚利而显为名高者"③，既要实利，又要虚名。他们在千方百计维护扩大自身利益的同时，也要制造舆论，收买人心，所以尽力要做些提倡仁义礼智、推崇儒学、重义轻利的表面文章。儒家的教化洗脑做通了天下人的思想工作，使

---

① 《史记·酷吏列传》。
② 《春秋繁露义证·保位权》。
③ 《韩非子·说难》。

天下人相信做帝王的奴隶是"人"之本分，受帝王之奴役是"天经地义"，于是法家奴役起天下人来，就非常顺手了。

　　儒、法两家之所以能够走向融合，基于二者思想的同一性。司马迁在分析儒、法思想源流和异同时指出："儒者博而寡要，劳而少功，是以其事难尽从，然其序君臣父子之礼，列夫妇长幼之别，不可易也""法家严而少恩，然其正君臣上下之分，不可改矣"。① 尽管先秦法家以"一断于法"的公正形象赢得了时代的青睐，否定了"礼"的宗法性，但并没有否定"礼"所规定社会的等级性。② 在法家看来，儒家所赞扬的尧舜禅让造成君臣易位，汤武革命杀君篡位，这些都是背叛君臣之义，不但不值得赞扬、提倡，而且应该受到批判："尧为人君而君其臣，舜为人臣而臣其君，汤、武为人臣而贰其主、刑其尸，而天下誉之，此天下所以至今不治者也。"③由此出发，法家对儒家的一些重要道德范畴进行了重新诠解："仁义者，不失人臣之礼，不败君王之位也。"④ 这是将儒家道德意义上的"仁义"纳入"礼"的致思范围，并使仁义由处理人际关系的道德原则政治化为处理君臣关系的政治原则。另外，不同于儒家从"仁"的角度解释"义"，韩非还直接从"礼"的角度解释"义"："义者，君臣上下之事也，父子贵贱之差也，知交朋友之接也，亲疏内外之分也。"⑤ 显然，这种"义"实质上就是礼的等级性在各种社会关系中的体现。正是出于对这种君臣等级制度的维护，韩非主张，为人臣者应当把为君主"尽忠"作为人生的最高追求，不允许有丝毫的犯主，"所谓忠臣，不危其君；孝子，不非其亲"⑥ "北面委质，无有二心"⑦。事实上，董仲舒的"三纲"学说在韩非的思想中已有明显的、成型的表述："臣事君，子事父，妻事夫。三者顺则天下治，三者

---

①　《史记·太史公自序》。
②　参见江贻隆、陆建华：《韩非之礼学》，《江汉论坛》2006 年第 1 期。
③　《韩非子·忠孝》。
④　《韩非子·难一》。
⑤　《韩非子·解老》。
⑥　《韩非子·忠孝》。
⑦　《韩非子·有度》。

逆则天下乱，此天下之常道也。"① 韩非甚至认为，君主无论好坏都必须服从，正如帽子无论好坏，都要戴于头上，不可与鞋子易位："冠虽穿弊，必戴于头；履虽五采，必践之于地。"②

惟其如此，自汉代儒法合流以后，儒、法两家就有了共同语言和相同目的，即共同为专制皇权服务。汉代初年的崇儒批法，虽然使法家"由阳转阴"，但其学说作为封建专制制度和意识形态不可或缺的内核融入了汉代以降的历代封建王朝，其精髓早已融化于"百代皆行"的"秦政制"之中。故而，诚如司马迁所言："若尊主卑臣，明分职不得逾越，虽百家弗能改也。"③ 史载，"黄仁卿问：自秦始皇变法之后，后世人君皆不能易之，何也？"朱熹回答道："秦之法，尽是尊君卑臣之事，所以后世不肯变。且如三皇称'皇'，五帝称'帝'，三王称'王'，秦则兼皇帝之号。只此一事，后世如何肯变？"④

随着儒学与政治意识形态的结合，对于知识分子而言，在专制主义的氛围中，"依附"与"同流"便成为一种宿命，而不再具有认识主体的独立性。与先秦时期相比，汉以后的儒生虽积极入世，但已不再坚持"儒者为帝王师"的伟大梦想，而是曲学阿世，力争成为统治阶级驾驭百姓最得心应手的政治工具。因此，缅怀历史，百家争鸣的春秋战国，总会给人留下一道莫名的乡愁。在那个"礼崩乐坏"的时代，激烈的社会变革催生了诸子百家，创造出空前绝后的文化繁荣。他们负笈而行，周游列国，天马行空，抱着以天下为己任的使命感，积极参与政治，纵横驰骋。秦朝初年，知识分子还大量保留有春秋战国时期的风尚，然而，秦始皇的"焚书坑儒"，以其残酷的形式向知识分子发出警告，君主专制制度从本质上拒绝知识分子以制衡为目的的参政议政。李零先生指出："虽然孔子当年，他在政治上不太得意，所以对讲求德行的弟子更偏爱，但孔子死后……情况

---

① 《韩非子·忠孝》。
② 《韩非子·外储说左下》。
③ 《史记·太史公自序》。
④ 《朱子语类》卷一三四。

却正好相反，他的学生，真正得志的反而是长于言语、政事和文学者。……他的很多学生，还有学生的学生，其实都很趋时趋势，与政治潮流有密切合作。比如子夏对三晋地区的法术传统（这个传统后来被商鞅传播到秦国），还有好谈制度、传帝王术给韩非、李斯的荀卿，就有很大影响。战国晚期，流行刑名法术和阴阳五行，儒家与这类学术对话（利用儒家典籍中的亲缘成分），也主要是制度派，而不是道德派。他们的所作所为，虽未必合于孔子本人的理想，但却是战国秦汉儒学发展的主流。当时，颜回一流的人物，只能'隐而不见'，人数很少，而且吃不开。"① 最终，以董仲舒的独尊儒术为标志，知识分子完全站到了专制君主一方，成为专制君主的理论代言人和专制统治的辩护者。

汉武帝之后，儒家思想被奉为官方意识形态，汉宣帝大力推行礼治，曾下诏："导民以孝，则天下顺"②，与武帝"导民以礼"③ 可谓一脉相承。随着礼治作为统治思想的确立和广泛传播，特别是以经治国的理念日益强化，以《洪范》察变，以《禹贡》治河，以《春秋》决狱，以三百篇当谏书，几乎被绝大多数官员认可。从此，经学向政治的渗透达到了无孔不入的地步。当然，经学存在不同派别，当时今文经学、古文经学并存④，势如壁垒，各自"是其所是，而非其所非"。宣帝为了评判经学内部的是非，统一认识，于甘露三年（公元前51年）召开了著名的石渠阁会议："诏诸儒讲（《五经》）同异。太子太傅萧望之等平奏其议，上亲称制临决焉。"这次会议讨论的焦点，是《公羊春秋》和《穀梁春秋》的异同。在会议上，以"公羊"博士严彭祖等人为一方，以"穀梁"派学者尹更始、刘向等为一方，相互论辩。宣帝喜好"穀梁"，最终"穀梁"派取得胜利，

---

① 李零：《重见"七十子"》，《读书》2002年第4期。

② 《汉书·宣帝纪》。

③ 《汉书·武帝纪》。

④ 何谓今文经学？原先"五经"博士讲解儒家经典所用文本，是用"今文"——当时通行的文字（隶书）书写的。汉武帝所立的"五经"博士，都是今文经学家。何谓古文经学？所谓古文，是指战国时代东方地区的文字，汉代已经不通行。这些古文书写的儒家经典文本，大体是汉武帝末年鲁共王为了扩建王府，拆毁孔子故宅，在孔府墙壁中发现了一批"古文经"，即古文《尚书》《礼记》《论语》等。

"乃立梁丘《易》、大小夏侯《尚书》、穀梁《春秋》博士"①，《穀梁春秋》从此被列为官学。而汉宣帝支持穀梁学的根本原因，则是因为《公羊学》中贯穿着"大义灭亲"的严刑峻法思想，虽然有利于"三纲五常"的弘扬，却削弱了儒家的宗法情谊和宽厚仁爱。而穀梁学正是以重礼义教化、重宗法情谊为主旨的，具有加强宗法礼仪的控制功能。自石渠阁会议之后，重视君臣、父子、兄弟、夫妇伦常之礼的礼教精神日渐向社会扩大和深入。从此，重"大一统""行赏罚"的《公羊春秋》精神和"重天伦""贵礼治"的《穀梁春秋》精神相辅相成，共同成为"三纲五常"的精神支柱。

《汉书·元帝纪》记载，宣帝驳斥太子（后来的元帝）"宜用儒生"的建议时曾说："汉家自有制度，本以霸王道杂之，奈何纯任德教，用周政乎！且俗儒不达时宜，好是古非今，使人眩于名实，不知所守，何足委任？"宣帝的意思是，儒家思想、德教、周政，并非不用，也不是不能用，只是不能"纯"用，也就是在治国方略和实践中，不能只用德教。同时，儒生、儒家不是不用，也不是不能用，而是那种不达时宜、是古非今、眩于名实、不知所守的"俗儒"不能用。宣帝的论说，也表明了统治者对儒生、儒学的态度——择利而行，为我所用。其实，从孔孟到荀子再到董仲舒，都强调与时偕行，重视对现实社会政治的引导，其最终目标是建构层级有序、长治久安的社会。如果说孔孟思想的价值主题是仁、礼，其解决问题的方式更多的是关注德教的话，那么从荀子的隆礼重法到董仲舒的德主刑辅，则已经非常明确地表明了儒家礼治的基本模式或者说治国之道的两手策略是"王霸杂用"。因此，宣帝的治国方略和儒家的礼治思想实质上是相一致的。

自宣帝以下，儒者日益得势，元帝、成帝、哀帝三朝位居丞相者，都是当时大儒，甚至普通官吏中也有不少名儒。儒家经典由此成为君主治国安邦、人民安身立命的价值原则。朝廷议政论事，官吏行政，都援引儒家

①　《汉书·宣帝纪》。

经典为自己张目，离经就是叛道。然而，从现实来看，西汉的政治在汉昭帝、汉宣帝之后却日益走向衰败，相继即位的汉元帝、汉成帝、汉哀帝、汉平帝，一代不如一代，从而走向了汉宣帝所言的"俗儒化"。史载，汉元帝虽然多才多艺，精通书法、音乐，会作曲、演奏乐器，但毫无政治才干。他所用的大臣，多是迂腐的经学家。朝廷上讨论、处理军国大事，无论皇帝还是大臣，只会引用儒家经典语录来判断是非曲直，根本不从实际出发进行决策。汉成帝更是沉迷于经学，一味地按照儒家经典的教导来包装自己，仪容端庄，不左顾右盼，外表上一派帝王气象，却不知如何执政。当大臣们引用儒家经典语录，批评他作为皇帝"失德"时，尽管内心不以为然，还是诚恳地接受，以显示纳谏的雅量。此后，篡夺西汉政权的王莽更是处处以周公为榜样，言必称三代，事必据《周礼》，企图用儒家经学重建一个理想世界。在西汉末年的诸多困境面前，王莽虽然立志改革，但其着眼点不是向前看，而是向后看，改革的一切理论根据就是一部儒家经典《周礼》，被史家称为"托古改制"，从而使他的改革显得迂腐不堪，与时代格格不入，故而最终失败。

如果说汉代礼治的确立是在西汉中期的武、昭、宣时期，汉代礼治的成熟阶段则是在东汉时期。史载，光武帝刘秀建立东汉之初，运用"柔道"治理天下，"偃武修文，崇德报功，勤政治，养黎民，兴礼乐，宣教化，表行义，励风俗"[1]，创造出"海内欢欣""天下晏然"的"光武中兴"。其主要做法有：（1）奖用儒士，奖励名节，表彰忠臣、廉吏，"诏求天下义士"。只要能遵行纲常名教，奉礼守道，就能平步青云，至位显贵。（2）通过"三雍"来推行风俗教化。三雍，即明堂、灵台、辟雍。明堂是周制最重要的礼制建筑，先秦多以明堂为布政之所；辟雍为帝王行教化之所，也是礼乐教化的象征，在这里举行的大射礼、养老礼都具有浓重的教化色彩；灵台为帝王观察天象，以达到其行事与之相睦的目的。（3）把学校教育作为推行儒家伦理道德教育的重要方式。建武五年（公元29年），

----

① 司马光：《稽古录》。

刘秀"使大司空祠孔子"，又兴建太学，立五经博士凡十四家，"各以家法教授"，使太学进而成为一个有校舍、有组织领导的机构。与此同时，还通过地方官学（"庠序"）、鼓励民间私学的发展来推行教化。一时间，"四海之内，学校如林，庠序盈门"①。（4）在人才选拔制度上，以恪守儒家伦理道德作为重要条件，采取"四科取士"："一曰德行高妙，志节清白；二曰学通行修，经中博士；三曰明达法令，足以决疑，能案章复问，文中御史；四曰刚毅多略，遭事不惑，明足以决，才任三辅令：皆有孝悌廉公之行。"② 正由于统治者对经学的提倡犹不遗余力，整个社会表现出崇尚经学、崇尚气节的风气："三代以下风俗之美，无尚于东京者。"③

　　值得注意的是，东汉时期，儒学开始走向谶纬化。据《说文解字》："谶，验也"，是一种假托神意制造的政治预言，"纬"则是以神意对儒家经典进行的解释，二者结合而称"谶纬"。汉代灾异之说盛行，事必有征，异必有验，这在当时已经成为共识。汉代秦立、"大一统"、异姓受命、布衣天子，诸如此类的大事件，对于汉初的人来说，向所未闻，如果没有预兆，是无法想象的。而统治者也非常需要见到这样的预兆，以证其得天下是事有必至、理有当然。秦汉之际，中国社会虽然经历了沧海桑田之巨变，但由春秋战国延续下来的鬼神崇拜、占筮求仙等活动依然方兴未艾。秦末农民起义便是借鱼腹藏书、鬼火狐鸣等方式而揭竿起事的。鲁迅指出："中国本信巫，秦汉以来，神仙之说盛行，汉末又大畅巫风，而鬼道愈炽。"④ 汉代从皇帝到贵族官僚再到寻常百姓，都十分崇信神仙、鬼怪、相术、卜筮、巫术。刘邦曾立黑帝祠、蚩尤之祠，在长安置祝官、女巫。汉景帝时，"祠官各以岁时祠如故"⑤。汉武帝"尤敬鬼神之祭，更热衷于方术、巫占、鬼神之事"⑥，设明堂，尊泰一神，派人海上求仙。在民间，

① 班固：《两都赋》。
② 《后汉书·百官志》。
③ 顾炎武：《日知录》。
④ 鲁迅：《中国小说史略》，人民文学出版社1973年版，第29页。
⑤ 《史记·封禅书》。
⑥ 《史记·武帝纪》。

"夫世人不学诗书，行仁义乃论不验之语，学不然之事，图天地之形，说灾异之变。"① 董仲舒的新儒学便是这样一种宣扬天人感应、灾异遣告的具有浓厚神学色彩的官方学说。在这种文化氛围下，儒生为了保持儒学已有的崇高地位，在原有的神学内容基础上汲取方士之术，向着儒学神学系统化的方向前进；而方士则以自己掌握的数术等技术知识，借助儒学以开拓新的领域以提高身价。二者在各自的专业范围内相互借鉴对方的优势并逐渐合流，出现了方士化的儒生和儒学化的方士。他们依照阴阳五行、天人感应、灾异祥瑞与现实政治相贯通的理论，假托孔子或黄帝、尧、舜等神圣人物，对儒家经典重新进行解释和阐发，于是出现了所谓的"纬书"。"纬者，经之支流，衍及旁义。"②

谶纬至东汉之初达到鼎盛，可谓帝王之学。例如，王莽称帝就利用谶语制造舆论，制作了"告安汉公莽为皇帝"的石碑。刘秀建立东汉政权后，对谶纬崇信更甚："初，上以《赤伏符》即帝位，由是信用谶文，多以决定嫌疑。"为了更好地维护谶纬学说的地位，刘秀"宣布图谶于天下"③，通过国家法令的形式，使经过删定的图谶成为国家法定的经典，反映了谶纬的制度化。时人称谶纬为"内学"，而今文十四博士之学则沦为"外学"④。这种情况演化为政治传统，影响了东汉以后的政治生活，但凡即帝位、人事任免、国家典礼制定、官学统一、机构名称的废立等重大事项，无不以谶纬为依据。当时的储君、诸侯王、贵戚及官僚、学者等，都以通晓谶纬为时尚，甚至成为一种政治荣耀。在学术界，经学谶纬化不仅成为学术研究之时尚，更重要的是成为肯定现实政权的某种政治表态。

谶纬之学的盛行使得儒家经义更加宗教化，再加上《五经》章句繁多、歧义纷出，使得当时政治思想和学术领域出现了极其复杂的矛盾。为此，汉章帝于建初四年（公元79年）召开了白虎观会议，其目的是"简

---

① 《新书·怀虑》。
② 《四库全书总目·卷六·经部·易类六·附录》。
③ 《资治通鉴·汉纪三十六》。
④ 《后汉书·张衡列传》。

省章句""共正经义",即统一经学及其解释,使得学者有所遵守。白虎观会议的最终成果是《白虎议奏》和《白虎通义》。《白虎议奏》失传,《白虎通义》则由班固整理编辑,流传至今。《白虎通义》以阴阳五行理论为基础,对董仲舒以后的今文经学,以及谶纬神学所宣扬的君权神授、天人感应等理论作了总结和发挥,其最大特征就是凭谶纬来统一《五经》经说,并对"三纲五常"作了明确统一的论证和规定,并作为官方钦定的经典刊布于世。

《白虎通义》的主要内容有:(1)提出了"三纲六纪"的道德律:"三纲者何谓也?谓君臣、父子、夫妇也。六纪者,谓诸父、兄弟、族人、诸舅、师长、朋友也。故今文嘉曰:'君为臣纲,父为子纲,夫为妻纲。'又曰:'敬诸父兄,六纪道行,诸舅有义,族人有序,昆弟有亲,师长有尊,朋友有旧。'"并认为"三纲法天地人,六纪法六合"。① 这显然是对"三纲"中三大人伦关系的进一步扩展和补充,增强了"三纲五常"的宗法性。(2)进一步神化了君权:"王者父天母地,为天之子也""帝王德合天地";② 强调君主的独尊地位:"君,群也,天下所归心"③;宣扬君与臣的统治与服从关系:"君之威命所加,莫敢不从。"④ (3)用天地自然法则论证纲常伦理:"五行者何谓也?谓金木水火土也。言行者,欲言为天行气之义也。地之承天,犹妻之事夫,臣之事君也。谓其位卑,卑者亲事,故自周于一行,尊于天也。"⑤ (4)对夫权作了更加绝对的规定:"男女谓男者任也,任功业也。女者如也,如人也。在家从父母,既嫁从夫,夫没从子也""夫妇者何谓也?夫者扶也,扶以人道者也。妇者服也,服于家事,事人者也"⑥。可以说,这些观点充分调动了宗教神学、官方经学、庸俗字学、世俗迷信等各种思想工具,从而进一步强化了"三纲五常"的价值准

---

① 《白虎通义·三纲六纪》。
② 《白虎通义·号》。
③ 《白虎通义·三纲六纪》。
④ 《白虎通义·嫁娶》。
⑤ 《白虎通义·天地》。
⑥ 《白虎通义·嫁娶》。

则，成为"钦定"的统治思想。

《白虎通义》借助政治力量，使经学神学化、神学经学化，从而进一步彰显出儒学的宗教特点和功能。白虎观会议数年之后，章帝命曹褒制定《汉礼》，这是贾谊、董仲舒们想做而当时没能做成的"大业"。虽然章帝晏驾后，《汉礼》没能施行，"斯道竟复坠矣"①，但制定《汉礼》的思想趣味及其所倡导的以礼仪化为特征的礼治模式，在后来逐步实现。这主要表现为东汉经学的发展，特别是何休、郑玄注解儒家经典，巩固了礼治的思想文化成果。尤其是郑玄遍著群经，混乱今古文家法，成为汉代经学的集大成者。而各级官吏也多以礼学为行政准则，更是巩固了礼治的成果。东汉名教的出现，与东汉经学特别是作为其核心的礼学的兴盛密切相关。名教一词渊源于孔子的"为政之道在正名"之说，名教者，顾名思义，就是以名为教。教者，申以大义，化民成俗之谓，名者，定名立分，各有所宜之称。名教实际上便是以"三纲五常"为主要内容的礼义教化的总称。因而，"名教"其实就是礼治思想的具体化，只不过礼治偏重于具体实践，而名教偏重于思想观念的引导。

综观汉代礼治的发展历程，从武帝举贤良对策，到宣帝石渠阁会议，再到东汉章帝白虎观会议，横贯两汉时期，历时二百余年。正是由于政治家们和思想家们的合作，最终使得封建社会的礼治模式得到确立。这自然也决定了汉代礼学、礼治的现实性和实践性品格。

---

① 《后汉书·曹褒传》。

第八章　礼治流变

西汉时期的新儒家虽然在深化王权和支持"大一统"的王权事业中，赢得了现实政权的青睐，但是在很大程度上已与原始儒家在精神上相背离，走向了与现实政权的"共谋"。随着儒学的日渐世俗化，东汉时代更是出现了名实相乖、浮华交会甚至党锢之祸，儒学一度走向衰落。此后，儒学或是进行自我修正或是汲取别派思想以自我完善，出现了汉魏之际的"礼法之治"和魏晋以降的"儒道兼综"。

一、浮华交会

汉武帝在采纳董仲舒"罢黜百家、独尊儒术"的建议之后，还打破汉初从功臣后代子孙的列侯里面选任丞相的惯例，把平民出身的儒学之士公孙弘提升为丞相，从此，"天下学士靡然乡风矣"[1]。元朔五年（公元前124年）六月，汉武帝又成立了"博士弟子"（即日后的"太学"）学官制度，为"五经"博士置弟子50名，等等。这些做法不仅大大提高了儒学在社会中的地位，而且为儒生参加官僚集团大开了方便之门，儒士入仕成为一种基本的官场生态，由此，"公卿大夫士吏斌斌多文学之士矣。"[2] 在这种设计与安排中，官吏既实施法制，又行教化之职，从而实现了知识阶层与

---

① 《汉书·儒林传》。
② 《史记·儒林列传》。

官僚系统的"合二为一"。宣帝时期，儒家人士进一步得势，常鼓励儒生上书言事，用吏也多选"贤良"，故而，"汉世良吏，于是为盛，称中兴焉。"① 对此，经学史家皮锡瑞总结道："宰相须用读书人，由汉武开其端，元、成及光武、明、章继其轨。……汉末太学诸生至三万人，为古来未有之盛事。"②

汉代在坚持以"经明行修"作为选拔人才标准的同时，还实施以孝选官。以孝选官始于汉文帝，确立于汉武帝，由此"兴廉举孝，庶几成风"③，终两汉之世从未间断。宋人徐天麟在《东汉会要》中说："汉世诸科虽以贤良方正为至重，而得人之盛，则莫如孝廉，斯为后世所不能及。"为了有效地推行孝治，汉代统治者实施了一系列褒奖孝悌之行的政策，除了以物质赏赐、封官等手段奖励孝行外，还在司法审判中宽宥犯重罪的孝子。故而，在儒家的诸经中，《孝经》的传授最为广泛，"受经与不受经者皆诵习之。"④

而从选官制度来看，两汉时期主要以察举、征辟和任子为主要途径。察举就是由地方把所谓"德行高妙，志节清白"之士推荐给朝廷，然后朝廷再根据策试水平高下，按等授官。征辟（又称辟除）包括征召与辟举两种。征召是对特别有名望的人才，由皇帝派专人去聘任。辟举是按照一定科目征用所需人才，被征辟者经过试用确有能力，则正式授予官职。汉代辟除的范围很广：其一为公府辟除，即丞相、御史大夫、太尉三公府及九卿如光禄勋、太常等，皆可自辟掾属。其二为郡县辟除，郡一级官员除郡守、郡尉、郡承等由朝廷任命外，众多的属吏都由太守自己辟除。县一级官员如县令长、县丞、县尉由朝廷任命，其余县属吏皆由县令自己选用。任子制度则是根据"荫庇"原则，任用二千石以上大官的子弟为郎或与郎官位秩相近的太子冼马、庶子、舍人之类的官职，即"子弟以父

---

① 《汉书·循吏传》。
② 皮锡瑞：《经学历史》，中华书局1959年版，第101页。
③ 《汉书·武帝纪》。
④ 王国维：《汉魏博士考》，载《王国维论学集》，中国社会科学出版社1997年版，第97页。

兄任为郎”①，或"大臣任举其子弟为官"②。这可以视为察举征辟制之外的一项政治特权，以保大官僚家族世代为官。

察举征辟制就其本身的初衷来说是好的，如果在执行时能认真地照章办事，对政府选拔人才并无不利。事实上，这种制度施行之初，倒是为汉代官府选择了一大批德才兼备的人才。然而，随着时间的推移，尤其自东汉中期以来，察举制的弊端日渐显现。由于中央和地方上的各级行政长官大都由望族大姓充任，他们操纵地方选举大权，察举时往往援用"私人"，名额大都为权贵子嗣占去，而真正有才能的普通士人则无由进身。正如扬雄所言："策非甲科，行非孝廉，举非方正，独可抗疏，时道是非，高得待诏，下触闻罢，又安得青紫？"③ 不仅如此，豪族出身的官僚们为了把持政权、扩大本家族的利益，相互勾结，相互推荐亲属、故旧，常常拥有一大批门生故吏，从而形成自己的私人势力。故而，察举制日渐沦为豪门贵族网罗党羽、发展帮派势力的重要途径。就征辟途径而言，由于命于朝廷的官员在郡县两级都很少，郡县辟除制的实行结果，等于承认了地方可以用自己的亲信组成官府体系，而郡守、郡承及县承、县尉反倒受排挤而形同虚设。这种制度完全凭私人关系和长官爱憎，现任官员能够援引亲信、门生及亲友子弟，几乎完全掌握了下级官员的任用权，而造成对其他士人的排斥。征辟制度也逐渐被大官僚集团所操纵，一方面，大官僚为培植私人势力，竞相利用手中掌握的用人之权辟除士人为掾属，然后树为朋党；另一方面，士人为了猎取高官厚禄，也纷纷托身官僚贵族的门下，于是，公府、郡国的幕僚掾属与其长官之间，就形成故吏与府门的关系，结果便是："邪馁未去，权门请托，残吏放手。"④

官僚权贵把持仕途的结果，使得广大寒士上进无望，所谓"宰辅五世，莫非公侯。遂使缙绅道塞，贤能蔽壅，朝有世及之私，下多抱关之

---

① 《汉书·王吉传》："今使俗吏得任子弟，率多骄骜，不通古今……宜明选求贤，除任子之令。"颜师古注引张晏曰："子弟以父兄任为郎。"
② 《汉书·汲黯传》。
③ 扬雄：《解嘲》。
④ 《后汉书·明帝纪》。

怨。其怀道无闻，委身草莽者，亦何可胜言。"① 这些下层士人在到处碰壁之后，有的灰心丧气，"守死善道者，滞涸穷路"②；有的则刻意钻营、送礼行贿、伪饰德操、沽名钓誉，等等。汉代以名教治天下，既造就了一批不惜以牺牲生命坚守其操行气节的士大夫，众多的道德典范所产生的社会效应也的确令人赞叹，但在仕禄刺激下，也出现了一批有名无实的伪名士。由于察举征辟制除学识之外，尤其重视士人的社会声誉，在这样的价值导向之下，势必导致一些人为了博取名声而弄虚作假，以致出现"举秀才，不知书；察孝廉，父别居"的怪事。在孝道风靡的社会风潮之下，有些人往往薄养厚葬，以表现自己的孝，以丰盛的款待收买宾朋来扬名："养生顺志，所以为孝也。今多违志俭养约生以待终，终没之后，乃崇饰丧纪以言孝，盛飨宾旅以求名。"③

名实相乖的弊端，不仅表现在人才选拔的问题上，在汉代司法等领域里也多有体现，所谓"科条无所准，名实不相应"④。面对这种社会乱象，东汉末年以王符等人为主要代表，掀起了一股社会批判思潮。王符自称为"潜夫"，显然是"留在文官体制之外"，以其知识分子特有的社会良心"督责批判现实"："所谓贤人君子者，非必高位、厚禄、富贵、荣华之谓也，此则君子之所宜有，而非其所以为君子者也。所谓小人者，非必贫贱、冻馁、困辱、随穷之谓也，此则小人之所处，而非其所以为小人者也。"⑤ 如上言论，以"名实"问题为由，尖锐批判了名教的虚伪和判别用人的失当，并高呼"有号者必称于典，名理者必效于实"⑥ 的选人标准。王符以后的思想家如仲长统、荀悦、崔寔等人都对汉末社会名教进行了批判，强调正名实、赏罚严明。就此，核审名实开启了汉末辨析名理之滥觞。

察举征辟制产生的一个更为突出的弊端，便是所谓的"浮华交会"。

---

① 《后汉书·二十八将传论》。
② 《后汉书·李固传》。
③ 《潜夫论·务本》。
④ 《后汉书·仲长统传》。
⑤ 《潜夫论·论荣》。
⑥ 《潜夫论·考绩》。

浮者，漂浮也，游动也。中国自古以来以农为本，从事工商业者皆为犹末或浮末。在汉代，这种本末思维有所延伸，也指以礼义为本、法治为末。汉代以儒学为治，士大夫以治经为业，而治经又以章句为高，章句之学遂被视为儒生之本业。然而，东汉以来，学风趋向博学通识或训诂举大义，出语夸张、狂耀，渐渐偏离圣贤经典，这种风气也被称为浮华："夫教训者，所以遂道术而崇德义也。今学问之士，好语虚无之事，争著雕丽之文，以求见异于世。"① 交会即交游、聚会之义，是指士人周游而学，进行集结、聚会的活动。交会源于中国古代学人求师问学的传统。从春秋开始，士人四方游动现象日多，逐渐形成所谓交游聚会的传统。孔子说："士而怀居，不足以为士矣。"② 西汉自武帝置"五经"博士以后，经学与现实政治紧密结合，士大夫非通经不能入仕。而各经学博士又多为经学大师，不仅垄断了太学或郡学的教学内容，且各有师法或家法，没有他们的衣钵或引见，学者无以知名显世，国家取士亦无以为征。于是，我们看到了一幕前所未有的景象：尽管中国的农民安土重迁，而他们的子弟却通常要负笈远行，游走他乡，而那些文化发达、名士多出的地区，特别是太学所在的天子脚下，更是士人们的向往之处。

从《汉书》《后汉书》的相关记载来看，"宦学而远游"已成为两汉士人一种常见的学习方式与生活方式，并受到社会的普遍认可。两汉学子负笈远行游学，一开始也仅限于求学，但后来日益演绎成为一种结党权门、交援求名的勾当。由于长期的政治紊乱使大批的文人难以通过正途仕进，于是通过交会而依附于贵戚、权门、阉竖，成为求名之捷径，游学与游宦由此日渐合而为一："传业者浸盛，支叶藩滋，一经说至百余万言，大师众至千余人，盖禄利之路然也。"③ 在不断游学的过程中，或因师生关系、同窗之谊而形成一个个社交圈子。尤其是那些才能富赡而品格高华的有名之士，更是成为广大士人争与结交的中心人物。随着游学生涯中彼此随伴、

① 《潜夫论·务本》。
② 《论语·宪问》。
③ 《汉书·儒林传》。

相互投契而产生的友谊或感情，士大夫阶层逐渐形成了一种与"大一统"君臣伦理关系相抵触的新的社会关系形态。这自然为"大一统"王朝所痛恶，故自汉章帝始，朝廷一再抑制这种浮华。

自东汉中后期以来，外戚、宦官交替专权，贪污腐化之风盛行。桓帝延熹二年（公元159年），因宦官帮助汉桓帝铲除了外戚梁冀家族的势力，五个出力最多的宦官同时被封侯，从此权归宦官，朝廷日乱："宦官皆竞起第宅，楼观壮丽，穷极伎巧。金银罽毦，施于犬马。多取良人美女以为姬妾，接珍宝饰毕奢，拟则宫人。其仆徒皆乘牛车而从列骑，又养其疏属，或乞嗣异姓，或买仓头为子，并以传国袭封。兄弟姻戚皆宰州临郡，辜较百姓，与盗贼无异。"① 更为荒唐的是，灵帝时期还公开标价卖官，一切官爵都唯钱是授，察举征辟被抛弃，士人报效国家之路被彻底堵死。由此，上流社会的奢侈和官场上的腐败愈演愈烈："当今之世，有三空之厄哉！田野空，朝廷空，仓库空，是谓三空。"② 与此同时，土地兼并也日趋严重，地主豪强"连栋数百，膏田满野，奴婢千群……三牲之肉，臭而不可食；清醇之酎，败而不可饮"③，而底层劳动者却"生有终身之勤，死有暴骨之忧，岁小不登，流离沟壑，嫁妻卖子，其所伤心腐藏，失生人之乐者，盖不可胜陈"④。加之东汉自然灾害频繁，农民起义此起彼伏，社会极度动乱。这种状况激起了以天下为己任、忧国忧民的正直士大夫的强烈不满，从而形成社会上抨击朝政的"清议"之风（这在统治当局看来，也属"浮华"）。

清议原本指东汉以来乡里形成的关于人物的评论，以作为察举征辟的基本依据，评价的标准主要是儒家宣扬的伦理道德规范。这也算是一种具有一定民主精神的人才选拔方式。然而，这种清议在东汉后期渐渐发展成为一股非议朝政、评议大臣的清谈之风。清议的营垒主要以官僚集团中的

---

① 《后汉书·宦者列传》。
② 《后汉书·陈蕃传》。
③ 《后汉书·仲长统传》。
④ 严可均：《全后汉文》。

士大夫、太学生和郡国生为主体。他们不满宦官专权，以太学为讲坛，抨击宦官掌权的腐朽政治，形成一股颇强的在野政治势力。范晔谓："逮桓灵之间，主荒政缪，国命委于阉寺，士子羞与为伍，故匹夫抗愤，处士横议，遂乃激扬名声，相互题拂，品核公卿，裁量执政。"①

这样，由"章句渐疏、经学废绝"之浮华，到虚张高誉、互相标榜以立声名或者四处奔走以邀誉于世，再到士大夫清议言事、批评朝政，最终引发东汉末年的"党锢之祸"。第一次"党锢之祸"发生在桓帝延熹九年（公元166年），其前奏是河南尹李膺的属官成瑨、陈蜜逮捕了与宦官关系密切的张汎及其宗族、宾客两百余人，并不顾朝廷大赦之令而将他们全部诛杀。宦官遂大举报复，授意有关衙门逮捕了成瑨、陈蜜，并上奏请将二人弃市。太尉陈蕃、司徒刘矩和司空刘茂联名上书请求宽宥，但桓帝怀疑清流派官僚的忠诚，依然下令将二人处死。②接下来宦官党羽张成"推占当赦，遂教子杀人"，河南尹李膺将其逮捕后，虽遇赦却将其处死，遂授宦官以口实，于是李膺等两百余人被捕下狱。③第二次"党锢之祸"发生在灵帝建宁二年（公元169年），朝廷对两百余名清流派人士捕而复赦，鼓舞了"党人"的斗志。朝廷对赦免的"党人"实行禁锢、终身不准为官，但许多清流名士尚未到家，就有不少公府、州郡争先恐后地与他们结交并任用他们为官。这无疑更煽起了士大夫集团的斗争激情，使得反对宦官的声势更加高涨。于是，宦官又一次对"党人"举起了屠刀。此次党祸的起因是延熹八年（公元165年）东部督邮张俭数次上书劾奏宦官侯览及其母罪恶，奏书均被侯览扣留而未能达于桓帝，他一怒之下便派人毁了侯家的坟茔，并没收了侯家的财产。侯览伺机报复，最后杜密、李膺、范滂、张俭等百余人被杀，且"诸附从者，锢及五属"④。此次对党人镇压之酷烈、镇压面之广，大大超过前次。

① 《后汉书·党锢列传》。
② 《后汉书·陈蕃传》。
③ 《后汉书·党锢传序》。
④ 《后汉书·灵帝纪》。

汉末"党锢之祸"之所以发生，从某种意义上讲，与汉代经学教育有着密切关联。有汉一代，经学曾是时代精神的精华，经学之士或多或少的、自觉不自觉的总有那么一种"为王者师"的崇高感、神圣感、使命感和焦虑感。他们继承孔子"存亡继绝""拨乱反正"的传统，注重"行事之深切著明"①，具有强烈的现实性和时代性。正如陈寅恪指出的："所谓修身齐家治国平天下一贯之学说，实东汉中晚世士大夫自命为其生活实际之表现。"②《后汉书》中所载"党人"大都有经学背景，他们的行为体现了经学密切联系政治、王道主义、民本意识、救世意识等优秀传统。史载，陈蕃死后，其友人朱震弃官收尸，藏匿其子，事发入狱，合门桎梏。为了保全陈蕃之子的性命，朱震虽被严拷而誓死不言。范滂被捕，当他与母亲告别，为自己不能尽孝而愧疚时，范母勉励说："汝今得与李（膺）、杜（密）齐名，死亦何恨！"③范滂被捕下狱后，为减轻同伴的痛苦，抢先接受"掠考"，在酷刑之下仍不屈不挠，谓人曰："古之循善，自求多福；今之循善，身陷大戮。身死之日，愿埋滂于首阳山侧，上不负皇天，下不愧夷齐。"④杜密、魏朗、尹勋、刘儒等党人被收捕时，不愿受阉宦凌辱，为保名节而自杀。在他们心中，名节比生命更可贵。可见，两汉儒家思想，通过三百余年的积累和沉淀，对士人的影响是潜移默化的，东汉政权长期"倾而未颠，决而未溃"⑤，很大程度上正是这些仁人君子所支撑。

当然，官僚士大夫及其士人反对阉宦的活动，既出于一种惩治腐败、维护正义的心理，也与自身利益密切相连。自西汉以来，崇儒导致士族这一新的社会阶层形成。到了东汉时期，士族力量更加发展壮大，出现了所谓"四世五公""四世太尉"的强宗大族。东汉后期的经学世族，世代相继，广收门徒，弟子往往多至数百上千。而随着名士的士大夫化，士大夫集团势力膨胀，成为有相当数量和很大影响的社会政治势力，形成了与专

① 《史记·太史公自序》。
② 陈寅恪：《金明馆丛稿初编》，上海古籍出版社1980年版，第42页。
③ 《后汉书·党锢列传》。
④ 《后汉书·党锢列传》。
⑤ 《后汉书·黄琬传》。

制皇权相颉颃的局面，致使“党成于下，君孤于上”[①]。再加上儒学阶层“重道轻帝”，失去君主的信赖。由此，在利益斗争中，士大夫成为宦官、外戚共同的对手。可以说，“党锢之祸”实是士大夫同外戚、宦官集团斗争的必然结果。

从深层文化心理来看，士人在宦官面前有着一种与生俱来的优越感，两者总是处于敌对和仇恨的状态：“国命委于阉寺，士子羞与为伍。”[②] 史载，樊陵求李膺收为门徒遭到拒绝，后因其阿附宦官，虽官至太尉，但“为节者所羞”[③]；中常侍张让权倾天下，“父死，归葬颍川，虽一郡毕至，而名士无往者，让甚耻之”[④]。士大夫眼里的宦官既无德又无才，只不过是一些地位卑贱的刑余之人，常常被蔑视地称为“阉竖”。宦官在帮助皇帝铲除外戚的过程中逐渐获得爵位、握有实权，走的是一条由内宠而获得升官的捷径，从而越发反衬出寒窗苦读的儒生的局促和失势。由此，宦官与士大夫官僚的矛盾和冲突自然无法避免。正如黄仁宇所言：“很多自负清高，在读圣贤书之余，养成一种仗义轻生的风气，不仅自己被狭窄的伦理观念所支配，还要强迫他人一体以个人道德代替社会秩序，这许多条件都构成党祸的根源。”[⑤]

“党锢之祸”后，宦官集团更加有恃无恐。而受到镇压的士大夫与太学生先前那种评议执政的婞直之风被扫荡一空，其中的幸存者大多转图保家全身，兴趣由政治转向学术。正如梁启超在分析魏晋时期儒教衰落、老学兴盛的原因时指出的：“一由杀戮过甚人心皇惑也。汉世外戚、宦官之祸连踵继轨。宦官弄权，杀人如草，一朝为董、袁所袭，亦无孑遗，人人渐觉骨肉之间，皆有刀俎。若乃党锢之祸，俊、顾、厨、及，一网以尽；其学节冠一世，位望至三公者，亦皆骈首阙下，若屠猪羊。天下之人，见权势之不可恃也如彼，道德学问之更不可恃也如此，人心旁皇，罔知所适。

① 严可均：《全后汉文》。
② 《后汉书·党锢传序》。
③ 《后汉书·羊陟传》。
④ 《后汉书·陈寔传》。
⑤ 黄仁宇：《赫逊河畔谈中国历史》，三联书店1992年版，第51页。

故一遁而入于虚无荒诞之域，刍狗万物，良非偶然。"①

二、礼法之治

相对于秦朝的暴虐政治，在礼治包裹下的汉朝政治，应该说是一个历史的进步，也符合宗法社会的社会心理和民间情怀。但是，"任德教而不任刑"②的理论被意识形态化以后，在现实政治生活层面又不可避免地出现了法治松弛的现象："凡民之所以轻为盗贼，吏之所以易作奸匿者，以赦赎数而有侥望也……由是观之，擒灭盗贼，在于明法，不在数赦，今不显行赏罚以明善恶，严督牧守以擒奸滑，而反数赦以劝之。"③ 东汉末年，报私仇之风兴盛，官吏因恩主故去而弃官奔丧也是普遍现象。在当时，这种行为因为符合儒家孝义观而受到普遍称扬。然而，个人复私仇，必定会扰乱国家法律的正常执行；官吏擅离职守，必然会影响行政管理的正常运行。因此，三国时期，法术之受重视，乃是纠汉末法治松弛之弊的时势使然。

曹操重法，史籍多有所载："魏武好法术，天下贵刑名。"④ 不过，由于两汉三百余年经学思潮的熏染，使士人对儒经中圣贤以德治达到大化的历史深信不疑。譬如，杜恕认为，重法的弊端在于：重法之人不平衡公私利益，只关注用法的轻重；不以民心为出发点，只关注法律文书的规定："今之为法者，不平公私之分，而辨轻重之文；不本百姓之心，而谨奏当之书。"⑤ 当然，对于曹魏纠汉末法制松弛之弊而收统一北方之效这一点，倾向于儒家思想的士人也不会视而不见，因而，合理的选择只能是放弃走极端的做法，吸收秦朝败亡和汉朝衰敝的双重经验教训，将德化与法治相结合，"问德刑并用，常典也，或先或后时宜。"⑥ 其实，早在建安八年

---

① 梁启超：《饮冰室合集》（七），中华书局 1989 年版，第 1 页。
② 《汉书·董仲舒传》。
③ 《潜夫论·述赦》。
④ 《晋书·傅玄传》。
⑤ 《全三国文·体论》。
⑥ 《申鉴·时事》。

（公元203年），曹操就提出"治平尚德行，有事赏功能"①，即在尚德与重才不能兼得的情况下，主张区分不同情况予以取舍，而非一味尚德。曹操在其执政末期，则又提出尚儒与重法应因时而定的思想："夫治定之化，以礼为首。拨乱之政，以刑为先。"② 相比于汉代的阳儒阴法，这种儒法并举的礼法之治，在中国政治思想上是一个重要的转折，即将"法"从"阴"的位置提到了"阳"的位置，虽然仍处于"礼（儒）"之后，但不再是躲藏在暗面的角色，而是光明正大、堂堂正正地来到了前台。魏晋以降，法家遂明确成为儒家的一个重要补充。

与此同时，随着察举选官制的没落，以德取人的选材标准越来越不能适应现实需要，而人的才情却受到了前所未有的推崇。这种人才选拔标准的转换与当时社会、政治形势密切关联。在东汉末年的三国角逐中，诸侯割据和相互混战的动荡局面，使各国都把争取和延纳人才作为自身发展的最重要手段之一，从而在三国时代一度形成了人才鼎沸的兴盛局面。正如清代史学家赵翼所描述的："人才莫盛于三国，亦惟三国之主各能用人，故得众力相扶，以成鼎足之势。"③ 史载，曹操曾下了四道"求贤令"，其主旨均在于打破"唯德是举"的旧例，以适应新形势的需要：先是说"治平尚德行，有事赏功能"；接着两道是"唯才是举、勿废偏短，盗嫂受金之徒皆可"；最后一道干脆提出只要有"治国用兵之术，不仁不孝者可皆入吾彀中"④。四道求贤令将德、才之间的比值逼仄到了极限：只要有用，是人都行。由于求贤令是以官方正式文告的形式颁布的，因而其影响力是不言而喻的。

正是求贤令的推行，使衡量人的标准逐渐从看重道德伦理转为关注人的才能、性情，从而强有力地冲击了当时的门阀政治。于是，如何识准人、用好人成了这个时代各个政治集团和志士仁人关注和研究的重要话题。基于东

---

① 《三国志·武帝纪》。
② 《三国志·高柔传》。
③ 赵翼：《廿二史札记·三国志晋书》。
④ 刘勰：《文心雕龙》。

汉末年所出现的名实不符的弊端，魏文帝曹丕为了使任事有其才，即名与实相对应，进一步制定和推行任用官员的"九品中正制"①，由此导致了当时名理学的兴盛。名理学以"综核名实"为精神主旨，打破了传统人伦品鉴以门第、资历等外在因素和以乡党舆论来评价人物的粗略方式，深入到人物（人才）品鉴的事理中去，尤其是深入到才能、品德、性情、体格、气力、胆略等人才构成要素，然后，在此基础上对人才作出分析、察辨。

正是在这种思想背景下，魏国刘劭的《人物志》一书应运而生。它一改识鉴人物只注重事实的旧法，转而深入探寻其中的原理，即由名实向名理深入，试图通过人物的言语、体貌、行为等方面的特征来考察人物的才能与性情，主张品鉴人物，论其所宜，求名责实，量材授官。这种"检形定名"的做法实际上正是名家（也称为刑名学）精神的体现。首先，《人物志》利用古代的阴阳五行说对人的"情性"进行诠释："若量其材质，稽诸五物，五物之征，亦各著于厥体矣。其在体也，木骨、金筋、火气、土肌、水血，五物之象也。"② 就是说，五行各有一定的特征，与人的身体五个组成部分（"五物"）相对应，并各自形成了人的五种生理资质，即"五质"（刚、柔、明、畅、贞固）。具体而言，骨是木的体现，具有"柔"的特性；筋是金的体现，具有"刚"的特性；气是火的体现，具有"畅"的特性；肌是土的体现，具有"贞固"的特性；血是水的体现，具有"明"的特性。其次，刘劭进一步指出，人所具有的"五质"不仅表现在其道德品质和性格、才能上，而且不管其形体状态如何复杂多变，总会通过各自的"容止"（包括容貌、神情、仪态和言谈）体现出来："虽体变无穷，犹依乎五质。故其刚柔、明畅、贞固之征，著乎形容，见乎声色，发

---

① 九品中正制又名九品官人法。制定于魏文帝曹丕时期，流行于魏晋南北朝时期。其主要内容为：先在各郡设置中正，稍后又在各州设置大中正；中正的职权主要是评议人物，其根据家世、道德、才能这三个标准，对人物作出高下评定，称为"品"，品共分为九等，即上上、上中、上下、中上、中中、中下、下上、下中、下下；中正评议结果上交司徒府复核批准，然后送吏部作为选官的根据；中正评议人物照例三年调整一次，但中正对所评议人物也可随时予以升品或降品。

② 《人物志·九征》。

乎情味，各如其象。"① 比如说，如果一个人内心忠诚耿直，其容貌就显得坚强而稳健；内心美善而果断，其容貌就显得进取而勇猛；内心平和而理智，其容貌就显得安详而闲逸。这种容貌在实际行动中便会形成各种不同的仪态、气度。比如，忠诚耿直的人，容色勇武出众而健步刚强；潇洒果断的人，容色强健可畏而步若飞扬；庄重理智的人，容色庄严肃穆而令人敬仰。这种仪容的变动，是由心田之气息引发的，先是人的声音变化及其节奏，或和谐平淡，或清新流畅，或迂徐悠长。并表现出不同的神情，比如，真正仁爱的人，定然有温和宽容的神情；真正勇敢的人，定然有慎重奋发的神情；真正智慧的人，定然有开明通达之神情。这些神情的变化，最后通过人的目光表露出来，比如说，仁爱之人的目光，诚实而端正；勇者之人的目光，明朗而坚强，等等。再次，刘劭将"五物"（骨、筋、气、肌、血）与"神、仪、容、言"相结合，全面提出"九征"说，以衡量一个人的资质与品性，广泛涉及一个人的内心欲望、智力水平、意志品格、性情特征、道德品格、仪表举止、生活态度等。

正是以"九征"说为基础，刘劭提出了一个极其系统的人才考量方法——"八观"②，具体而言：

（1）"观其夺救，以明间杂"。刘劭认为，人的情性中所具有的善、恶因素如果配合不当，就会出现"恶情夺正"和"善情救恶"两种情况。所谓"恶情夺正"，是指性情恶的一面战胜了善的一面，从而使好的品德和行为无法表现出来。比如，"慈而不仁者"，见到可怜者便流泪，而每当要把自己的东西给予时却又舍不得，这是人的吝啬之心胜过慈悲之心的缘故；"仁而不恤者"，看到危险与急迫情况便有恻隐之心，而要投身去救助时却畏惧起来，这是由于其恐惧之情使之失去了体恤之心；"厉而不刚者"，遇到空谈大义时便表现出严厉之情，而涉及私利时则又顾忌了起来，这是私人之欲使之失去刚健之性的缘故。所谓"善情救恶"，是指"好心做坏

---

① 《人物志·九征》。
② 《人物志·八观》。

事"。刘劭认为，这种情况虽然可能产生不良行为，但不至于危害他人。总之，通过观察"恶情夺正"和"善情救恶"这两种情况，就可以察明一个人是否有疏漏与杂乱之性情。

（2）"观其感变，以审常度"。刘劭认为，人的性情深藏于复杂外表之中，不易识别，但通过观察一个人遇到各种突发事件后的谈吐、神色变化，就能知晓其性情特征。就一个人的谈吐与其性情的关系而言，刘劭是从"观其辞旨"和"察其应赞"两个方面来进行说明的。"观其辞旨"是指通过观察一个人的言辞意旨，把握其性情和能力，辨析善恶；"察其应赞"是指通过观察一个人的应答与评判，考究其智慧能否与其所言相称。此外，刘劭还论述了人的神色与内心的关系。比如说，一个人如果心有忧患而现于言表，说明其修养不足而胸无主见；暴烈急躁之情现于言表，说明其内心混乱而驳杂不纯；喜悦表情，说明其内心愉快；严厉表情，说明其充满愠怒等。他还特别强调，要从语言和神色的矛盾关系中，探知其真实心理。比如说，如果一个人言辞和悦而神色不悦，说明其心中充满矛盾；如果一个人虽言辞乖张，然而表情诚实可信，说明其辞不达意；如果一个人言未发而已显怒色，那是愤怒填胸的缘故；如果一个人言已发而愤怒也随之而来，说明其强烈反对所论之事，等等。

（3）"观其至质，以知其名"。刘劭认为，观察一个人所具有的各种品性，便可知其名声产生的原因以及名实是否得当。例如，如果一个人的骨骼直正、气色清朗，就具有仁和礼的品性，从而仁爱之名远扬；气质清醇、筋力强劲，就具有义和礼的品性，从而刚烈之名远扬；智力相兼而精于道理，就具有义和智的品性，从而才能之名远扬；智慧正直而强毅诚恳，就具有智、仁、勇、信的品性，从而就有了能担当重任的美名。仁、义、礼、智、信集于一身，就会成就美好的品德。

（4）"观其所由，以辨依似"。刘劭认为，通过观察一个人的言行举止，就可以判断其是否为似是而非之人。比如说，轻易承诺看似刚烈，实则缺少诚信；表面上举重若轻，看似能力强，实则难有效用；锐意进取，看似精干，实则很快会退缩；常常呵责他人，看似能够明察，实则心烦意乱；斥责他人又施以恩惠，看似能施惠于人，而实则难有成就；表面顺从，看似忠诚，实则阳奉阴违，这些都是似是而非的情况。此外，还有许多"似非而是"的情况，如"大权似奸而有功，大智似愚而内明，博爱似虚而实厚，正言似讦而情忠"①。当然，以奇诡之心反复揣测，或许会失去贤德之人。但无论如何，辨明了性情所依附的假象，那么这些似是而非或似非而是的情况就可以知晓了。

（5）"观其爱敬，以知通塞"。刘劭认为，人的性情在"爱"和"敬"两方面表现得最为显著。大凡人伦之道，爱和敬是最高准则。就爱和敬的分量而言，如果爱少于敬，那么只有清廉有节操的人归附，而大多数人不愿意追随。如果爱多于敬，那么虽然清廉有节操的人心里不高兴，但可得到众人的真心拥戴。为什么会这样？原因是人与人相敬，过于严肃造成彼此有较大的距离，这种关系难以持久；而人与人相爱，情深意浓，是发自内心的感动。因此，观察一个人的爱、敬，就可以知道其日后是否通达。

（6）"观其情机，以辨恕惑"。刘劭认为，人之常情通常有六个方面的表现（即"六机"）："杼其所欲则喜"，即投其所好则满意；"不杼其所欲则怨"，即不投其所好则愤怒；"以自伐历之则恶"，即自我矜夸会遭人厌恶；"以谦损下之则悦"，即谦逊礼让会使人高兴；"犯其所乏则婟"，即把别人对自己短处的批驳当成鄙视自己；"以恶犯婟则妒"，即凭借己之所长而驳斥他人之短，会导致嫉妒和仇恨。以上六个方面，归根结底，都说明人之常情是欲使自己处于上位。因此，君子待人接物，应当使自己受到冒犯也不计较。不计较，就会使人因表现得谦卑而逃避灾害。而小人则不然，既不能知机微先兆，却又欲使他人顺从自己。别人虚情假意吹捧一下，就信以为真；别人以同辈的身份邀请会面，则以为是轻视自己。总之，洞悉人之常情，就可以判明一个人情感发生变化的真实情况和原因。

（7）"观其所短，以知所长"。刘劭认为，偏材之人虽然都有其短处，但正是这些缺点，才使其保持了自己的特色。比如说，耿直之人如果不斥

---

① 《人物志·八观》。

责邪恶，就无法显示其耿直；既然喜欢其耿直，就不要责备其直言不讳。刚正之人如果态度不严厉，就不能成就其刚正之名；既然喜欢其刚正，就不要非议其严厉。和蔼之人如果不有所畏惧，就无法保持其和蔼；既然喜欢其和蔼，就不要非议其畏惧之心。有节操的人如果不有所拘泥，就无法坚守其节操；既然喜欢其节操，就不要非议其拘泥，等等。因此，通过观察一个人所表现出来的短处，有时可以推知其长处。

（8）"观其聪明，以知所达"。刘劭认为，智慧产生于明达事理。事理越明达，则见识越长远。如果不聪明智慧，则无事能成就。比如说，喜爱声名而无其实，则显得空疏；喜爱论辩而不达礼，则显得烦琐；喜爱法令而无远虑，则显得苛刻；喜爱法术而无充实的计谋，则显得造作："故好声而实不克则恢，好辩而礼不至则烦，好法而思不深则刻，好术而计不足则伪。"① 总之，通过观察一个人的聪明程度，就可以明了其日后所能成就事业的情况。

纵而观之，《人物志》立足于社会和现实，努力把主观因素和客观条件、社会发展与人才成长的规律统一起来，满足对人才测评全面考察的要求，因而具有较高的科学性和实践价值。相传，曾国藩曾置《人物志》于案头，朝夕研磨，参较时事，其心得融入《冰鉴》一书，而成清末柱石；"红顶商人"胡雪岩周旋于官府、商界和洋人之间，纵横驰骋，游刃有余，也得益于《人物志》。

当然，"人未易知""知人未易"。《庄子·列御寇》中引述孔子的话说："凡人心险于山川，难于知天。天犹有春秋冬夏旦暮之期，人者厚貌深情。"孔子曾因为自己识人不当的亲身经历而感叹道："吾以言取人，失之宰予；以貌取人，失之子羽。"② 《吕氏春秋》指出，识人之难，不仅在于

---

① 《人物志·八观》。

② 《史记·仲尼弟子列传》中记载：宰予，字子我，孔子的学生，因其口才出众，孔子把他和子贡列为言语科的代表，但他由于非议为父母居丧三年之礼，又在白天睡大觉，被孔子称为"不仁"之人，又说他"朽木不可雕也，粪土之墙不可污也"。宰予后来当齐国临淄大夫，与齐国权臣田常作乱犯上，结果整个家族被灭掉。澹台灭明，字子羽，孔子的学生，因相貌丑陋，孔子认为他并非可造之材，当初并不想收他做学生。没想到自从跟随孔子学习后，勤力修行，受到人们的称赞。

被考察者往往掩饰自己内心的真实感受，不轻易让人知道，即"人之心隐匿难见，渊深难测"①，而且在于领导自身在识人过程中，往往由于私心杂念所形成的偏见："私视使目盲，私听使耳聋，私虑使心狂。"② 而《人物志》一书通过对前人经验的总结，对"识人之难"的具体表现、成因及常见偏颇与谬误等问题，有着更为详尽、深刻的论述。

第一，识人之难的基本表现（"二难"）：一是"难知之难"，二是"无由居间之难"③。"难知之难"是指难以了解的困难，这是由于一般人在察识人物时，往往不能全面把握而各自设立标准和尺度所导致的，所谓"各自立度，以相观采"④。这具体表现为八个方面：或仅观察其形容，或仅观察其举止，或仅观察其办事过程，或仅观察其做事动机，或仅抓住细节进行推论，或对其过错疏忽计较，或仅考察其言论，或仅考察其办事效果。这八种情况相互混杂，就必然产生一经接触就被其谈吐、外表所迷惑的失误，因对方变化无常而引起谬误。针对这些情况，刘劭指出，一定要通过观察一个人的为人处事来对其进行识别，做到"五视"："居，视其所安；达，视其所举；富，视其所与；穷，视其所为；贫，视其所取。"⑤ 这一方法是通过观察一个人所处的不同环境下的行为表现来全面考察其品行，因而其效果具有较强的真实性。但是，刘劭也认识到，"五视"之法只能了解一个人在常态下的基本性情而难以掌握其变化状态，况且天下之人不可得都能接触。因此，需要特别注意人的志趣随着环境而会发生变化的情况。比如，一个人对未曾谋面的人心生向往，可一经接触则会很快改变初衷；有的人仕途困顿时努力不懈，而一旦志得意满则会放纵任性，等等。"无由居间之难"则是指虽了解人才却无法对其进行举荐的困难。比如，有些人在年幼贫贱之中，才能未及显露，或已经显露而未提拔，却已丧命；有的人曲高和寡，虽经推荐却得不到赞美和重用；举荐者地位卑

① 《吕氏春秋·观表》。
② 《吕氏春秋·序意》。
③ 《人物志·效难》。
④ 《人物志·效难》。
⑤ 《人物志·效难》。

下，人轻言微，其言论不被世人重视，或不能容于时代潮流而不能得到信任；举荐人本身没有处在举荐人的位置上没有办法提拔，或即使在那个位置上却受到别人的压制而无法举荐，等等。可以说，真正识别一个良才，是一件万不遇一的事。同时，既能识别而又身处其位的伯乐，也是百无一有。此外，有的人能够识别人才，但却不欲举荐；有的好举荐，却不能识真。最终的结果往往是，真正识别人才的人，担心不能达到举荐的目的；而不能识别人才者，却以为没有遇到真正的人才。

第二，识人之难的基本原因：其一，是人在主观上难以克服的"自以为是"，即人们都自以为可以了解他人。造成这种主观片面性的一个根本的心理症结，就是所谓"能识同体之善，而或失异量之美"①，就是说，一般人虽能够识别与自己性情相同的人的优点，但对于与自己不同之人的长处却往往失察。比如：(1) 清节之人，以正直为准则，能识别品行有恒之人，却疑法术之欺诈。(2) 法制之人，以法律为准则，能识别正直守法之人，却轻视变化之术。(3) 术谋之人，以谋略为准则，能够识别奇思巧谋，却不能明了制度的根本。(4) 器能之人，以辨别为准则，能够识别善于谋划之人，却不能识别法制之人。(5) 智意之人，以揣情为准则，能够识别有韬略的人，却轻视法制、教化。(6) 伎俩之人，以功效为准则，能够识别功利之人，却不能明了道德教化。(7) 臧否之人，以监察为准则，能够识别针砭时弊之人，却不能知晓杰出奇异之士。(8) 言语之人，以析理为准则，能够识别言辞敏捷之人，却不能识别含而不露之人。总之，各种人之间互相非难、攻驳，无人肯相互肯定。只有打破这种单一视角和狭隘立场，才能够真正全面地认识到各种人才的优劣，所谓："一流之人，能识一流之善。二流之人，能识二流之美。尽有诸流，则亦能兼达众材。"② 其二是"不欲知人"。刘劭认为，兼材既能够致力于自身之长，又能够"尽有诸流"，采纳他人之长；而偏材则不然，他们往往喜欢扬己之长，却不欲了解他人所长。偏材常犯的错误是：以深奥之言来说浅显道理，图谋使人

---

① 《人物志·接识》。
② 《人物志·接识》。

惊异；不能听取别人的相反意见，却进行非难。具体表现为：把别人所陈述的真知灼见当作是在炫耀；将对方不表明意见当作思虑空乏；对方一旦强烈坚持自己的意见，则认为其不知谦让；对方一旦不断谦让，又会认为其浅陋；对方若说自己只有一方面的长处，则以为不够渊博；对方若逐条阐发众多新奇之论，则又认为其头绪混乱；对方若只顾自己表达意见，则以为是在抢自己的风头；对于对方的失误进行非难，以为其不可理喻；对方若陈述不同意见，以为是在跟自己较劲；对方对异杂之事进行广泛阐释，又以为其不知要点；而只要对方认同自己的意见，便立刻喜形于色，呈现亲昵之状，并极力表达赞誉之情，等等。

刘劭在《人物志·七缪》中进一步阐述了识人过程中人们常犯的七种谬误或偏颇：

（1）"察誉，有偏颇之缪"。这是指在察访士人时，往往会犯偏听偏信的错误，即只是道听途说，而不亲自查验。以至于人以为是，就符合其说；人以为非，则改变初衷。不仅如此，在察访士人之时，往往会由于爱憎之情掺杂其间，而发生失误判断。既如此，若没有全面地对与之相互结交的各色人等进行察访，就不必将那些片面言论信以为真。比如，忠厚之士，其所结交者往往会对其处处称赞，会受到上上下下的提拔和推举；倘若稍不周全，就会受到诋毁。因此，大家都说好的，就未必真正如此；相反，大家都诋毁的，就未必不是好人。对奇异之才的发现，不能仅凭众人舆论的偏见而定夺。总之，那种因为为某人说好话的人较多，就信以为真，是寻访人才中所常见的谬误。

（2）"接物，有爱恶之惑"。这是指由于爱憎情感的影响而导致的鉴识人才错误。爱善疾恶，是人之常情。没有绝对的好人，也没有绝对的坏人。把坏人当作好人，虽然错了，但坏人身上仍然有其优点。如果这种优点正好顺应了自己的长处，则会不自觉地增进情感、拉近距离。而好人肯定也有其不足之处。如果用对方的缺点对照自己的优点，或者用对方的优点对照自己的缺点，则会不自觉地意气相违，忽略对方的优点，进而从整体上否定其人。

（3）"度心，有小大之误"。这是指揣度士人心志时，有对其心志大小认识不足的错误。刘劭从"心"与"志"的角度把人分为四类：心地谦和而志向远大的人，属于圣贤；心地高傲而志向远大的人，属于豪杰；心地高傲而胸无大志的人，属于傲慢放荡之流；心地谦虚而胸无大志的人，属于拘谨软弱的一类。一般人观察人，仅因为其心地谦和而认为鄙陋无成，或仅因为其雄心勃勃而认为大有可为。这都是不明了心地和志向大小的关系而造成的误解。

（4）"品质，有早晚之疑"。这是指品评士人的材质时，有难以分辨早慧与晚成的错误。早智的人往往反应敏捷但见解肤浅；大器晚成的人虽反应迟缓，但见识奇特；终生愚昧的人各方面都表现出才智不足；而最终成就事业的人则思虑周密，游刃有余。总之，只有善于认识这些不同类别的人及其特点，才能正确认识人。

（5）"变类，有同体之嫌"。这是指辨别人才时，对与自己同类型的人的复杂关系往往认识不清。刘劭发现，性情相同而才能有大小差异的人，往往会相互提携、举荐；性情相同而势均力敌的人，则会相互竞争、陷害，所谓"性同而材倾，则相援而相赖也；性同而势均，则相竞而相害也"①。还有，耿直之人慷慨激昂，喜欢别人为人耿直，却不能接受他人对自己的揭露；性格外向的人，喜欢别人直率真诚，却不能接受对自己直言不讳；热衷功名的人，喜欢别人积极进取，却不甘心让别人超越自己，等等。总之，同一类型的人之间其关系错综复杂，若搞不清楚，便容易陷入误区。

（6）"论材，有申压之诡"。这是指忽略士人所处环境而导致的失误。刘劭指出，上等之才，能行人所不能行，通达时能获得劳苦功高而谦虚谨慎的美称；失意之际则有穷且益坚光明磊落的气节，不会受到提拔和打压的影响。而中等之才则随时浮沉，与世荣辱，如果富贵得势而又能布施恩惠，受惠者会极力颂扬他，虽然没有特殊的才能，但也能成功、立名；而

---

① 《人物志·七缪》。

如果身处贫贱，欲施而无财，欲援而无势，亲戚不能恤，朋友不见济，这样恩爱也渐渐疏远，怨恨言论便纷至沓来，无缘无故遭到废弃。总之，同样才能的人，在仕途中有人提拔，就会高官显名；而如果受到压制、拖累，官位声名就会稍显逊色。然而，一般人的观察，只抓住各人现在的情况，而不考虑整个社会关系状况，因而难免发生失误。

（7）"观奇，有二尤之失"。这是指观察奇才时往往会被两种特别的情况所误导。一般而言，对相貌气质清雅者的观察很少发生失误。最常见的失误发生在两种特殊之人身上（"二尤"）：一为"含精于内，外无饰姿"，即微妙难测的人，含蓄深沉，外表没有矫饰；二为"硕言瑰姿，内实乖反"，即夸夸其谈、外表华丽者，往往败絮其中。人们寻求人才，往往以貌取人，或以直率袒露为华而不实，或将诈伪粉饰信以为真，等等。

在如上论述中，刘劭既分析了鉴赏者的主观片面性，也分析了被鉴赏者方面的原因；既看到了个人的自身状况对选拔人才的影响，也看到了整个社会关系的影响，等等。而这些认识，大都与现代心理学中的一些理论相契合，比如说"接物，有爱恶之惑"包含着"投射效应"（指人们在日常生活中常常不自觉地把自己的心理特征归属到别人身上，认为别人也具有同样的特征）；"变类，有同体之嫌"包含了"类我效应"（指人们在面试选人时，易于将与自己性格、爱好等相似的被试者的优点放大，产生偏颇判断），等等。

《人物志》的出现，大大促进了名家、法家、儒家以及道家的相互融合。综核名实由此也从最初只是作为一种选拔人才和实施法治的方法推广为一种务实的政治原则。但在正统儒家认识看来，对国家的统治而言，移风易俗才是更为根本的、对官员进行管理和监督的考课之法，无益于"崇揖让之风，兴济济之治"[1]，等等。究其实，"循名责实"是从防止官员不做事或做坏事为出发点；而儒家的道德约束则是相信其能做好事为出发点。所以前者立足于监督，后者立足于信任。前者的优势在于有效的监督

---

[1] 《三国志·杜畿传附杜恕传》。

可加强管理，劣势在于当人完全处于被赏罚导向的境地时，易于流入实用主义，功利主义；后者的优势则在于，只要假以时日，潜移默化的道德教化更利于统治的长治久安，而劣势则是易于流入人浮于事，甚而道德虚伪。因此，如何将两者优势结合，以取得扬长避短之效，便成为统治集团需要进一步探索的问题。

三、儒道兼综

先秦儒、道两家的政治认知尽管大相径庭，也曾有过激烈论争的历史，如司马迁所言，"世之学老子者则绌儒学，儒学亦绌老子"①，但秦汉以降的两千年中，道家一直作为儒学的一种补充物，而共同建构了支撑社会大厦的传统思想文化体系。从历史上看，在社会比较稳定的年代，统治者多采用"王霸兼用"的方略；而每当战乱之后新王朝建立初期，社会急需休养生息，统治者多采用"无为而治"方略。经历了东汉末年的长期战乱，西晋统一伊始，晋武帝"思与万国以无为为政"②，为政宽松大度。然而，西晋承平之日不长，自晋惠帝之后，朝政日乱，纷扰四起，政权很快在动荡中灭亡。此后，东晋偏安，在很长一段时间内，无为之治也一直是朝廷的主导政策。史载，江东名士顾和对执政者王导说："明公作辅，宁使网漏吞舟，何缘采听风闻，以察察为政。"③ 王导采纳了这一主张，执行笼络吴地士族之政策，"为政务在清静"④。他的继任者庾亮"善谈论，性好《庄》《老》"⑤。谢安秉政时，"不存小察，弘以大纲，威怀外著，人皆比之王导，谓文雅过之。"⑥ 这种在政治上的无为之治由此形成了一种社会

---

① 《史记·老子韩非列传》。
② 《晋书·武帝纪》。
③ 《晋书·顾和传》。
④ 《晋书·王导传》。
⑤ 《晋书·庾亮传》。
⑥ 《晋书·谢安传》。

风尚。许多朝廷官员以无为为高，所谓"居官无官官之事，处事无事事之心"①。

先秦儒学的德治思想，本来重点在于统治者自身的道德修养和道德示范，但实际上更看重和实行的却是对百姓的道德说教，他们一方面奸诈权谋，骄奢淫逸，无所不用其极；另一方面却要求百姓们非礼勿视、非礼勿动，做忠顺的子民。这样的德治，实际上是道德虚伪与蓄意欺骗的结合。汉代"忠臣必出于孝子之门"②的选拔制度，因过于注重舆论效应和道德评价，而导致东汉时期士人浮华交会、相互标榜之风兴起，并出现了大批沽名钓誉、名实相悖的伪名士，败坏了社会风气，忠孝名节形同虚设。统治者孜孜于教人为仁，其结果却是事与愿违，培养了一大批假仁假义者，从而与儒家的真意渐行渐远。按照孔子"人而不仁，如礼何"③的德治逻辑，是否守礼的关键，在于是否为仁，故教人守礼，必先教人为仁。可问题是，"为仁则伪成也"④。这牵涉仁义与人的本性的关系问题。曹魏正始年间（公元240—249年），以何晏、王弼为主要代表，企图调和自然与名教的矛盾，形成所谓"正始玄学"。他们注意到儒家经典中关于本体论的缺失，故而一改汉代建立在经验世界范围内的烦琐经学和谶纬神学，而把目光投向了世界的终极本体，重新揭示出万物存在的依据，揭示名教存在的根据和价值。

何晏从《周易》《老子》这两部经典中提炼了"以无为本"的命题，奠定了"贵无论"的理论基础。但由于儒道两家很难调和，何晏没有找到援道入儒的契机，所以没有形成独立完整的理论体系。真正提出系统"贵无论"思想的是王弼。在王弼看来，传统名教只重外在规范，"舍本求末"，以致趋向虚伪化、功利化，所以"夫以道治国，崇本以息末"⑤。而这个"本"即"道"，即"无"。不过，他不赞成老子力主的"弃智绝圣"

---

① 《晋书·刘惔传》。
② 《后汉书·韦彪》。
③ 《论语·八佾》。
④ 王弼：《老子指略》。
⑤ 王弼：《老子第57章注》。

"绝仁弃义"，而认为必顺自然而制名教，即名教本身是自然之道的表现：
"守母以存其子，崇本以举其末"①。就这样，王弼归名教于自然，化黄老
道家的宇宙论为儒家本体论，论证了"名教"的合理性。在王弼看来，社
会政治也好，人生价值也好，不能只执着于名教的形式，必须把握名教之
所以存在的根本，即一种内在于人的忠信、淳朴的自然本质："夫礼也，所
始首于忠信不笃，通简不阳；责备于表，机微争制。"② 为此，王弼对名法
之治和名教之治这两种治世方略进行了批评。王弼认为，名法之治用刑名
术维护名分尊卑之序是舍本逐末，即"立辟以攻末"③，其结果却适得其
反，事与愿违。因为君主用术以察臣民，臣民会想出种种办法以应付之；
不信任臣民，臣民也会以不信任的态度回报之，造成上下竞争智力的局
面。在王弼看来，这是一种与千万人比较智力的愚蠢办法，是与天下人为
敌。君主与人比较智力而不敌，复以严刑峻法进行镇压，势必造成天下大
乱的恶果。同样，名教之治用道德手段规范人的行为，也是弃本逐末，因
为仁义德教乃据自然而生，以仁义为本必然使名教堕于虚伪，流于形式，
丧失其应有的价值。

针对名法之治和名教之治的弊端，王弼主张舍弃有为而复归于无为、
复归于自然之道："为治者务欲立功生事，而有道者务欲还反无为。"④ 王
弼认为，一个理想的君主，应该舍弃"务欲立功生事"之术，做到"以无
为为君"，把无为作为治世的根本原则，如此，便可最大限度地发挥仁义
礼法的功能，实现德化的理想目标。由此可见，王弼并不是要否定名教，
他所真正关心的是以何种态度对待名教，以更有效地发挥名教的治世功
能。⑤ 老子主张"行不言之教"，是以否定"礼"为前提的；而王弼主张
"行不言之教"，却是以肯定"礼"为前提的："始制官长，不可不立名分

---

① 王弼:《老子第 38 章注》。
② 王弼:《老子第 38 章注》。
③ 王弼:《老子第 57 章注》。
④ 王弼:《老子第 30 章注》。
⑤ 高晨阳:《论王弼自然与名教之辨的基本义蕴及理路》，载《孔子研究》1997 年第 3 期。

以定尊卑，故始制有名。"① 故王弼所谓的"行不言之教"，其实是名教的一种特殊形式，即以儒道兼综为特征的名教形式。

正始玄学之后，又兴起了一种新的玄学思想——竹林玄学，以阮籍、嵇康等"竹林七贤"为代表。他们将名教与自然相对立，要人们摆脱桎梏和压抑人性的名教，以自然取而代之，听从本性的召唤，过一种自由的生活。阮籍指责儒家"坐制礼法，束缚下民"，"假廉以成贪，内险而外仁"②。嵇康则站在老庄立场以反对儒家人伦纲常的统治，主张"越名教而任自然"③。从当时的社会形势来看，由于汉末以来的社会动乱和政治恐怖，尤其是司马氏集团公然以名教为幌子，争权夺利，剪除异己，使大批名士惨遭屠戮。经过这样的递进打击，名教已徒剩一副虚伪的面具，走向道德的对立面。随着儒学成为博取社会权力和地位的工具，人们对其信仰的真诚性就值得怀疑了。用嵇康的话说，时人表面上"以六经为准，以仁义为主，以规矩为轩驾，以讲诲为哺乳"④，而实际上却是因为"由其途则通，乖其路则滞"⑤，名教在他们身上也变得猥琐、势利，令人生厌。于是，"越名教而任自然"，即摆脱世俗名教的束缚而直任自然本体的开展，便成为竹林名士的基本旨趣。

阮籍、嵇康之离弃名教，一方面固然是出于对名教负面效应的感愤，而另一方面同时也是更深层的缘由，则是二人对名教与人性之内在紧张的理解。嵇康写道："六经以抑引为主，人性以从欲为欢。抑引则违其愿，从欲则得自然；然则自然之得不由抑引之六经，全性之本，不须犯情之礼律。故仁义务于理伪，非养真之要术，廉让生于争夺，非自然之所出也。"⑥ 就是说，六经所讲求的仁义礼乐则全无自然之根据，割裂了浑朴真纯的人性，引发了贪欲、诈伪和争夺，因此，名教不像儒者所鼓吹的那

---

① 王弼：《老子第 57 章注》。
② 阮籍：《大人先生传》。
③ 嵇康：《释私论》。
④ 嵇康：《难自然好学论》。
⑤ 嵇康：《难自然好学论》。
⑥ 嵇康：《难自然好学论》。

样，是医治社会恶疾的良方，而恰恰是人性堕落的总根源。此处所谓"从欲"，绝非放纵贪欲之义，而是指听从内心的意愿和本性的需求。既然礼乐不足以救末俗，且使天下相率以伪，则应以"自然"启迪人心，使人摆脱世俗虚饰而回归性情之本真，从人的心灵深处真正实现对现实名教的彻底超越。从竹林间的酣畅之游直到临死时的从容挥弦，嵇康无疑都表现出了这种生命境界。也是在他的影响下，率真显情成了魏晋一代的名士风尚。

此后的玄学朝着两个方向发展。一是阮籍、嵇康的贵无方向，走向了空虚颓废、嗜酒极欲、放浪形骸，最终使贵无派走向了没落。在举世皆浊的环境中，嵇、阮二人蔑视礼法的行为难免被视为异类。事实上，阮籍、嵇康虽纵酒放言、白眼向俗，但并未脱离正道而入邪僻之途。正如时人评论的那样，"阮籍胸中有垒块，故需以酒浇之。"① 他们在世人眼中的乖戾和出格之举，也是对世俗虚伪做作、循规蹈矩的强烈抗议和轻蔑，并借此向世人展示一种新生活理想的可能性。而之后的元康放达派只是徒慕其放达之名，故而才形成了受后人讥评的狂诞之风。《晋书·乐广传》载："是时王澄、胡毋辅之等，皆亦任放为达，或至裸体者。"他们以"任自然"作为自己耽溺于感官享乐的挡箭牌。在这里，"越名教而任自然"的思想固然被续引，但其本具的精神气质被误读和曲解了，不复有凌云高蹈的特性，失去了清峻遥深的精神境界。如汤用彤所言："竹林名士与元康名士之不同，前者有疾而然，而后者则为放达而放达也。"②

二是以裴頠和郭象为代表的崇有方向。裴頠作《崇有论》以反对贵无学说，将"有"视为万物存在和变化的基础，由此而肯定了名教的作用。郭象作《庄子注》，融会儒道，认为万物"自生"而"独化"，各自独立，不需要任何条件。庄子在探究宇宙本体的问题上，继承了老子天下万物生于有、有生于无的思想，并通过逻辑推理论证道生万物、有生于无的合理性，从而发展了老子的天道观。而郭象则把庄子所阐释的世界本原虚无的

① 刘义庆：《世说新语笺疏》。
② 汤用彤：《魏晋玄学论稿》。

命题变成了世界本原的子虚乌有，认为超然于万物之上的本体是不存在的。万物的本体既然不存在，当然也就无所谓产生万物："夫无不能生物"①，因此，造物主是不存在的，这就形成了郭象的"造物者无主而物各自造"②的独化论思想。独化论不仅阐明世界万物没有统一的造物主，而且还强调一切事物的产生不受特定的因果关系支配，是自然而然生成的。至于万物独化的具体过程，郭象认为这是神秘不可知的领域，万物都是"突然而自得此生矣"③。由此，郭象既反对王弼的自然与名教有"本末之分"的观点，更反对嵇康的"越名教而任自然"的观点，而主张名教与自然合一："外内相冥，未有极游外之致而不冥于内者也，未有冥于内而不游于外者也。故圣人常游外以冥内，无心以顺有，故虽终日挥形，而神气无变；俯仰万机，而淡然自若。"④在这里，自然与名教之间的鸿沟以一种精巧的思辨弥合了。郭象这种"名教即自然"的思想，认为真正的圣人并非身居世外桃源，两耳不闻窗外事，而应当是"与世同波而不自失"⑤。换言之，圣人一方面是现实的，身在"庙堂之上"；另一方面又是超现实的，心在"山林之中"，即圣人是现实与超现实的结合体。在庄子思想体系中仁义道德与自然原则是尖锐对立的，而郭象强调更多的是二者的融合，体现了一种儒道互补的立场。

名教与自然合一的思想，力图使儒道两家达到某种调和，似乎是处在中华长期封建专制社会历史条件下，文士们既能学而优则仕，又能在一定程度内维护自我个性的最现实的哲学。只有这样，才不至于像嵇康那样因放任个性而遭杀身之祸。于是，"尊儒家之教，履道家之言"⑥，也成为当时的一种社会风气。然而，自"永嘉之乱"和"五胡乱华"之后，东晋政权南迁。昔日"洛下风流"，今日"亡官失守"；昔日"纵情声色"，今日

---

① 郭象：《庄子·天地注》。
② 郭象：《庄子·齐物论注》。
③ 郭象：《庄子·天地注》。
④ 郭象：《庄子·大宗师注》。
⑤ 郭象：《庄子·天地注》。
⑥ 《三国志·魏书王昶传》。

"寄人国土"。于是，超生死、得解脱的问题便成为这一时期玄学的中心内容。张湛综合何晏贵无和向秀崇有学说，提出"群有以至虚为宗，万品以终灭为验"[①] 的思想，认为人生短暂，所以主张肆情纵欲、及时行乐的人生观，从而最终把玄学引入了绝境。

总的看来，道家思想经过魏晋玄学家们的诠释，与儒家的对立色彩已大为淡化。尽管具体的表现形式不同，学术上的儒、道兼综却是一致的。嵇康、阮籍的以道攻儒，在形式上是反儒的，但本质上是对名教变质的一种矫枉过正。相对于经学，玄学是一种建立在综合儒道思想之上，层次更高、内容更加丰富的思想体系。可以说，就中国学术思潮的进程而言，汉魏之际是一个重大的转折时期。如王国维所言："学术之变迁在上者，莫剧于三国之际。"[②] 无论是哲学、美学、文学、语言学，还是思维方式、价值取向与行为模式，汉魏之际均一反两汉。玄学侧重讨论传统政治哲学所忽略的问题，即政治思想的合理性之基础和原则，如圣人、道、名教与道的关系，人为和自然的关系等，从而使传统政治思维得以深化。

---

① 张湛:《列子序》。
② 王国维:《汉魏博士考》，载《观堂集林》卷四，中华书局1961年版，第191页。

第九章 儒教复兴

晋代无为之治的流行和玄学的兴起，既挑战了儒学又改造了儒学。与此同时，南北朝时期道教和佛教的兴盛，出现了与儒学"三教争衡"的局面。正是在这种长期的混乱中，随着隋唐之际"大一统"政权的重新复归，人心思治，儒学也开始在"三教融合"的基础上走向复兴。唐朝的贞观之治，为这一复兴提供了一个极好的实践证明。而宋明理学的兴起，更使儒学走向了全面复兴之路。南宋以后，理学作为官方哲学地位的确立，使得日渐成熟的儒教最终成为中国传统社会居于支配地位的统治方略。

一、三教争衡

佛教本是西汉时期从印度传入中国的异域文化，直到东汉后期，信奉佛教的还多是统治阶层，当时政府还明令禁止百姓信奉佛教及出家。在东晋永嘉之乱后，佛教才获得了进一步发展的契机。此时皇权衰弱，门阀大族轮流执政，时局动荡，虽时有复尊儒学的呼声，但乱世之际，社会迫切需要的是一种能够满足各阶层多层次需要的灵丹妙药。然而，儒家学说对此无能为力，道教的"羽化登仙"不能使之信服，玄学更是深奥难懂。而佛教所宣扬的人人都有佛性、万般皆可成佛、行善者死后可入天堂等理论，以及"悉皆平等，无有差别"[1] 的生活理想，使下层群众于绝路中见

---

[1] 《大般涅槃经·光明遍照高贵德王菩萨品》。

到一丝希望的幻景。由此，佛教销路大开。在此情势下，一方面，统治者开始取消民间佛事的禁令；另一方面，佛教徒也改进了传播佛教教义的方法，使更多的人了解和接受佛教，从而使佛教获得了广为发展的契机。

自西晋起，佛教开始向玄学渗透，并依附玄学以求发展。如释道安所言："不依国主，则法事难立。又教化之体，宜令广布。"① 玄、佛合流之所以可能，其因在于：其一，玄、佛的世界观基本一致。玄学倡言"天地万物皆以无为本"，崇尚"无为而治"；佛教《大明度经》也说"一切皆本无，亦复无本无"，佛教徒则"崇无为，乐施与"。虽然"本无"与"无为"旨意不完全契合，但仍可牵扯到一起。其二，玄、佛所崇尚的境界相似。玄学以"道"为事物的最高法则，佛教奉"佛"为最高人伦典范，同样是虚无缥缈。其三，玄、佛的认识论和方法论具有共同点。玄学探讨本末、有无关系，佛教般若学的"二谛义"（真谛与俗谛）的中心也是谈本末、空有的问题；玄学在认识论上强调"言不尽意""得意忘象""得意忘言"，佛学强调"入道之要，慧解为本"②，所谓慧解，即彻悟言外，忘言得意。其四，玄、佛的人生观可以沟通。玄学家希冀长生，讲究呼吸吐纳服食全身养性之术，又主张适情任性，返璞归真；佛教主张心识澄静，随心所欲，返本人生，以讲经、唱吹、修行为乐，等等。

从现实看，当时的帝王大臣和名士纷纷奉佛，并与名僧交流频繁，研讨佛理一度成为时尚。由此，玄、佛合流得以顺利进行，到萧梁时，佛教反客为主，排挤玄、儒、道，而独自登上了"国教"宝座。这促成了天台、华严、禅宗等中国化的佛教宗派在隋唐时期的产生。禅宗将繁琐的印度佛教教义简易化，且大量吸收了儒道思想，主张佛心本有，不必念经拜佛，日常生活皆可见性自悟，顿悟成佛，从而消除了印度佛教所设定的出世与入世的界限，赢得了更多的信徒。与此同时，为了自身的生存和发展，许多僧人不仅屈膝于君父，且竭力在佛法中为忠君孝父观念寻找依据，以证明佛教教义与中华孝亲观契合无间，并大量制造了诸如《父母恩

---

① 梁慧皎：《高僧传·释道安传》。
② 梁慧皎：《高僧传·竺道生传》。

重经》《孝子经》之类的伪经。有的僧人甚至把帝王尊为佛，认为世法高于佛法，忠君比礼佛更重要。如唐代高僧玄奘称颂唐太宗"以轮王之尊，布法王之化"[1]，从而使佛教成为"助王化于治道"[2] 的工具。

在佛教兴盛的同时，产生于东汉末年的本土道教也开始迅速传播。魏晋以来，一批道士为了提高道教的地位和自己的身份，开始将道教与政治融通，大谈修身治国之道，从理论上论证王权神圣及君主制度的合法性。比如，葛洪把道家学说彻底宗教化，并与儒家的伦理纲常相结合，提出有君论和儒道双修，认为"若儒道果有先后，则仲尼未可专信，而老氏未可孤用"[3]，二者必须配合。北魏名道寇谦之也强调道教要专以礼度为首，不得叛逆君王、谋害国家。有"山中宰相"之称的道教理论家陶弘景还杜撰出道教的神仙谱系，实际上是把儒家所维护的等级尊卑秩序引入神仙世界，为人世间不平等寻找宗教依据，等等。

神仙崇拜作为道教信仰的核心，其中有古代自然崇拜、人为宗教的孑遗，有等级、忠孝观念，还凝结了普通百姓征服自然、驱避邪恶的寄托。为此，道教方术之士经常扮演制造"受命之符"、宣扬政治谶言的角色。道教神仙系统实际上是世俗社会政治系统的翻版，等级森严，神有七等，仙分九品，从玉皇到灶神分成等级，排定班次，君臣上下，尊卑分明。作为中国本土宗教，道教的组织体系、宫观制度、教职体制、师承关系以及财产继承等，其基本原则与宗法制度别无二致。道教的戒律、清规、仪范中充满着纲常伦理说教，善恶的标准基本上类同于世俗道德观念。道教还将伦理纲常与道教信仰紧密结合在一起，让忠孝节义与鬼神联姻，忠孝成了养生、求福、成仙之道，成为一种"孝悌之教"，从而迎合了王权的需要。由此，道教才能够得以在统治者的大力扶植下日益盛行。尤其在唐代，道教成为国教，甚至以道教经典开科取士。同样，由于道教经戒中不乏"太平""正直平等之道"的内容，因而，许多农民起义与道教信仰总

---

① 《全唐文·请入少林寺翻译表》。
② 慧远：《沙门不敬王者论》。
③ 《抱朴子·塞难》。

是有着千丝万缕的联系。

魏晋以来，面对佛教势力的迅猛崛起，道、儒常常结成统一战线，依据"华夷之辨"、伦理纲常、王权至上等观念，非议、排斥外来佛教。例如，西晋道士王浮作《老子化胡经》，宣扬"老子入夷狄为浮屠"之说。宋齐之际的顾欢作《夷夏论》，否认佛教的正统性，贬抑其价值。南齐道士张融作《三破论》，指责佛教"入国而破国""入家而破家""入身而破身"。北魏杨衒之作《洛阳伽蓝记》，指斥佛教危害国政，无益于民，穷侈极欲，有损于治。儒家对佛教攻击的主要武器是纲常伦理，攻击佛教徒削发损肤、不娶妻生子、不敬王者等行为有违忠孝，悖离名教。虽然梁武帝等佞佛的帝王准许僧人不礼敬君父，但更多的帝王则对这种违背华夏传统的做法很反感，乃至发生了北魏太武帝毁佛、北周武帝废佛等事件。

在现实生活中，佛、儒、道三家长期纷争，显然不利于国家长治久安。隋朝大儒王通认为，佛教不适合于中国的具体社会现状和民众心理，乃"西方之教也，中国则泥，轩车不可以适越，冠冕不可以之胡，古之道也"①。即便如此，王通认为佛教不可废除。由于佛教在社会生活中的影响很大，唐高祖曾欲灭佛法，却又"恐骇凡听"，不得不先下诏询问众议，最后不了了之。事实上，唐代对儒、道、佛三教采取兼收并蓄、严密控制的政策，力图使三教都成为王权的统治工具。这种政策既导致三教彼此争衡，又使得三教相互摄。儒家注重陶冶国民，重在治国平天下，却绝少涉及理性与天道，对诸如宇宙肇始、万物生成、世界本体都很少追究，对人生观、认识论的探讨也很薄弱，缺乏与佛、道所具备的那一套追求彼岸世界的系统论述和超脱自然的修养方法，因而，传统儒学很难对人们的立身处世起更全面的指导作用。在此情势下，王通以恢复儒家王道仁政为己任，提出"三教于是乎可一矣"②的思想，主张以儒学为宗，吸收、改造佛、道二教，将仁、义、礼、智、信"五常"置于"中庸之道"的指导下。他还将"天人感应论"视为骗人的说教，大胆否定，使儒学摆脱传统

---

① 《文中子·周公》。
② 《文中子·周公》。

"天人感应论"和谶纬神学的束缚和羁绊。唐朝中晚期，刘禹锡提出了天和人"交相甚、还相用"，柳宗元提出"天人不相预"的思想，都是对王通这一思想的发展。后来，无论是理学家还是心学家，都主张"天人相通"，如张载的"民胞物与"、程颢的"仁者以天地万物为一体"、朱熹的"与理为一"，以及王阳明的"夫人者，天地之心，天地万物本吾一体者也"①。

儒、佛之争贯穿于唐代。傅奕先后七次向唐高祖和唐太宗上疏，请求以行政手段废除佛教。其主要理由是：其一，佛教是夷狄之教，不能造福于中国，且谣言惑众。其二，自佛教传播开来，天下亦随之大乱。梁武帝等尊崇佛教，致使国家灭亡，这个教训"足为明镜"。其三，佛教宣扬因果报应，把罪与福的根源归诸佛陀，这不仅是贪天之功，且有损帝王的尊严。其四，佛教供奉佛陀，大建寺院，广招僧人，必然削减户口，侵蚀赋役，影响兵力，靡费民财，危害国计民生。其五，佛教教义教唆人们"剃发染衣，不竭帝王，违离父母，非忠孝者""上忽公卿，抗衡天子"，败坏纲常名教，等等。②

傅奕的政见虽然没有被帝王完全采纳，但引发了朝廷上下关于文化政策的大辩论，至中唐韩愈时反佛舆论形成高潮。韩愈生活的"安史之乱"时期，中央政权与地方藩镇、官僚集团与宦官、世俗地主与僧侣地主，在土地、人力、财力等方面的争夺日益加剧，造成"十分天下之财而佛有七八"③"丁皆出家，兵悉入道"④、国计军防无法维持的严重局面。在这种情形下，以韩愈为代表的思想家，发动了一场古文运动，表面上看来似乎是反思六朝以来辞藻堆砌的骈体写作，提倡恢复汉以前的朴质文体，但其更重要的是"抵制异教，攘斥佛老"⑤，力图复兴儒家学说。韩愈作《原道》，以儒家道统排斥佛教法统，认为对佛教应当"人其人，火其书，庐

---

① 王阳明：《传习录·答聂文蔚》。
② 《旧唐书·傅奕传》。
③ 《旧唐书·辛替否传》。
④ 《新唐书·李峤传》。
⑤ 韩愈：《原道》。

其居，明先王之道以道之"①。韩愈著名的《谏迎佛骨表》，以历代盛衰之史实来论证"事佛求福"的虚妄，指出了佛教不合民族传统和先王礼法："夫佛本夷狄之人，与中国言语不通，衣服殊制。口不言先王之法言，身不服先王之法服。不知君臣之义，父子之情"，要求制止这种"伤风败俗，传笑四方"的丑事，并要求"投诸水火，永绝根本"②。韩愈不但批判了佛教，对道教也进行了强烈的指责："去仁与义言之也，一人之私言也。"③

韩愈批佛、老的主要目的，是希望重塑儒家思想在社会生活和意识形态内的统治地位。为此，韩愈为儒家的伦理道德寻找到了历史的依据，即韩愈所谓的"道统"："尧以是传之舜，舜以是传之禹，禹以是传之汤，汤以是文、武、周公，文、武、周公传之孔子，孔子传之孟轲。轲之死，不得其传焉。"④ 需要注意的是，孔、孟所讲的"仁"，对每个人所要求达到"仁"的标准是相同的。韩愈则不然，他把"仁"的要求分为圣人和普通人两个标准。韩愈认为，圣人不仅创造了人类文明，还为人类社会规定了群体生活的秩序；而普通人只要遵循"三纲"，就算符合"仁"的标准："君者，出令者也；臣者，行君之令而致之民者也；民者，出粟米麻丝，作器皿，通货财以事其上者也。君不出令，则失其所以为君；臣不行君之令而致之民，则失其所以为臣；民不出粟米麻丝，作器皿，通货财以事其上，则诛。"⑤ 可见，韩愈所提倡的"道统"，实际上就是把人之自我残酷地湮没于上下贵贱、等级森严的社会群体之中。

在韩愈看来，道家之"道"是强调"去仁与义"的"清静"，佛家之"道"则是"弃而君臣，去而父子"的"寂灭"，而"仁义"才是儒家所讲的"道"。实际上，韩愈所反对的老子之说，既不是先秦的道家，也不是流行于汉初的黄老之学，而是魏晋玄学。韩愈对魏晋玄学道德观的批判，主要是因为玄学把仁义看作是对道德的破坏。对于佛教的伦理学说，

---

① 韩愈：《原道》。
② 《旧唐书·韩愈传》。
③ 韩愈：《原道》。
④ 韩愈：《原道》。
⑤ 韩愈：《原道》。

韩愈则批评它割裂了"治心"与"治国平天下"的关系。韩愈引用《大学》以说明正心、诚意的目的，应该是齐家、治国、平天下，而佛教"治其心"的目的，是"求其所谓清净寂灭""而非天下国家"。这就决定了佛教"治其心"的手段，必是"弃而君臣，去而父子，禁而相生养之道"①。如按照佛教的教谕，则必然导致"三纲沦而九法败，礼乐崩而夷狄横，几何其不禽兽也"②。

与韩愈复兴儒学完全否认佛、老学说存在的合理性不同，柳宗元则在遍求诸子百家的基础上，凝聚各派之精华，把儒学引上了创造性发展的道路。唐朝中、晚期，佛教出现了宗密，道教出现了杜光庭，此二人分别成为"佛"或"道"立场之上"三教融合"论的代表人物。与此相呼应，柳宗元则提出了以"儒"为基点的"三教融合"观。柳宗元融合三教的基本原则是：（1）"夷夏若均"③，以"道"而不是"夷夏"作为判断是非的标准。（2）伸长黜奇。主张取儒、释、道三家之长而舍其短，相互融合。对儒学，吸收其经世济民的思想，而批评"天人感应"论；对佛教，吸收其"中道观"与心性论，而批评其"无夫妇父子""不为耕农蚕桑而活乎人"；对道教，吸收其"元气论"与"自然论"，而批评其服饵、食气等方术。（3）佐世。基于打击佛、老的需要，韩愈强调儒的仁义道德内涵，从而把儒与佛、道区别开来；出于融合三教的需要，柳宗元则强调儒的经世致用内涵，认为三教虽然有"抵牾而不合"之处，但"皆有以佐世"④。儒学可以"施于事，及于物"⑤，佛教可以"诱掖迷浊"⑥、引人"趣于仁爱"⑦，道教可以使"生人之性得以安"⑧。正是由于三教在"佐世"功能

---

① 韩愈：《原道》。
② 韩愈：《与孟尚书书》。
③ 柳宗元：《送贾山人南游序》。
④ 柳宗元：《送元十八山人南游序》。
⑤ 柳宗元：《送徐从事北游序》。
⑥ 柳宗元：《送浚上人归淮南觐省序》。
⑦ 柳宗元：《柳州复大云寺记》。
⑧ 柳宗元：《答周君巢饵药久寿书》。

上的一致性，因而正确的做法应是"通而同之"①。柳宗元在指明"三教融合"的基本原则后，又提出"三教融合"的总方向："凡儒者之所取，大莫尚孔子"②"老子亦孔氏之异流"③"（浮图）不与孔子异道"④。这三个命题把儒、佛、道三家思想的归宿都引向"孔子"，主张以"孔子之道"作为"三教融合"的总方向。从此，"以佛治心，以道治身，以儒治世"⑤逐渐得到人们的共识。

柳宗元不仅仅强调儒学的政治功利价值，而是力图将自己的见解提升到哲学的层面，批判地吸收三教思想来进行其儒家宇宙论与心性论的建构。自汉以来，以"天人感应""阴阳五行"宇宙观为基础的"五德终始"说一直以"天降符瑞""天命所归"提供着政权的合理性论证，但所谓"五德终始"的"天道""天命"简直是在说，"天"莫名其妙地偏私于一家一姓，而将天下极尊宝位厚赐给他。既然至高无上的"天"私于一姓，那么，"一姓之永祀"也就理所当然地成为国家最高利益，君主、社稷之利也就成了政治的最高目标、政治行为的根本准则。正是针对这一思想现实，柳宗元力主"天人相分"，将"天"还原为自然界及其运动，破除政权之正当性来自神秘"天命"的观念，将人类要生存要发展的"生人之意"确立为政治唯一的正当性根源，将保障民人安利的"大公之道"树立为国家、君权、一切礼制法典的最高准则。

就心性论而言，柳宗元认为，儒家经世济民的一面常常湮没其闲情安性的一面，因此柳宗元力主吸收佛、道二教的心性思想来弥补儒学的不足。柳宗元心性论最大的特色，在于以"志"与"明"来论性。如果说"志"的内涵更近于儒家刚健、向善的心性特征的话，那么"明"的内涵绝不仅仅是《中庸》所谓的"明善"，它更吸收了佛家的"明心见性"、道家的"归根复明"思想，指圣贤心性之中所涵摄的洞彻宇宙、人生真相

① 柳宗元：《送元十八山人南游序》。
② 柳宗元：《与杨诲之第二书》。
③ 柳宗元：《送元十八山人南游序》。
④ 柳宗元：《送僧浩初序》。
⑤ 南宋孝宗皇帝赵昚语，转引自刘谧著的《三教平心论》卷上。

的无上智慧。柳宗元的心性论与传统儒家最大的区别在于：它否定了孟子以仁义忠信为"天爵"的说法，斩断了仁义道德与"天"的直接联系，抽空了"天"的道德内涵，还原其"自然"属性，认为，是"人"而不是"天"承载着人生的价值与意义："道德与五常，存乎人者也。"①"志"与"明"，一刚一柔，一动一静，一外求一内敛，刚柔、动静、内外"应变若化"，从而成就了其"圆外方中"的人格理想。

总之，在如何复兴儒学以应对佛教挑战方面，韩愈固守儒家之"道"，力排佛、老，而柳宗元始终坚持儒家立场，把"圣人之道"与"生人之意"作为思考问题的出发点与归宿。到了宋代，儒学融合了道、佛，以新的形象——理学出现，并名副其实地占据了意识形态的王者之位。就儒学内部的变革而言，韩愈完全摆脱两汉今古文家的套数，也无视唐初经学的整理和注疏，而是直接溯源至先秦的孔孟，发明新义。韩愈还极大提高了本非经书的《孟子》的地位，把孟子作为儒家道统传承的关键人物对待（宋以后《孟子》升格为经），还重点阐述了《礼记》中"大学"的思想，使其成为宋以后经学的代表之作，拓展了经学的空间。而柳宗元则大胆冲破"重训诂，循章句，守经疏"的经学藩篱，不墨守经书章句，而探求圣人原旨。更为重要的是，韩柳二人对经学的兴趣并不在其本身，而是力求"利于人，备于事"②，旨在使经学获得实践品格，从而成为此后宋明儒学复兴运动的先驱。

二、贞观之治

隋唐时期儒学的复兴，与政治统一、文化繁荣及统治阶层对王道政治的弘扬密切关联。隋朝建立伊始，文帝即广开学校，大兴儒学，曾出现"齐、鲁、赵、魏，学者尤多，负笈追师，不远千里，讲诵之声，道路不

---

① 柳宗元：《天爵论》。
② 柳宗元：《时令论》（上）。

绝"① 的景象。隋炀帝即位之后，开科取士，选拔人才，考试内容以儒家经典为主。隋朝虽两代而亡，但为唐初经学的"大一统"奠定了坚实基础。到了唐代，基于两汉以来儒家经典注疏丛杂、流派众多的局面，唐太宗命颜师古等人考订五经文字，命孔颖达等人编纂《五经正义》，并颁行全国。《五经正义》又称《五经义赞》，包括《周易正义》《尚书正义》《毛诗正义》《礼记正义》和《春秋左传正义》，它继承并总结了汉代以来的经学成果，统一儒家经典的文字和注释，增强了儒学的统一性和凝聚力。同时，吸收道家、玄学的思维成果，提出自然本体与伦理本位相结合的道论，在政治上再次确认了儒家学说作为统治思想的崇高地位。

从实践上，鉴于隋亡的现实，唐初统治者一方面汲取了"无为而治"思想之精华，实行了包括提倡节俭、轻徭薄赋、和平外交等政策；另一方面则积极寻求更为有为的施政方式。在经历了隋末农民战争的风云激荡后，具有强烈忧患意识的唐太宗"不敢恃天下之安，每思危亡以自戒惧"，因而常与侍臣"访以古今""共观经史"，研讨立国安邦之策，励精图治、兴利除弊，果敢地推行了一系列适合时宜的革新措施，史称"贞观之治"（公元627—649年）。②《贞观政要》一书便是对唐太宗君臣议政的精确记载，涉及当时政治、军事、经济、法制、文化、教育等方面，可以说是对贞观之治的政绩和经验的一次系统总结。这主要有以下内容：

其一，仁义立国。

唐太宗君臣通过对历史的深刻考察发现，前代君王任用儒学之士，治致太平，而到了魏晋以后，儒学地位下降，淳风大坏，社会动荡。因此他们确信，要使天下大治，必须重振儒术："朕看古来帝王，以仁义为治者，国祚延长；任法御人者，虽救弊于一时，败亡亦促。即见前王成事，足是元龟。今欲专以仁义诚信为治，望革近代之浇薄也。"③ 在唐太宗君臣看来，隋炀帝之所以灭亡，不是因为"甲仗不足"，而是因为"仁义不修"

---

① 《隋书·儒林传》。
② 《贞观政要·慎终》。
③ 《贞观政要·仁义》。

"群下怨叛"，故而，唐太宗明确宣称："朕所好者，唯尧舜周孔之道"，"是以为国之道，必须抚之以仁义，示之以威信，因人之心，去其苛刻，不作异端，自然安静，公等宜共行斯事也。"①

当然，唐太宗对德治的尊崇，并不意味着忽视法治的作用。事实上，唐太宗在"贞观修礼"的同时，又制定了我国历史上最完整、最系统的治国法典——《唐律》，其基本原则便是力求"宽简""慎罚"。所谓宽简，就是针对前朝法令严苛而力求轻刑慎罚。所谓慎罚，就是不可滥施刑罚。唐太宗对死刑的处决尤其持慎重态度，对死刑的判决、推勘、复核都规定了严格的程序。如贞观元年规定："大辟罪皆令中书门下四品以上及尚书九卿议之"，从而开创了封建时代九卿会审制度的先例。此外，与中国其他朝代相比，唐朝的法律具有一定的独立地位，即使是皇帝本人，也须予以一定程度的尊重："夫帝王之所以与天下为画一，不以贵贱亲疏而轻重者也。"② 故而，当时皇族犯法，大多依法受到惩治。这种"宽简""慎罚""抑权敬法"的法治政策，有力地保证了贞观时期民本思想的贯彻。

经受过隋末农民大起义洗礼的唐太宗，对于人民的巨大力量是有深刻认识的。因此，他不像历史上的那些无道昏君那样，视民如草芥，而是把他们看作直接决定自己的帝位是否稳固的力量，充分认识到"水能载舟，亦能覆舟"的道理，而提出"君权民授"的进步思想："天子者，有道则人推而为主，无道则人弃而不用，诚可畏也。"③ 他甚至视君民为同身一体，如同腹股，损民即是损自身："为君之道，必须先存百姓。若损百姓以奉其身，犹割股以啖腹，腹饱而身毙。"④ 为此，一切大政方针无不都以此为基础。认为："夫治国犹如栽树，本根不摇，则枝叶茂荣。君能清净，百姓何得不安乐乎?"⑤ 通过对历史经验的总结，贞观君臣得出了一个规律性的结论，即世上只"有无能之吏"，而"无不可化之人（民）"，而官吏

① 《贞观政要·仁义》。
② 《贞观政要·刑法》。
③ 《贞观政要·政体》。
④ 《贞观政要·君道》。
⑤ 《贞观政要·政体》。

治民、化民必须履行"养之以仁，使之以义，教之以礼，随其所便而处之，因其所欲而与之，从其所好而劝之"等职责，抱着"如父母之爱子，如兄之爱弟"的爱民态度，时刻关心民间疾苦，与民兴利除害，这样才能使民"敬而悦之，爱而亲之"。正是以这种"以百姓之心为心"为指导方针，唐太宗在位期间，采取了"与民休息"等一系列重大政策，减轻人民的赋税负担，注重救济百姓，少事营造，力求"凡事皆须务本。国以人为本，人以衣食为本，凡营衣食，以不失时为本。"① 这就为贞观年间的天下大治打下了坚实的基础。唐太宗说："故不敢轻用人力，惟令百姓安静，不有怨叛而已。"② "凡理国者，务积于人，不在盈其仓库。"③ 尽管中国古代不乏强调"以民为本"的思想家，但像唐太宗那样，从最高统治者的角度，将这个问题提到如此高度，并坚持贯彻到自己的施政实践中，却并不多见。

其二，君臣共治。

与中国大多数帝王不同，唐太宗并不总是神化自身，大权独揽，而是承认凭皇帝一人是无法治理好天下的："独断一人之虑，累月经年，不亡何待？"④ 因此，他诚恳地希望以集体的智慧共理天下："夫为人臣，当进思尽忠，退思补过，将顺其美，匡救其恶，所以共为治也。"⑤ 为此，唐太宗不止一次地告诫群臣："君臣本同治乱，共安危，若主纳忠谏，臣进直言，斯故君臣合契，古来所重。若君自贤，臣不匡正，欲不危亡，不可得也。君失其国，臣亦不能独全其家。"⑥ 这就要求君臣双方在治理国家上要共同承担责任，缺一不可，要么俱荣，要么俱辱。而为了达到这种"君臣一体"、共创盛世的目的，唐朝赋予其臣下较广的权力范围和较大的办事自主权。贞观初，唐太宗对宰相房玄龄、杜如晦讲："公为仆射，当广求贤

① 《贞观政要·务农》
② 《贞观政要·行幸》。
③ 《贞观政要·辨兴亡》。
④ 《贞观政要·政体》。
⑤ 《贞观政要·君道》。
⑥ 《贞观政要·求谏》。

人，随才授任，此宰相之职也。比闻听受辞讼，日不暇给，安能助朕求贤！"① 唐太宗如此要求房、杜，这等于是将皇帝的特权与宰相共享，同时也提高了左、右丞处理日常事务的自主权。除房、杜二人外，长孙无忌、姚崇、宋璟等人，也都曾被授权专任，尽展才华以辅佐治世。这种君臣共治的政策扩大了臣下的参政范围，提高了臣下的参政深度，在一定程度上弥补了天下之事"独断于一人之虑"的不足。

唐太宗深深明白"为政之要，惟在得人"的道理。为此，他在位期间，坚持"士庶并举""官民同申""汉夷并用""新故同进"的用人方略。一时间，形成了"唐初，贤人在位众多"的局面。唐太宗的用人方略，主要表现在如下方面：（1）广揽贤才，各取所长。唐太宗在位期间，不拘一格，大胆用人，平日处处留心，四方搜求，一旦发现人才，立即破格起用。唐太宗还采取"量谋变通"的方式，使那些官品很低但才识水平较高的官员，能够随时取得和高层官员平等的议政资格。如他经常任命一些品级较低的官员同三省长官一起参与朝政决策。这是一种不属常设的宰相，人数无限额，由皇帝直接调遣。当然，唐太宗也认识到，金无足赤，人无完人，因而他对人才从来都不求全责备，而是主张"舍其短，取其长"，使不同的人才各得其所。他在总结自己取得成功的五条经验中，谈到了自己这种善于"取长补短"的用人本领："自古帝王多嫉胜己者，朕见人有善，若己有之；人之能行不能兼备，朕常弃其所短，取其所长；人主往往进贤则欲置诸怀，退不肖则欲推诸壑，朕见贤者则敬之，不肖者则怜之，贤不肖各得其所；人主多恶正直、阴诛显戮、无代无之，朕践阼以来，正直之士，比肩于朝，未尝黜责一人；自古皆贵中华，贱夷狄，朕独爱之如一，故其种落皆依朕如父母。此五者，朕所以成今日之功也。"②

（2）才行俱兼，审慎择人。唐太宗赞同魏徵的主张："乱代唯求其才，不顾其行。太平之时，必须才行俱兼，始可任用。"③ 所谓"才行俱兼"，

---

① 《资治通鉴》卷一百九十三。
② 《贞观政要·政体》。
③ 《贞观政要·择官》。

就是要做到"必须以德行、学识为本"。① 为此，他曾多次对吏部在择人过程中出现的"只取言词刀笔，不察其德行是否纯正"的现象提出批评："科举取士优点虽多，但它惟取其言词刀笔，不悉其景行。数年之后，恶迹始彰，虽加刑戮，而百姓已受其弊。"② 同时，唐太宗也始终坚持慎重择人。他从历史的经验教训中深深体会到治乱之本在于用人："用得正人，为善者皆劝；误用恶人，不善者竞进。赏当其劳，无功者自退；罚当其罪，为恶者戒惧。故知赏罚不可轻行，用人弥须慎择。"③ 唐太宗还总结出几条鉴别人才的方法：一是看对皇帝是否阿谀奉承，拨弄是非。因为谄佞小人的特点就是诽谤、压制贤能之士，用花言巧语取悦皇上。二是看他对别人的态度，君子扬人之善，隐人之恶。在现实中唐太宗多次验证，凡是动机邪恶的人都爱打"小报告"，而其所讲的事情多半不实。听信小人言，君主就成了傀儡，灾祸由此萌生。三是不要被小人的"小善"蒙蔽。如果不能分清"小人之善"和"君子之过"，容易造成像屈原沉江那样的冤假错案，而小人则浑水摸鱼，坐收渔利。四是不要被左右亲近的人蒙蔽。因为别有用心的人总要想方设法接近权力核心。如果不辨周围人的忠奸，将会产生持久的危害。唐太宗深明其理，并与臣下时常共勉："惟当戒骄逸以自防，纳忠謇以自正。黜邪佞，用贤良，不以小人之言而议君子，以此慎守，庶几于获安也。"④

（3）推心待士，尊功敬贤。鉴于隋炀帝用人多疑的劣性和教训，唐太宗深感"镜君臣相疑，不能备尽肝隔，实为国之大害也"⑤。为此，他无论亲疏都力求做到推心待士、不信谗言："待之不尽诚信，何以责其忠恕哉""上下相疑，则不可以言至治矣""诚能博求时俊，上下同心"。⑥ 由于唐太宗不轻信谗言，无论是对一向亲近之人，还是有过仇嫌之士，都不胡乱猜

① 《贞观政要·崇儒学》。
② 《贞观政要·择官》。
③ 《贞观政要·择官》。
④ 《贞观政要·君臣鉴戒》。
⑤ 《贞观政要·政体》。
⑥ 《贞观政要·君臣鉴戒》。

疑，坚持以诚相待，从而建立了君臣之间巩固的诚信关系，使身边的大臣都能忠诚地为国家尽职尽责。更为人称道的是，唐太宗一扫历代帝王守成忌功臣的恶习，恰当地处理新老官吏之间的关系，既没有得罪那些昔日同舟共济开创基业的功臣，又没有妨碍自己选贤任能的政治目标。例如，贞观中期，唐王朝中央机关机构臃肿、官多兵少、人浮于事、办事效率低的情况已经表现出来。一个重要缘故就是年老多病、智力低下的官员在位。为使这些人愉快地脱离政治舞台，唐太宗实行了"褒荣功臣"的措施，通过各种办法来宣扬他们的功绩，使他们在精神上得到了安慰，并表明了自己"何日忘记"①的心意，从而为自己的任贤政治开辟了道路。

（4）明正赏罚，君臣互励。纵观历代统治的经验教训，唐太宗深切认识到："国家大事，惟赏与罚。赏当其劳，无功者自退；罚当其罪，为恶者咸惧。则知赏罚不可轻行也。"②为此，他主张明正赏罚，力求"君之赏不可以无功求，君之罚不可以有罪免者也"③。不仅如此，唐太宗认为赏罚分明，要"以公平为规矩，以仁义为准绳"，而不能以是否符合自己的"私虑""私益"为标准："适己而妨于道，不加禄焉；逆己而便于国，不施刑焉。故赏者不德君，功之所致也；罚者不怨上，罪之所当也。"④因此，当有人建议把"玄武门之变"中拥立唐太宗有功的秦王府旧部全都封为武职官员时，唐太宗依理加以拒绝："朕以天下为家，惟贤是与，岂旧兵之外皆无可信者乎？"⑤唐太宗戎马一生，深感自己读书太少、经验不足，为了弥补这一缺憾，唐太宗每天罢朝归来都安排一些时间读书。常常吃罢晚饭就上书房，通宵达旦，手不释卷。与此同时，为了从以往的历史中汲取治世之道，他还加强对有功将士的儒化教育，注意劝导臣下和皇族子弟钻研学问，甚至曾下诏说："夫不学，则不明古道，而能政致太平者，未之有

---

① 《旧唐书·唐太宗本纪》。
② 《贞观政要·封建》。
③ 《贞观政要·择官》。
④ 《帝范·赏罚》。
⑤ 《资治通鉴》卷一百九十二。

也。"① 正是由于唐太宗自己的极力倡导和身体力行，贞观时期，君臣相互切磋学问，蔚然成风。

其三，律身廉政。

唐太宗认为，"治国"就像"养病"，"尤须兢慎，若便骄逸，必至丧败。今天下安危，系之于朕，故日慎一日，虽休勿休。"② 这种居静修养、反躬克己的工夫，彰显出先秦儒家浓厚的忧患意识："然安不忘危，治不忘乱，虽知今日无事，亦须思其终始。常得如此，始是可贵也。"③ 大臣们也反复提醒唐太宗。贞观十一年（公元 637 年），魏徵上《谏太宗十思疏》，建议唐太宗要在十个方面时刻提醒自己："君人者，诚能见可欲则思知足以自戒，将有作则思知止以安人，念高危则思谦冲而自牧，惧满溢则思江海下百川，乐盘游则思三驱以为度，忧懈怠则思慎始而敬终，虑壅蔽则思虚心以纳下，想谗邪则思正身以黜恶，恩所加则思无因喜以谬赏，罚所及则思无因怒而滥刑。"④

唐太宗深深认识到，要实现国家大治，关键在于人君"简静""抑情损欲，克己自励""安人宁国"。与以往一切君主相比，这种自觉的"律身"原则，在唐太宗身上，显得尤为引人注目。他礼贤下士，谦抑自律，清心寡欲，谨言慎行，常怀畏惧，极力规诫自己："归罪于己，推恩于民。大明无偏照，至公无私亲。故以一人治天下，不以天下奉一人。"⑤ 唐太宗以身作则，其皇后长孙氏、贤妃徐惠等均能严格要求自己和亲属近侍，贪求人才而不贪求钱财，节制物欲，严拒献纳；大臣们亦步亦趋，唯恐不及。例如，大臣岑文本"宅卑湿，无帷帐之饰"，别人劝他经营产业，他说自己从一布衣之士位至宰相，"荷俸禄之重，为惧已多"，岂可再讲什么产业！戴胄"居宅弊陋"，死后连个像样的祭奠处所都没有。

正是以这种自律节制原则为核心，唐太宗君臣提出了一条防微杜渐的

---

① 《贞观政要·尊敬师傅》。
② 《贞观政要·政体》。
③ 《贞观政要·慎终》。
④ 《贞观政要·君道》。
⑤ 《贞观政要·刑法》。

廉政国策，可概括为"节用、寡取、用廉、富民"八字。此其中，最为重要的，乃是"选用廉吏"，因为不用廉，则节用、寡取、富民统统无从谈起。贞观君臣认识到，清廉虽是美德之一，而于官吏则是关键性美德；贪浊虽是恶德之一，而于官吏则是致命恶德。故选官标准突出"廉"字。唐太宗虽然对自己以前的仇敌都能够捐弃前嫌、不念旧恶，但是，对贪官污吏则深恶痛绝，绝不姑息。贞观十一年（公元 637 年）颁行的《贞观律》，虽然"务在宽简"，但惩治贪官污吏的律文却极其严厉。职制明确规定：严禁官吏接受任何人请托，嘱托求情者与接受者均予严惩；对受贿者严惩不贷，凡监临主司受贿绢帛一尺则处杖刑一百，受贿十五匹即处绞刑；各级长官在机构人员定编之外超限一人则处杖刑一百，三人罪加一等，十人徒刑二年；贡举非其人及应贡举而不贡举者，一人徒一年，二人加一等。

此外，唐太宗在树立健康的社会风俗上也很有见地和建树。贞观五年（公元 631 年），唐太宗谓侍臣曰："佛道设教，本行善事，岂遣僧尼道士等妄自尊崇，坐受父母之拜，损害风俗，悖乱礼经？宜即禁断，仍令致拜于父母。"① 针对当时婚姻"多纳货贿、攀比名门"的恶习，竟下诏："自今以后，明加告示，使识嫁娶之序，务合礼典，称朕意焉。"② 针对有人说"前代兴亡，实由于乐"的谬论，如"陈将亡为《玉树后庭花》，齐将亡而为《伴侣曲》"，唐太宗则认为，"欢者闻之则悦，哀者听之则悲。悲悦在于人心，非由乐也。将亡之政，其人心苦，然苦心相感，故闻之则悲耳。"③ 贞观七年（公元 633 年），有人奏言想根据《破陈乐舞》为唐太宗当年的英雄战事编排乐舞，唐太宗则回答说："朕以见在将相，多有曾经受彼驱使者，既经为一日君臣，今若重见其被擒获之势，必当有所不忍，我为此等，所以不为也。"④

---

① 《贞观政要·礼乐》。
② 《贞观政要·礼乐》。
③ 《贞观政要·礼乐》。
④ 《贞观政要·礼乐》。

其四，虚心纳谏。

唐太宗君臣通过考察历史发现，历代帝王的衰落都是因为"蔽其耳目，不知时政得失，忠正者不言，邪谄者日进"①。隋亡，固然在于隋炀帝的穷奢极侈、徭役不息、穷兵黩武、民不堪命，终致群雄并起，而"护短拒谏"、偏信奸臣，确是导致失败的一个重要原因，从而造成"上下相蒙，君臣道隔，左右之人，皆为敌国"。②为此，唐太宗虚怀若谷，广开言路，积极求谏。在唐太宗看来，谏诤有四大好处：一可明知得失。他说："人欲自照，必须明镜；主欲知过，必借忠臣。"③二可集思广益。唐太宗认为"天下之广，四海之众，千端万绪，须合变通"，因而凡是国家机务都必须交给"百司商量，宰相筹画"④。三可下情上达。唐太宗认为自己深居九重，不能尽见天下之事，所以把大臣作为耳目，使下情上达。他说："朕每闲居静坐，则自内省，恒恐上不称天心，下为百姓所怨。但思正人匡谏，欲令耳目外通，下无怨滞。"⑤四可杜谗防奸。唐太宗知道自己作为一个帝王，乾坤独运，唯有广听谏言，才能防止谗人蒙蔽。为此，他规定："自今以后，有上书讦人小恶者，当以谗人之罪罪之。"⑥

唐太宗认识到："人臣之对帝王，多顺从而不逆，甘言以取容。"⑦为此，他不只要求臣僚进谏，自己也时时反省，力戒骄矜。他说："自古帝王多任情喜怒，喜则滥赏无功，怒则滥杀无罪，是以天下丧乱，莫不由此，朕今夙夜未尝不以此为心，恒欲公等尽情极谏。"⑧为消除谏诤之虑，他又承诺不会"辄相责怒"："朕今志在君臣上下，各尽至公，共相切磋，以成治道。公等各宜务尽忠说，匡救朕恶，终不以直言忤意，辄相责怒。"⑨当

① 《贞观政要·政体》。
② 《隋书·帝纪第四·炀帝下》。
③ 《贞观政要·求谏》。
④ 《贞观政要·政体》。
⑤ 《贞观政要·求谏》。
⑥ 《贞观政要·杜谗邪》。
⑦ 《贞观政要·纳谏》。
⑧ 《贞观政要·求谏》。
⑨ 《贞观政要·求谏》。

他听不到臣僚进谏时，便询问魏徵原因何在。魏徵回答说："人之才器，各有不同。懦弱之人，怀忠直而不能言；疏远之人，恐不信而不得言；怀柔之人，虑不便而不敢言。"① 因此，为了给进谏者提供一个宽松的气氛，减轻进谏者的心理障碍，唐太宗在臣下面前从不摆尊架，对年长之臣常呼为兄，且"恒自名"；每见人奏事，必假颜色，冀闻谏诤。即使不合"胃口"，他也"不以为忤"，深恐下属以后不敢再谏。

在唐太宗这种"恐人不言，导之使谏"② 态度的鼓励下，智囊们"说言直谏，蔚然成风"。与此同时，为了保证言路的畅通，减少政治上的失误，唐太宗还从制度上着手进行建设。唐太宗沿袭了前朝隋代中书省决策，门下省审议，尚书省执行的制度。为了使智囊人才能够更好地独立思考和发表自己的意见，还特意创立并推行了"五花判事"制度：规定中书省设中书舍人六名，分别联系尚书省的六个部，凡起草军国政令，中书舍人必须逐个发表意见，署上自己的名字，由中书侍郎、中书令仔细审查，然后转门下省，由黄门侍郎和给事中负责驳正，方可付外施行。对于重要的政务，命令"皆委百司商量，宰相筹划，于事稳便，方可奏行"③。他还命令五品以上的京官，都要轮流到中书内省值宿，以便随时"问以民间疾苦，政事得失"④。此外，他还命令各级部门，在接到诏书之后，如果认为不尽稳便，可以据理申奏，不一定立即执行，等等。这种制度措施，能够充分汲取各方面意见，从而减少了决策失误。

由于唐太宗的积极倡导，谏诤风行一时，直言切谏之人上至宰相御史，下至县官小吏，甚至宫廷嫔妃。当时几乎是无事不可以谏，甚至达到了"进谏无禁区"的地步。例如，齐州人段志冲甚至无故"请上致政于皇太子"，当时群臣皆以为罪无可赦，唐太宗却讲："朕若有罪，是其直也；若无罪，是其狂也"⑤，遂不加罪。言论如此自由，这在其他朝代简直是难

---

① 《贞观政要·求谏》。
② 《贞观政要·纳谏》。
③ 《贞观政要·政体》。
④ 《资治通鉴·唐纪》。
⑤ 《资治通鉴·唐纪十四》。

以想象的。

贞观十三年（公元 639 年），针对唐太宗在贞观后期日渐滋长出的骄傲、懈怠情绪，魏徵又上了著名的《谏唐太宗十渐不克终疏》，以准确的洞察、尖锐的言辞、深刻的论理，将唐太宗的有始无终问题分十个方面作了全面的勾画和批评，原文如下：

臣奉侍帷幄十余年，陛下许臣以仁义之道，守而不失；俭约朴素，终始弗渝。德音在耳，不敢忘也。顷年以来，浸不克终。谨用条陈，裨万分一。陛下在贞观初，清净寡欲，化被荒外。今万里遣使，市索骏马，并访怪珍。昔汉文帝却千里马，晋武帝焚雉头裘。陛下居常论议，远希尧、舜，今所为，更欲处汉文、晋武下乎？此不克终一渐也。子贡问治人。孔子曰："懔乎若朽索之驭六马。"子贡曰："何畏哉？"对曰："不以道导之，则吾仇也，若何不畏！"陛下在贞观初，护民之劳，煦之如子，不轻营为。顷既奢肆，思用人力，乃曰："百姓无事则易骄，劳役则易使。"自古未有百姓逸乐而致倾败者，何有逆畏其骄而为劳役哉？此不克终二渐也。陛下在贞观初，役己以利物，比来纵欲以劳人。虽忧人之言不绝于口，而乐身之事实切诸心。无虑营构，辄曰："弗为此，不便我身。"推之人情，谁敢复争？此不克终三渐也。在贞观初，亲君子，斥小人。比来轻亵小人，礼重君子。重君子也，恭而远之；轻小人也，狎而近之。近之莫见其非，远之莫见其是。莫见其是，则不待间而疏；莫见其非，则有时而昵。昵小人，疏君子，而欲致治，非所闻也。此不克终四渐也。在贞观初，不贵异物，不作无益。而今难得之货杂然并进，玩好之作无时而息。上奢靡而望下朴素，力役广而冀农业兴，不可得已。此不克终五渐也。贞观之初，求士如渴，贤者所举，即信而任之，取其所长，常恐不及。比来由心好恶，以众贤举而用，以一人毁而弃，虽积年任而信，或一朝疑而斥。夫行有素履，事有成迹，一人之毁未必可信，积年之行不应顿亏。陛下不察其原，以为臧否，使谗佞得行，守道疏间。此不克终六渐也。在贞观初，高居深拱，无田猎毕弋之好。数年之后，志不克固，鹰犬之贡，远及四夷，晨出夕返，驰骋为乐，变起不测，其及救乎？此不克终七渐也。在贞观初，遇下有礼，群情上达。今外官奏事，颜色不接，间因所短，诘其细过，虽有忠款，而不得申。此不克终八渐也。在贞观初，孜孜治道，常若不足。比恃功业之大，负圣智之明，长傲纵欲，无事兴兵，问罪远裔。亲狎者阿旨不肯谏，疏远者畏威不敢言。积而不已，所损非细。此不克终九渐也。贞观初，频年霜旱，畿内户口并就关外，携老扶幼，来往数年，卒无一户亡去。此由陛下矜育抚宁，故死不携贰也。比者疲于徭役，关中之人，劳弊尤甚。杂匠当下，顾而不遣。正兵番上，复别驱任。市物襁属于廛，递子背望于道。脱有一谷不收，百姓之心，恐不能如前日之帖泰。此不克终十渐也。①

唐太宗接到魏徵的奏章之后，反复斟酌，幡然悔悟。贞观十七年（公元 643 年），魏徵病逝，唐太宗非常伤心地对臣下说："以铜为镜，可以正衣冠；以古为镜，可以知兴替；以人为镜，可以明得失。朕常保此三镜，以防己过。今魏徵殂逝，遂亡一镜矣。"② 唐太宗正是由于诚恳求谏，知错必纠，身体力行，才使他身边忠臣云集，奸邪远惧，治绩斐然。

总之，由于唐太宗坚持以身作则，加上其他措施得力，使社会政治经济日益繁荣昌盛，人民安居乐业，唐朝社会很快就出现了"官民奉法，盗贼日稀"③"华夏安宁，远戎宾服"④ 这样一幅清明、繁荣的生动画卷。唐太宗也因此被后代史家列入圣主明君的行列："盛哉，唐太宗之烈也！其除隋之乱，比迹汤、武；致治之美，庶几成、康。自古功德兼隆，由汉以来未之有也。"⑤

三、理学独尊

隋唐时期，中国社会渐入鼎盛时期，深深植根于中国土壤的儒家文化

---

① 《新唐书》卷九十七，《列传》第二十二。
② 《贞观政要·任贤》。
③ 《贞观政要·仁义》。
④ 《贞观政要·政体》。
⑤ 《新唐书·太宗本纪》。

此时显示出海纳百川的气度，对释、道学派兼收并蓄，从而迎来了一个儒学复兴的时代。科举制度的创立使西汉官方化的儒学再次走向民间，儒学的教化功能大为增强。尽管如此，但就思想发展的深度及对士人心理的影响而言，儒学则抵不上佛、道。宋太祖立国之后，为适应中央集权统治的需要，极力提倡重整伦理纲常、道德名教，多次以诏令形式重申儒家的伦理纲常，把尊孔读经作为学校教育的主要内容，从而使儒学取得了事实上的独尊地位。宋太祖甚至"亲撰先圣亚圣赞，十哲以下令文臣分赞之。建隆中凡三幸国子监，谒文宣王庙"①。以后的太宗、真宗、仁宗等也都曾拜谒孔庙。宋代儒学不仅控制了国子学、太学等，甚至控制了算学、医学、书学、画学等所谓"杂学"。

与此同时，北宋儒者走出秦汉以来的平面化的章句之习与烦琐化的考据之风，发挥先秦孔孟儒家的精微之蕴，形成研究义理之风，努力复兴儒学，重振纲常。为了使儒学在哲理上与佛、道相抗衡，儒者大量汲取佛、道思想的思辨成分，将佛、道"修养"方式引向"齐家""治国""平天下"，使虚幻出世的神学观念重新回到现实的人世，使哲学的终极从彼岸回到此岸，从而创立了儒学的新形态——理学，并以此为现实社会的等级秩序提供理论辩护。

理学在北宋时期主要有五个代表人物：周敦颐、张载、邵雍、程颢、程颐，称为"北宋五子"。周敦颐秉承"推天道以明人事"的原则，参考宋初道士陈抟之无极图，"著太极图，明天理之根原，究万物之终始"②，又著《通书》，与其《太极图说》互相阐释。《太极图说》描述了具体事物的多样性与本源的统一性之间的关系，所谓"是万为一，一实万分"。周敦颐首次将无极一词引入儒家理论，说"无极而太极"，"太极"一动一静，产生阴阳万物："万物生生而变化无穷焉，惟人也得其秀而最灵。"③圣人又模仿"太极"建立"人极"。"人极"即"诚"，"诚"是"纯粹至

---

① 《宋史·礼志》。
② 《宋史·道学传》。
③ 周敦颐：《太极图说》。

善”的“五常之本，百行之源也”①，是道德的最高境界，只有通过主静、无欲，才能达到这一境界。这一思想显然源于佛教。

邵雍的思想主要反映在他的《皇极经世》一书中。该书运用易理和易教推究宇宙起源、自然演化和社会历史变迁，建构了一套缜密的宇宙论图式，即“物理之学”，还创立了独具特色的“性命之学”。邵雍在物理之学上推崇道家，在性命之学上推崇儒家，儒道互补，将天人关系自然地融进他的易学中，成为以“易”贯通儒、道的重要代表人物。邵雍认为，人性同于物性：“人之类备乎万物之性”②“惟人兼乎万物，而为万物之灵”③。同时，人性高于物性，不仅表现为人有灵性、有智慧、有意识，为“万物之灵”，而且表现为人有道德、有价值理想，所谓“唯仁者真可谓之人矣”④。在方法论上，邵雍将“修养”和“观物”有机结合在一起，“观物”偏向于主体对客体的认知，“修养”偏向于主体的体验。“观物”的目的在于揭示天地万物的本质和规律，“修养”的目的在于构建人类的道德伦理和价值理想，从而达到窥开物理、照破人情的生命境界。他提出“以物观物”，反对认识客观事物时加入主观感情的成分，如此才能照见万事万物的真实的、内在的本质。而要做到“以物观物”，还必须“去己之情”，必须修养道德、修心修身。因此“观物”就不仅是认识的方法，而且也是修养的方法。由观物而修养，都要求心如明镜、心如止水，这是一种类似于禅宗修养心性的方法，但与禅宗追求明心见性不同，邵雍是为了窥开物理、照破人情。

张载则对人心之“至公”的内涵作了更深一层的说明。张载认为，“气”是天地万物之本体，即“太虚”，“太虚”乃“天地之性”，既是万物之本性，也是人成形之前的本性，就像周敦颐的“太极”至善一样，所谓“性者万物之一源，非有我之得私也”！⑤ 但人在成形以后，就具有人所特

① 周敦颐：《通书·诚下第二》。
② 邵雍：《皇极经世书卷十四》。
③ 邵雍：《皇极经世观物外篇衍义卷八》。
④ 邵雍：《观物外篇下》。
⑤ 张载：《正蒙·诚明》。

有的本性，即"气质之性"。"气质之性"乃恶之根源，故"君子"不应追求"气质之性"，而应变化气质，反乎"天地之性"①。张载继承了孟子"人皆可以为尧舜"的思想，也继承了佛教人皆有佛性的思想，认为人人都可通过"学"、通过变化气质，而成君子、圣贤。张载主张"无欲"，并非弃绝人为维持生存所必须满足之欲，而指弃绝违反人之本性之私欲，所谓"不以嗜欲累其心"②。这似乎更多地继承了佛教远离湮没"真我"之世俗社会的思想。人既与他人、他物同体，故人应泛爱他人、他物。张载由此而申述了他的著名的博爱思想："性者，万物之一源。非有我之得私也。惟大人能尽其道。是故立必俱立，知必周知，爱必兼爱，成不独成。"③但张载之所谓"兼爱"，其重点不在于强调差等，而在于强调不仅要爱己，且要爱人，以至于爱物。这是从原始儒家思想的一种转移，是由差等之爱向平等之爱——博爱的一种过渡。张载的著名命题"民胞物与"，较之血缘亲情之爱和"推及"之仁，堪称儒家伦理道德思想发展史上重大的突破。即便如此，张载的思想中依然具有贵贱等级的成分，如所谓"大君者，吾父母宗子；其大臣，宗子之家相也"及"富贵贫贱""上智下愚，习与性相远既甚，而不可变者也"④之类的论述，就是贵贱等级之分的思想表现。

程颢与程颐两兄弟的思想，从大的方面说基本是一致的，因此，通常"二程"并称。就天道而言，程颢认为，在生生不已的天道之下，通过阴阳二气产生天地万物，人只不过是得天地中正之气，因而，"人与天地一物也"。人能明白这个道理，达到这种精神境界，即为"仁者"："仁者浑然与万物同体。"⑤这显然是对孟子之"万物皆备于我"的申述和发挥。程颢从"万物一体"出发，得出了"博施济众"的道德结论，但也不乏维护名

① 张载：《正蒙·诚明》。
② 张载：《正蒙·诚明》。
③ 张载：《正蒙·诚明》。
④ 张载：《正蒙·诚明》。
⑤ 《二程遗书》卷二上。

教纲常之论："父子君臣，天下之定理，无所逃于天地之间"①"富贵由来自有天"②"差等有别，莫敢逾僭"③。他认为人心自有"明觉"，具有良知良能，故自己可以凭直觉体会真理，达到所谓"物我合一"。程颢提出"天者理也"的命题，把"理"作为宇宙的本原。程颐由此而演绎出一套理学的理论，认为理是万事万物的本原，但是世界各个事物各有其特殊情形，各有其理："天下之理一也。涂虽殊而其归则同，虑虽百而其致则一。虽物有万殊，事有万变，统之于一，则无能违也。"④ 这就是"理一分殊"的思想。由于天理是先验的，所以要通过各种办法，求出天理，而格物致知即穷究事物之理，最终就是要验证这种理，体验天理的永恒，最终达到豁然贯通，直接体悟天理。关于知、行关系问题，程颐主张以知为本，先知后行，能知即能行，行是知的结果。在二程看来，天理又是纲常名分等级制度，维护纲常就是治道，就是维护天理，就可达到长治久安的目的："夫天下国家，必纪纲法度废乱，而后祸患生。圣人既解其难而安平无事矣，是无所往也；则当修复治道，正纪纲，明法度，进复先代明王之治，是来复也，谓反正理也，天下之吉也。"⑤

　　总体来看，北宋时期理学的特点，主要在于以"万物一体"之"仁"的概念，明确界定了"仁"德之本体论根据，申述了孟子的"天人合一"思想，从而突破了先秦儒学囿于现实的人伦道德的局限性，而进入更高层次的哲理领域和思辨领域。其所着重探讨的问题已不再主要局限于人事和现实，而更着重讲人之心性与宇宙全体之关系问题，讲形而上与形而下的关系问题，教人立其大本，为形而下之人生现实求形而上之本体（天理）。理学由此而使先秦儒学从伦理学上升、发展成为一种哲学，并成为中国儒学传统之顶峰。

　　南宋时期，理学在理论上更加成熟，出现了正统理学集大成者朱熹。

---

① 《二程遗书·语录》。
② 《明道文集》。
③ 《伊川易传》卷二。
④ 《伊川易传·序》。
⑤ 《程氏文集》卷二。

他在二程思想的基础上，以天理为核心范畴，吸收张载、周敦颐和邵雍的一些思想，建立了一个庞大的理学体系，世称"程朱理学"。在周敦颐、张载、二程那里，倡言自我的"博爱仁性"与维护名教纲常之间的关联尚不十分明显，但到了朱熹这里，则显得十分突出。和其他理学家一样，朱熹也极力为儒家的人伦道德观建立本体论的根据。朱熹认为天地万物的本体、根据是"理"。天地万物由"理"与"气"二者构成，在具体事物中，二者不可分离。但从道理、逻辑上讲，"理"是根本："理气无先后之可言，然必欲推其所以来，则须说先有是理""理未尝离乎气，然理形而上者，气形而下者。自形而上下言，岂无先后"？① 朱熹认为，此"理"不仅是作为一般客观事物"所以来"的根据之理，而且是作为纲常名教的根据之理："以天道言之，为元亨利贞；以四时言之，为春夏秋冬；以人道言之，为仁义理智。"② 这样，一方面，自然界的客观之"理"（规律）被赋予了人伦道德的含义；另一方面，人伦道德规范被渲染成了和自然界客观之"理"同样不能移易、不能违反之"理"："未有这事，先有这理。如未有君臣，已先有君臣之理；未有父子，已先有父子之理。"朱熹赋予自然事物以道德意识，又把道德意识视为与自然规律一样永恒不变，从而把二者"相混"。③ 朱熹便从这种混淆中得出结论："君臣父子，定位不易，事之常也。君令臣行，父传子继，道之经也""子曰：'君使臣以礼，臣事君以忠。'君与臣是所止之处，礼与忠是其所止之善""三纲之要，五常之本，人伦天理之至，无所逃于天地之间"④。

朱熹既把一物之"所以然之理"与"其所应该之理"合而为一，也就顺理成章地主张"理"有"至善"的特性："人物之生，必禀此理，然后有性。"⑤ 故人的本性亦无有不善，但由于具体的人必须有气而成形，从而因禀"气"之清浊不同而有善恶贤愚富贵贫贱之别，此即所谓"气质之

---

① 《朱子语类》卷一。
② 《朱子语类》卷六十八。
③ 冯友兰：《中国哲学史》下册，华东师范大学出版社 2011 年版，第 927 页。
④ 《朱子语类》卷十四。
⑤ 朱熹：《答黄道夫》。

性"。人的修养就在于去除"气质之性"所带来的一切不符合"天理""天地之性"的物欲、私欲，以达到完全按照"天理"行事，亦即达到完全按照"三纲五常""无所逃于天地之间"的"人伦天理之至"的境地。这就是朱熹所极力强调的著名主张："圣人千言万语，只是教人存天理灭人欲"①"人之一心，天理存，则人欲亡；人欲胜，则天理灭"②。朱熹所谓"人欲"，倒不是指人的生存欲望，而是指不符合"三纲五常""人伦天理"之欲，这实际上是把个体性自我完全、彻底地湮没在儒家所提倡的名教纲常之中，而灭尽一切独立自我的个性。

就这样，朱熹的理学通过塑造出一个不生不灭、至高无上、主宰一切的"理"，论证了专制主义的永恒性、绝对性，以及皇帝是至高无上、主宰一切的权威。当然，相比于汉代儒家的天人感应论，宋代理学中主观的神化、圣化色彩要淡薄得多。在朱熹看来，君主制固然是亘古不变的天理，但君主个人既不是神，也不是圣贤。从人物产生上看，天子与常人无异，都禀受天地之理以为本性，禀受天地之气以为形体。在天命之性上，天子与常人也完全平等，都禀得天理之全体。他们所不同的是在气禀上。气质有清浊、厚薄、长短等不同属性，分别对应于人生的贤愚、贵贱、寿夭。禀得厚气的享富贵，禀得清气的为圣人，天子与常人的不同就在于他禀得极厚的气。而气禀的获得又完全是偶然的，不以任何人或神的意志为转移。这就意味着，君主虽禀得极厚的气而享人间富贵之极，却不一定是贤明仁慧的，而完全可能是无德无能之辈。朱熹认为，三代之时，君子德位相称，道统与君统是一致的。至孔子方"有德无位"，道统与君统遂分离。孟子以后道统不传，后世之君不可能学至圣人。朱熹的这一气运说实际上否定了后世之君中出现天生圣人的可能："恁地时节，气运自别。后世气运渐乖，如古封建，毕竟是好人在上。到春秋乃生出许多逆贼……且如天子，必是天生圣哲为之。后世如秦始皇在上，乃大无道人，如汉高祖，

---

① 《朱子语类》卷十二。
② 《朱子语类》卷十三。

乃崛起田间，此岂不是气运颠倒！"① 就是说，由于气运的转移，后世君主皆不得清明之气，他们非但不是圣贤，其中很多甚至还是"盗贼"。朱熹的这一人性论贬抑君统，否定了后世君主在道德智慧上较之其他社会成员有先天的优越性的说法，卸下了历来加在君主头上的种种神圣的光环。故朱熹学说虽然对君主制的合法性提供了强有力的证明，却在一定意义上避免了对君主个人的神化和圣化。

如果说朱熹从人性来源的角度否定了君主的神圣性，那么在历史观中他主要从君主在历史上的表现及所起的作用的角度提出对君统的批判。在与陈亮进行的那场关于王霸义利的著名辩论中，朱熹认为，三代圣贤的施政完全本于仁义，三代之治尽善尽美；而后世如汉唐之治尽管看起来规模宏大，但其中悖理乱伦之处比比皆是，故朱熹对西周以后的君主政治一概持否定态度："千五百年之间……尧舜三王周公孔子所传之道，未尝一日得行于天地之间也。"② 而后世君主之所以能成就功业，且享国久长，并不是因为他们所行的是仁德之政，而只是其作为碰巧与天理人道"暗合"，用心实际上多出于利欲："汉唐之君虽不能无暗合之时，而其全体只是在利欲上""后来所谓英雄……但在利欲场中头出头没"③。如此，"则汉祖唐宗贤于盗贼不远……则是天命可以苟得"④。这的确是从朱熹的历史观中合乎逻辑地导出的结论。在官僚政体取代门阀政体后，宋代皇帝与"士大夫共治天下"，士大夫阶层俨然成为政治主体。士大夫们以天下为己任，可以按照自己的治国理念，指斥朝政，批评皇帝，基本上无须太多的顾忌。这种开明体制与风气是中国传统社会政治体制所能达到的最高境界。理学似乎期望证明，只有"去欲"才能"存理"，才能达成纲常秩序，从而将君主的权力也框定在"天理"之下。然而，宋代以降，君主将理学作为官方哲学时，总是将去欲存理的义务交给臣民，而极端专制的权力和欲望总是超

---

① 《朱子语类》。
② 《朱熹集》卷三十六。
③ 《朱熹集》卷三十六。
④ 陈傅良：《止斋集》，影印文渊阁四库全书本，卷三十六。

越天理之上的，从而与朱熹本人的理论日渐偏离。

　　而为了建立"大一统"的一尊思想，程朱理学家以继承儒家道统自居，步董仲舒之后尘，不仅进一步确立孔子的儒家教主地位，而且把他抬到圣人以至于"神"的吓人高度。朱熹把孔子称为"继往圣，开来学"的大圣人，"其功反有贤于尧舜"①，甚至把孔子说成是天下的大救星，宣称："天不生仲尼，万古长如夜"②，鼓吹儒家思想"句句皆是""全是天理"③，等等。朱熹花了四十年的工夫，研究《论语》和《孟子》，又将这两本书和《礼记》中的《大学》《中庸》两篇，编成《四书》，并对《四书》分章断句，精心加以注释，称之《四书集注》，作为宣扬儒家思想的经典。不仅如此，朱熹更是将"三纲五常"视为"礼之大体"④ 而强调有加："事君须是忠，不然，则非事君之道"⑤ "君臣父子，定位不易，事之常也。君令臣行，父传子继，道之经也"⑥，并由此发展成"君要臣死，臣不得不死，父要子亡，子不敢不亡"的绝对的愚忠愚孝。程颐宣称："父子君臣，天下之定理，无所逃于天地之间"⑦，甚至提出"饿死事小，失节事大"。而朱熹做官，就是按照"差等有别"来处理政事。凡是打官司的，"首先要论其尊卑上下、长幼亲疏之分"，然后再看是非曲直，凡是有"以下犯上，以卑凌尊者""罪加凡人之坐"，⑧ 极力维护等级特权。理学把"三纲五常"提到"天理"的高度，无疑是把等级制度神圣化、绝对化。

　　程朱理学以天理观念为核心的儒家本体论，为儒家的道德理想主义奠定了哲学基础，进一步论证和捍卫了传统的儒教治国方略。而这一方略的基本内核，便是自汉代所确立的"阳儒阴法"或者说"王霸间杂"模式。汉武帝虽然实行"罢黜百家，独尊儒术"，但还允许其他各家思想的存在。

---

① 朱熹：《大学章句序》。
② 《朱子语类》卷九三。
③ 《朱子语类》卷十一。
④ 《四书集注·论语章注为政》。
⑤ 《朱子语类》卷一三。
⑥ 《朱熹集》卷十四。
⑦ 《程颐遗书》卷五。
⑧ 《朱熹集》卷十四。

然而，自入宋以来，统治者对意识形态领域的控制越来越严酷。理学在南宋理宗时期被列入"正学之宗"，其他思想则被视为"异端"。理宗宝庆三年下诏："朕观朱熹集注《大学》《论语》《孟子》《中庸》，发挥圣贤蕴奥，有补治道。朕定励志讲学，缅怀典型，深用叹慕，可特赠熹大师，追封信国公。"① 从此，程朱理学在思想界的正统地位正式确立，成为南宋以后长期居于统治地位的官方哲学，其主流地位一直延续至清代中叶。而朱熹编著的《四书集注》，更成为元、明、清三代的国家法律裁判的依据和科举取士的金科玉律。明代朱元璋认为，唯有"以德化天下"，兼"明刑制具以齐之"②，才能使国家实现长治久安，因此，"为国之治道，非礼则无法，若专法而无礼则又无法也。所以礼之为用，表也；法之为用，里也。"③ 清朝康熙在总结历史经验中深知"守固"之道不在于关塞险阻，而在于"修德安民"，注意把明德救法与礼教德化联系起来，要求礼法并用，"以德化民，明刑弼教"④。

不过，除了王霸间杂的统治策略之外，中国历史上，无为而治的统治策略也依然在特定历史时期间或发生着自身独特的作用，尤其是对于频遭战乱、暴政蹂躏的社会民生有着极强的安抚作用。纵观中国历史，几乎每个王朝的建国之初都曾奉行自然无为的统治方略，如西汉初年的无为之治，东汉光武帝的柔道治天下，唐太宗贞观之治，"惟欲清静，使天下无事"，宋太祖"慎罚薄敛，与世休息"，朱元璋的"休养安息"，等等。值得注意的是，无为而治既能发展出以退为进、以屈求伸的汉唐雄强政治，也能发展出一味退守的北宋文弱政治。例如，宋徽宗将"无为"阐释成消极地顺应自然，完全放弃有为，选择了个人的无为逍遥："其难也，若有为以经世；其易也，若无为而适己。"他还引用庄子关于"道之真以治身，其绪馀以为国家，其土苴以治天下"⑤ 的话来表明自己不屑于治理天下，

① 《宋史记事本末卷八十》。
② 《明史·太祖纪》。
③ 《明太祖文集》。
④ 《清圣祖实录》。
⑤ 《庄子·让王》。

甚至认为治理天下最好的办法是"以不治治之"，因为在其看来，有为最多只能利益一世，而无为则能利益万世："以仁爱民，以智治国，施教化，修法则，以善一世，其于无为也难矣。圣人利泽施乎万世不为爱人，功盖天下似不自己，故无为也，用天下而有余。"在这里，宋徽宗基本上是以《庄子》来解《老子》，以庄子所谓的"帝王无为而天下功"来唱高调。究其实，宋徽宗反对"有为"的原因，可能是对神宗以来的"变法"与反"变法"之争感到厌倦。他注释《老子》"治大国，若烹小鲜"说："事大众而数摇之，则少成功。藏大器而数徙之，则多败伤。烹小鲜而数挠之，则溃。治大国而数变法，则惑。是以治道贵清静而民自定。"① 这里的"变法"不光是指王安石立新法，也包括司马光等人废新法，立与废都是"变法"，都是"有为"。宋徽宗既不同意立新法，也不同意废新法，而主张维持现状，既不立也不废。然而，现实情况是新党、旧党的政治斗争已愈演愈烈。宋徽宗不去想办法调和矛盾，而是以"无为"为借口任由矛盾发展，结果使政治变得越来越黑暗，直至北宋灭亡。

---

① 赵佶：《宋徽宗御解道德真经》卷一（道藏）第 11 册，第 841—849 页。

第四篇

秩序与治理

第十章　家天下

从统治模式上看，自秦代奠定了皇权政治下家天下、"大一统"的基本格局以来，经两汉四百余年的发展、积淀，以中央集权统治和皇权至高无上的君主制政体为核心的"大一统"体制得以最终确立，并一直沿用到清末。这种政体的根本特征表现在君主拥有独揽一切和至高无上的权力，"口衔天宪"，视全国全社会都是自己一姓一家"莫大之产业"，拥有绝对的支配权。这种政权模式，由于深深根植于中国传统的宗法关系、观念中，而保持着长期的稳定形态。与此同时，随着统治策略上的"礼法合一"，君主的权力和意志常常凌驾于法律之上，从而使中国社会管理具有了明显的"人治"特征。

一、君临天下

君主专制制度的最基本特征，就是君主一人独裁。先秦诸子在君主理论上尽管有不少分歧，但在君主独裁问题上，却"殊途同归"。孔子提出"礼、乐、征伐自天子出"①"唯器与名，不可以假人，君之所司也"②。孔子思想的主旨之一是论君臣父子之别，要求做到"君君，臣臣"③，并认为

---

① 《论语·季氏》。
② 《左传·成公二年》。
③ 《论语·颜渊》。

"名不正则言不顺，言不顺则事不成"①。孔子一生呕心沥血，提倡"克己复礼"，归根结底还是为了保住人君无上的尊严。孟子虽然猛烈批评暴君，但他非常赞成孔子"天无二日，民无二王"②的说法，并从亲亲、敬长而推演出尊君："未有义而后其君者也"③，又说，人之罪，"莫大焉亡亲戚君臣上下"④。荀子认为，君主只能一，不能二："君者，国之隆也。……隆一而治，二而乱。自古及今，未有二隆争重而能长久者"⑤"君臣、父子、兄弟、夫妇，始则终，终则始，与天地同理，与万世同久，夫是之谓大本"⑥。诚然，儒家也主张对君主权力进行限制，如孟子所言："君之视臣如手足，则臣视君如腹心；君之视臣如犬马，则臣视君如国人；君之视臣如土芥，则臣视君如寇仇"⑦"责难于君谓之恭，陈善闭邪谓之敬，吾君不能谓之贼"⑧，"君有过则谏，反复之而不听，则去"⑨。尽管如此，这些都必须以忠君为前提，"有伊尹之志，则可，无伊尹之志，则篡也"⑩"无父无君，是禽兽也"⑪。同样，墨子也极力宣扬一切政令都要听命于天子："上之所是，必亦是之，上之所非，必亦非之。"⑫而在宣扬君主独一无二方面，法家表达得最有力，也最明快。商鞅说："权者，君之所独制也。"⑬韩非指出，"一栖两雄""一家两贵""夫妻共政"是国家祸乱之源，只有"独断者可以为天下王"⑭。慎到认为，"两"与"杂"是乱之源："两则争，

---

① 《论语·子路》。
② 《孟子·万章上》。
③ 《孟子·梁惠王上》。
④ 《孟子·尽心上》。
⑤ 《荀子·致士》。
⑥ 《荀子·大略》。
⑦ 《孟子·离娄下》。
⑧ 《孟子·离娄上》。
⑨ 《孟子·万章下》。
⑩ 《孟子·尽心上》。
⑪ 《孟子·滕文公下》。
⑫ 《墨子·尚同中》。
⑬ 《商君书·修权》。
⑭ 《韩非子·外右上》。

杂则相伤害。"① 在权力结构中,只能有一个最高指挥;"民一于君,事断于法,是国之大道也""多贤不可以多君,无贤不可以无君"②。《管子》一书指出,"使天下两天子,天下不可理也;一国而两君,一国不可理也"③,结论只能是君主独操权势:"权势者,人主之所独守也"④,并主张将一切权力都集中于君主之手:"明主之所操者六:生之、杀之、富之、贫之、贵之、贱之。"⑤ 总之,先秦诸子在君主理论上尽管有不少分歧,但在君主至尊、独操权柄和决事独断等方面,并没有大的原则区分。

自秦汉以来,帝王们更是被冠以"圣人"之名,颂为"圣王",誉为"圣明",其意谓之"圣裁",其言则为"圣旨""一言九鼎"。在这种文化定位中,权力的占有是基于道德的权威,而普通民众没有任何先验的道德优势可言。这意味着,在权力面前民众只有服从,而服从的对象正是具有道德与政治双重权威的"圣主明君"。尽管作为道德修养的最高境界,"内圣外王"论适用于一切人,但能兼备"圣道王功"的,毕竟唯有"王者"。这样一来,理论上的圣人与理想中的圣王合而为一,成为中国文化的"图腾"。圣王不仅是政治生活的中枢,还成为整个社会生活的中枢和支配力量,唯有圣王才能制礼作乐:"非天子,不议礼,不制度,不考文……虽有其德,苟无其位,亦不敢作礼乐焉。"⑥ 为了映衬帝王之"圣",汉儒为孔子加了一顶"素王"的桂冠,一些后儒甚至据此把孔子纳入"帝王之统"。这种"天王圣明论"是"权力神圣观"赖以确立的前提和基础,而"权力神圣观"则反过来强化了"天王圣明论",这一对孪生概念互为依存,导致了两千余年一以贯之的权力崇拜,催生了掌权者自我感觉"完美无误"与"一贯正确"的心理,更导致了愚民和驯民。

与此同时,传统的天命观念依然在政治生活中发挥着重要作用,并用

① 《慎子·德立》。
② 《慎子·佚文》。
③ 《管子·霸言》。
④ 《管子·七臣七主》。
⑤ 《管子·任法》。
⑥ 《中庸》。

来对王权或皇权进行神化。孔子曾秉承周礼的"君权神授"理论，认为"唯天为大，唯尧则之"[1]，就是说，上天已经注定了由尧来做"君主"，尧的权力是来源于上天的赐予。这样，在这种论调中，权力由君主垄断，不需要经过被统治者的承认，也不需要法律的确认和保护，从而成为一种绝对的存在。在个性张扬的战国时代，荀子主张"人定胜天"，认为君子是因为行"仁"提高了自身的道德修养才成为王的，从而在一定程度上否定了君权神授论。但是，对于后来的独裁者秦始皇而言，虽然他也信神，却更张扬自己比神高，认为自己的权力就是自己地位的合法性证明。

汉王朝虽然在立国之初尚未把王朝的建立归结于"天命"，而更强调"人事"和武力，但随着时间的流逝，便逐渐抛弃了这种解释。秦亡的历史教训已经充分证明，仅仅使用赤裸裸的暴力并不能维持长治久安，要想更好地维护统治，还必须采用防患于未然的精神武器。否则，只要一有风吹草动，人们就会萌发"彼可取而代之"[2]的反叛意识。所以，尽管汉王朝的建立完全是"争于气力"，但是为了证明其继统天下的合理性，以消弭各种可能的隐患，许多儒生包括皇帝在内，逐渐否认了"争于气力"的事实，而试图采用传统的天命说来进行解释。这方面的一个典型事例，就是汉景帝时期辕固与黄生关于汤武"受命"还是"放弑"的争论。史载："辕固生者，齐人也，以治《诗》，孝景时为博士。与黄生争论于景帝前。黄生曰：'汤武非受命，乃弑也。'辕固生曰：'不然。夫桀纣虐乱，天下之心皆归汤武，汤武与天下之心而诛桀纣，桀纣之民不为之使而归汤武，汤武不得已而立，非受命为何？'黄生曰：'冠虽敝，必加于首；履虽新，必关于足。何者？上下之分也。今桀纣虽失道，然君上也；汤武虽圣，臣下也。夫主有失行，臣下不能正言匡过以尊天子，反因过而诛之，代立践南面，非弑而何也？'辕固生曰：'必若所云，是高帝代秦即天子位，非邪？'于是景帝曰：'食肉不食马肝，不为不知味；言学者无言汤武受命，不为

---

[1] 《论语·泰伯》。
[2] 《史记·项羽本纪》。

愚。'遂罢。是后学者莫敢明受命放杀者。"① 可见，"革命"虽然可以用来论证汉帝国存在的正当性，但它同样也暗示了其他力量取代汉帝国的正当性。因此，至少在公开的层面，汉帝国不能以"革命"作为政权合法性的根基。

从维护汉王朝的统治说，辕、黄二人的主张实际上并没有什么根本分歧。黄生是从维护汉代业已形成的君臣关系着眼，认为帽子再破也必须戴在头上，而鞋子再新也必须穿在脚上，其实就是强调"臣下"在任何情况下都不能对汉家"天子"有反叛行为；否则，即使是圣如"汤武"，也应当视为"弑君"。问题在于：这种看法虽可以顾及眼前，但却不能说明汉王朝何以继统的原因。如果真按黄生的看法解释，倒恰恰否定了汉王朝继统天下的合法性。因为汉高祖原本也是"臣下"，这无疑也将他置于"弑君"的审判席上。

与黄生相比，辕固的看法则是从论证汉家夺取天下的合法性入手。他以汤武革命为依据，一方面指出"桀纣虐乱"乃是"天下之心皆归汤武"的原因，另一方面又说明了人心所向与"受命"的关系，显然是强调"臣下"在所谓"受命"的条件下即可以夺取政权。这对于从法理上论证"高帝代秦即天子位"，以及汉代的君臣关系，既显得更为合理，也比较符合实际。只是辕固的主张当时还很难被汉王朝采纳。一则只要是图谋代立，任何人都可以宣称自己接受了"天命"；二则它也意味着汉家不可能永远"一姓天下"，或早或晚总要被它的臣下以"受命"的形式所取代。显然，这对于汉王朝亦不啻是一个严重隐患。因此，尽管辕固的说法更有道理，汉景帝还是作出了行政干预，禁止再讨论"受命"问题。然而，武帝即位后，由于黄老思想的放纵，皇帝虽然已号称天子，并拥有最高的政治权力，但在思想上却还没有被视为绝对权威。一些人当时仍然信奉"各为其主"的信条。而要真正解决这一问题，除了采取政治、法律等措施外，在理论上大力宣扬皇权的至高无上，以树立皇帝的绝对权威，便显得十分重

---

① 《史记·儒林列传》。

要而迫切。而要做好这项工作，首先在理论上会遇到一个难题：一个连政权的合法性都没有完全弄清楚的皇帝，又怎么能让人相信他真是神圣不可侵犯的天子呢？因此，对汉武帝来说，关于汉家如何继统的问题确实是到了不能不解决的时候了。在两难之中，汉武帝最终是采用了"受命"论。这倒并不是说他已经完全认同了汉家政权的历史性，就在策问董仲舒等人的制书中，他还特别强调说："朕获承至尊休德，传之亡穷，而施之罔极"①，但解决政权的合法性问题实在是当务之急，而汉王朝的灭亡和新王的代立等问题，这毕竟是将来的事情。所以，汉武帝便公开打破景帝的禁令，要求诸儒对"受命"作出满意的解释。最终，董仲舒运用《公羊学》提出汉家乃天命所归，"必有非人力所能致而自至者"②，遂获得武帝的认可。

董仲舒的"受命"理论和辕固所说的"天下之心皆归汤武"几乎如出一辙，就是要"积善累德"行仁政。受命时会出现诸如黄龙、麒麟、凤凰、甘露、朱草、灵芝等之类的"祥瑞"或"符瑞"。而当受命之君出现某些过失时，上天会采取警诫和谴告，如天变、灾害等"灾异"。此外，为表示"应天"，董仲舒的受命理论还包括定正朔、制礼乐、改法律、易服色、行封禅、祭天地、任贤臣、退奸佞、宽减刑罚、轻徭薄赋等内容。可以说，它已形成了相当完整的体系。此后，这种受命说便成为论证汉家政权合法性的基本理论。

汉代受命理论的确立，不仅较为圆满地解决了汉王朝如何继统的法理性问题，而且还借助于神学为汉王朝的统治罩上了一圈神圣的光环。随着董仲舒天人感应学说的流行和儒学的谶纬化，所谓"真命天子""星宿下凡""天子受命于天"等，几乎成为后世儒家众口一致的说辞。当然，这对于君主专制也未尝不是一种限制，甚至可以作为人民反对暴君的理论依据。汉代讲灾异的人很多，朝野上下，都异常重视。在此社会思潮的影响之下，如此，君主们的行为便不能不受约束。《汉书·成帝纪》载："君道

① 《汉书·董仲舒传》。
② 《汉书·董仲舒传》。

得，则草木昆虫咸得其所，人君不德，滴见天地，灾异屡发，以告不治。君主之道，在于勤于正身，勉于力行，否则就有悖于天意。"上帝对人君如此监视，难免使人君们胆战心惊。所以，每当灾异来临之时，君主们纷纷下"罪己诏"大赦天下，认为都是"咎由朕躬"，替民受过。可见，汉代受命理论的确立，不仅成为汉代乃至后世政治理论的一个重要基石，而且宣告了像秦始皇"传之无穷"① 那样痴心梦想的终结。从某种意义上说，汉代受命理论的确立固然为维护统治提供了强大的思想武器，但也是一把让汉王朝时刻感到惊恐而又无可奈何的双刃剑。

西汉经昭、宣、元、成、哀几代后，汉家国势日趋衰落。于是就有了哀帝的"再受命"，但终不能挽救汉室的命运。此后发生的王莽"篡汉"，自然便被装点成"天命所归""人心所向"。史载，王莽在登基前曾下书曰："皇天上帝隆显大佑，成命统序，符契图文，金匮策书，神明诏告，属予以天下兆民。赤帝汉氏高皇帝之灵，承天命，传国金策之书，予甚祗畏，敢不钦受！以戊辰直定，御王冠，定有天下之号曰新。"② 说明他是顺天命而主，取代汉室，乃顺天应人之举。在其即位后，马上颁行符命于天下："帝王受命，必有德祥之符瑞，协成五命，申以福应，然后能立巍巍之功，传于子孙，永享无穷之祚。故新室之兴也，德祥发于汉三七九世之后。肇命于新都，受瑞于黄支，开王於武功，定命于子同，成命于巴宕，申福於十二应，天所以保佑新室者深矣，固矣！"③

以王莽为楷模，此后的统治者都希图借助道教神仙灵威以巩固统治地位，"天命"最终成为中国宗法政治舞台上下场的不可或缺的道具。例如，东汉末年的黄巾大起义也以"苍天已死，黄天当立，岁在甲子，天下大吉"④ 为口号来发动起义，以后历代的革命大都打着"替天行道"、以"有道伐无道"的旗帜来招揽民心。具有讽刺意味的是，当一个新的王朝

---

① 《史记·秦始皇本纪》。
② 《汉书·王莽传》。
③ 《汉书·王莽传》。
④ 《后汉书·皇甫嵩传》。

依据受命理论采用某些形式取代旧王朝后，它又会被以后的王朝以同样的理论和形式所取代。顾颉刚先生精辟地指出："中国的历史上，凡是换朝代而出于同民族的，便没有不依照这个成例，行禅让的典礼的。……王莽固然不久失败，但这'心法'是长期传下去了，直到袁世凯的筹安会还是如此。"①

正是在君权神化观的指引下，君权成为人们顶礼膜拜的对象，在漫长的中国古代社会，神化的君主使"王者无外"，固守着"予一人"的独尊与自负。然而，皇帝的独尊，映衬出的则是臣民的卑微。翻开历史，君王们"率兽食人"的恶举可谓数不胜数，但理论上却永远是天下人的衣食父母，洒向天下的总是阳光雨露："主者，人之所仰而生也"②"为人臣者，仰生于上者也"③。东汉大儒何休更是宣称："君虽不君，臣不可以不臣。"④这种观念发展到后来，便成为"君要臣死，臣不敢不死"。事实上，封建法律一直把触犯皇帝权威的"大逆"罪和冒犯皇帝尊严的"大不敬"罪列为"十恶"之首，而处以最严厉的刑罚。有些王朝的律法甚至规定，对皇帝"腹诽"也要获罪处刑。面对君主的生杀予夺之权，臣民如果不是对抗，大抵只能是感恩和畏惧，所谓"身体发肤，尽归于圣育；衣服饮食，悉自于皇恩"⑤"读六艺之文，修先王之道，粗有知识，皆由上恩"⑥。这些颂扬皇恩的说辞，并非文字游戏，所代表的正是皇权制度下臣民惶惶不安的心态。

从实践上看，自君主专制建立之日起，君主的权力总体上呈一种不断增强的态势。在西周贵族君主制时代，周天子相对于各封地的诸侯而言，虽然具有名义上的统治权，却没有后世专制君主那样的独裁之权。不仅如此，这一时期的平民，在政治上具有一定的发言权。周朝有内、外朝制

① 顾颉刚：《汉代学术史略》，人民出版社 2008 年版，第 58 页。
② 《管子·形势解》。
③ 《管子·君臣上》。
④ 《春秋公羊传·宣公六年》。
⑤ 《墨子·尚同中》。
⑥ 《韩昌黎文集校注·请上尊号表》。

度。外朝是朝万民的地方，国有大事则朝万民于王门，开大会讨论解决。内朝有二，一在路门外，一在路门内。路门外的内朝，国君和三公、六卿大夫在此议论国之大事，亦称治朝或正朝。路门内的内朝，也称燕朝，国君和左右近臣在此研讨和执行政务。①

春秋时期，"臣"通过劝谏等方式促使"君"改变其政策和措施的实例屡见不鲜，在下位者也往往能以各种方式对在上位者形成有效的制约，甚至出现了大量"臣"对"君"、"下"对"上"采取"极端行为"的事例。"君"和"上"往往受到"臣"和"下"各种形式的制约，而这种"互为因果"直接引发了"臣下"以"道义礼信"为依托的一定程度上的"自我意识"的形成："臣之禄，君实有之。义则进，否则奉身而退。"② 晏婴认为，君臣之间应该"和而不同"的著名论断，更彰显了"臣"之自我意识所达到的高度。在当时，士大夫合则留、不合则去的大丈夫气概，也非常神气。史载："子击逢文侯之师田子方于朝歌，引车避，下谒。田子方不为礼。"子击因问曰："富贵者骄人乎？且贫贱者骄人乎？"子方曰："亦贫贱者骄人耳。夫诸侯而骄人则失其国，大夫而骄人则失其家。贫贱者，行不合，言不用，则去之楚、越，若脱屣然，奈何其同之哉！""子击不怿而去"。③

秦朝时，秦始皇虽然通过打击旧贵族，极大地强化了君权，却还保存下来廷议制度，还任用博士（当时的士大夫知识分子）参加廷议，这多少有点古代贵族参政的味道。当然，秦对农民则是压到底层的，农民的任务就是耕、战，耕、战之外什么也别管，人民的政治权利，在秦朝时几乎是看不到的。

在汉代，人民在政治上的地位，比秦时也有所提高，但对六国旧贵族和豪侠之士打击得更严厉。刘邦徙齐国田氏、楚昭、屈、景、燕、赵、韩、魏及豪杰名家十余万口于关中。④ 汉景帝、武帝时出了一些酷吏，这

---

① 参见《周礼·夏官司马下·司士》《天官·宰夫》《秋官司寇·朝士》。
② 《左传·襄公十六年》。
③ 《史记·魏世家》。
④ 《史记·娄敬叔孙通列传》。

些酷吏对付的，不是一般人民百姓，而是贵族和豪强。即便如此，汉代豪族的嚣张跋扈，也使专制君权遭到了一定的削弱。《白虎通义》开宗明义便讲"天子者，爵称也"，明确地将天子说成是爵位的一等，这或许是豪族们企图削弱或限制君权的一种努力，认为"王者太子亦称士何？举从下升，以为人无生得贵者"①，就是说，太子也只有从头做起，这实际是有意降低帝王的起点。《白虎通义·王者不臣》进而提倡"王者不纯臣诸侯"之义："王者不纯臣诸侯何？尊重之，以其列土传子孙，世世称君，南面而治……异于是臣也。"它并且规定了王者不臣者三："三王之后，妻之父母，夷狄。"这里，不臣三王之后，是旧义；不臣夷狄，是其狭隘的民族观；而不臣妻之父母，实际上曲折透露出东汉时期后戚势力的日渐强大。至于《白虎通义·文质》篇云"王者缘臣子心以为之制"，就更为明确地对君主们提出了扩大豪族权力、满足豪族利益的要求。《白虎通义》中"明天下非一家之有"②，这原本是一句充满民本色彩的言辞，可是到了豪强离心势力那里，却变成了他们用来抗衡皇权的一面盾牌。

魏晋南北朝时期，九品中正制在实行之初虽然起过一定的积极作用，但是社会底层布衣寒士能得到举荐的毕竟只是少数，地方官僚在举官过程中的个人好恶和徇私舞弊之风日益严重，豪门世族把持着举荐门槛，被举荐者人身依附现象严重。西晋诗人左思的诗句"世胄蹑高位，英俊沉下僚"③，刘毅的名句"上品无寒门，下品无势族"④ 及 "据上品者，非公侯之子孙则当途之昆弟也"⑤ 的描绘，形象地刻画出了当时的门阀社会状况。此时期的平民，已大体降为依附之民，政治方面已完全无权力。东晋政权是在南北门阀世族拥戴下建立起来的，史载，晋元帝即位，与王导同坐御座，有"王与马共天下"⑥ 之说。刘宋时期，皇权虽然已压倒门阀世族，

---

① 《白虎通义·爵》。
② 《白虎通义·三正》。
③ 左思：《咏史诗》（其二）。
④ 《晋书·刘毅传》。
⑤ 《晋书·段灼传》。
⑥ 《晋书·王敦传》。

但贵族门第仍不许皇权干涉，门阀世族完全控制着九品中正官人之法，其结果便是高级官吏都为门阀世族所独占。

隋文帝结束了南北分裂，再建统一大帝国，君权也随之强化，贵族权才开始走向衰落。隋文帝采取一系列措施加强皇权，加强皇帝对百官和民众的控制，"制天下死罪诸州不得便决，皆令大理覆治"，"诏东宫官属，不得称臣于皇太子"，"收天下兵器"①。不过，隋朝在加强皇权的同时，也摸索出一条在皇权控制下，君权、贵族权，甚至对平民也适用的互相协调的道路，这就是科举制度。在科举制下，出身贫民的士子通过考试能够进入特权阶层，相应地，一些特权阶级也会失掉政治特权和社会财富而堕入社会的贫民阶层。科举制尽管不能消融阶级，也不能消灭特权，但它确实起了协调阶级关系、维护社会安定的作用。

宋王朝建立之后，面临着极其复杂的政治社会局面。自唐朝"安史之乱"和五代混战之后，宗法等级制度日趋崩溃，伦理道德更是江河日下。五代十朝，总共不到五十年，官僚们今日臣晋，明日降汉，后日又下拜于周，晋主石敬瑭甚至自称儿皇帝于契丹，不知忠、孝、节、义为何物。整个社会已完全陷入严重的伦理道德危机和信仰危机之中。为此，宋朝开国伊始，大力推崇儒家思想，强调忠义，维护仁孝，尊师重道，重建纲常名教。建隆二年（公元961年），赵匡胤即下令贡举人到国子监拜谒孔子，并规为定例，永远执行。同时，大兴科举，广泛地吸收知识分子参政，使得通过科举入仕得官的人数大大增多，扩大了统治基础，也使儒家士大夫的政治热情得以展现。而基于"安史之乱"和五代时期出现的藩镇割据、武将称雄的教训，宋初统治者确立了崇文抑武的方针，通过"杯酒释兵权"等手段，尽力剥夺武将的权力，并通过制定出一整套制度，将政权、兵权、财权、司法权集中于君主一人之手，以消除对皇权的威胁，从而使宋代专制主义中央集权达到前所未有的程度。

同样，明朝朱元璋立国之初，极力强化集权，树立君主绝对权威。朱

① 《隋书·高帝纪》。

元璋认为，导致元末人心涣散、天下骚动的重要原因之一，就是"纪纲不立，主荒臣专，威福下移"，因而强调，建国之初应当先正"纪纲""礼法立，则人志定，上下安"①。为此，朱元璋大力进行制度建设，明确君臣等级名分，严明号令，以确立君主个人的绝对权威。朱元璋认真总结了前朝历代政治得失，认为女宠、宦官、权臣、藩镇、夷狄等，均是导致纪纲隳废、王朝覆灭的祸端，因而，命修《女诫》，严惩后妃干政，又明令禁止宦官预政典兵，申戒王公显贵不得私役官军民户，不得私受金帛、强占田产，以防范臣下扩张势力。在此专制措施下，明代的人民已不是历史上的"编户齐民"，而是国家的"差户"，以服役性质不同分为各种户，如油户、酒户、羊户、牛户、菜户、杂户、医户等各种民户，除去通过科举参加到社会的上层官吏行列来外，别无他途。

到了清代，皇帝的专制独裁可说是达到了顶峰。虽然传统儒家学说尊崇君权，但也强调能臣贤相的作用，强调民为社稷之本。然而，康熙则郑重发令：不许书生对历代帝王说短论长；除了个别无道或亡国之君，绝大多数帝王应得到永久的尊崇。② 至雍正帝，便将君主至尊无二的地位强调到绝对化程度，他认为："夫人之所以为人而异于禽兽者，以有此伦常之理也。故五伦谓之人也，是阙一则不可谓之人矣""君臣居五伦之首"。③ 根据这个原则，人之为人的依据首先是认同君臣关系，任何人都必须对君主俯首而从："为人臣者，义当惟知有君；惟知有君，则其情固结不可解，而能与君同好恶。"④ 乾隆帝读史，读到宋代王安石向宋神宗抗表审理，使宋神宗悔悟一节，立即批语曰："安石抗章、神宗逊谢，成何政体？即安石果正人，犹尚不可，而况不正乎！"⑤ 在乾隆帝的意识里，君主理政即使有误，为臣者亦不得指责冒犯，君主日后自可调整改进。这就在认识上将君主的个人专权推向了绝对化。

---

① 《朱元璋系年要录·至正二十四年》。
② 《清圣祖实录》卷二九二。
③ 《大义觉迷录》卷一。
④ 《清世宗实录》卷二十二。
⑤ 《评鉴阐要》卷八。

　　康有为曾对中国古代君主与臣民关系的演化做过一番颇有意思的总结性描绘：远古时代，君臣皆以"养民"为根本，关注的是老百姓的生存疾苦，他们之所以区分出上下、轻重、尊卑，意在接近百姓，并非君王有他自己的利益。所以，那时的"朝见"，君南面而臣北面，是君臣间所取的对话方式，臣子皋陶作歌，舜帝即嘉誉为"昌言"。君臣相与，"辟门明目，几若宾友"，因此"下情罔伏，无有郁怨闭阏之患，唐虞所以致治也"。至秦代，法家倡导"尊君抑臣"之论，于是秦大变先王之制，妄自尊大，使君臣之间产生了隔阂。至汉，皇帝见丞相，要起座相迎，乘车要走下来，尚保存有礼敬大臣的礼节。隋唐，也迥然有君臣共坐议事的风气。宋代，许多大臣还能力争于天子之庭。元以军功治天下，群臣只能长跪白事，"臣下见上，战栗畏谨，不敢一言，有对而无论，有唯而无议""于是下情大有壅隔之患"，古代下情上达，君臣对话交流的通道完全阻塞了，君王也就成了孤家寡人，高高在上而自取灭亡。①

　　总之，随着君王与臣民之间隔绝的日益加深加剧，王权至上的专制体制逐渐形成，君臣、臣民之间构建起巨大的无法逾越的阻隔，君王成为君临天下的孤家寡人，成为"独夫"；而臣民之间则形成层层相互猜忌，相互隔绝的阶梯与等级，他们囿于各自的识见与利益，相互倾轧陷害，沦为欺下媚上的"奴才"。中国专制体制完成之际，正是天下臣民阻隔形成之时。如此一来，中国历史的这一指向，使一个素具开创精神的民族陷入了生死存亡的境地。

二、家国一体

　　君主的权力和尊严，除了在舆论上进行"圣化""神话"的包装之外，更有其现实的统治基础，这就是宗法社会的等级关系。在先秦时期的宗法分封制社会中，宗法关系本来就是君主权力的强大基石。尽管在战国变法

---

　　①　参见康有为：《康有为全集》第一卷，上海古籍出版社1990年版，第58—59页。

运动中，以血缘为基础的传统宗法秩序受到强烈冲击和破坏，但是，血缘、家长和等级观念并未因此而消亡。至秦汉时期，个体家长制家庭与旧的宗族并存，加上贫富分化和土地兼并，地主乡绅能够得以在血缘同姓关系的基础上进一步发展宗族势力。到了魏晋南北朝隋唐五代时期，宗族势力已经发展到能拥有独立的政治、经济、军事力量，形成地方割据势力，而常常形成和中央政权对抗割据的形态。宋、元、明、清时期，宗族虽然不再掌握有地方上的政治军事权力，不构成国家的政治机构，但宗法统治与政治统治配合得更为紧密，以祠堂、族谱、族产、族规、族长为特征的宗法制度对人民的统治更加细密，宗法由此成为政权的辅佐工具，成为中国传统社会赖以长期延续的政治支柱。

这种宗法家族作为以父系血缘关系为基础而形成的一种基层地区性势力，自成一套体系，"生相亲爱，死相哀痛"①，形成"一村唯两姓，世世为婚姻，亲疏居有族，少长游有群"②的局面。这样，每一个中国人都完全消融于"家族"之中，包括逝去祖先在内的祖辈，与生生不息的子孙，共同构成了家族的生命流。从这个意义上说，中国男权的本质，既不是夫权，也不是父权，而是祖权——一种为着保障家族的整体利益和长治久安的家族宪法或集体领导权。谁能遵循它的原则，谁就能拥有父家长的实权与威严。就这样，宗法家族观念以其源远流长的历史、一本正经而又娓娓动听的说教和统治阶级的刻染，极大地影响了中国人的国民心理和性格。这不仅表现为对血缘关系的高度重视，还表现为对祖先的顶礼膜拜，以及对传统的极端尊重，等等。而长期的血缘集团聚居生活，形成了国人家族本位的思想观念，使得传统中国人无不把传宗接代视为天经地义的义务，将光宗耀祖看成义不容辞的责任。

这种崇拜祖先和尊重传统的社会心理，促使了"讲孝道，重权威"的观念的形成。在家族制度下，父家长高居于全体家族（或家庭）成员之上，拥有至高无上的权力，无论对与不对，作为子女、后人的，都必须遵

---

① 《白虎通义·宗族》。
② 白居易：《白氏长庆集》卷十。

从，"若父母之命为非，而直行己志，虽所执皆犹为不顺之子"①，这就是孝道。随着儒家正统思想将其道德化，封建统治者将其法律化，孝道成为中国人必须恪守的道德规范。违反了它，不仅要受到舆论的谴责，而且还要受到法律的制裁。这样，孝道就成为封建宗法家族中最根本的礼法，"父为子纲，夫为妻纲""父子有亲，夫妇有别，长幼有序"等，都是以这种"孝悌"之名义来实施家族专制。在这种宗法家族制度下，孝道被涂上了一层神秘的色彩，像宗教一样束缚着人们的思想。这种孝道，只能使人们没有自我意识，缺乏创造精神，而处处以家长的意志为意志。

宗法家族制度正是将人们束缚在封建礼教之中，成为传统规则的奴隶，从而难以避免那种浓厚的封闭意识。在这种文化氛围下，人们服从和依赖权威，贬低自我，缺乏和反对创造精神，谨小慎微，不敢越雷池一步，且夜郎自大，盲目排外，所谓"非我族类，其心必异"，等等。这些都是宗法家族制度给中国人造成的十分突出的国民性格，也是宗族得以长期维持的社会文化基础。除非万不得已，人们是不会冒险去造成冲突与战争的。鲁迅先生说得好："遇见强者，不敢反抗，'便以庸'这些话来粉饰，聊以自慰。……一到全败，则又有'命运'来作话柄，纵为奴隶，也处之泰但又无往而不合于圣道。"② 这种忍辱求生的奴性，使宗法家族制度下的中国人已习惯于接受现实，顺从天命。因此，历代王朝都特别重视宗族组织的建设和发展，以其作为专制统治的社会基础，并将宗法家族制度的礼法伦常作为统治的思想基础。就连打着民主共和国旗号的蒋介石独裁政府也直言不讳地表示："我村家族制度本极发达，今犹牢存，欲谋地方安定，只有沿用家族制度之家长以为严密民众之基础。"③ 当今社会依然根深蒂固的家族观念，显然，正是来自于这种精神传统的历史积淀。

宗法家族和宗法制度扩展到整个社会，就形成了中国历史上两千多年的专制社会的基本模式："家国一体。"以血缘关系为纽带的家庭是社会的

---

① 何良俊：《四友斋丛说》卷三十一，中华书局 1959 年版，第 285 页。
② 鲁迅：《鲁迅全集》第三卷，人民文学出版社 1981 年版，第 446 页。
③ 蒋介石：《中国之命运》，正中书局 1943 年版，第 156 页。

基本细胞，也是人们观察社会的理想单元。年岁有长幼，身份有尊卑，兄弟之理、父子之道是社会长期发展而形成的永恒法则。家有百口，主政一人，家长拥有对家规的最后解释权（相当于立法权）、对家规最高的执行权（相当于行政权）以及对家庭纠纷最终的裁决权（相当于司法权）。为此，在儒家所涉及的政治秩序中，特别注重以"人伦"关系来组织社会生活，父子兄弟是天伦，君臣朋友是人伦，夫妇介于二伦之间，强调血缘的亲情性和等级尊卑关系。其中父子兄弟体现的是血缘和宗法的伦理关系，君臣体现的是政治生活关系，君臣关系是父子关系的推演，朋友关系是兄弟关系的推演，而夫妇关系则体现的是一种联姻的亲缘伦理关系。这些人伦关系就把血缘、宗法、等级，把家、国结合了起来。"家"在政治秩序的实体层面连接着"己"和"国"，是政治传导的接续点，"克勤于邦，克俭于家"① "一家仁，一国兴仁；一家让，一国兴让""所谓治国必先齐其家者，其家不可教而能教人者，无之。故君子不出家而成教于国"。② 这样，家、国相通，家法与国法、生活秩序与国家秩序，便成为一个过程的两个层面，家国同基、家国同构、家国同质，结成一种以权力维系的"亲属"关系，俨然一个"大家庭"。

按照这种家国同构的思维模式，家是国的原形，国是家的放大；家有家规，则国有国法；家无二主，则国无二君；家族成员对家长的孝，对应着社会民众对君主的忠。由此，君权独断便在情理之中了。在"隆一而治"的家长制一元政治下，君主本是国家的政治领袖，而中国人却把他称作"君父"；民本是被统治者，中国人却自称"子民"。这绝不是表示亲昵的比喻，因为事实上天下国家被看成是一个大家族。"圣人耐（能）以天下为一家，以中国为一人"③ "上为皇天子，下为黎庶父母"④，都是这种观念的极好表达。就是小小的地方长吏，也习惯地被称作是老百姓的"父

① 《尚书·大禹谟》。
② 《大学》。
③ 《礼记·礼运》。
④ 《汉书·鲍宣传》。

母官"。统治与被统治的阶级关系，由此罩上了一层温情脉脉的宗族关系的面纱。

宗法政治结构使政治生活家族化，而联系二者的桥梁则是"忠""孝"等宗法伦理。忠是臣民对君主，孝主要用于规范亲属关系，特别是父母关系。显然，这是两种不同类型的关系的伦理规范。不过，春秋战国时期，已开始出现"忠孝互通"的说法，如荀子说："先王之道，忠臣孝子之极"①"臣之于君也，下之于上也，若子之事父，弟之事兄。"② 而随着秦汉以来君主专制的日益强化，君臣关系和父子关系逐渐扭结到一起，成为不可更改的一个整体。西汉王朝建立后，为巩固统治并达到长治久安的目的，刘邦在思想上竭力强调忠道。一个非常突出的事例，就是对于丁公、季布的不同处理。丁公与季布在楚汉之争中都是项羽麾下的大将。季布对刘邦曾穷追猛打，必欲置之死地而后快，令高祖恨之入骨；而丁公则手下留情，使高祖免于危难。然而，刘邦称帝后，却赦免了季布，处死了丁公。③ 汉高祖这种做法，从道义上讲完全是恩将仇报，但正表明了他对提倡忠道的急切心情。

显然，如果能在家庭中做到孝亲，则自然会在朝廷里尽忠。如孔子所言："其为人也孝弟，而好犯上者，鲜矣；不好犯上，而好作乱者，未之有也。"④ 简言之，就是把君、父的角色合而为一，使皇帝既具有至高无上的政治权威，同时又可以成为天下所有人都必须尽孝的父母，向皇帝尽忠也就等于最大的孝亲。于是，在提倡忠道的同时，汉王朝也开始把孝用于统治之中。史载，高祖六年（公元前201年），为表现孝道，高祖尊太公为太上皇，下诏说："人之至亲，莫亲于父子，故父有天下传归于子，子有天下单归于父，此人道之极也。……今上尊太公曰太上皇。"⑤ 自此，汉代皇帝号皆以孝治天下，惠帝时举民孝悌，力田者免除劳役；文帝时以"孝

---

①《荀子·礼论》。
②《荀子·议兵》。
③《汉书·季布传》。
④《论语·学而》。
⑤《汉书·高帝纪》。

悌，天下之大顺也""廉吏，民之表也"，① 而有孝悌、廉吏之科。汉武帝也一再倡导、奖掖孝行，说明他理解"孝"对于维护专制王权的重要性。

东汉以后，以"孝廉"选官，竟成为政府用人的主要来源，所谓"求忠臣必于孝子之门"②。这实际是把孝亲作为忠君的手段，而把忠君作为孝亲的目的。忠君、孝亲作为国家伦理与宗法伦理的核心，所要求的义务是被家族结构铸就的，因而是绝对、恒定、一统化的。从某种意义上说，孝道就是忠道，忠道亦就是孝道。因为就国家而言，它无非是家庭的扩大；就皇权而言，则无非是父权的扩大。所以对孝道的论证，也就完全变成了对忠道的论证。如董仲舒说："五行者，乃孝子忠臣之行"③"事君，若土之敬天也"④"是故圣人之行莫贵于忠，土德之谓也"⑤。对统治者来说，要想倡导人们尽忠，其最好的办法亦莫过于推崇孝道。所谓"虽天子必有尊也，教以孝也；必有先也，教以弟也"⑥。而对于普通百姓来说，要履行神圣的忠孝义务，即必须做到《孝经》所要求的"始于事亲，中于事君，终于立身"⑦，所谓"退家则尽心于亲，进宦则竭力于君"⑧。自此，这种"由孝劝忠"的理论体系便成为汉代政治理论的一个主要内容，并越来越受到重视。

在这种观念的指引下，统治者极力倡导孝道，以达"劝忠"的最终目的。《孝经》的"开宗明义"一章就充分表示了这种意图："夫孝，德之本也，教之所由生也""先王有至德要道，以顺天下，民用和睦"。这几句话明显地指向政治目的，"孝"是诸德之本，又是政治教化的根源："夫孝，天之经也，地之义也，民之行也。"⑨ 从汉宣帝开始，为了更进一步贯彻

---

① 《汉书·文帝纪》。
② 《后汉书·韦彪传》。
③ 《春秋繁露·五行相生》。
④ 《春秋繁露·五行之义》。
⑤ 《春秋繁露·治水五行》。
⑥ 《春秋繁露·为人者天》。
⑦ 《孝经·开宗明义》。
⑧ 《汉书·张敞传》。
⑨ 《孝经·三才》。

"以孝治天下"的方针，还明令规定"亲亲得相首匿"①"夫臣之事君，犹子之事父，欲全臣子之恩，一统尊君"②。即使皇帝不能像父母一样爱民如子，也绝不让百姓反抗或非议。"孝"遂成为最高的道德和行为准则："人之行，莫大于孝。"③汉章帝公开宣称："夫孝，百行之冠，众善之始也。"④《礼记》言："忠臣以事其君，孝子以事其亲，其本一也。"⑤《孝经》言："君子之事亲孝，故忠可移于君；事兄悌，故顺可移于长。"⑥由此，君与父、国与家之间的隔膜被打通，所谓"事君不忠，非孝也"⑦，倘若"不忠不孝"，则为"大逆不道"，这些充分说明了君臣关系被拟成父子关系，在很大程度上已经被认为是理所当然之事。

从效果上看，这样做也确实在很大程度上达到了由孝劝忠的目的。自从汉武帝"独尊儒术"，任职三公者大多有"孝谨"之称。例如，公孙弘"养后母孝谨，后母卒，服丧三年"⑧；王商父亮，"居丧哀槭"⑨；刘般"素行孝友，谦让洁清"⑩；胡广年逾八十，"继母在堂，朝夕瞻省，旁无几杖，言不称老。及母卒，居丧尽哀，率礼无愆"⑪；杜乔"少为诸生，举孝廉"⑫，等等。三公尚且如此，普通官吏就更不用说了。而孝子如此之多的涌现，则自然造就了更多的忠臣，并多少达到了"其教不肃而成，其政不严而治"⑬的效果。这种观念影响深远，使得后世帝王们不论多么卑鄙残暴，都忘不了倡导"以孝治天下"，都忘不了把自己装饰成既孝且慈的

① 《汉书·宣帝纪》。
② 《白虎通义·朝聘》。
③ 《孝经·广扬名章》。
④ 《后汉书·江革传》。
⑤ 《礼记·祭统》。
⑥ 《孝经·广扬名章》。
⑦ 《吕氏春秋·孝行览》。
⑧ 《汉书·公孙弘传》。
⑨ 《汉书·王商传》。
⑩ 《后汉书·刘般传》。
⑪ 《后汉书·胡广传》。
⑫ 《后汉书·杜乔传》。
⑬ 《孝经·三才章》。

"天下之父"的形象。当皇帝成为"孝"的最终推动者时，他就成了宇宙最高价值的体现者，成为上天意志的代表，成为天下人无法置议的"慈父"。于是乎，通过"孝道"这条坦途，在天下苍生的无限感激之中，皇帝获得了高高在上的天道所具有的绝对性，王权也就以一种无比自然而平实的方式呈现为一种"天经地义"。

汉代对忠孝观念的整合，其目的是要劝导人们尽忠，"汉家之制，推亲亲以显尊尊"①，但是在现实生活中，许多人却仍然把"孝"看得比"忠"还重。按《孝经》解释，孝敬父亲本身即高于忠君："资于事父以事母，而爱同；资于事父以事君，而敬同。故母取其爱，而君取其敬，兼之者父也。"② 为了避免这种"舍忠而取孝"的不利于尊君的局面，有不少人公开提倡"忠重孝轻"的观点。鲍骏说："《春秋》之义，不以家事废王事。"③为了更加鼓励忠道，经学家马融还参照《孝经》撰写了《忠经》，并把"忠"提到了"天地神明"的高度。他说："天之所覆，地之所载，人之所展，莫大乎忠。"④ 这显然是希望忠在理论上能与孝的"天经地义"相抗衡。当然问题还是没有解决，也不可能真正解决。关键在于：君臣乃是社会关系，父子则是血亲关系，故不可能完全等同。统治者的目的非常明确，重孝就是为了劝忠，因而必须重孝，否则即无以劝忠；但过分重孝又必然会出现变形，乃至本末倒置，使得手段竟变成目的。不难想见，这的确是一个让统治者颇感两难的问题。但不管怎样，秦汉之后，人们之间的关系通过"忠""孝"等所具有的确定政治含义，使君臣、父子、夫妻、上下级之间的权力与义务关系秩序化了。前者对后者有绝对的权威，而后者只是对前者有遵从的义务。"移孝作忠"将子对父的片面义务转移为下对上、臣对君的单向责任，并把"孝"这种天然的血缘所决定的绝对道德责任换置为"忠臣不事二君"的绝对政治道德原则。在这种家庭伦理政治化

---

① 《汉书·哀帝纪》，又见《外戚·孝元傅昭仪传》。
② 《孝经·士章》。
③ 《后汉书·桓荣丁鸿列传》。
④ 《忠经·天地神明章》。

和政治规则家庭化的双向渗透过程中，君臣、父子、夫妇关系开始绝对化："君要臣死，臣不死不忠；父叫子亡，子不亡不孝。"朱熹则明确指出："父子之仁，君臣之义，莫非天赋之本然，民彝之固有；彼乃独以父子为自然，而谓君臣之相属，特出于事势之不得已，夫岂然哉！"① 在这里，朱熹把君臣关系与父子关系同视为天赋的、不可改变的绝对性关系。即便帝王无道，也终无异辞。这成为中华文化的一个大盲点。

三、礼法合一

对于等级秩序的维护，除了道德观念的灌输之外，还需要强制性的制度化的行为规范。西周时期，周公制礼，通过许多复杂的典章、礼仪，将宗法等级秩序制度化，从而使礼在系统化、规范化的同时，也在某种程度上法律化。春秋战国时期的社会大变革，表面上看虽然使宗法等级制度与"周礼"遭到了一定程度的破坏，但从另一方面看，这只是诸侯、卿大夫把过去只有天子、诸侯才可以使用的礼仪照搬过来，以凸显自己的权势。从现实来看，除了周天子权力的衰微之外，礼制依然是各国维系统治的有效手段。秦朝尽管提倡"缘法而治"，实现了"治道运行，诸产得宜，皆有法式"②，但是，秦统一六国后，对礼制也十分重视："至秦有天下，悉内六国礼仪，采择其善，虽不合圣制，其尊君抑臣，朝廷济济，依古以来。"③ 臣民稍有僭越，即属大逆不道。

在汉初，"制朝仪"成为统治者的首要任务。史载，刘邦登基时，在宫殿上曾出现"群臣饮酒争功，醉或妄呼，拔剑击柱"的混乱局面，"高帝患之"，于是"叔孙通使征鲁诸生三十余人"，制作礼仪，"令主主臣臣，上下有差"，以达到"臣不逾级""贱不冒贵"的目的。两年后，高祖借长乐宫落成、诸侯群臣朝贺之机，推行新朝仪，规定"自诸侯王以下莫不振

---

① 《晦庵先生朱文公文集》卷八十二《跋宋君忠嘉集》。
② 《史记·秦始皇本纪》。
③ 《史记·礼书》。

恐肃敬。至礼毕，复置法酒。诸侍坐殿上皆伏抑首，以尊卑次起上寿。觞九行，谒者言'罢酒'，御史执法，举不如仪者辄引去。竟朝置酒，无敢哗失礼者"。于是高祖大喜说："吾乃今日知为皇帝之贵也。"①

　　叔孙通在汉初所制定的各种礼仪，在很大程度上就是汉代礼治制度化的奠基，"汉诸仪法，皆通所论著也"②。司马迁评论说：叔孙通之所以成为"汉家儒宗"，是因为他"与时变化"，知"当世之要务"。③ 不过，叔孙通制定的礼仪只属草创，因袭秦朝，且远不完备。汉文帝时，博士诸生奉命撰写《王制》，把天下分为九州一千七百七十三国，构想了一个地域关系分明，管辖领属清晰，朝聘、贡奉、法律、生产、祭祀的责任与权利都极其明确的理性秩序，目的是增强汉民族的国家观念，也使君主进一步意识到"溥天之下，莫非王土"④ 是可以实现的。接着，儒生张苍根据五德终始的理论和天象历法的技术，为汉代确立律历，从宇宙论上为汉代找到了合理性依据。

　　汉武帝时，建明堂，将其作为诸侯朝见天子以及天子威权中心的象征，同时拟有巡狩、封禅、改历、易服色等一系列计划，目的是进一步确认天子的合理性与权威性。《晋书·礼志下》详细记载了汉武帝举行的一次飨会礼："至武帝，虽改用夏正，然每月朔朝，至于十月朔，犹常飨会。其仪：夜漏未尽七刻，受贺及贽，公侯璧，中二千石、二千石羔，千石、六百石雁，四百石以下雉。三公奉璧上殿御坐前，北面。太常赞曰'皇帝为君兴'。三公伏。皇帝坐，乃前进璧。百官皆贺，二千石以上上殿称万岁，举觞。御食，司徒奉羹，大司农奉饭，奏食举之乐。百官受赐，宴飨，大作乐，如元正之仪。鬼神默默，大乐煌煌；君臣辑睦，天人谐和。"在这种庄严神圣的氛围里，汉武帝俨然人间的神明。

　　就秦始皇和汉武帝而言，尽管一个接受了法家的理念，一个以儒家为

------

① 《史记·叔孙通列传》。
② 《史记·叔孙通列传》。
③ 《史记·叔孙通列传》。
④ 《诗经·小雅·北山》。

治国思想，但都以各自的方式共同完成了专制王权之象征体系的建构工作。这个体系包括天地、鬼神、历史、人伦、天人之际、政治实践等多个向度和层面，构成了专制王权之"大一统"的世界表象，以笼罩一切的魔力呈现着帝王威权的合法性和神圣性。中国古代礼乐制度的每一个看似平淡的仪节，都蕴含着极其神圣的含义。在汉代，随着"万岁"这个原本一般性的称呼被写进了朝廷礼仪，被皇帝所垄断，从此成为一般人不能触摸的"圣物"。臣下奏议的用语也逐渐范式化，而作为一种约定俗成的礼仪，其主要标志是，在奏章的开头和结尾，往往使用"臣昧死言""臣昧死请""臣昧死以闻""昧死再拜"之类极度诚惶诚恐的词语几乎成为定式，更出现了"主上贤明，臣不足以称"①之类对皇上的无限颂扬之词和对自己的极度贬抑之语。这些神圣名号和繁文缛节，在把帝王推向峰顶的同时，自然也把臣民统统打进了卑贱的泥淖。

此后的历代统治者为维护封建等级制度特别是皇帝的神圣地位，均把"制礼作乐"、修订礼仪作为治国安邦的头等大事。结果，礼仪越来越烦琐，越来越森严，上至皇帝的宫室车服，下至臣僚的衣冠服饰都有详尽的规定，以严贵贱尊卑等级之别，不得逾越。唐初，社会刚刚稳定之后，唐太宗贞观初年便制定了《贞观礼》，随后唐高宗又制定《显庆礼》，唐玄宗时期在前代礼制的基础上制定了规模更大的《大唐开元礼》，更是集前代礼制之大成。唐代杜佑编写的一部《通典》，全书二百卷，而礼则多达一百卷，占全书的一半。明初，天下初定，统治者首先考虑的就是振兴礼乐，"明太祖初定天下，他务未遑，首开礼、乐二局，广征耆儒，分曹究讨。洪武元年，命中书省暨翰林院、太常司，定拟祀典。乃历叙沿革之由，酌定郊社宗庙议以进。……二年诏诸儒臣修礼。明年告成，赐名《大明礼集》。"② 其繁复远远超过汉唐。

根据礼制的要求，社会各阶层成员的日常生活都有严格的、细密的规定，这些规定所展现出来的差异就明确地标示了该社会成员在严格的等级

---

①　《汉书·公孙贺传》。
②　《明史》志第二十三礼。

序列中所处的位置。在"礼制"中，服饰最具有代表性，对等级差异的标示最鲜明、最强烈，从帝王后妃、各级官吏到庶人百姓，在衣服的形式、服色花样图案及质料等方面都有严格的等级规定，不得逾越，以显示尊贵者的优越与贫贱者的低下，使人们"见其服而知贵贱，望其章而知其势"①。在居住方面，屋舍的大小，间数式样装饰，各有定制，不能随意乱用。皇宫王府一望便知，公侯品官宅第排场也不同于凡人。关于行的方面，不同的等级也不相同。一般来说士大夫可以乘车骑马，庶人及贱民通常只能步行，或只能乘用指定形式的交通工具。此外，不同等级的官吏所使用交通工具的装饰、仪卫的差异也都有不同的规定，等等。统治者将君臣关系仪式化后，也同时具有了合理性与正当性。

"礼"对人们身份地位的标示，使得人们的等级关系明朗化、确定化，由此把全体社会成员联成一体，形成了一个由低到高、由卑到尊的阶梯状的等级序列。"礼"还要求地位尊贵者礼敬卑贱者，主张"卑己尊人"②"以贵下贱"③，如此，"礼义立则贵贱等矣，乐文同则上下和矣"④。通过这些生活细节来体现"君臣之义"的好处在于：当这些琐碎的规定被作为生活常识为人们熟悉接受之后，其背后隐含的纲常名分观念就被当作是天经地义的东西而不必加以追问。随着君臣之间在仪式中的距离越拉越大，君主的地位趋于绝对化。皇帝像慢慢隆起的山峰一样，越来越崇高、神圣，而臣民则越来越卑贱、渺小。

就"礼"和"法"的关系而言，在氏族社会及夏商西周时期，"礼"已具有了习惯法的性质。礼在保留习惯法性质的同时，许多内容转化为成文法中的条款。周礼实际上对全社会起着一种法律的调节作用，完全具备法的性质同时又不限于法，国家施政的成败得失，人们言行的功过是非，罪与非罪，统统以礼作为评判的根据。应该说，此时的礼，是法律、道

---

① 《新书·服疑》。
② 《礼记·表记》。
③ 《周易·象传》。
④ 《礼记·乐记》。

德、宗教、习俗等各种规范的综合体现，而"法"只是礼治体系的一个组成部分。自春秋战国开始，"礼"的法律效力逐渐消退，变成了仅靠人的信念和自觉来维系的道德规范体系。法家以"法"追求确定性的统治规则取代了"礼"。早期儒家所讲的礼法关系中的法主要指刑，它与礼是一种外在关系。正是在法律与道德相分离的基础上，墨子一再强调"法不仁不可以为法"①，即不道德的法律不是真正的法律。荀子早就指出，治理好国家的根本和关键是"有君子"而不是"有良法"："有治人，无治法""有良法而乱者有之，有君子而乱者，自古及今，未尝闻也"②。他的结论是："故法不能独立，类不能自行。得其人则存，失其人则亡。"③ 同时，他认为国家政务是复杂多端、经常变化的，法律既不可能对一切状况概括无遗，又不可能不失时机地随机应变，这样贤能之士临事举措，根据公平中和之道的要求和实际状况而当机立断，则是非常重要的："法而不议，则法之所不至者必废；职而不通，则职之所不及者必坠。故法而议，职而通，无隐谋，无遗善，而百事无过，非君子莫能。"④ 就是说，贤者治政，即使法有不至、职有不通的地方，也可以"其有法者以法行，无法者以类举"⑤。这样，"则法虽省，足以遍矣"⑥。如果不是贤者治政，"则法虽具，失先后之施，不能应事之变，足以乱矣。"⑦ 总之，荀子认为，法要靠人来执行，关键在于什么样的人来执行。如果"得其人"，法就能"存"；如果"失其人"，再好的法也无济于事。所以，"法者，治之端也；君子者，法之原也"⑧。荀子在这里首先承认法是"治之端也"，但强调的更重要的是人，只有"君子"才能制定"良法"，才能保证"良法"的推行。荀子的这一思想，在《中庸》中得到了进一步的发挥："文武之政，布在方策。

---

① 《墨子·法仪》。
② 《荀子·致士》。
③ 《荀子·君道》。
④ 《荀子·王制》。
⑤ 《荀子·王制》。
⑥ 《荀子·君道》。
⑦ 《荀子·君道》。
⑧ 《荀子·君道》。

其人存，则其政举；其人亡，则其政息。"简言之，就是"为政在人"。

法家则站在了这种"人治"的对立面，慎到指出，"身治"（人治）无一定标准，随心而定："君人者，舍法而以身治，则诛赏予夺，从君心出矣。"① 就是说，君主以主观好恶进行诛赏予夺，臣属也必将从自己的主观喜恶看待这种诛赏予夺。如果君心与臣心相抵牾，结果"受赏者虽当，望多无穷；受罚者虽当，望轻无已"②。而且心机易变，只要一转念，对事情的处理便会差之千里："君舍法而以心裁轻重，则同功殊赏，同罪殊罚矣。"赏罚不公，"怨之所由生也。"③ 同时，人治使"国家之政要在一人之心矣"④。然而，事情千头万绪，一个人无论多么高明，他的认识能力也是有限的："一人之识识天下，谁子之识能足焉?"⑤ 慎到从个人认识的有限性论证了把国家政要系于一人之心是危险的，实在是超群卓识。当然，正如梁启超批判指出的："法家最大缺点，在于立法权不能正本清源""然问法自何出谁实制之则仍曰君主而已。夫法之立与废，不过一事实中之两面"。⑥ 法律在古代中国被视为君主意志的体现，由此所表现出来的政治便是人治而非法治。在理论和实践上，不仅法典上的律法条文，而且君主的口谕、诏书和敕令都具有伦理性质的法律效力，这使得律法具有相当大的主观性和不确定性。又由于中国古代独立行政机构和司法机关的缺乏，更没有形式化的诉讼程序法律，使执法官吏可以随心所欲地解释法律，舞文弄法、草菅人命的酷吏，历代不乏其人。由此，在政治操作和司法实践中表现出"权、术、势"合一的非道德化即察势、弄权、玩术，而无法使政治、法律按理性程序运行。这种"法治"实为帝王一人而左右，"法治"仍与帝王的贤愚紧紧相连，是帝王之法，其实质还是一种"人治"。因此，坚决反对"人治"而又归于"人治"，这构成了法家致命的不足。

---

① 《慎子·君人》。
② 《慎子·君人》。
③ 《慎子·君人》。
④ 《慎子·威德》。
⑤ 《慎子·佚文》。
⑥ 梁启超：《先秦政治思想史》，上海古籍出版社 2014 年版，第 144 页。

自西汉以后，儒法之争已渐平息。西汉统治者"援法入儒"，将经过包装的儒家推至台前，从而有效地完成了意识形态的改造。然而，正是在这种秦汉儒、法文化的整合中，法家的重要品格发生了不同程度的"变异"：法家控制社会、民众的"技术工具"的一面得到强化，而法家的诸多"真精神"则被长期遮蔽。自此，"德主刑辅"模式从此成为主导中国社会数千年的基本治国策略。它通过将儒家最为推崇的"礼治"观念贯穿到全社会，达到"礼法合一"，由此形成"人情即法"的中国传统。在这种礼治秩序中，原本在法家那里具有一定平等精神的"法"，逐渐变成了只注重维护国家政治社会秩序的"法律"，成为维护尊卑等级的工具，而法的客观性则逐渐为人心所吞噬，从而使一个用人唯亲、论资排辈、结党营私的儒家式的社会秩序更容易大行其道，而一个不分亲疏贵贱、"一断于法"、赏罚分明的法家式的彻底的法治秩序却总是被束之高阁。"骨肉可刑，亲戚可灭，至法不可缺也"① 的法家宣言遂成为一曲历史的绝唱。

一个更深层次的问题是，法家追求的是让法律具有类似自然规律的效果，以法律在行为与后果之间建立一种人为规定和操纵的因果关系。法家相信这样就足够了，只要一种法律是稳定明确的赏罚制度，就能够使人们信任这种法律，而只要能够形成对法律的社会信任，这个法律就是有效的，就能够达到"令必行"。法家逻辑的力量，在于它很可能猜中了一个可悲的事实：一个游戏无论多么不合乎道德甚至是残酷的，但只要其中一部分人能够通过这个游戏而获利，尤其是使得有人成功，那么每个参加游戏的人就将假定自己会成为其中的幸运儿，就将有无数人来参加这个游戏。然而，从长期效果去看，法家的法治主义并不成功。这是因为，尽管法家看到了人性的某些方面，但忽视了人性的另一些方面，尤其是没有看到人性的复杂和自相矛盾。比如，法家看到了人们希望规则是公正可信的，这样人们就能够知道做什么事情必定有什么后果，可以更有效率地去谋求利益。可是，法家没有注意到，事实上又很少有人真的希望一切是公

---

① 《慎子·佚文》。

正的，除了少数能力超强的人，大多数人恐怕更希望的是一个对自己比较有利的不公正的社会，可以最小成本而获得最大收益，一本万利甚至无本万利。

儒家将道德法律化的倾向，在汉代得到可谓淋漓尽致的发挥。当儒家思想成为国家意识形态之后，儒家礼教变成了法律的元定理，成为法律的立法意图、立法依据和解释原则，作为社会规范的礼同时具有了法律与道德的双重功能。像董仲舒提出的"春秋决狱"，以及其他儒者进行的"引经决狱"等，就是主张在遇到经义与律典有矛盾的时候，律典要服从儒家经义和伦理。在这一过程中，一方面，由于法时常以礼的面貌出现，而对礼的违犯又伴随着刑罚的惩处；另一方面，由于礼对于法有统摄作用，礼的精神每每渗透于法之中，在律例的制定、法律的实施、案件的诉讼、案犯的量刑等方面，都浸透了等级序列和纲常伦理，因而人们势必更多地感受到"礼"的强制力量。正因为这样，汉王朝所制定的律例，很多最终都转化成了"礼"，并在社会生活中加以传承，礼与法在治国实践中又走向一体化。此后的历朝统治者都奉行儒家"礼政为主，刑政为辅"的主张，力求用礼治来控制社会生活，把刑或法伦理化，作为礼治的辅助手段。

这种礼法一体化历经三国两晋南北朝，至隋唐最终形成。唐律将纲常伦理全面贯彻于法律思想中，《唐律疏义》云："德礼为政教之本，刑罚为政教之用"，从而完成了儒家之礼的法律化过程，实现了礼法合一。以后各封建王朝均以《唐律》为蓝本，把维护纲常伦理视为法律的根本目的。《四库全书总目》"提要"说："唐律一准乎礼，以为出入得古今之平，故宋世多采用之，元时断狱亦每引为据。明洪武初，命儒臣同刑官进讲唐律。后命刘惟谦等详定明律，其篇目一准于唐。"后代律法虽在一些具体的条文上有所变化，但对"以刑弼教""修刑以复礼"的宗旨则恪守不渝，"礼"所涵盖的家庭、伦理与社会的等级差序成为法典的基本内容。

入宋以后，占统治地位的儒家致力于把原来属于士大夫以上阶层专有的"礼"进一步社会化、大众化，使之成为所有社会成员共同遵循的行为准则。宋代儒者所讲的礼法关系中的"法"同先秦法家的"法"已经有很大不同，它与"礼"是一种内在关系。这种内在关系主要是指法律规范和司法活动中浸透了礼的精神，刑政完全成了推行德礼的工具。宋代儒者李觏曾有"礼者，圣人之法制也"①的说法。在这里，所谓"礼"泛指儒家道德，法制应该体现儒家的道德精神。因而，德主刑辅、礼本法末，便不再是轻重先后的机械性的外在关系，而变成了相融无间的有机关系："有德礼，则刑政在其中"②"教之不从，刑以督之，惩一人而天下知所劝戒，所谓'辟以止辟'。虽曰杀之，以仁爱之实以行乎中"③。由于德教和刑罚都是为了维护和弘扬三纲五常，故两者之间的先后缓急已不再造成冲突，可以"推仁义而寓之于法"④。换言之，对礼的重视，无碍对法的加强。礼寓于法，法亦糅于礼，从而最终真正实现了礼法合流。从此，礼不仅表现为政治制度、法律规范，而且还是人们日常生活中普遍遵循的伦理规范，成为古代中国社会特有的一种社会现象。

在"礼治"所确定的等级次序中，不可能有下对上的监督与制约，人们唯一期盼的是"治人者"有德，能行一点"善政"，所以，儒家的理想政治，必然走向依赖于"圣君贤相"的"人治"社会。这种"人治"社会的基本特征是，君主的权力和意志凌驾于法律之上，法律屈从于他的权力，按照一个人的意志与反复无常的性情决定一切。

---

①　《直斋李先生文集·礼论》。
②　《朱子语类》卷二三。
③　《朱子语类》卷七八。
④　方孝孺：《逊志斋集·深虑论》。

第十一章 "大一统"

中国传统政治的格局是"大一统"，它强调的是华夏文明独一无二的中心地位和中华皇帝作为"上天之子"的神圣威权。在"大一统"的社会秩序中，天子是政治权力的核心，地方大权归于中央，中央之权集于君王。而整个社会则围绕着以皇帝为代表的官僚集团为核心进行运作。与此同时，正是在激烈的"正统之争"中，自秦汉以后，华夷界限也开始变得模糊，而逐渐走向"华夷一家"的民族"大一统"，最终奠定了今天多民族和平共处、日渐融合的整体格局。

一、要在中央

夏、商、周三代的王权独尊，曾经从名义上确立了"大一统"的政治格局，但受到宗法分封制的制约和分割。春秋战国时期诸侯征伐的混乱局面，使得孟子曾痛心疾首："五霸者，三王之罪人也，今之诸侯，五霸之罪人也。"① 孟子这一主张的实质，是要恢复西周盛世，重建王权政治下宗法分封制的"大一统"社会政治秩序。荀子也是如此，他主张："法先王，统礼义，一制度，以浅持博，以古持今，以一持万。"② 《吕氏春秋》说："今周室既灭，而天子已绝。乱莫大于无天子，无天子则强者胜弱，众者

---

① 《孟子·告子下》。
② 《荀子·儒效》。

暴寡，以兵相残，不得休息，今之世当之矣。"① 这里表达了对重新实现"大一统"政权的渴望。韩非的政治设计与此不谋而合，并且从制度上保证了"权力通吃"。韩非说："事在四方，要在中央，圣人执要，四方来效。"② 就是说，君主将四面八方的一切事情，都要集中在中央来处理，即除领土一统外，还要实现政治一统，使整个社会的一切机构都附着于政治机构之上，隶属于政治权力。

在实践上，秦代正是"以法为教"，实行郡县制和官僚政治，建立了从中央到地方的一条垂直统治体系，使皇权达到了真正意义的独尊和"大一统"集权统治，真正做到了"通内为郡县，法令由一统"③。此后，"百代都行秦政事"，这一统治模式垂范达两千年之久。这种专制主义中央集权制把国家一切政治权力，高度集中到中央政府，最后集中到封建国家的最高统治者手里，形成最高的、唯一的、绝对的政治权力，即皇权。

中国是一个大国，明显具有地方性与割据性，因而，自秦汉以来，是否分封诸侯，如何分封诸侯，一直是朝野上下争论不休的问题。每当王朝更替或天下动乱之际，这种争论就会从理论之争转化为政策之争。封建问题涉及国家制度、皇位继承、君臣关系和宗法伦理，帝王必须兼顾国与家，处理好中央与地方、集权与放权、君与臣之间的关系，因此这个问题一直是困扰最高统治者的难题。西汉建立之初，刘邦对集权制曾有过某种程度的动摇，实行郡县制与封建制并存，后来逐渐铲除异姓王，保留刘氏王侯。但到了文、景时代，许多诸侯王实力扩大，开始觊觎中央政权，威胁中央政权。汉文帝时，贾谊建议实行"众建诸侯而少其力"④ 的办法，以多级层层分封以达到废分封的目的，结果没有得到采纳。汉景帝时，晁错极力鼓动"削藩"，招致"七国之乱"。汉景帝牺牲晁错以平息叛乱，结果晁错虽死，叛军不退。景帝镇压了七国之叛乱后，削去封王之全部权

① 《吕氏春秋·谨听》。
② 《韩非子·扬权》。
③ 《史记·李斯列传》。
④ 贾谊：《治安策》。

力，封王所辖之地不得拥兵割据，但诸侯势力依然强劲。武帝时实行"推恩法"，要求封王将城邑分给自己的子弟，以进一步分割其权力；同时又设刺史官，对豪强及郡守封王进行严格考核，对不法封王及有罪官吏豪强进行严惩。

董仲舒亲身经历了这场太平时代的大动乱，从理论上提出要消除诸侯割据称雄，杜绝大臣专权，只有加强中央集权，以实现国家统一：一是提出"强干弱枝"说，反对诸侯分裂割据；二是加强中央集权；三是要将全国思想统一于孔子儒学。这三方面也就是领土完整，统一政治，统一思想。董仲舒的建议受到汉武帝的赞赏。到汉武帝时期，中央集权基本成形，政治统一和经学的形成，就说明董仲舒"大一统"思想的部分实现。

历史地看，分裂割据的问题，在此后的中国历代王朝一直存在。唐代颜师古提出的方案是：分封诸位王子，封地不要太大，使之与州县相杂，互相维持。封国的官僚一律由中央委派。诸侯必须遵守国家法令，"不得擅作威刑"①。这个方案与以前曾实行的各种体制均有所不同。由于它力求找到一个统筹兼顾的君臣模式，因此得到唐太宗的赞赏。唐太宗一方面大力宣讲"君人者，以天下为公，无私于物""朕以天下为家，不能私于一物"，认为封赏太滥是"以天下为私"；另一方面又主张适当分封，以"熟穆九族"②。在《帝范·建亲》中，唐太宗提出三点主张：一是"封建亲戚，以为藩卫"；二是"远近相持，亲疏两用"；三是"众建宗亲而少力"。具体做法是：在一些地方任命宗室、勋臣为世袭行政长官。这种方案的特点是：郡县与分封并举，以郡县为主；将相对独立的封国改为中央法令控制下的州县，封君为世袭官僚；封君以下皆为国家官职。但是由于大批受封者公然违抗成命，唐太宗虽屡下诏旨，却未能使他的设想成为现实。由于唐代君主及其中央统治集团并不满足于"强干弱枝"的局面，而是强调对地方拥有绝对的权力，进行"振纲举目"的领导以及"指臂运如"的指挥。结果，物极必反，过度集权引起地方权贵的不满，最终招致

---

① 《资治通鉴》卷一百九十三。

② 《贞观政要·公平》。

"安史之乱"。其后，各地节度使全面控制地方军政、财政大权，割据一方。

针对唐代藩镇割据的混乱局面，柳宗元指出，分封制作为历史的存在，不利于中央权力的集中，但由于和当时商周的形势、风俗和各地方实力相适应，只能被迫而为之。而唐王朝所出现的藩镇割据的局面，证明了分封制已不再适应当时形势的要求，如果还要坚持实行，只会给行政权力的正常化造成不良后果。为此，柳宗元极为推崇郡县制，认为，郡县制有效地保证了国家权力的集中，保证了任贤用能，避免了世袭制带来的藩镇割据的危害，更有利于国家的安定和团结。在柳宗元看来，秦朝实行的郡县制从动机上来说虽然是出于巩固个人权威，让天下人都服从自己的统治的私心，但从制度本身来看则是最大的"公"。针对当时"夏、商、周汉封建而延，秦郡邑而促"的论点，柳宗元进行了批驳，他认为汉、晋郡县制与分封制并行，汉初叛乱迭起却"有叛国而无叛郡"，政治动乱的原因恰是封君的权力过大，郡县并无乱；秦末是"有叛人而无叛吏"；唐代藩镇割据却"有叛将而无叛州"。[①] 这都说明，秦、汉、唐的动荡与郡县制无关。

北宋王朝鉴于唐末以来王权衰微、天下分崩的教训，采取一系列措施，以加强中央集权。他们的基本方略是：大幅度调整权力配置，削夺各级官僚和地方权力，防范各种威胁王权、分裂国家的政治力量，由此而形成了皇帝高度集权、中央严密控制地方的政治体制，这主要表现在：（1）强化对兵权的控制。譬如，调整兵权配置，宋太祖赵匡胤"杯酒释兵权"，频繁易置节度使，分解将帅之权，使得将帅有握兵之重而无发兵之权，而难以拥兵自重。同时，依据"强干弱枝"原则配置兵力，收四方劲兵于中央，使得"诸镇皆自知兵力精锐非京师之敌，莫敢有异心者"[②]。此外，奉行兴文教、抑武事的政策，大量以文官代理武职。上述政策和措施加强了皇帝对军队的支配和控制，消除了唐代以来的藩镇拥兵自重之弊。

---

① 柳宗元：《柳河东集》，上海人民出版社 1974 年版，第 45—48 页。
② 《涑水记闻》卷一。

（2）削夺地方权力，限制朝臣权柄。具体做法主要有：一是削夺地方财权；二是收回司法大权；三是集中官吏任免权，地方官一律由皇帝指派，三年一换。还采取了一系列措施分割各级官僚的权力，其中最主要的措施是增设机构，分化事权，官与职分离。在宋代的政治体制中，无论中央、地方，一律实行政、财、军三权分离。在这种体制下，"一兵之籍，一财之源，一地之守，皆人主自为之"①。（3）养官和不抑兼并。宋初鉴于五代政治之失，较为注重调整统治集团的内部关系，在政治上限制士大夫的权力，同时又宠以名位、爵禄和特权，笼络士人、官僚。不过，正是由于北宋滥设机构，冗增官吏，优给俸禄，仅数十年已造就了一个庞大的食禄阶层。不抑兼并是宋朝又一项重要政策。太祖、太宗虽屡颁劝农之诏，表示不以赋敛苛扰民生，但五代的苛弊之法大体沿而不革。结果，大量养官、不抑兼并、役法繁苛成为宋代三大弊政。（4）守内虚外。宋朝立国之初就有重内轻外的倾向。太宗两度征辽失利之后，对辽方略转攻为守。宋太宗将其内外政策概括为："欲理外，先理内；内既理则外自安"②。"安内攘外"遂成北宋国策。

宋代的这个统治方略造就了过度集权的体制，虽取得一时之效，却又很快向负面转化。由于中央过度集权，地方边疆政府毫无自主性，致使对外战争应变能力差而连连失利。虽有多次变革，但终难挽败局。司马光曾谏言："凡天下之事，在一县者当委之县，在一州者当委之州，在一路者当委之转运使，在边鄙者当委之将帅，然后百事乃可集。"③ 就是让地方官员获得一定的自主权，但并未被采纳。南宋政治家叶适曾总结说，宋之所以遭"靖康之耻"，其主要原因是中央集权太甚，导致地方空虚，才在对外战争中失利，因而，中央政府要适度放权于地方，否则，必然导致"四肢贫，中枢中风"，等等。的确，中央集权与有限地方分权之度往往难以把握，以致历史常常在中央集权与地方割据之间失去平衡。顾炎武指出，"封

---

① 《叶适集·始议》。
② 《续资治通鉴长篇》卷三十。
③ （清）黄以周：《续资治通鉴长编拾补2》卷五，文物出版社1987年版，第63页。

建之失，其专在下；郡县之失，其专在上。"① 这实际上指出了分封、郡县弊端的本质。

从实践上看，中央和地方关系的一个总的演化趋势是：愈往近世，中央集权的程度愈高。自宋明以来，君主力求总揽所有权力，削弱地方官员的权力，但由于君主无力事事躬亲，地方官员又"相与兢兢奉法，以求无过"②，这客观上造成了地方权力旁落到"胥吏"③ 的身上。由于胥吏的素质普遍低下，又有其他因素的影响，使得地方行政出现了很多的弊端。顾炎武通过对宋、明两代的军事危机的分析，认为片面地削弱地方的权力是其中的主要原因之一。宋代废除节度使，夺取州县的兵权和财权，客观上造成了地方没有能力抵抗外来势力。明代末年亦是如此。而一旦有战事，仅靠中央的军队进行作战是不够的。顾炎武由此提出了"寓封建之意于郡县之中"④ 的主张，旨在使分封、郡县两种制度达到某种程度的融合，进而一方面削弱皇权，扩大地方官员的权力，同时又利用郡县制的优点限制地方官员权力的无限膨胀，避免割据局面的出现。然而，在当时历史条件下并不具备实际应用的可能。因为，专制中国，事实上从未形成过制度化的地方自治与分权，地方分权只是一朝统治者为了延续"天命"的迫切需要而间歇、有限地出现在历史长河中。

郡县制和分封制之争，体现的是一种中央与地方之间的集权和分权的纵向关系。而从横向层面来看，就中央国家机构来说，主要是设置和调整以君主为核心的中枢辅助机关及其执行机关。咨询与辅佐既为君主行使权力提供便利与保障，同时客观上又起到了分散君权的效果。君主专制体制下，行政决策权、执行权、监督权都掌握在皇帝手中，皇帝为了大权专

---

① 顾炎武：《郡县论》。
② 顾炎武：《日知录》第九卷。
③ "胥"指的是一种基层的办事人员，即政府将平民按户口加以控制，并从中选拔出"有才智者"加以管理。"吏"本是指替天子管理臣民、处理政务的人，即"官"。一般认为，汉代以后"吏"逐渐专指小吏和差役，即没有官位的官府工作人员。有人这样形容它与"官"的区别："官如大鱼吏如小鱼，完粮之民且沮洳，官如虎，吏如猫，具体而微舐人膏。"由于两者都是指代官府的各类办事人员和差役，后世遂有人将胥、吏并称。
④ 顾炎武：《郡县论》。

断，保证行政质量和效率，将这三种权力分割到不同部门，各司其职，互相配合，互相制约，共同保证行政权力的有效运转。

从历史上看，秦汉时期中央行政体制是三公九卿制。这一时期的三公都有参与行政决策的权力，同时又是最高行政首脑，只是把决策和行政权一分为三，分属民政、军政和司法。君主为了控制行政中枢的权力，一方面不断分割行政中枢的权力，将决策权、执行权分离，设置新的机构独立于决策权和执行权之外；另一方面增加参与决策的机构和人员，还利用顾问机构分割中枢权力，加强对中枢机构的制约与监督，以防止大臣专擅朝政和君主大权旁落。自汉武帝开始，设在宫廷内的少府的属官尚书作为皇帝秘书班子的成员，逐渐侵夺了三公的决策权和行政权，虽置三公，事归台阁，监督三公行政工作，且有弹劾三公之权，逐渐从宫内走向宫外，分曹办公，最后发展成为最高行政执行机关。自东汉开始隶属少府的侍中寺，其长官侍中对尚书台处理的章奏文书和草拟的诏旨进行监督，称为省尚书事或受尚书事。

从隋朝起，中央行政体制演化为"三省六部制"。三省指中书省、门下省、尚书省，六部指尚书省下属的吏部、户部、礼部、兵部、刑部、工部。尚书省形成于东汉（时称尚书台）；中书省和门下省形成于三国时，目的在于分割和限制尚书省的权力。光武帝刘秀在尚书台设三公曹、吏曹、民曹、客曹、二千石曹、中都官曹等六曹尚书，为六部前身。西晋时，有吏部、殿中、五兵、田曹、度支、左民六曹，属尚书省。三省六部制是中国官制史的重大变革，它标志着传统政治制度的成熟：第一，使官僚机构形成完整严密的体系，提高了行政效率，加强了中央的统治力量。第二，将宰相的权力一分为三，三省长官的品级又较低，这就削弱了相权，加强了皇权；同时扩大了议政人员的名额，收到了集思广益的效果。第三，各部职责有明确的分工，有利于皇帝的集权与政令的贯彻执行，提高了行政效率，充分发挥了国家机构的效能，等等。

唐朝的官制基本上沿袭了隋朝的三省六部制。三省中的中书省负责起草发布诏令，对国家大事可以充分发表意见；门下省负责对诏令的审议与封驳，即拥有封还皇帝诏书与驳回官下章奏的权力。门下省、中书省还分别设有左右散骑常侍、左右谏议大夫、左右补阙和左右拾遗各二至六人，以负责对国家政事、朝廷各项决策进行评论和建议。而尚书省则是全国最高行政机构，其下设有接受尚书省指令的下级事务机构"九寺五监"。国家还另设有对官吏进行有效监督和制约的御史台。这样"中书、门下两省与尚书省六部、九寺五监、御史台一起，共同构成一个完整的朝政决策——执行——监督系统"①，决策、执行、监督三种职能均有明确分工，又可以互相制约，并实行宰相集体决策制，防止个人专权。不过，唐代三省制建立不久，就开始向二省、一省转变。为了控制相权，唐代以三省首长"品位既崇，不欲轻以授人，故常以他官居宰相职，而假以他名"②。皇帝逐渐使用一些资历较轻的官员参与朝政，实际行使宰相的权力。渐渐地，中书令、侍中、尚书令以及左右仆射这些宰相职务已经变成了一个崇高的虚衔，而真正的宰相却成为一种临时性质的职务。唐中叶以后，同中书门下平章事才是真正的宰相，三省长官却先后被排斥出宰相行列，成为荣誉职，决定政策之权则被剥夺。唐玄宗以后，中书舍人起草诏敕之权又为翰林学士所分割；尚书省各部司的职权在"安史之乱"后也大部分为各种使职所瓜分。故唐中叶后，三省六部制名存实亡。

在宋代，虽然三省名义始终存在，但其主要职权被置于内廷的政事堂所控制；并设参知政事为副相；设枢密院为最高军事机构，凡军机大事，直接对皇帝负责，宰相无权过问；设三司行使财权；又设谏院，以弹劾大臣，使宰相难以在处理朝政中施展作为。此外，在任用制度中采取"官与职疏""名与实分"的制度："官"名只表官位、秩级和俸禄的高低，无实际意义。官员担任的实际职务或工作岗位，称为"差遣"，也称"职事官"："其官人受授之别，则有官、有职、有差遣。官以寓禄秩、叙位著，职以待文学之选，而别以差遣以治内外之事。"③ 这样做的目的在于控制官

---

① 白寿彝主编：《中国通史》，上海人民出版社 1999 年版，第 943 页。
② 《新唐书·百官志》。
③ 《宋史·职官志》。

吏的权限，使其不能固定掌管某一权力，以便让皇帝能更好地驾驭群臣。

元代以中书省总领百官，与枢密院、御史台分掌政、军、监察三权，尚书省时置时废、门下省不复置，故中书省较前代尤为重要。明朝初年则不设中书令，仍以中书省统六部，长官称左右丞相。明太祖洪武十三年（公元 1380 年），废中书省与丞相职位，六部直接对皇帝负责，使朱元璋个人独裁达于极端，标志着明代高度专制政治体制的完成。朱棣即位后，为了加强对六部的制约，又从翰林院等文翰机构中选调个别官员（也有个别六部大臣）加以殿阁大学士之衔，为皇帝出谋划策，是为内阁；内阁与六部互相制约，各司其职。明代内阁号称"无宰相之名，而有宰相之实"①，但实际上明代内阁并没有改变"儒臣入直，备顾问而已"这一根本性质，因为内阁大学士却无中书省丞相的行政权，最大的权力是"票拟"，所谓"内阁之职，同于古之相者，以其主票拟也"②。而"票拟"是否照准，则取决于"批殊"，还是由皇帝最后裁定。废除丞相制度，使皇帝真正成了"天下独占，地位独尊，势位独一，权力独操，决事独断"的一介"独夫"。可以说，明朝的一切制度体制都是在皇权至上的前提下展开的，最终形成了皇权，外加依附于皇权的宦（官）权，以及阁权与六部权共存的一个特殊局面。阁权处于一个尴尬的地位，从严格意义上而言，亦是附属于皇权的一种派生权力，同时又不得不与外朝的朝臣保持一定关系。阁权自形成后，就存在一个与部权处于长期不断争夺的格局。在这种权力体系下，一切权力都是皇权的衍生物。皇权松动，阁权与宦权就长，且二者又处于争夺中，阁权又与部权保持着一种争夺。可以说，明代的宦权、阁权都具有某种虚拟化的倾向，皇权完全有能力在一夜之间将所有威胁皇权的宦权、阁权解除殆尽。③

清朝入关之后，议政王大臣会议的权力仍然非常大。同时，在内阁大

---

① 《明史·刑法志》。
② 《明会要·职官》。
③ 参见黄阿明：《朱元璋的悲剧：明初的制度设计与现实的严重背离》，载《探索与争鸣》2007 年第 2 期。

臣中，南方与北方士大夫的党派之争仍然延续，党争与满洲贵族内部矛盾纠缠在一起。康熙帝亲政以后，朝廷的权力一则受议政王大臣会议的限制，国家大事需经过议政王大臣会议，而这些满洲王公贵族地位较高，有时与皇帝意见发生矛盾，皇帝也不得不收回成命；二则内阁在名义上仍是国家最高政务机构，控制着外朝的权力。为了加强皇权，康熙帝于康熙十六年（公元 1677 年）设立南书房，在翰林等官员中，"择词臣才品兼优者"入值，称"南书房行走"①。入值者主要陪伴皇帝赋诗撰文，写字作画，有时还秉承皇帝的意旨起草诏令。由于南书房"非崇班贵檩、上所亲信者不得入"②，所以它完全是由皇帝严密控制的一个核心机要机构，随时承旨出诏行令，这使南书房"权势日崇"。

清朝从雍正朝起，在内阁六部之上，出现了处理全国军政大事的常设核心机构——军机处，分割了内阁的部分决策权，凡军政要事都由军机处处理和起草，审定内阁、翰林院撰拟的奏章和诏旨，经常日值宫廷，等候帝王召见，一切事务完全由皇帝裁决。军机处的设置，取代了议政王参与议政的权力和内阁的"票拟批答"的职权。此后，皇帝通过军机处将机密谕旨直接寄给地方督抚，称为"廷寄"；各地督抚也将重大问题直送军机处转皇帝审批，称为"奏折"，不再像过去经过内阁奏报批答，也无须交议政王大臣会议议决。可见，军机处的创设，大大削弱了内阁之权，使之成为一个徒有虚衔的机构。随着许多机密大事、军国要务都由军机处办理，"内阁宰辅，名存而已"③。

乾隆继位后，罢军机处，改设"总理事务处"，但不久又因实际需要将军机处重新恢复，并在原来的基础上进一步增大了权力，其职责几乎无所不包，超出内阁之上而成为全国政事的中枢。不过，军机处职权范围虽广，但仅供"传述缮撰""而不能稍有赞画于其间"④。说穿了，只是一个皇帝私人

① 昭梿：《啸亭杂录·南书房》。
② 肖奭：《永宪录》卷一。
③ 《清史稿·大学士年表序》。
④ 赵翼：《檐曝杂记》卷一《军机处》。

的秘书班子而已。在嘉庆时期，军机处被提高到了"平章军国重事"的宰辅地位。咸丰十一年（公元1861年）成立总理各国事务衙门后，军机处之决策权渐移。宣统三年（公元1911年）五月八日，清政府在立宪派国会请愿运动的压力下，实行所谓"责任内阁制"，自此设立了180余年的军机处被废除。

皇帝既然成为一切权力的象征，不可避免地会造成臣属对于君权的觊觎。在我国历史上，外戚、宦官、权臣、军阀，相互之间争权夺利的斗争，不绝如缕，尤其是东汉、唐朝和明朝。在实践中，为了维持君主的独尊，必然是君主对于臣僚权力的限制防范，君臣之间的较量往往被视为能否实现君主集权专制的关键。这种争夺在君权与相权之间表现得尤为明显。自西汉以来，唯宰相一职迭经变更，其趋势大体是以皇帝的内朝官代替外朝的宰相，掌宰相之权，但因需要而又逐渐变成外朝官，原来的宰相官职成为虚衔，由此而又出现了新的内朝官，新内朝官又嬗变成了外朝官。这种循环式的变化主要是专制主义制度内部皇权与相权的矛盾的表现。在此变化中，相权逐步削弱，且被分割，但又不能没有，所以历代宰相，官衔繁多，变化繁复，职事不一。杜牧诗云："由来枉死贤才事，消长相持势自然。"[①] 用这两句诗来解释上述历史现象，是相当贴切中肯的。

分权既然有悖于君主专制政体的集权特质，又何以能在漫长的君主专制时段中连续存在呢？其一，皇帝自身的限制。按照常理，皇帝也是人，无法摆脱人类固有的缺陷与弱点。即使一位爱民勤政的明君，也不可能事必躬亲，不可能单凭其个人就能获得足够的信息以对每件政事都作出正确的决策。可见，源于君主自身的限制使得横向集中的君权不得不作有限的分散。纳谏论是对君权制衡缺乏的专制制度的重要补充，它以肯定和维护君主的主宰地位为基本前提，为君主自我调节政治提供了有效的手段。当君主自觉地运用纳谏手段调节和控制政治时，君主政治体系会由于增加了安全系数和理性色彩而更加牢固。其二，官僚集团的约束。专制君主为了

---

① 《樊川诗集·李和鼎》。

最大限度地实现集权，必须要建立一套官僚体制。然而，在君主专制制度的内部确实又潜伏着另一种力量，即官僚机构和官僚制度中的"自主性"倾向，它或隐或现、或强或弱地制约着君权的膨胀，与君权的强化力量形成此消彼长的拉锯局面。所谓官僚自主性，是指官僚机构或个人超越其法定（钦定）的地位和职能，超越政治家（君主）的控制，在公共决策过程中发挥主导作用的现象。可以想见，在官制发达、衙门众多的历代朝廷，庞大的官僚体系凭借其对社会信息的全部把握和出于自身利益需要而结成的关系网络，对君权势必构成一种有限的分散，等等。

　　总之，制度的设计无法保证对君主实际能力的需求，必然发育出相应的调节、校正或制约机制。许多具体制度如科举制度、君主的教育培养（经筵制度）、谏议制度、考课与官员升迁制度等，都包含着维护、强化君权与制约、调节君权这两种力量、两种倾向的对立统一运动。可以说，中国君主专制制度的历史就是直接在这两种力量的矛盾运动过程中展开的。正是由于有限分权的存在，才使得中国的君主专制在历时两千年的漫长岁月中载沉载浮，安度劫难，形成了一种"超稳态的结构体系"。

二、正统之争

　　"大一统"秩序的长期延续，在中国人深层心理上积淀为"天下"的情结。尽管中国社会分合无定，但是"大一统"观念却愈加强化，而成为中华民族心理底层的不可动摇的文化根基。史载，秦始皇为防御匈奴，筑万里长城，将"华夷之辨"的观念付诸政治实践，使之具体化："秦始皇攘却戎狄，筑长城，界中国"[1]"天设山河，秦筑长城，所以别内外，异殊俗也"[2]。延袤万余里的长城，就成了"中国"与夷狄的分界线。于是，又有了"内中国外夷狄"之说。所谓"内外""中外""华夷"或直言"中国"与夷狄之分，都是以长城为限隔的。当然，这一华夷界限在夷狄族群

---

① 《汉书·西域》。
② 《后汉书·鲜卑传》。

逐鹿中原的过程中而不断发生移动。由此而引发的一个突出问题，就是所谓"正统之争"。

殷周嬗递之际所形成的"天德合一"观，奠定了中国古代历史正统观的基本概念框架。战国时期，阴阳学派的创始人邹衍创立了"五德终始说"，以解释朝代的变更，正是这个框架内的一家之言。这一学说具有以下几个特点：第一，采用当时已经流行的五行相胜说，顺序是水胜火，火胜金，金胜木，木胜土，土胜水，是为一个循环；第二，按照五行"从所不胜"（反过来说就是相胜或相克）的关系，安排历史上王朝的承继过程，以为黄帝土德、禹木德、汤金德、文王火德，其后继者应是有水德的帝王，之后再回到有土德的帝王，如此循环不已；第三，黄帝、夏、商、周都是天下共主，它们之间的关系是后面的王朝消灭并取代前面的王朝，以此类推，未来的新的天下一统的王朝，也应是消灭并取代周朝的那个王朝。

"五德终始"论宣告了新王出现的必然性和新王权威的合法性，因而一开始就受到逐鹿中原的战国诸雄的欢迎。史载，邹衍"适梁，惠王郊迎，执宾主之礼；适赵，平原君侧行撇席；如燕，昭王拥彗先驱，请列弟子之座而受业，筑碣石宫，身亲往师之"①。就连三皇五帝都不放在眼里的秦始皇，也欣然接受了这种神秘而迷人的社会历史变迁理论，规规矩矩地奉行五行家们炮制的一整套繁文缛节。秦始皇平定天下后，有人上书，说黄帝得土德，夏得木德，殷得金德，周得火德，"今秦变周，水德之时。昔秦文公出猎，获黑龙，此其水德之瑞。"② 于是，秦始皇下令："改年始，朝贺皆自十月朔。衣服旄旌节旗皆上黑。数以六为纪，符、法冠皆六寸，而舆六尺，六尺为步，乘六马。更命河曰'德水'，以为水德之始。"③

"五德终始"论不仅为当时"争于气力"的社会现实和施政措施罩上一件"德运"的外衣，而且赋予了秦王朝的刚刚建立的集权统治以无可置

---

① 《史记·孟子荀卿列传》。
② 《史记·封禅书》。
③ 《史记·秦始皇本纪》。

疑的合法性。周初统治者曾经打着"天佑有德"的旗号革了商朝的命。然而，对秦来说，要证明比周更"有德"实在困难，况且"德"从来不是其立国之本，因而"五德终始"论恰好以一种自然理性才具有的威力，为秦王朝的统治举行了授权触摸礼。据说，秦始皇曾亲自推算五德之运，认为周得火德，秦代周德，水以刺火，故秦为水德。应兴之德，必有符瑞。周得，火德，有赤鸟之符。于是又编造出秦文公获黑龙的故事，以为水德之瑞。此外，秦始皇还把五德终始说与天命说融会贯通，他的玉玺上印有"受命于天"四个字，以此证明其得王天下的合法性与神圣性。

汉朝立国之初，一方面为了现实政治的需要制造了一些关于天命转移的新神话，如赤帝子斩白帝子之类；另一方面又接受了秦朝的遗产，比如三公九卿制和郡县制。汉文帝即位后，汉儒为汉朝的德运问题展开了激烈的争论。当时贾谊、公孙臣等人认为汉朝当土德，主张改正朔、易服色，以黄色为主色。这派意见一开始遭到了坚持水德说的丞相张仓的压制。三年之后，成纪出现黄龙，汉朝君臣认为这是土德之瑞，于是汉文帝"召公孙臣，拜为博士，与诸生草改历服色事"[①]，但直到文帝去世，这一政治装饰工程都没有完成。武帝登基后，接受了汉为土德以代秦之水德的主张。这等于承认了汉朝是从秦朝沿袭而来的。但是，问题在于：秦朝酷烈的暴政在汉朝人眼中普遍缺乏正当性。从汉武帝对董仲舒的策问中，我们可以清晰地看到这位雄视百代的君主心中萦绕盘桓着的历史性焦虑和形而上困惑。针对这种焦虑和困惑，以董仲舒为代表的汉代今文学家首先提出天下受之于天而非受之于人："今所谓新王必改制者，非改其道，非变其理，受命于天，易姓更王，非继前王而王也。"[②] 这样一来，汉帝国就不会因为与秦朝暴政之间具有连续性而使其合法性受到影响。同时，董仲舒提出所谓"复古更化"，就是形式上学习"三代"的"圣王"，即以"王道"精神来软化和消解战国至秦朝崇尚暴力的"霸政"余习。不难看出，"五德终始"论名义上是以"天命"，而实际上则是以人间的君主为中心而自导自演的

---

① 《史记·封禅书》。

② 《春秋繁露·楚庄王》。

舞台。这一理论通过将帝王纳入天道，再辅之以历法、服色、数字等一系列配套措施，从而以愚夫愚妇都能理解的形象语言论证着最高权力不容置疑的合法性。

尽管如此，五德相胜相克之说，在人们心目中，显得过分激烈和决绝。为了使得王朝更替在人们心目中显得更为合理、温和，西汉后期由刘向、刘歆父子创造的"五德相生说"应运而生。这一理论以"木—火—土—金—水"五行相生的宇宙气运规律来解说历史变迁，认为秦虽得水德，但气运、时运正从木德向火德转移，故秦不得天道之序，处于"闰位"，从而彻底否定了秦的"法制"，也间接批评了"汉承秦制"未能真正奉天承运以复兴王道。这其中有两个明显的牵强之处：一是把原来按五德相胜说确定的汉的"土德"改为"火德"；二是按五德相生之说，汉火德与秦水德毫不相连，这就等于把秦排挤出正序之列。这个系统的最终目的就是证明王莽为黄帝、帝舜之后，是土德，则按尧禅位给舜的古史传说，汉禅位给王莽也正是天理之序。这实际上是为当时王莽"篡汉"寻找合法性根据。正是由于五德相生说把朝代的更换装扮成心甘情愿的禅让，使天命变更的场面变得温情脉脉，从而掩盖了篡权者的阴险和斗争。

这是以"五德"论"正闰"之始。古人常用"闰"表示非正常的情况。正闰之辨是指在政权不统一的历史阶段，如何区分正统与非正统。自魏晋以来，直到宋、金、元，历代帝王都以五德相生说论证自己受命应运之由，从而彻底沦为现实权势进行自我神化的把戏。例如，东晋习凿齿撰《汉晋春秋》，不以晋继魏，而主张直承汉统。习凿齿的"晋承汉统论"并非重复五德正闰的陈词滥调，其重点在于根据"平定天下"的功业以正晋"正统"之名，而不必用"魏晋禅代"的谎言来论证自己的合法性。

在这种天命的反复演绎中，保障人间合理秩序的"天"，已经成了一种非理性的、盲目的宰制力量，阴阳五行、天人感应之说也蜕变成了通过某种神秘力量影响"气运"，以服从于一己私利的巫术。当"天命"丧失了道德理性之内涵，所谓天降符瑞、天命所归的"五德正闰"论简直是在说，"天"莫名其妙地偏私于一家一姓，君主、社稷之利也就成了政治行为的根本准则。为此，柳宗元等人力主"天人相分"，破解"天"对人间的宰制，破除人们对这种"天命""运数"的屈服和依赖。柳宗元指出，只有行保障民生之安利的"大公"之道才能真正王天下，保障民生之安利的"仁德"才真正是王朝受命的"贞符"。

柳宗元的"贞符"论预示了宋代"正统"论兴起的基本思想方向：天下为公、选贤与能、以民为本的"王道"，而非五行相生的"运数"和难测之"天命"。在宋代，欧阳修给"正统"下了一个全新的定义："正者，所以正天下之不正也；统者，所以合天下之不一也。"① 这一新定义，唯据"治乱之迹""功业之实"，而非虚幻的"天命"，用以衡量现实政权的正当性、合法性。

章望之则以二程的"王霸之辨"论"正统"："以功德而得天下者，其得者正统也""得天下而无功德者，强而已矣，其得者霸统也"②。在二程那里，"王道""霸道"分别指称两种政治伦理、指示两条历史道路。"王道"即天下为公，使民自养而不知谁养之，民自治而不知谁治之；"霸道"则是"假仁义以霸天下"，本意以人民土地为一己私产，行仁政、尚礼教都是为了常保私产，追求的政治目标是"富国强兵"、社会的高度整齐划一。二程并未参与当时的"正统"论争，但其在当时产生较大影响。为此，章望之强烈批评欧阳修将"正统"给予"霸道"得天下者的立场。由此在北宋掀开了一场"正统"之辩。

在这场争论中，司马光捍卫了欧阳修的立场，明确提出了自己"但据其功业之实而言之"的划分标准："敬不能使九州合为一统，皆有天子之名而无其实者也。虽华夏仁暴，大小强弱，或时不同，要皆与古之列国无异，岂得独尊奖一国谓之正统，而其余皆为僭伪哉！"③ 据此，他认为三国时的蜀汉不能继汉氏之遗统，因而在东汉之后顺次按魏、晋、宋、齐、梁等政权，排定自己编史的年号。

---

① 《宋史·律历志三》。
② 章望之：《明统论》。
③ 《资治通鉴》第六十九卷。

　　更为发人深省的批判来自苏轼。他首先将评价政权的标准与道德的标准明确地区分开来，指出政治之"正义"仅在于"天下有君"，即建立统一而强大的中央政权，使天下有法有制可循，生民免于战争与暴乱以全其生，所以"夫所谓正统者，犹曰有天下云尔"。按照这一标准，"故篡君者，亦当时之正而已"。然而，在"天下有君"的政治"正义"之上，还有"至公大义之为正"。既然历史的真实状况是"天下之贤"与"天下之贵"很难兼具，那么，就有必要在权力与道德之间划出一个基本的分际。苏轼的基本立场是，权力在价值等级上低于道德，但权力自有其功用，道德并不能取代之："天下然后知贵之不如贤，知贤之不能夺贵，故不争。"[①] 苏轼的这一论说，实际上为我们提供了正统论的两个重要因素："一统"和"居正"。前者是指政治权威之合法性的评价标准，后者则对应于道德之理。由于这二者常常不能完全合一，从而就为人们的选择、取舍提供了两种可能。

　　从真实的历史来看，欧阳修、苏轼、司马光的正统论，皆是偏重事功，重"一统"，而削弱了"居正"原则。在北宋时代，这种偏重统一功业的"正统"论占据主导地位，反映出当时中央集权强化的历史大势。而在南宋时代，由于失掉了天下一统的地位，面临社稷沦亡的威胁，于是，重"一统"的正统观念开始淡化，而更注重"居正"原则的"正统"论，强调"攘夷"的论调便占据了上风。当时，强大"夷狄"据有中土，使得自诩得到"道统"之传的南宋士人力主一以"天理"为定准的"正统论"。这以朱熹最具代表性。为了使南宋的正统地位有保障，朱熹在正统论中融入了理学观念，以"天理"为衡定正统的标准，穷理究物，注重天道人道，达到"岁周于上而天道明矣，统正于下而人道定矣"[②] 的目的。朱熹把"仁义"与"功利"如此尖锐对立起来，其实是要讲明，只有真正出于道德动机的"仁义"之举，才真正有利于"天理人心"之常存常新，才真正对人类历史有长远的大用，故而要求史家能于"成"而见其不必"是"，于"败"而见其不必"非"，以坚定人们对至善历史理想的信心。

----

　　① 苏轼：《正统论三篇》。
　　② 朱熹：《晦庵集》。

在这种"正统"论中，历史以"天道""天理"为本质，对应、支撑的是以儒家文化价值理想为核心的"大一统"式、整体论的"中国文化"和"中国历史"观念。

从历史的实际演绎来看，异族政权"入主中原"的行动，也伴随着对"正统性"的获取与争夺。宋与辽、金对峙时期，两宋统治者与辽、金皆自认"正统"，而将"夷狄"的帽子扣在其他政权的头上。这以金朝统治者掀起的"德运之议"最为著名。当时共有以金、木、土为德运三种意见：其一，主张不论所继，只为金德（国号为金，是因白金有不变、不坏之意）；其二，继唐朝土德而为金德，以五代、北宋为闰位；其三，继承辽朝水德而为木德；其四，继北宋火德而为土德。最后决定以土为德。①这一做法颇耐人寻味。继唐的说法，由于年代久远，缺乏现实性；继承辽朝的德运，无疑等于放弃了统一全国或者主盟的企图，与其一贯标榜的目标背道而驰；以金为德运，貌似有吸引力，但有自囿于东北一隅之嫌。唯有继承北宋，既坚持了宋太宗以来"荡辽戡宋"的一贯提法，又否定了南宋继续以火为德运的合法性。

金朝争取正统的行动，向只有汉族所建政权才有资格称正统的传统观念提出了挑战，表明在中华民族大家庭中，各族都有权争取正统，争称"中国"，这是对传统观念的有力回击。"金士巨擘"赵秉文通过强调春秋"华夷之辨"轻血统、重文化的所谓"礼"的标准，目的便是要表明女真族进入中原后，讲求礼法，尊崇儒学，就已有资格称"中国"，而不必问其族类了。他甚至还要剥夺南宋作为"汉族"王朝的合法性，提出合乎"汉"的标准为"汉者公天下之言也"，认为刘备有公天下之心，虽然西蜀是僻陋之国，也宜称为"汉"。与此同时，他贬斥南宋地位，把金朝视为"中国"的合法代表，俨然以华夏正统王朝自居，打破了只有汉族建立的王朝才有资格称"中国"的话语垄断。原来进入中原的各少数民族政权对贵华贱夷的观念都不敢触动，都自动居于"夷狄"之位，最多只不过是千

① 参见宋德金：《正统观与金代文化》，《历史研究》1990年第1期。

方百计地对"华夷之辨"加以淡化，而金朝此时则大胆地宣称自己是"华"，大胆地追求正统，这无疑是一个巨大的变化。①

话说回来，德运之说，本属无稽之语。它只不过是把历史的发展纳入其臆造的"五行"相生相克的秩序中，使历史呈现出一种神秘主义的、决定论色彩。然而，这里看不到人的作用，也见不出历史演化的真正原因。因此，王夫之斥之为"妖妄"，实为尖锐而深刻。王夫之说："正统之论，始于五德。五德者，邹衍之邪说，以惑天下，而诬古帝王以征之，秦、汉因而袭之，大抵皆方士之言，非君子之所齿也。"② 不仅如此，由五德说到正统论，统治者争相用以作为文饰统治的利器，在王夫之看来，其立脚点从根本上是错误的，因为它们将君权肆意置于民生之上，关心的只是"一姓之兴亡"，而缺乏对民众休戚得到的关切："舍人而窥天，舍君天下之道而论一姓之兴亡，于是而有正闰之辨。"③ 这一批判，可谓一针见血。

三、"华夷一家"

在"大一统"的秩序之内，以"华夷之辨"来解释民族关系、国家关系，往往会陷入"非华即夷""非夷即华"的二元悖论中，而无法确立起平等相待、共同为"华"的意识。其实，在中原士大夫阶层的民族观念中，"华夷一家"是与"华夷之辨"并存的。在中国古代社会，由存在于等级贵贱之分和血缘之传，使得人们很注重世系的排列。一些人为了使自己的家族显得尊贵，就从古代寻找古帝王作为自己的祖先。就在这种寻祖追宗的意识下，中华炎黄世系得到不断完善。从《国语》中的相关记载看，春秋至战国中期，人们已经追认炎黄为祖先。《山海经》甚至把狄、犬、戎、苗等少数民族也列入黄帝的世系。随着诸侯兼并战争的发展，各民族逐渐融合，要求有一个统一的祖先，以证明天下本来就是"一家"。

---

① 参见齐春风：《论金朝华夷观的演化》，《社会科学辑刊》2002 年第 6 期。
② 王夫之：《读通鉴论·叙论一》。
③ 王夫之：《读通鉴论·武帝七》。

在汉代，司马迁致力于为华夷族群构筑共同的血缘谱系：文明源自一"统"，所有的民族起源于共同的祖先黄帝。司马迁在《史记》中，以"本纪"为纲，辅之以"表"，以"书""世家""列传"为纬，将华夷整合成为一个时代相继、绵延不断的庞大的具有族群认同性质的共同体。《史记》关于五帝夏、商、周、秦与夷狄的族源架构，可谓"源出于一，纵横叠加"。"源"为黄帝，纵向来看，黄帝以下则为颛顼、帝喾、尧、舜、禹、夏、商、周、秦；横向来看，黄帝子孙除了华夏族群之外，还有秦、楚、吴、越、匈奴、南越、东越、朝鲜、西南夷等蛮夷族群。在司马迁构筑的华夷共祖这一体系中，"五帝三王，皆祖黄帝"[1]，这个帝系成为正宗的生产后代帝王将相的系统。这一共同血统的神话，不但为华夏族群所认同，而且为夷狄族群所认同。这一体系既是西汉中期以前华夏族群边界向外拓展的根据，也是魏晋以降夷狄族群边界向内漂移的依据。如魏晋南北朝时代的匈奴人赫连勃勃之夏与刘渊之汉、鲜卑人之前燕、南凉、北魏、西魏等政权，莫不以黄帝之裔自居，并以此作为入主中原的法理根据。

东汉何休则用一种历史发展的观点来看待民族关系问题和国家统一问题，以此阐发民族一统之义。何休以"衰乱世""升平世"和"太平世"来解说公羊"三世"说[2]，从而赋予这一公羊传统学说以进化之义。按照何休的说法，在"衰乱世"时，诸夏尚未统一，也就不存在什么夷夏之辨问题。"衰乱"之世的主要矛盾是中国与诸夏的矛盾，解决这一基本矛盾的原则是"内其国而外诸夏"。这里所言"内其国"之"国"是指京师，而"诸夏"则是指诸侯。当历史进入"升平世"之时，已有了夷夏之辨问题。

---

[1] 王充：《论衡·案书》。

[2] 三世说是春秋公羊学家的学说，本来说的只是一个简单的事实，即《春秋》所记二百四十二年历史中，有"所见世、所闻世、所传闻世"之差，因而用词有亲疏抑扬之异。《春秋公羊传》说，孔子写《春秋》，"所见异辞，所闻异辞，所传闻异辞"。按《公羊》学派的"三世说"："所传闻世"是"据乱世"，"内其国外其夏"；"所闻世"是"升平世"，"内诸夏外夷狄"；"所见世"是"太平世"，"夷狄进至于爵，天下远近大小若一"。董仲舒发挥了这一学说，认为"《春秋》分十二世以为三等，有见有闻有传闻"（《春秋繁露·楚庄王第一》），即划分春秋十二公为"所见世""所闻世""所传闻世"，表明春秋时期二百四十二年不是铁板一块，或凝固不变的，而是可按一定标准划分为不同的阶段。

何休秉承公羊先师的夷夏之辨观，即以礼义而不以血缘、地域来分辨夷狄。由于夷夏之间的文明进化程度是不相等的，所以，在处理夷夏关系时，就应该奉行所谓"内诸夏而外夷狄"。具体来讲，一是强调诸夏必须联合互助，共同对付夷狄的入侵。二是明辨夷夏之别，反对诸夏联合或依附于夷狄。当历史进入"太平世"之时，夷狄已经由野蛮而至文明，成为诸夏的一部分，已经是一个没有夷夏之别的天下一统的社会。在这个社会里，不但道德文明已经发展到了极致，而且政治、种族、文化也实现了空前的统一。

应该说，何休"夷狄进至于爵，天下远近小大若一"[1]的思想，虽具有理想化的色彩，但也有一定的历史依据。因为自春秋开始以来，各诸侯国之间经过长期的战争和频繁的交往，带动了不同的种族与文化之间的交汇和融合，从而出现了夷夏文化一统的趋势。何休的"进夷狄"思想内蕴的"大一统"之义，充分肯定了社会、民族、国家是可以不断进步和不断发展的，社会可以由衰乱进至太平，民族可以由野蛮进至文明，国家可以由分裂进至统一。同时，它使人确信历史的发展终将会使人类告别野蛮，使国家步入太平，使民族间得以和平相处，使天下一统成为现实。

隋唐时代，各民族文化有了融通互渗的环境，中华文化系统涵容百川，展现出包容万千的生命力，统治者更是明确倡导"华夷一家"。隋文帝说："溥天之下，皆曰朕臣。"[2] 唐太宗也称："自古皆贵中华，贱夷、狄，朕独爱之如一，故其种落皆依朕如父母。"[3] 与此同时，"华夷一家"思想也被边疆民族在统一大业中所用，在各民族的大统一的实践中得到充分发展。有不少少数民族政权自认为是黄帝子孙。史载："匈奴，其先祖夏后氏之苗裔也，曰淳维。"[4] 建立后魏的鲜卑部族，直接将黄帝作为自己的族源："黄帝以土德王，北俗谓土为拓，谓后为跋，故以为氏。"[5] 北魏孝文

---

① 《公羊传解诂·隐公元年》。
② 《隋书》卷八十三，列传第四十八。
③ 《资治通鉴》第一百九十八卷。
④ 《史记·匈奴列传》。
⑤ 《魏书·序纪》。

帝崇尚儒学，推行全面汉化政策，从婚姻、语言、服饰、礼制等方面进行了大规模的文化改革，表明了北魏政权将承担起统一大业的理念和决心。

辽、金两代，契丹及女真统治者在以武力取得统治权的同时，总是被先进的中原汉族文明所吸引而予以积极主动地汲取，并通过汉化这一途径来提高本民族的素质。少数民族的统治者出于对自己统治基业的考虑，尽力淡化华夷之别。如辽道宗尝听人讲读《论语》，当讲到"夷狄虽有君，不如诸夏之亡也"时，"疾读不敢讲"。道宗说："上世獯鬻猃狁，荡无礼法，故谓之夷。吾修文物彬彬，不异中华，何嫌之有"？"卒令讲之"。[1] 同样是《论语》中的这段话，金海陵王完颜亮也如此评说："朕每读鲁论，至于'夷狄虽有君，不如诸夏之亡也'，朕窃恶之。岂非渠以南北之区分、同类之比周，而贵彼贱我也！"[2] 金熙宗曾说："四海之内，皆朕臣子。若分别待之，岂能致一？"[3] 如上诸多言论，无不都是在着力淡化"华夷之辨"的意识，强调华夷一体。

辽、金统治者这种淡化"华夷之辨"的思想落实到行动上，就是实施了一系列行之有效的政策：积极地向先进的汉族文明靠拢，提高自身的文化素质；尊孔崇儒，以便从思想观念上淡化"华夷之辨"意识；从指导思想及舆论上强化各民族"皆是国人"的意识观念；根据当时汉族人（尤其是儒士）的思想实际，采取因俗而治、分别管理的措施；采取一种宽松的政策，对汉族儒士尽可能地放手重用；开科取士，为儒生开辟"前程"与出路，等等。显然，这一切措施，对淡化"华夷之辨"的观念、加强民族融合，起到了积极作用。

经过这样不断的交流磨合，不仅"夷狄"政权与汉族士人趋向合作，整个民族间也趋向融合。尤其是元朝的建立，破除了"内夏外夷""贵夏贱夷"的传统观念，在客观上模糊了夏夷界限，缩小了夏夷隔阂。《元史》

---

① 《契丹国志·道宗天福皇帝》。
② 《三朝北盟会编》，引张棣：《正隆事迹记》。
③ 《金史·熙宗纪》。

载："圣人以四海为家，不相通好，岂一家之理哉。"[1] 元朝时，中原和边疆地区的政治、经济、文化乃至民族构成本身，发生了长达百年的富有特色的大融合，改变了统一多民族国家的传统结构和狭隘观念。元朝在修辽、宋、金三史时，对三朝平等看待，各予正统，显示了元在"大一统"的情况下，已不看重"华夷之辨"。蒙元王朝疆域的广大，为汉唐所不及："自封建变为郡县，有天下者，汉、隋、唐、宋为，然幅员之广，咸事逮元，汉梗于北狄，隋不能服东夷，唐患在西戎，宋患常在西北。若元，则起朔漠，并西域，平西夏，灭女真，臣高丽，定南诏，遂下江南，而天下为一，故其地北逾阴山，西极流沙，东尽辽左，南越海表。"[2] 这一时期，在强大的统一政权之下，各民族杂居共处，交往频繁，中原文化、北方游牧文化、南方农耕文化、域外文化交流融会，形成空前开放的文化格局，中国从此进入了统一多民族的"中华一体"国家。

清代秦嘉谟辑补的《世本·帝系》不仅把少数民族的祖先寻到黄帝的名下，而且把曾主中原的、相继兴废的几个大的朝代归并为一。由此，黄帝成了夏、商、周的共同始祖，所有各地各族各个时代的主要传说人物都成了黄帝的子孙。这一方面从血缘关系上论证了统一的合理性，另一方面也消融了华夷之别，原来的华夏族与四夷的关系变为兄弟或甥舅（联姻）关系，从而扩大了华夏族的血缘范围，并使华夏族成为统一中华民族的主体部分。

尽管如此，华夷之别的痕迹依然存在，有不少人依然认为，对四夷实施"羁縻"统治是天经地义的。这基于如下理由：（1）中华帝国是世界的中心，是上天眷顾下的礼仪之邦，它的光辉由近及远，照耀着蒙昧的四夷蛮荒。（2）皇帝是天下共主，应该像阳光雨露一样恩被天下，以自己的无上仁慈"怀柔远人"；而万国夷狄都有义务执圭来朝，捧帛进贡。一旦圣人在位，则"万邦来贡""祯祥毕至"。（3）中华天朝地大物博，不需要发

---

① 《元史》卷二百八十，《列传》第九十五。
② 《元史·地理志》。

展贸易与夷狄通有无，等等。对华夏系统内的大众来说，既然生为天朝上国的臣民本身就是一种荣耀，有什么理由不一心一意做圣王的臣民？当夷狄入侵时，又有什么理由不效死尽忠？至于不幸生于万古洪荒中的夷狄之人，除了诚心向化、祈求圣王恩典，还有什么更好的选择？因而，帝国的荣耀，皇帝的威严，就建立在天下民人对"天朝"的主动归依上，凡是有损天朝形象的行为都是不可容忍的逆道违天。这就是为什么汉武帝、唐太宗都曾因为夷狄君主不给面子而"赫然斯怒"，大举兴兵。朱元璋即位之后，就迫不及待地遣使出使西域及日本、朝鲜诸国，"劝谕招徕"。永乐年间，陈诚三使中亚，郑和七下西洋，目的都是"宣教化于海外诸藩国，导以礼仪，变其夷习"[①]，也是昭示恩威，劝谕来贡。清王朝在与西方文明开始发生碰撞的这一"大变革"时期，举国上下仍然讲究"华夷之辨"，视中国为世界的中心，视西方人为蛮夷，对西洋的坚船利炮和社会文明不屑一顾，竟将夷狄的称呼加到西方国家身上，以至于与西方国家难以确立近代平等的中外关系。例如，乾隆皇帝在答复英国公使马嘎尔尼的通商要求时，就声称"天朝物产丰富，无所不有，原不藉外夷之物以通有无"[②]，认为夷狄之人离开了中国所产的货物就不能生活，因而允许他们前来"懋迁有无"就是一种恩惠，等等。直至清末，这种"泱泱大国"的自满情怀在举国上下依然颇为流行。这种"天朝想象"，最终在近代西方列强"坚船利炮"的震撼中，才梦醒影碎。

---

① 《明成祖御制南京弘仁普济天妃宫碑》。
② 《仁宗睿皇帝实录》。

第十二章　全能管理

自秦代奠定了皇权政治下家天下、"大一统"的基本格局以来，经两汉四百余年的发展、积淀，以中央集权统治和皇权至高无上的君主制政体为核心的"大一统"体制得以最终确立，导致形成一种以行政权力支配社会和对政治、经济、文化等一切社会事务进行全面管理的模式。即在"君权至上"的前提下，以"官本位""利出一孔"和"思想一统"为核心的三位一体的全面社会控制体系。在这种模式的宰制下，整个社会如同铁板一块，使得任何有悖于这一体制的思想和行为，都无不被贴上"离经叛道"的标签，而遭到坚决的抵制和清除。这种治理模式虽然表现出惊人的治理效力，但也造成了社会自组织秩序的彻底摧毁和对国家强制力的全面依赖等弊端。

一、官本位

中国两千余年的专制社会，是以皇权为基石和核心，并辅之以等级森严的官僚制度为基本运作模式的。所谓"为与士大夫治天下，非与百姓治天下也"① ——宋人文彦博的这一千古名言，正是对这一体制的明确表述。在这种高度集权的官僚体制中，政府是唯一的权力主体，政府与社会高度

---

① 《续资治通鉴长编》卷二二一，熙宁四年三月。

合一，整个社会生活高度政治化，所谓"王权支配社会"①。由此而发展出以"官本位"为主要表现形式的社会政治秩序。

官本位是集政治体制、经济利益、思想文化于一体的社会状态，其内涵主要表现为：

其一，权力占有是官本位的核心。在官僚等级体系中，皇帝处于权力金字塔的顶端，其下是中央到地方的各级官吏，官吏之下是众多的全国民众。在这种格局中，皇帝独掌一切大权，以官为本、以权为纲；官为中心，民为边缘；各种权力（权利）向官员倾斜、集中，各种义务（责任）向平民倾斜、集中，权力（权利）与职责（义务）不对等、不平衡、不一致。这就是中国专制制度下政治权力在各权力主体上的配置特征。

官僚的权力来源，既不是单纯依赖血统关系，更不是依赖哪怕是表面上的群情民意，而只是自上而下的、"仰沐上恩"的授予结果。无论是秦汉时代的"察举征辟制"、魏晋时代的"九品中正制"，还是隋唐之后的"科举制"，在具体选拔方法上固然有所不同，但都体现了权力自上而下授予的原则。这种权力来源的"唯上"性，势必在君臣之间形成一种"主卖官爵、臣卖智力"② 的主仆关系。这种人身依附关系不仅表现在君臣之间，而且在官僚集团内部的上下级关系中同样存在。下级官吏的命运完全掌握在上级的手中，他们进取升迁的欲望能否实现，完全取决于上司的意愿。故而，上对下，发号施令，颐指气使；下对上，唯命是从，马首是瞻。

在这种权力格局中，官员利益高于人民利益，长官意志高于人民意志。官员们干工作、做事情，首先考虑的是是否符合上级或长官的意愿，而不管百姓是否高兴、拥护。不仅如此，围绕着权力，有一个看不见的权"场"。各种意有所图的人都会在"权场"中向着权力中心做定向移动，造成的一个客观结果，便是"一人得道，鸡犬升天"。鲁迅先生说，凡是"猛人"，"身边便总有几个包围的人们，围得水泄不透。"结果，"是使该猛

---

① 刘泽华：《分层研究社会形态兼论王权支配社会》，《历史研究》2000 年第 2 期。
② 《韩非子·外储说右下》。

人逐渐变成昏庸，有近乎傀儡的趋势。""中国之所以永是走老路，原因即在包围……"包围是客观存在的，有权力就一定有包围。权力越大，包围就越厚。一旦权力到手，他们当然会为君主的"知遇"而感激涕零地"谢主隆恩"。既食君禄，就必须"忠君之事"，容不得半点的"不忠""不敬"。于是，官官相护，构成一个共同对付人民的"生物链"。

正是由于权力来源的"唯上"性和权力变更的非程序性，因而，官僚政治权力的基础是极不稳定的。专制君主从维护自己的独裁统治出发，总要千方百计地对臣属的权力加以种种限制。例如，官吏任职过久，容易导致主官与属官的相互勾结，从而对君权形成某种潜在的威胁。为了防止这种情况的出现，君主们往往采取缩短官职任期、频繁调动官职等手段来限制官吏久任。造成官僚权力基础不稳定的原因，除了君权对臣权的各种限制之外，统治集团内部频繁激烈的政治斗争必然也会导致无休止的权力再分配。在争权夺利的争斗中，得势者当然会加官晋爵，失势者则必然大权旁落。所谓"一朝天子一朝臣"，官职从属关系带有强烈的人身依附性和宗派性。主官升迁，属官也会附于骥尾、鸡犬升天。主官失势，属官难免殃及池鱼、被遭株连。一场政治斗争的结局，常常造成一系列连锁反应的权力变更过程。对于在任官吏来说，面临着朝赏暮罚、忽迁忽徙的命运和"昨为座上客、今为阶下囚"的政治现实，则会产生一种宦海险恶、仕途莫测的恐惧感和危机感。这种人人自危、朝不保夕的严酷政治局面，往往潜伏着新的政治危机，酿发出新的政治争斗，使既有权力分布秩序面临动荡变更、陷入更加不稳定的状态之中。

其二，利益分配是官本位的归宿。做官的神奇魅力，远在战国时，就有人发出如此叹息："官不与势期而势自至乎！势不与富期而富自至乎！富不与贵期而贵自至乎！"[①] 在官僚体系中，以官阶高低进行利益分配，一切待遇都得按官位高低排序，且为官者普遍享有特权，所谓"官有九品、人有九等"。这种等级特权制度造成了特殊的利益导向，使处在不同级别上

---

① 《刘向·说苑》。

的官员有着不同的人生待遇：一是俸禄，所谓"国家经费莫大于禄饷"的说法，说明以国家名义征收的赋税很大一部分转化为官吏的权力收入。二是服装。官员服装与贫民不同，这是区分官民的重要标志，"见其服而知其贵贱，望其章而知其势"①。三是佩饰。官民在这方面也有严格区分。例如，唐代的玉和金、银为官员的专用饰物，平民只准用铜、铁作饰物。四是出行。官员出行有仪卫，威仪煌煌，使人望而生畏。例如，清代就规定，军民人等在街市上遇见官员仪仗经过，即须躲避，违者即罚。五是房舍。官员的住处称为府、邸、宅，而平民的住所只准称为家。此外，还存在许多特权：历代都规定，一定级别的官员，其母妻可以得到"命妇"之封，称为"诰命夫人"，以显尊崇。官员们的子弟还可凭父兄的官位取得做官资格，这就是荫袭制度，实际上是世卿世禄制的变态、遗留。北宋的恩荫最滥，凡遇有吉庆大典，所有高级官吏子弟乃至亲戚门客皆可加官晋级。此外，还拥有司法特权。如汉有先请之制，贵族及六百石以上官员有罪，须先请示皇帝才许逮捕审问。清律规定，无论大小官员犯罪，司法机构都必须开具事实奏闻请旨，不许擅自勾问，判决也必须经过议请手续。还有所谓"减赎"，减就是重罪轻判，赎就是以其他方式抵罪、抵刑，等等。

　　在官僚政治下，谋权求官实际上已经成为当时发财致富的有效途径。"三代以下，未有不仕而能富者，故官愈尊，则禄愈厚"②，应该说这确实反映了一定的历史真实。国人对官位的顶礼膜拜，不仅是尊崇官位本身，更多的是出于对官位背后的利益的尊崇。早在先秦，吕不韦父子就悟出了一个道理：投资"官市"比种田、经商都强，"其利千万倍"③。于是，入仕为官成为人们的最佳职业选择。孔子说："学也，禄在其中矣。"④ 孔子的门生子夏曰："学而优则仕。"⑤ 在等级森严的传统社会里，官为百业之首，再加上人才培育结构和选拔、激励体系单一，因而，唯有走上仕途，

① 贾谊：《服疑》。
② 《论语正义》诸子集成本第一辑，上海书店出版社 1996 年版，第 146 页。
③ 《史记·吕不韦列传》。
④ 《论语·卫灵公》。
⑤ 《论语·子张》。

才能出人头地，从而导致全社会的精英汇聚于仕途。

其三，上尊下卑的价值取向。在专制制度下，上尊下卑，界限分明，不容僭越。官贵民贱，官尊民卑，一切以官为贵，以官为荣，以官为尊；官越大，地位越显赫，尊严越高尚，身份越荣耀，特权也越大。于是，是否入仕为官及入仕以后能否官居高位，就成了衡量个人成功与否的一个重要标志，由此形成以官职大小衡量人的价值、成就、地位的官本位文化。"官本位"借用了经济学里的一个专用名词——金本位。金本位是指以黄金作为本位货币的制度，即以黄金作为衡量其他货币和一切商品价值的单一的价值尺度。"官本位"的基本含义是将是否当官、官位高低作为衡量一个人社会地位和人生价值的社会价值尺度，即以是否为官、官职大小、官阶高低为标尺，或参照官阶级别来衡量人们社会地位和人生价值的社会价值观。由此形成了一种普遍的社会心态：崇拜权力，敬畏官员。

在官本位文化下，当官不仅仅是一个职业，而是一种身份的象征，是人的心理需求的满足。对于一般社会成员来说，凡能进入体制者，即可分享权力和利益。当了官，除了自己出人头地，还光宗耀祖，封妻荫子。这种长达数千年的身份崇拜，就像西方很多贵族一样，他们虽然已经没有了世俗的权力，但是依然珍惜自己的贵族身份。这种"面子"文化是官本位思想存在的精神支撑，与人的身份、地位、声望、荣耀息息相关。在中国人的意识里，面子实质上是个人尊严问题，主要体现为家族及周围的人对于自己的态度和评价。由于官员地位的特殊性，其评价标准主要是该人能否金榜题名、衣锦还乡，给家族及周围人带来实际的益处。而个人能否给族人及周围人带来益处及带来多少益处，则取决于他的官职高低、权力大小及与之相匹配的所控制社会资源的多少。一个人的官职越高、掌握的权力越大，所控制的社会资源就越多，就越能够给族人及周围人带来益处，赢得他们的尊重，在交往中就越有面子，等等。

既然社会大众以是否有官位及官位的高低为尺度来评判一个人的价值，普罗大众自然就会以追求官位作为人生的最重要的理想，官本位意识也就成为整个社会的主流意识，人们普遍把当官以及官位的升迁作为人生最大价值来追求。在科举制下，士人们一旦中了进士，便意味着仕进的到来。唐代，皇帝会在长安郊外风光最美的曲江池举行宴会，新科进士们则身穿白色麻袍到曲江游宴。一般百姓会如潮而至，争睹新科进士风采。故而自秦汉以后士人们大都怀着强烈的"功名"欲望，"其有老死于文场者，亦所无恨。"① 流传千余年的《神童诗》，以"天子重英豪，文章教尔曹，万般皆下品，唯有读书高"四句开篇，正是这个时代的真实写照。"朝为田舍郎，暮登天子堂""书中自有千钟粟，书中自有黄金屋，书中车马多如簇，书中有女颜如玉"② "三更灯火五更鸡，正是男儿读书时""少壮不努力，老大徒伤悲""吃得苦中苦，方为人上人"，更成为千古流传的教子警句。

客观地讲，学与仕的结合及科举制度与仕阶层的产生，既为知识分子实现修身、齐家、治国的抱负找到了合法的实施途径，使社会精英能量有了确定的流向，又为统治阶层从社会中下层中汲取新鲜血液提供了来源，从而壮大了统治力量，也非常巧妙地削弱了对立阶级的力量。这对社会稳定发展无疑是件有益的事。即便如此，我们必须正视的一个问题是，个别人背叛自己出身的阶级而飞黄腾达，同他们出身那个阶级的解放事业有时甚至毫不相干。正如马克思所说："一个没有财产但精明强干、稳重可靠、经营有方的人，通过这种方式（引者按——指贷款）也能成为资本家，这是经济辩护士们赞叹不已的事情，这种情况虽然不断地把一系列不受某些现有资本家欢迎的新的幸运骑士召唤到战场上来，但巩固了资本本身的统治，扩大了它的基础，使它能够从社会下层不断得到新的力量来补充自己。这和中世纪天主教会的情况完全一样，当时天主教会不分阶层，不分出身，不分财产，在人民中间挑选优秀人物来建立其教阶制度，以此作为巩固教会统治和压迫俗人的一个主要手段。一个统治阶级越能把被统治阶级中的最杰出的人物吸收进来，它的统治就越巩固，越险恶。"③

读书做官既然是一本万利的事业，由此便形成千军万马奔官道的场面

---

① 王定保：《唐摭言》，文渊阁四库全书，第 698 页。

② 赵恒：《幼学文》。

③ 《资本论》第三卷，人民出版社 1975 年版，第 679 页。

和无休止的争夺。"高才捷足"者从血泊中抢到它，然后"坐天下"，享用整个国家。西方资本主义也有争夺，他们争夺的是金钱，物欲横流，称之为"拜金主义"。中国的传统文化与西方文化有很大的不同，中国人更看重权力。有了权力就有了一切，可称其为"拜权主义"。崇拜、追随、迎合，以与官员接近、赢得领导信任为荣。孔子说："君子周而不比，小人比而不周。"① 事实正是如此，就是有相当多的"小人"，在仕途上不是凭借德能勤绩，不是追求造福一方，而首先是寻找靠山。上下级之间不是对事务进行综合与分析的双向合理运行关系，而是一切听命于自己追随的上级官员。官员们的命运如何，并不取决于他们的德才政绩如何，而是取决于他们与其他人的"关系"如何。上级对下属官员审视的角度多从"是不是我的人"，下级对上级官员往往要揣度跟定哪位官人，"我是谁的人"。在选任过程中，靠"线"上人的提携，靠"圈"内人的协助，远多于章程中所列条件标准的因素。

在中国的政治文化传统中，与"官本位"并立而存且似乎"并行不悖"的一个概念，就是所谓"民本"。基于民众在争取和维护政权稳定性中的作用，民本思想一直成为中国社会重要的官方意识。例如，荀子说："民之不亲不爱，而求其为己用、为己死，不可得也。民不为己用，不为己死，而求兵之劲，城之固，不可得也。"② 刘向说："君人者，以百姓为天。百姓与之则安，辅之则强，非之则危，背之则亡。"③ 范仲淹在解释"厚农桑"的改革之举时也认为："善政之要惟在养民，养民之政必先务农。农政既修则衣食足，衣食足则爱肤体，爱肤体则畏刑罚，畏刑罚则寇盗自息，祸乱不兴。"④ 司马光则把百姓与国家比喻为"田"与"苗"的关系，"民者，田也；国者，苗也"，认为"为政在顺民心"，君王的一切活动，最终目标都是"布陈威德、安民而已"⑤。明成祖朱棣也说："朕惟

---

① 《论语·为政》。
② 《荀子·君道》。
③ 刘向：《说苑·建本》。
④ 范仲淹：《答手诏条陈十事》。
⑤ 司马光：《传家集·才德论》。

事天以诚敬为本，爱民以实惠为先""民者，国之根本也。根本，欲其安固，不可使之凋敝。是故圣王之于百姓也，恒保之如赤子，未食则先思其饥也，未衣则先思其寒也"。①

由上观之，中国古代所有的民本观都重在民生，而非要真正确立民众在社会政治生活的主人地位，使民众成为权利主体，因而强调"民本"并不妨碍君主专制。历史上的思想家和开明政治家既承认"民为国本"，又讲"君为民主"。韩非认为，"君权民与"②，君权是由民众决定的，国家为了巩固自己的统治地位，必须顺从民心，以百姓的好恶为转移，但又认为，人民应完全受国君支配摆布："有难则用其死，安平则尽其力。"③ 黄宗羲在怒斥君主专制和提出"天下为主君为客"的同时，也把"一人主天下"视为理所当然。如此一来，看似对立不容的民本与君本竟然能够共生并存。因此，中国古代一切民本论者都没能从君为民主、治权在君、君为政本的思路中走出来而跃入民主主义范畴。"民为国本"的命题，只是"君为民主"命题的附属，民本论所导出的只不过是统治者的得民、治民之道。④

二、"利出一孔"

大自然广袤而富饶的山川林海，蕴藏着盐、铁、鱼类、禽兽等人类赖以为生的宝贵资源。对于山、海资源的开发和利用，历来都是一个事关国计民生的战略问题。夏、商、周三代实行宗法分封制，即统治者将土地和人民分封给自己的子弟、同宗或功臣，让他们到各地去做诸侯，各自为政。这本质上是一种统治者占山为王、坐地分赃的制度安排。即便如此，从资源的占有、控制情况来看，周代的裂土分封，最多不过百里，而且山

---

① 《明太祖实录》卷二十七。
② 《韩非子·五蠹》。
③ 《韩非子·六反》。
④ 参见刘泽华主编：《中国传统政治哲学与社会整合》，中国社会科学出版社2000年版，第218页。

海不以封，天子与庶民共享山海池泽之利，而不专属于私人所有。史载，周厉王在位期间，曾实行"专利"政策，即以国家名义垄断山林川泽之利，不准国人进入谋生。对此，大夫芮良夫曾谏厉王曰："夫利，百物之所生也，天地之所载也，而有专之，其害多矣。天地百物皆将取焉，何可专也？……匹夫专利，犹谓之盗，王而行之，其归鲜矣。"[1] 意思是说，天地百物所生成的财富，应为所有人所取资，任何垄断独占行为只能称之为"盗取"；作为君主，应该善于疏导财富，使之流布于各个阶层，各得其所。普通人独占财利，人们尚且还称他为盗贼，如果一个君王这样做，那么归附他的人就会减少。然而，周厉王不听劝阻，结果遭到贵族和庶民们的强烈反对，在公元前841年引发"国人暴动"，并直接导致周厉王的垮台。周厉王，这位官营政策的"始作俑者"，竟成为第一位"殉道者"。

春秋时期，管仲相齐，致力于富国称霸。为了促进当时齐国的农业生产，管仲推行了一系列富农政策。其中，最重要的农业政策是所谓"均田分力""相地而衰征"，就是把公田的土地折算分配给农民，实行一家一户的个体经营，然后，依据土壤的肥瘠、视年成丰歉而征收数额不等的实物农业税，劳动者与土地所有者按一定比例共同分成，从而将以前井田制下的劳役地租转变为实物地租。这可以说是中国土地制度和财税制度上的一次重大变革。在进行农业改革的同时，管仲还结合齐国实际，大力发展手工业和商业。齐国鱼盐、铜铁资源丰富，管仲因地制宜，向齐桓公提出了"官山海"之策，即由国家对盐、铁等重要资源实施垄断经营，具体做法是：政府将盐、铁的生产权放给私人，但他们生产的盐、铁，全部由政府收购；再由政府向外销售，政府控制流通环节并制定销售价格。这种专卖形式可概括为：民制、官收、官运、官销。这就是历史上著名的"直接专卖制"。与周厉王赤裸裸的剥夺方式不同，管仲的高明之处就在于发明了一种"隐形税"，即通过"寓税于价""民不知而谋其利"的隐秘策略，让人民只见到国家给予他们的好处，而见不到有夺取的行为，所谓"见予之

---

[1] 《史记·周本纪》。

形，不见夺之理"①。在这一过程中，由于官府掌握了整个流通环节，从而可以通过肆意加价获得超额利润。这种加价甚至可以达到随心所欲的地步："王国守始，国用一不足则加一焉，国用二不足则加二焉……国用十不足则加十焉。"② 因而，"官山海"政策迅速为齐国带来了财富，使齐国成为当时最富庶的国家。

"官山海"开启了中国盐铁专卖制度的历史先河，后世因此尊管仲为"盐宗"。除了垄断经营之外，管仲还提出了用宏观调控手段来调节财富分配的方式——"轻重之术"。"轻重"一词原见于《国语·周语》，说的是作为商品交换媒介的货币的重量，主要指物价高低，低为轻，高为重。《管子》将轻重这一概念广泛应用于政治、经济、军事等多个方面：其一，国家根据对商品敛散之轻重，控制物价。市场物价受供求影响，囤积则价格上涨，发售则价格下降，即"物多则贱，寡则贵；散则轻，聚则重"，因此可以"以重射轻，以贱泄贵"③。同时，由征收赋税，征发徭役及限定期限的缓急，也可引起物价的起伏："令有徐疾，物有轻重。"④ 其二，利用价格波动，增加国家收入。在价格的上下波动中求其准平，不能使其"常固"，以此来调控经济生活，为国家谋利："故善者委施于民之所不足，操事于民之所有余。夫民有余则轻之，故人君敛之以轻；民不足则重之，故人君散之以重。敛积之以轻，散行之以重。故君必有什倍之利，故财之椟可得而平也。"⑤ 其三，通过对货币的控制，掌握住粮食等重要商品，以影响其他商品的交易。管仲把谷物、货币从万物中独立出来，指出三者关系中的轻重规律是："币重而万物轻，币轻而万物重"⑥"粟重而黄金轻，黄金重而粟轻"⑦"粟重而万物轻，粟轻而万物重"⑧。其四，用商战的手段

① 《管子·国蓄》。
② 《管子·乘马数》。
③ 《管子·国蓄》。
④ 《管子·地数》。
⑤ 《管子·国蓄》。
⑥ 《管子·山至数》。
⑦ 《管子·轻重甲》。
⑧ 《管子·轻重乙》。

打败敌国。比如，为对付强大的楚国，齐国高价收购楚国的生鹿，"楚人即释其耕农而田鹿"，而齐国则"藏粟五倍"，然后断绝楚国的粮食供应，在楚国边境贱卖粮食，"楚人降齐者十分之四，三年而楚服"，等等。①

到了战国时期，由于频繁的兼并战争，各诸侯国在盐业管理上出现松弛局面，造就了许多以盐致富的商人。如魏国商人猗顿，因贩卖河东池盐，发了大财。不过，这种局面在秦国率先有了改变。面对战国时代诸强并峙、战争迭起的严重形势，商鞅在秦国实行变法，实施"农战"政策。而为了使人民安心于农，商鞅主张"壹山泽"。"壹山泽"中的"壹"字是统一管理而非国家专有、独占的意思。秦国对于一般的山泽产品，由于品种繁多、零星分散，国家无法全部包揽，可让私人从事一些生产、开发，由政府征收重税。但是，对于既关系国计民生又可获暴利的行业，如盐铁等产品，从生产到流通，则全都由国家严格控制，因而，可称之为"完全专卖制"。结果，"盐铁之利二十倍于古"②，为秦国开辟了大宗财源。

商鞅的"壹山泽"与管仲的"官山海"实质上都是由政府控制国民经济的干涉主义。当然，由于时代不同，二者在具体表现上略有不同。管仲时代的齐国，弃农经商的问题并不突出，所以管仲在生产环节上允许私人经营。而商鞅时代的秦国，地旷人稀，劳动力本来就严重不足，为此，商鞅在盐铁这一重要领域中将私营彻底排斥出局。商鞅的这种强势作风，和战国时代的社会形势密切关联。战国时代的各诸侯国为了在国与国之间的竞争中取胜，必须高度集中一切战争资源。这表现在经济上，就是所谓"利出一孔"③，即由政府全面垄断整个社会经济资源和分配机制，只留下一条获得爵位、俸禄、富贵奢华的途径——通过"农战"，为国家和君主建立功勋。正是通过商鞅变法，秦国魔术般地成为诸侯国中的最强国，并为日后统一中国奠定了基石。

先秦诸子争鸣的结果，就是"崇公抑私"成为响彻时代的口号。这一

---

① 《管子·轻重戊》。
② 《汉书·食货志》。
③ 《商君书·析今》。

观念从理论上支持君主对资源的最高垄断权，它与君主制度互为表里，从而为专制制度整合社会资源、控制分配权提供了理论依据。对此，法家说得直截了当："国者，君之车也"① "主者，人之所仰而生也"②。荀子干脆宣布："贵可天子，富有天下。"③ 这种把君主视为天下臣民和一切的最高所有者，为君主支配一切奠定了理论基础。这种观念体现在经济上，就是政府以"强国"为目的，实现利权独断，全面控制国民的经济命脉，尤其是对国家直接经营既关系国计民生、又可获暴利的行业，如粮食、货币、盐铁等。正是通过这种"利出一孔"的手段，使得一切利达之路皆由国家或君主颁赐："塞民之养，隘其利途。……予之在君，夺之在君，贫之在君，富之在君"，从而迫使人们俯首听命："民之戴上如日月，亲君若父母"④ "毋曰使之，使不得不使；毋曰用之，使不得不用" "夫富能夺，贫能予，乃可以为天下"⑤。

在中国传统农业文明时代，决定了社会的主导经济政策必定是农本商末或者说重农抑商。在汉高祖时，便"令贾人不得衣丝乘车，重租税以困辱之"⑥。孝惠帝与高后执政时期，虽然放宽了限制商人的条例，但仍然抑制商人的社会地位，规定"市井之子孙亦不得仁宦为吏"⑦，甚至通过强行没收商人财产，从根本上抑制商业。在打击商业的同时，当时的贾谊把储积粮食的多寡与专制皇权的命运联系起来，大声疾呼"积贮"："夫积贮者，天下之大命也。苟粟多而财有余，何为而不成严。"⑧ 先秦法家抑商的出发点在于：工商游食之民与农战政策有抵触，不利于统一天下的大业。而贾谊则是从国家安危的角度出发，认为"背本趋末""淫移之俗"是残贼问题，不利于统治。晁错著《论贵粟疏》，与贾谊的《论积贮疏》堪称

① 《韩非子·外储说右下》。
② 《管子·形势解》。
③ 《荀子·荣辱》。
④ 《管子·国蓄》。
⑤ 《管子·揆度》。
⑥ 《史记·平准书》。
⑦ 《史记·平准书》。
⑧ 贾谊：《论积贮疏》。

姊妹篇，认为"粟者，王之大用，政之本务"，并发展了贾谊的"积贮"思想，认为只有粮食储备（"贵粟"）才是积贮。[1]

除基于"强本"的需要之外，西汉之所以要抑制民间商业的另一个主要原因，还在于打击豪强兼并势力，加强中央集权，增加财政收入。汉武帝时期，随着国力的日渐强盛，故而一改汉初的妥协和亲政策，对匈奴发动了长期的大规模的战争，并致力于征服朝鲜、闽越、南越，开拓西南夷，等等。为了给这些军事行动提供财政支持，汉武帝时期开始推行盐铁官营、酒类专卖的政策，还利用平准、均输机构，建成了一个遍及全国的商业网。所谓平准，就是平抑物价水准："大农之诸官尽笼天下之货物，贵即卖之，贱则买之。如此富商大贾无所牟大利，则反本，而万物不得腾跃，故抑天下物，名曰平准。"[2] 平准的推出，限制了商人的投机倒把和操纵市场的不法活动，稳定了物价，起到了"平万物而便百姓"[3] 的作用。所谓均输，就是平均输送负担："往者郡国诸侯各以其物贡输，往来烦难，物多苦恶，或不偿其费。故郡置输官以相给运，而便远方之贡，故曰均输。"[4] 具体办法是：各郡国应缴之贡物，按照当地市价，折变为当地丰饶而廉价的土产品，交缴于均输官。再由均输官将这些廉价土产品运往高价地区出售。这样，既可免除各郡国输送贡物入京之烦难，又可避免贡物到京师后成本上升而得不偿失，官府则可从辗转贸易中获得巨大利润而充实财政。

桑弘羊是制定和推行汉武帝财政政策的关键人物，他主管西汉财政40余年，出现了"民不益赋而天下用饶"[5] 的场面，为汉武帝对外政策提供了极大的支持。然而，创办官营工商业就不可避免地出现与民争利的情况；同时，繁重的徭役、赋税和长期的战争以及统治阶级无穷的奢侈浪费，不仅使国库空虚，而且也加重了人民负担，社会矛盾日益激化。面对

---

① 晁错：《论贵粟疏》。
② 《史记·平准书》。
③ 《盐铁论·本议》。
④ 《盐铁论·本议》。
⑤ 《史记·平准书》。

这一局面，汉武帝在后期，也开始进行统治政策的调整，从对外开拓转向国内的和平建设，发展经济，稳定社会秩序。昭帝即位以后，霍光辅政，坚定地实行汉武帝晚年开始的调整政策。然而，桑弘羊依然是昭帝时期政权的实际掌握者之一，他坚持继续沿用武帝时期的财政经济政策，从而导致与霍光的矛盾。在汉昭帝始元六年（公元前81年）召开的盐铁会议上，代表儒家思想的贤良文学与推崇法家思想的桑弘羊等执政大臣，围绕盐铁酒由国家专卖的经济政策而展开了一场激烈的争论。

　　贤良文学认为，当时实行的盐铁酒榷均输等政策，是造成民间疾苦的总根源，为此力主罢黜，认为政府不应与民争利，不应直接从事营利性行业，更不应干预控制物质产品的生产和流通，所谓"仕者不稽，田者不渔，抱关击柝，皆有常秩，不得兼利尽物"[1]；最高统治者必须限制膨胀的贪欲，减少宫室园林的修建，节制奢侈消费，"寡功节用，则民自富"[2]；应做到不扰民："上不苛扰，下不烦劳，各修其业，各安其性"[3]；政府官员应为大众谋利益，否则，"诸侯好利则大夫鄙，大夫鄙则士贪，士贪则庶人盗"[4]。而以桑弘羊为代表的当权者则极力为盐铁官营辩护，认为盐铁官营有利于农业生产："盐、铁、均输，万民所戴仰而取给者"[5]；盐铁官营能给国家带来大量的财富，以解决抗击匈奴的巨额军费开支："盐铁之利，所以佐百姓之急，足军旅之费，务蓄积以备乏绝"[6]；实行盐铁官营，能从经济上打击富商大贾、地方豪强："笼天下盐铁诸利，以排富商大贾"[7]，并起到调剂物资、保障人民生活必需品的供给："盐、铁、均输，所以通委财而调缓急"[8]；更为根本的，国家只有加强对经济的控制，才能巩固"大一统"的中央皇权；否则，会导致地方势力控制商品交易大权，形成与中

----

① 《盐铁论·错币》。
② 《盐铁论·水旱》。
③ 《盐铁论·执务》。
④ 《盐铁论·本议》。
⑤ 《盐铁论·本议》。
⑥ 《盐铁论·非鞅》。
⑦ 《盐铁论·轻重》。
⑧ 《盐铁论·本议》。

央对抗的局面："故山泽无征则君臣同利，刀币无禁则奸贞并行。夫臣富则相侈，下专利则相倾也。"①

贤良文学同桑弘羊等政府官员之间关于盐铁专营的存废之争，显然基于各自不同的政治立场。贤良文学大多来自民间，了解民间的现实与疾苦，故而打着"民本"的旗帜，认为应藏富于民："王者不畜聚，下藏于民。"② 贤良文学的富民主张来自于孔孟等原始儒家的民本观，认为人民富裕是国家财政的基础，所谓"民用给则国富""畜民者，先厚其业而后求其赡"③。而桑弘羊则从维护中央集权和政治稳定的角度出发，指责贤良文学议罢盐铁是"损上徇下"④，且助长奢侈风气，所谓"故民饶则僭侈，富则骄奢"⑤，甚至会威胁到统治："民大富，则不可禄使也；大强，则不可罚威也"⑥。桑弘羊遵循的是先秦法家"利出一孔"的思维逻辑；同时，试图竭力突破先秦法家的国富民穷、国强民弱的"零和博弈"逻辑，认为盐铁官营既可以增加国家财政收入，又能更好地有益于民生："有益于国，无害于人。"⑦ 值得注意的是，贤良文学反对"官与民争利"，又不断说要"以礼义防民欲"⑧，实际上是反对民众从事私营小手工业。毕竟，在现实中，能够担负盐铁开采及大规模制造的"民"并不是一般的老百姓，只可能是"豪民"、富商大贾。正如桑弘羊等人所指出的："夫权利之处，必在深山穷泽之中，非豪民不能通其利。"⑨ 换言之，对于农民而言，他们获取财富的手段只能是本分地从事农业，所谓"工商盛而本业荒也"⑩。由此可见，贤良文学尽管打着"为民请命"的旗帜，实则主要是主张去除政府对富商大贾、诸侯豪门的经济限制。至于桑弘羊等政府官员实现利益独断的

① 《盐铁论·错币》。
② 《盐铁论·禁耕》。
③ 《盐铁论·未通》。
④ 《盐铁论·取下》。
⑤ 《盐铁论·授时》。
⑥ 《盐铁论·错币》。
⑦ 《盐铁论·非鞅》。
⑧ 《盐铁论·本议》。
⑨ 《盐铁论·禁耕》。
⑩ 《盐铁论·本议》。

主张，本身就是专制主义的题中之义。

　　贤良文学同桑弘羊等当政官员之间关于盐铁专营的存废之争，还涉及对农业与商业重要性的不同认识，即所谓本末之争。在中国传统农业文明时代，历代统治者都把发展农业当作"立国之本"，而把工商业当成"末业"来加以抑制。因而，先秦诸子无不提倡"重农"，并各自表达了对商业的"敌视"，如孟子斥商人是"贱丈夫"①，荀子认为"工商众则国贫"②，商鞅主张"令商贾技巧之人无繁"③，韩非则视工商为社会之害，称作"五蠹"之一④。尽管如此，对于法家而言，他们并非完全禁止工商业。从管仲相齐所推行的"官山海"、商鞅变法中实施的粮食贸易管制和货币控制等举措来看，法家所谓的"抑商"，只是指私营商业，而非官营商业。在盐铁会议上，桑弘羊等人出于对盐铁政策的辩护而打出了"重商"的旗号："古之立国家者，开本末之途，通有无之用。市朝以一其求，致士民，聚万货，农商工师，各得所欲，交易而退。……故盐铁、均输，所以通委财而调缓急。"⑤ 其基本结论是："富国何必用本农？"⑥

　　桑弘羊虽然主张重商，但从其国家主义的立场来看，显然只是为官营经济张目，说到底只是一种权力经济，它"排困市井，防塞利门"⑦，从而不可避免地会出现以权谋私的现象："吏不奉法以存抚，各以其权充其嗜欲"⑧，导致"因权势以求利者，入不可胜数也"⑨。对此，贤良文学力主"进本退末，广利农业"⑩，认为政府的专卖政策是"与民争利"⑪ "与商贾

---

① 《孟子·公孙丑下》。
② 《荀子·富国》。
③ 《商君书·外内》。
④ 《韩非子·五蠹》。
⑤ 《盐铁论·本议》。
⑥ 《盐铁论·力耕》。
⑦ 《盐铁论·本议》。
⑧ 《盐铁论·执务》。
⑨ 《盐铁论·贫富》。
⑩ 《盐铁论·本议》。
⑪ 《盐铁论·本议》。

争市利"①，不仅违背了"君子谋道不谋食"的儒家传统，更会使民众背弃礼义，产生争夺之心，引发社会动乱："自食禄之君子，违于义而竞于财，大小相吞，激转相倾。"② 不过，贤良文学在"重农"这个根本前提下，也承认工商业自有其重要作用："故商所以通郁滞，工所以备器械"③；农工商是社会分工的必然要求，政府只有任其自由发展，才能互相满足需求："商工市井之利未归于民，民望不塞也"④"陶冶工商，四民之求足以相更"⑤。贤良文学所主张的"抑商"，实际上主要是针对官营商业，反对政府垄断经济，而推崇民营经济，坚持自由放任："山海者，财用之宝路也，宝路开，则百姓赡而民用给，民用给则国富"⑥，主张归利于民："罢利官，一归之于民。"⑦

可见，桑弘羊等政府官员与贤良文学的根本分歧，在于对官营商业的不同态度。应该说，国家垄断和自由放任，各有其利弊。诚如贤良文学指出的，官营商业的弊端在于：由于垄断经营，致使"盐铁价贵，百姓不便"，以致出现了"木耕手褥"的现象；产品质量差，使用不便："县官鼓铸铁器，大抵多为大器，务应员程，不给民用。民用钝弊，割草不痛，是以农夫作剧，得获少，百姓苦之矣"；销售中官僚作风严重，毫无责任心，"吏数不在，器难得"，结果农民"弃膏腴之日，远市田器，则后良时"；只此一家，别无分店，"善恶无所择"，官商甚至强迫人们购买滞销的产品："铁官卖器不售，或颇赋于民"；不讲经济效益，高投入，低产出："用费不省"。⑧ 而相比之下，私营工商业则具有诸多优越性：由于存在竞争，产品价格低廉："盐与五谷同价"；产品方便适用，适应性强，"器和利而中用"，让农民"置田器，各得所欲"；生产者能做到齐心协力，充分发挥积

① 《盐铁论·园池》。
② 《盐铁论·错币》。
③ 《盐铁论·本议》。
④ 《盐铁论·相刺》。
⑤ 《盐铁论·水旱》。
⑥ 《盐铁论·本议》。
⑦ 《盐铁论·能言》。
⑧ 《盐铁论·水旱》。

极性："家人相一，父子戮力"；生产精益求精，产品质量有保证："各务为善器，器不善者不售"；经营灵活，送货上门，方便购买者，还可以赊欠，不误农时："农事急，挽运衍（散）之阡陌之间。民相与市买，得以财货五谷新币易贸，或时贳民，不弃作业。"① 当然，私营工商业的弊端也是明显的，诚如桑弘羊等人所言，就铁器生产来说，私人生产规模小，资金不足，技术和设备落后，往往出现"铁力不销炼，坚柔不和"② 的问题，而官营工商则能较好地避免这一问题。

盐铁会议上的这场辩论，表现在价值观层面，实际上正是先秦诸子义利之辨的延续。贤良文学基于传统儒家"重义轻利"原则，认为盐铁官营恰恰是"崇利忘义"，必然会造成社会上唯利是图、见利忘义的贪鄙之风，将人民引向追逐利益而无视道德的境地："今郡国有盐铁、酒榷、均输，与民争利。散敦厚之朴，成贪鄙之化，是以百姓就本者寡，趋末者众"③；而取消盐铁官营等政策，正是为了"广道德之端，抑末利而开仁义"④。说到底，贤良文学的主张，是让儒学作为意识形态贯彻到具体政策中去的一种努力。然而，这种崇义贬利思想，往往会扼杀包含追功求利的进取精神，甚至变成了"防淫佚、尚敦朴"⑤ 的安贫乐道，因而其消极意味是十分明显的。不仅如此，贤良文学在理论上把德与利各自的利弊片面化、绝对化，即"导民以德，则民归厚；示民以利，则民俗薄"⑥，而忽视了二者的相互助益。对此，桑弘羊等政府官员站在法家的立场予以反驳，指出，追逐利益是人的本性，道德教化需要有一定的物质基础作为支撑，否则"贫贱而好义，虽言仁义，亦不足贵也"⑦。当然，话说回来，"利"之诉求必须以不违背"义"为前提，尤其对于政府而言。政府作为一个公共性的存

---

① 《盐铁论·水旱》。
② 《盐铁论·水旱》。
③ 《盐铁论·本议》。
④ 《盐铁论·本议》。
⑤ 《盐铁论·本议》。
⑥ 《盐铁论·本议》。
⑦ 《盐铁论·毁学》。

在，其首要宗旨就是维护公共利益。因而，从这一角度看，贤良文学关于
"天子不言多少，诸侯不言利害，大夫不言得丧"① 的立论，对当今现实显
然具有极大的警示作用。

盐铁政策的实质是国家运用行政手段干预和控制社会经济，具有明显
的强制性。实施这一政策必然需要以法制作保障，故桑弘羊坚持以法制刑
罚作为治理国家的基本手段，力主重刑密法："法之微者，固非众人之所知
也。"② 桑弘羊一派的重刑思想无疑是法家思想之流露，也是武帝以来密织
法网、严刑酷罚治国方针的延续。故而，桑弘羊等人与众贤良文学之间的
争论，自然牵扯到对法家人物的历史评价上。其中，对于商鞅的争论尤为
激烈。贤良文学认为，商鞅变法把礼仪道德抛在后面，提倡斩首记功，一
心追求扩张秦国的疆土，丝毫不顾及百姓的生计，被处以车裂之刑是咎由
自取："卒车裂族夷，为天下笑。斯人自杀，非人杀之也。"③ 桑弘羊等政
府官员则认为，商鞅志在强国利民，具有远见卓识，站在时代的前列："夫
欲粟者务时，欲治者因世。故商君昭然独见存亡不可与世俗同者，为其沮
功而多近也。庸人安其故，而愚者果所闻"④；商鞅所以受到攻击，是因为
有人对他获得成功的妒忌："是以相与嫉其能而疵其功业也。"⑤

由于法家思想是秦朝立国的基础，故而，对法家认识的评价又涉及对
秦朝政治实践的评价。在贤良文学看来，秦朝把重刑峭法、崇利简义作为
治国思想，必然导致社会矛盾的激化："商鞅以重刑峭法为秦国基，故二世
而夺。刑既严峻矣，又作为相坐之法，造诽谤，增肉刑，百姓斋栗，不知
所措手足也。赋敛既烦数矣，又外禁山泽之原，内设百倍之利，民无所开
说容言。"⑥ 贤良文学对秦政的批评指责，显然是自汉初以来"过秦"思潮
的延续，他们将汉武帝时期的统治状况比之于秦，意在引起人们对秦朝速

---

① 《盐铁论·本议》。
② 《盐铁论·刑德》。
③ 《盐铁论·非鞅》。
④ 《盐铁论·遵道》。
⑤ 《盐铁论·非鞅》。
⑥ 《盐铁论·非鞅》。

亡教训的思考和警觉，这对于调整汉武帝时期的穷兵黩武政策自然有着十分积极的意义。但是，贤良文学对秦朝的历史地位与统治政策全盘否定，则有失公允。正如桑弘羊等政府官员指出的，实力是一个国家的立国基础，道德说教是靠不住的，秦朝能够统一中国，就是不断发展国家实力的结果："秦既并天下，东绝沛水，并灭朝鲜，南取陆梁，北却胡狄，西略氐羌，立帝号，朝四夷，舟车所通，足迹所及，靡不必至。非服其德，畏其威也。力多则人朝，力寡则朝于人矣。"① 虽然桑弘羊等人一味地宣扬秦朝以法治国、严刑峻法的政治思想具有一定的局限性，也不利于昭帝时期统治政策的调整，但是，他们一改汉代"过秦"旧论，赞扬秦朝统一天下与北击匈奴的历史功绩，认同秦朝采取的政治体制、法治原则与治国思想的合理内涵，则更为符合历史实际。

无论如何争论，盐铁会议的实际结果则是争议双方的相互妥协。由于当时政府的财政主要由专卖收入来支撑，故而桑弘羊等人认为专卖制度"不可废"，但又不能不对贤良文学之士所提出的一些意见作出表示，对贤良文学揭露的"百姓贫陋困穷"的社会现实加以承认，对商人要求分利的呼声作出部分让步。因此，桑弘羊在盐铁会议结束后上奏昭帝："请且罢郡国榷沽、关内铁官"②，即罢黜对国家财政影响不大、对广大人民为害不深的酒类专卖和关内铁官，但盐铁官营政策依然保持不变。这说明，在经济方面，儒家思想没有多大影响力。经济体制和政策的制定，主要遵循法家重利轻义的原则，贵德、重义等儒家原则作为口号喊喊是可以的，但真正面临义与利的选择时，统治者更为看重的，还是实际利益。

基于西汉中期以来盐铁专卖而导致的诸多弊端和民怨，东汉建立之初，光武帝刘秀废除食盐专卖法，任民制盐，自由贩运，官征其税，所以被称作"就场征税制"。到了三国时期，基于争霸的需要，魏、蜀、吴三国均实行专卖制。两晋南北朝时期，盐业有时实行征税，有时实行专卖。而从隋文帝开皇三年（公元 583 年）直至唐朝开元时期（公元 714—740

① 《盐铁论·诛秦》。
② 《盐铁论·取下》。

年），在长达一百多年的时间内，政府完全放开盐禁，任民经营，且免除征税。但"安史之乱"后，政府财政陷入困境，盐业专卖又重新实行。在重新启动盐铁官营的过程中，唐代杰出的理财家刘晏主管中央财政经济工作，着力从制度上对盐政进行改革：首先，他将原来的"官运官销"的直接专卖制，改为民制、官收、商运、商销的"间接专卖制"。由于是在产盐之地将食盐收购起来卖给商人，食盐专卖机构只要在产盐之地设置就可以了，故而，这种间接专卖制又称为"就场专卖制"。刘晏改革的基本精神，就是在销售环节上引入商业机制，使商人自由竞争，官府只把住生产与总批发环节。这种自由竞争的机制，既调动了盐商的积极性，又避免了奸商唯利是图、哄抬盐价。在这种体制下，零售价格由盐商根据市场行情自行定夺，盐商们"相所缺而趋之，捷者获焉，钝者自咎其拙，莫能怨也"[1]。其次，保护私商。为了降低商人的经营成本，保障食盐的正常流通和价格稳定，除正税之外，刘晏禁止地方官吏和军队对过境的食盐层层收税。同时，为减少商人缺钱、换钱的困难，规定商人可以纳绢代钱购盐。再次，设置"常平盐"和"储备盐"。对于距盐产地较远、交通不便的地区，为保障供应又避免商人们高价买盐，刘晏创设"常平盐"，即预先调运部分食盐到这些地区贮存起来，如果商人不来，食盐供应紧张而价格上涨，政府就以平价把官盐抛售出去。这样做，既满足了当地人民的需要，也平抑了当地食盐的市场价格，当然，政府也增加了一些财政收入。与此同时，对于产盐区每年出产的积余之盐，刘晏在交通要道特设大盐仓，加以收购，以资储备，在食盐短缺、脱销之际，进行市场调剂，避免盐商们高抬盐价，这就是所谓"储备盐"。它和"常平盐"一样，作为对"就场专卖制"的补充，充分发挥了官营盐业应有的作用，真正做到了"使天下无甚贵贱而物常平"[2]。

刘晏的食盐专卖，在精神上与管仲、商鞅、桑弘羊一脉相承，但在具体做法上更为切实可行，也更为完善：一方面，由于国家控制了货源，掌

---

① 王夫之：《读通鉴论》卷二十四。
② 《新唐书·刘晏传》。

握了批发环节，又管理了零售市场，商贾只能在规定的范围之内从事正常的商品流通，不大可能兴风作浪、牟取暴利；另一方面，政府可以大大节省费用开支，充分利用商人尤其是中小商人"马驮人挑"的销售能力，把食盐运销到农村的每一个角落。史称："及晏代其用，法益精密，官无遗利。"① 这种在官营商业领导下对私营商人进行限制和结合的"就场专卖制"，创造了一种"多赢"的局面："官获其利而民不乏盐""国用充足而民不困弊"②，盐户的生产状况也有所改善，商人也得到了合理的利润。一般的理财家，都抱守一种孤立的理财观念，只以国家收入的增多为目标，结果，理财变成了"聚敛"，百姓却日益贫困。所以，从秦国的商鞅，到西汉的桑弘羊，都没有好名声。而刘晏管理财政近20年，盐政收入成了财政的主要来源，"天下之赋，盐利居半"③，将大唐王朝从经济崩溃的边缘拉了回来，成为历史上著名的"救时财相"。然而，刘晏死后，唐王朝盐政日渐紊乱，走上了一条掠夺商人和农民的聚敛之路。在官府的严厉打击下，王仙芝、黄巢等私盐商贩最终走上了武装起义的道路，唐朝遂亡。

赵匡胤建立北宋之初，基本上取法桑弘羊的官营垄断政策。到了宋太宗时期，逐渐改为刘晏的官收商销政策。当时，北方用兵抗辽，乃推行"折中法"：令商人输纳粮草至边塞，计其代价，发给"盐引"；商人拿"盐引"到京师，再由政府移交盐场；商人去盐场领盐、运销。宋仁宗时代，范祥创行"盐钞法"，采取了更为便捷的方式，将"折中法"中的输纳粮草改为由商人用现钱买取，故名"盐钞"，以之作为取盐的凭证。南宋、元朝沿用北宋"引法"不变，盐法更加严密、完备。但是到了元代后期，盐政日趋紊乱，军人违禁贩运，权贵托名买引，致使官盐价贵，引发淮南盐贩张士诚、浙江盐贩方国珍等武装起义，元朝遂亡。

明朝立国之初，为防御蒙古铁骑的侵扰，朱元璋调动军队沿长城各关口组成千里防线。其中，大同关、宣府关等规模最大、驻军最多、耗费军

---

① 《旧唐书·刘晏传》。
② 《资治通鉴·唐纪四十二》。
③ 《新唐书·食货志》。

饷最高。为了给边关提供足够军需，1370 年，朱元璋仿效北宋"折中法"，实行"开中制"，让商人们向各边镇纳粮，以此换取贩卖官盐的"盐引"。除纳粮外，还可以缴纳棉、布、马、铁等物资来换取盐引。在这一过程中，山西商人基于地缘优势捷足先登，不仅垄断了北方的军需贸易，并向两淮、河东等盐产地扩张，风靡中国商界数百年的"晋商"由此产生。1492 年，明朝户部尚书叶淇发动盐法变革，仿照宋代"盐钞法"，规定盐商可直接用银子而不必再运送粮食等物资来换取盐引，这就是所谓"折色制"。由于两淮盐区距离徽州都很近，徽州商人自此成批投入到盐业经营的行列。明代中叶以后，由于政府滥发盐引，权贵专擅盐利，导致官盐壅塞，私盐盛行。1617 年，户部尚书的李汝华和两淮盐政大臣袁世振等人推行"纲法"，实行民制、商收、商运、商销。从此，官不收盐，收买、运销之权悉归于商人，故称"商专卖制"。"纲法"还严格控制商人数量，纲册原载的商人获得了政府特许的垄断经营权，并可世袭。官督商销、权力寻租的红顶商人时代由此开启。

清初大体上沿袭了明代的"商专卖制"，盐商向官府缴纳巨额银两（即"盐课"）以取得垄断经营权，并到指定的区域进行买卖。清代的一个突出特点是实行"总商"制，即政府选择家道殷实、资本雄厚者为"总商"，代替向盐商征收盐课。由此少数总商逐渐垄断了食盐流通，形成一个富裕而显赫的社会阶层。其中，以两淮盐商最具代表性。两淮盐商最初由山西、陕西的盐商主导，自清朝尤其是在康乾时代以来，徽商进入鼎盛局面并超越晋商。晋商、徽商的成功，与山西人的诚信和徽州人的"徽骆驼"精神自然不无关系，但盐商之所以富可敌国，关键还在于盐业的垄断经营权。然而，当时的社会现实是，拥有万贯家财的盐商在社会地位和影响力方面，仍无法与当时的官员、名士相比肩。因而，盐商在获得了充足的金钱资本之后，他们考虑更多的不是将商业资本转化为产业资本，而更倾向于捐纳官职或是通过报效、科举等方式，寻求新的社会身份的改变，从而把大量的可生产资本投向各种非经济性用途，因而就不难理解：为什么拥有巨额资本的两淮盐商，并没有进一步发展成为像欧洲那样的商业资本主义。

盐商尽管与官府结为利益同盟，并在商场上长袖善舞，但他们在对自身累积财富的保护方面，却又无能为力。他们不仅要向政府缴纳巨额的盐课银两，每遇重大军需、庆典、赈务、工程之时，盐商们还要捐输巨额银两。对于盐商的报效、捐输，政府不仅在政治上会奖给职衔，而且在经济上给予优恤，譬如，允许盐商对盐"加价""加耗"（增加每引捆盐斤数），有时甚至豁免部分盐税，在资金周转不灵时还俾资周转。然而，清代中叶之后，盐商报效、捐输的压力渐渐增大，又要向官府缴纳贷款息银，再加上自己生活豪奢，很多盐商逐渐入不敷出。为了克服这一危机，盐商只能不断抬高盐价，结果民怨沸腾、私盐盛行、官盐滞销，直接影响清政府的财政收入。乾隆时期发生的震动朝野的两淮盐引案，正是这种恶性循环的一次集中爆发。当时，盐商要预支盐引，需向朝廷缴利息，而捉襟见肘的盐商们只有一再贿赂盐政官员，请求迟缓利息缴纳。前后二十年，经历了三个盐政官员，盐商们共亏欠国库 1000 多万两银子。此事曝光后，许多官吏和大盐商被捕，其中包括纪晓岚等知名政府要员。

在官盐发生严重滞销、朝廷财政收入衰减的情势下，清政府决心对盐法进行改革。1832 年，道光时期两江总督陶澍将淮北引盐改为票盐，在那些交通不便的地方允许资本较小的商人在向政府缴纳盐课后凭票贩盐。这从根本上取消了盐商在两淮盐业中的垄断特权，且取消了行盐地界，结果"盐价骤贱"。随后，两江总督陆建瀛又将此法推行于淮南。然而，对于盐商们而言，"噩运"终于来临，他们由于交不起朝廷规定的重税，又没生意可做，于是纷纷破产，境况十分凄凉：众多盐商的屋舍园林一律罚没，家族子孙流离失所，妻女沦落风尘者也不乏其数。昔日风情万种的两淮盐商，遂成历史的云烟。

清朝陶澍等人的"废纲改票"之精髓，在于商人持票运盐，自由竞争，即通过调动普通商贩的积极性来降低成本、平抑盐价、提高销量，以确保盐税。在这一举措下，小商多则大商不能垄断，官场积弊亦少，官府、商人与民众各得其所。然而，随着票法的推行，在市场竞争中必然会出现大商吞并小商并垄断盐利的局面。咸丰、同治时期，曾国藩、李鸿章等人倡导的盐法改革，就是以大商排斥散商，重掌垄断，以确保盐税。此后，晚清盐政始终在"纲法"与"票法"之间来回交替，因循苟且，直至清朝覆亡，也未能作出实质性的变革。

盐铁官营的奥妙在于利用垄断而独掌利权，故而成为历代王朝（除个别时期外）解决财政危机的一大法宝。曹操对此一语道破："察观先贤之论，多以盐铁之利，足赡军国之用。"① 此后，历代政府对专营禁榷的范围还不断扩大，除盐铁外，茶、酒、醋、曲、香料、药材和矾等也成为国家垄断的项目。然而，在帝国的财政体制下，专营往往被官僚集团的"内部人"控制，专卖遂成为制造腐败、破坏公平、伤害社会道德的渊薮。白居易《盐商妇》诗云："每年盐利入官时，少入官家多入私。官家利薄私家厚，盐铁尚书远不知。"② 司马光曾经痛斥食盐官营："天地所生财货百物，不在民，则在官，彼设法夺民，其害乃甚于加赋。"③ 苏轼说得更为尖刻："言之则污口舌，书之则污简牍。"④ 赞成也好，反对也罢，专卖制度作为君主对资源的最高垄断权的体现，它与君主制度互为表里，成为主导后世中国两千年的经济方略。而为了巩固中央集权，历代王朝通过食盐专卖以打击"土豪"和工商阶层，也是题中之义。故而，明代大儒李贽曾慨叹道："盐、铁不可废"⑤"桑弘羊者不可少也"⑥。

纵观食盐经营从"直接专卖制"到"就场专卖制"再到"商专卖制"的历史演变，虽然官营的成分在不断减少，市场化的成分日渐增加，但是，国家掌握着专卖权的管理发放，政府对盐业的垄断本质并没有改变。明清之后随着商品经济的发展，盐利在国家财政收入中的比重虽然日渐下降，但是，国有经济的垄断性质和地位并没有发生实质性的改变，而只是

① 《三国志·袁张凉国田王邴管传》。
② 白居易：《白氏长庆集》卷四。
③ 《宋史·司马光传》。
④ 苏轼：《东坡志林》卷五。
⑤ 李贽：《史纲评要》。
⑥ 李贽：《富国名臣总论》。

将国有经济的大头转移到了新兴产业。唐朝韩愈在《论变盐法事宜状》中曾经指出：私人经营"利归于己"，能有较大的积极性，方式灵活，服务周到；官吏销盐受制度约束，"利不关己"，难以主动去开展销售业务，更不会走乡串户，上门服务；偏远地区百姓稀少，官府售盐因行政成本高而往往得不偿失，私人经营则无此问题；国家专营还易诱发腐败和敲诈百姓以及强行摊派等事情发生。[①]

既然官营与私营各有其利弊，因而二者需要进行恰当的结合。从现代社会的演绎来看，自由放任的市场经济模式曾主导了资本主义国家早期的经济发展，但由于20世纪二三十年代西方世界经济大萧条，从而导致主张国家干预经济的凯恩斯主义开始盛行。这种"看得见的手"之所以出现，是因为"看不见的手"具有相当程度的盲目性，完全的自由放任会使市场走向非理性，引来市场的无序和疯狂，导致经济危机，这便是"市场失灵"。因此，政府这只"看得见的手"适时、适当地干预，便可以纠正"市场失灵"，促使市场理性回归，实现市场运行正常。问题在于：既然市场能够"失灵"，那么，政府干预会不会"失灵"？既然运作主体是政府或准政府机构，那么，政府机构就应具备足够的知识、丰富的信息，以及快速的反应体系和敏锐的决策体系，再加上适时的纠错机制。按照哈耶克的理论，知识和信息是高度分散在社会个体的，政府机构获得知识和信息有一个学习和收集的过程，知识和信息往往具有某种滞后性，而政府对信息的掌握又不可能完备。同时，政府机构的反应体系和决策体制服从于政府机构的既定程序，在这种情况下，政府很难及时地进行纠错；等等。在这些约束条件下，政府要非常有效地运作，往往是很困难的。惟其如此，关于"看得见的手"和"看不见的手"之争，现在大多集中在政府究竟在多大程度上对经济进行调节和控制的问题，而不是断然否定政府进行调节和控制的作用。历史经验表明，在一国或一个经济体之内，纯粹的"一只手"主义，不能够解决经济运行的复杂问题，只有将"两只手"结合起

---

① 韩愈：《昌黎集》卷四十。

来，才是有效的选择。

当然，关于这"两只手"的结合，不仅是一个理论问题，更是一个实践难题。国家统一管理和自由放任如果能够相得益彰固然美好，但在具体的现实环境中，二者之间总是充满了复杂的博弈。历史地看，贤良文学主张农民、商人各奉其业，自有其合理性，但他们没有看到甚至无视豪民对农民的兼并、掠夺，导致权贵私家势力恶性膨胀，结果通常是"国与民俱贫，而官独富"①。故而，桑弘羊等政府官员从实际需要出发，主张加强经济的统一治理，借以巩固和增强中央的财力，加强中央集权。然而这样做，依然存在着一个难以绕过的问题：施行国家垄断，为的是"富国足用"，但有可能削弱民间经济发展的活力，导致"国富民（包括豪民）穷"。从中国历史实践来看，政府往往轮番用药，在二者的交替循环中常常陷入"管死放乱"的怪圈：兴盐铁可抑制豪强，但实质上是与民争利，导致国富民贫；罢盐铁则会遂兼并之徒，既不利国也不利民。应该说，即便在今天，这依然是一个巨大的理论和实践难题。

三、思想一统

全能主义的社会管理模式，反映在思想意识形态领域，就是力图实现全社会的"思想一统"。这种将意识形态的一统格局作为政治统一的前提条件，很大程度上也是先秦诸子的共同认识。如墨子的"尚同"说，法家的"以法为教"。韩非对此说得尤其明确："是故禁奸之法，太上禁其心，其次禁其言，其次禁其事。"② 就是说，法治的作用，最高的是禁止邪恶的思想，其次是禁止邪恶的言论，最后才是禁止邪恶的行为。

从历史看，随着秦王朝专制集权的建立，鼓吹一元文化也从此开始。秦始皇接纳李斯的建议，以法家思想为圭臬，全面推行文化专制主义政策，实现思想的"大一统"："今皇帝并有天下，别黑白而定一尊，私学而

① 《明史·列传第一百十四》。
② 《韩非子·说疑》。

相与非法教。"① 对于一切违反这一官定思想的观点，都将被认为是异端邪说，受到官方的排斥和镇压："史官非秦记皆烧之，非博士官所职，天下敢有藏《诗》《书》、百家语者，悉诣守、尉杂烧之。有敢偶语《诗》《书》者皆弃市。以古非今者族。"② 先秦百家争鸣的辉煌局面从此基本结束。

汉承秦制，但同时"汉易秦政"，新王朝在统治政策上迥异于苛严的秦政，在政治、经济、思想诸方面施行较为宽松的政策，使人们长期压抑的心情和禁锢的思想有所松弛和解放。这种变化反映在意识形态上，一是高层统治者对思想文化的专制程度有所减缓，注意开放言路，倾听士人对朝政的议论和对社会治理方案的提出。史载，汉高祖"纳善若不及，从谏若转圜，听言不求其能，举功不考其素。……所以无敌于天下也。"③ 汉武帝也"好忠谏，悦至言"，故"汉家得贤，于此为盛"④。二是人们能在较为宽松平和的政治、学术氛围中讨论社会问题，思想比以前活跃，参与意识较强，方式却都比以前较为温和，与秦朝动辄在意识形态方面粗暴排斥异己的高压政策相比，显然有了很大的进步。

尽管如此，为了形成和维护一个稳定的舆论环境，必须有一个宜于教化风俗、长治久安的立国之本，以指导人们进行有利于统治的言论。汉文帝时，陆贾秉承先秦儒学排他性的片面传统，强调儒学的唯我性与独尊性，提出礼义是治世的唯一原则，认为要达到封建社会的长治久安，必须保证思想、文化上的同一与"执一"："故圣人执一政以绳百姓，持一概以等万民，所以同一治而明一统也。"⑤ 这就明确提出了意识形态上的专制性与同一性问题。那么，如何才能"执一"呢？陆贾主张以《诗》《书》及仁义伦常来一统众说，反对异端"邪说"蛊惑人心。这种观念实际上与商、韩、李斯之文化禁锢思想并无二致。有所不同的是，商、韩一派"以法为教""以吏为师"，禁绝百家；而陆贾则主张以"诗""书"为教，以

---

① 《史记·秦始皇本纪》。
② 《史记·秦始皇本纪》。
③ 《汉书·梅福传》。
④ 《汉书·杨胡朱梅云传》。
⑤ 《新语·怀虑》。

儒家仁义为本，以儒生经学之士为师，强调以"圣人之道"束缚民众之心。

汉武帝时期，随着儒家被定于一尊，文化一律遂就成为一项既定政策。应该承认，儒术独尊在维护国家统一、保持中华文明的完整性与涵容力、实现个体的安身立命等方面自有其不可磨灭的正面价值，但是这种模式只是给了各家自由发展一个形式上的合法性，实际上却压缩了其发展空间，使得儒学以外的文化得不到社会承认与正常发展。儒学的排他作用是这样的强烈，不用说它对异端思想的抵制，单从它对儒学的变种——理学的态度中，就可略见一斑。理学本是以儒学兼融佛、道的结果，但一开始就受到社会主导舆论的排斥："一有刚毅正直、守道循理之士出乎其间，则群讥众排，指为'道学'，而加以矫激之罪。十数年来，以此二字禁锢天下之贤人君子，复如昔时所谓元字右学术者，排摈低辱，必使无所容其身而后已也。"之后，朱熹之学被斥为"伪学"，朱熹死时仍是"四方伪徒期会，送伪师之葬，会聚之间，非妄谈时人短长，则谬议时政得失"。① 直至理学上升为官学，被统治者用来作为统一思想、言行的工具，方才获得承认和普及。蔡尚思先生曾不无感慨地说："在中国文化史上，除儒家一个系统外，还存在着另外一个系统。例如，墨子的反宗法比儒家的重宗法优良，墨子的反宿命比儒家的信天命优良，墨子的'作'重于'述'，比孔子的'述而不作'优良，墨侠的施自贫贱始比儒家的'施自亲始'优良，墨子的人与禽兽的区别在于努力生产努力工作，比儒家的'天地之性人为贵'优良，如此等等。不知古来的尊孔反墨者为什么硬要颠倒是非呢？自孔墨以后，如司马迁作人物地位平等的全面史书，钟相的等贵贱均贫富说，李贽的反旧传统思想，黄宗羲的反君权思想，袁枚的情感哲学之类，无一不比孔子儒家学说为优良。不知那么多的旧儒家新儒家为什么熟视无睹呢？"②

而为了实现思想一统的大政方针，使子民柔顺地依从与听命，历代统

---

① 《宋史》卷四百二十九，《列传》第一百八十八。
② 蔡尚思：《如何看待儒学的文化遗产》，《文史知识》1988年第6期。

治者常常采取"愚民"的方式。秦代"挟书令"的颁布和禁止私学,是对商鞅"一言""一教"主张的直接继承;"焚书坑儒""以吏为师"则是对商鞅"燔《诗》《书》而明法令"的进一步发展。汉初虽然废除"挟书令",鼓励民间献书,容许各家各派可以自己讲学传授,但并非意味着对愚民策略的放弃。实际上,"罢黜百家,独尊儒术"正好是秦代愚民政策的一种翻新,它对于人们思想禁锢的程度并不亚于秦代对《诗》《书》的简单焚烧。正如顾颉刚先生指出的:"秦始皇的统一思想是不要人民读书,他的手段是刑罚的裁制;汉武帝的统一思想是要人民只读一种书,他的手段是利禄的引诱。结果,始皇失败了,武帝成功了。"[①] 此后,历代王朝大都由皇帝钦令编订史书和编纂丛书、类书,以统一思想、钳制人口。从汉明帝开始,官撰史书即形成制度,此后历代王朝争相通过史书来标榜自己正统。统治者还通过编纂类书、丛书来粉饰太平,并利用权力强行查禁、销毁大批不利于其专制统治的图书文物、排斥异己思想,如魏文帝曹丕曾下诏编《皇览》、宋太宗敕撰《太平御览》、宋真宗敕撰《册府元龟》,等等。

在中国历史上,思想一统之风,在明代尤甚。朱元璋认为"治本于心",其重要性不下于"治本于法",故而登基伊始即宣布"明教化以行先圣之道",主张用孔孟之道来统一思想,控制舆论。为了提升儒学的地位,他下令全国通祀孔子,规定孔门子孙及颜、孟大宗子孙均免徭役,"圣贤后裔"犯罪者一概"屈法以有之"[②]。除此,朱元璋还力图使皇帝成为思想信仰的最高权威,充当思想文化领域的最高主宰者,利用皇权肆无忌惮地干预思想文化的一切是非争论,是谓皇帝兼作"教主"。他还在编辑群书、保存文化典籍的美名下,查禁、销毁和删改了大量不利于专制统治的图书文物。孟子是儒教的"亚圣",但他有"民贵君轻"之类的不利于加强皇权的言论,故朱元璋一度撤去他在孔庙中的配享牌位。后来虽恢复其配享牌位,但命令儒臣编纂《孟子节文》,以尊君为根本标准,凡是朱元璋认为对君不恭敬、对君主专制不利的话,如"民为贵,社稷次之,君为轻"

---

① 顾颉刚:《汉代学术史略》,人民出版社 2008 年版,第 31 页。
② 《明太祖实录》卷六十六、卷二十六、卷一百七十六。

"君之视臣为草芥，则臣视君如寇仇"和"君有大过则谏，反复之而不听则易位"等共八十五条，都以"抑扬太过"为理由给删掉了。在这方面，清朝做得也很"出色"。"崇正斥邪"是清朝皇帝的一贯思想和文化政策。康熙帝曾向臣民颁发十六条训谕，作为立身行事的准则，其中之一为"黜异端以崇正学"。雍正帝对此解释道："欲厚风俗，先正人心；欲正人心，先端学术。"① 乾隆帝在主持编辑《四库全书》时，指示馆臣对书籍或收录，或摒弃，或禁毁，或抽改，"务须详慎抉择，使群臣悉归雅正，副朕鉴古斥邪之意"②。在这一过程中，单被销毁和禁绝的书籍就达两千四百多种。至于被编入的书籍，又明令"改易违碍字句"，以致一些书籍被搞得面目全非，等等。

与此同时，为了更好地推行思想一统，历代统治者都非常重视教化的手段。儒家毫不掩饰教化在培养顺民上的功效："君子学道则爱人，小人学道则易使也。"③ 秦朝通过禁书绝学，运用官吏的作用来达到对人民的教化，实施的是政教合一、以吏为师的教育模式。汉代则更多的是通过积极设置和控制各类学校来控制教育，达到思想统一的目的。所谓"上自黄帝，下及三王，莫不明德教，谨庠序，崇仁义，立教化。此百世不易之道也"④。汉武帝"表彰六经"以后，尊孔读经成了士人生活的精神支柱，"御定"的儒家说教几乎垄断了当时的世俗教育，如刘向撰著的《列女传》，分门别类地讲述古代贞女贤妇的事迹，成为东汉以后的"闺训"教材；班昭作《女诫》，概述了关于妇女自身修养及与家庭成员关系的准则，即所谓的"妇礼"。帝王有时还直接以经学大师的身份自居，御撰经疏，教化民众。东汉时明帝自撰《五行章句》进行讲授。顺治皇帝作《钦定卧碑》，康熙作《上谕十六条》和《御制朋党论》，后雍正将之演化成《圣谕广训》，乾隆也作《钦定太学训伤士子文》，均从道德、伦理、风尚、法

① 《圣谕广训》。
② 《清高宗实录》卷九九七。
③ 《论语·阳货》。
④ 《盐铁论·遵道》。

律等方面规范了封建行为规则。康熙、咸丰等还亲自在孔庙讲解朱熹的《四书集注》，等等。

由于儒学教育具有极为广阔的涵盖面，其影响已深深渗透到社会各阶级和阶层的人们的政治观念、行为、习惯、思维模式、情感方式和价值取向之中，因而，其安定社会秩序、纯洁社会风气的功用，非刑罚所能比拟："古者修教训之官，务以德化民，民已大化之后，天下常亡一人之狱矣。"① 梁漱溟先生曾说："抽象的道理，远不如具体的礼乐。具体的礼乐，直接作用于身体，作用于血气，人的心理情致随之顿然变化于不觉，而理性乃油然现前，其效最大最神。""这些礼文，或则引发崇高之情，或则绵永笃旧之情，使人自尽其心而涵厚其德，务郑重其事而妥安其志"②。这些都是对礼的教化作用的恰当描述。教化以长者仁慈的面目出现，意在维护国人的利益、提高全体臣民的文化素质，包孕了治者对民众绵绵的"爱意"和无尽的"关怀"。这种"仁爱礼仪"的政治教化，正如鸦片一样，使人在感恩戴德的心情下慢慢中毒，贞妇烈妇的贞节牌坊即是典型的样板。自宋代理学兴盛以来，残酷的封建专制更是披上了"理"的神圣外衣。谁要违反，统治者便以"伤天害理"治罪。《儒林外史》第四十八回写王玉辉的女婿死了，而深受程朱理学毒害的王玉辉，却鼓励年青的女儿去"殉节"。当女儿真的殉节后，王玉辉毫不悲戚，反而仰天大笑道："死的好！死的好！"所以18世纪戴震就揭露理学"以理杀人"的罪恶，而且比以"法"杀人还要残酷，因为"人死于法，犹有怜之者，死于理其谁怜之！"③

愚民与教化，是通过引导舆论向有利于稳定政局的方向而发展，这是一种"软"的方式。与之相应，还有一种"硬"的思想控制方式，即通过制度安排甚至通过强制手段打击那些不利于统治的舆论与行为。这主要表现在人才选拔上。两汉、魏晋时期，统治者选官时的察举制、九品中正制均是敦促人们以儒学的规范来提拔人才。在两汉"以经治国"的原则逐步

① 《汉书·董仲舒传》。
② 梁漱溟：《中国文化要义》，学林出版社1987年版，第109、112页。
③ 戴震：《孟子字义疏证》卷上"理"。

确立的前提下，在儒学与"禄利之路"已经紧密联系的情况下，在"遗子黄金满籯，不如一经"① 的社会风气里，具备一定的儒学素养即为做官所必须，从而使一元文化发展到极点："百有余年，传业者寝盛，支叶蕃滋，一经说至五余万言，大师众至千余人，盖禄利之路然也。"② 魏晋南北朝时期，尽管有"九品中正制"，但是，在世族政权下，强调以门第选人，"举才不出世族，用法不及权贵，是以方不济务，奸无所惩"，从而造成"上品无寒士，下品无士族"的腐败局面。司马光对此曾批评道："选举之法，先门第而后贤才，此魏晋之深弊也。而历代相因，莫之能改也。"③

隋唐时期，随着通过考试形式、公开选拔官吏的科举制的确立，人才的选拔才真正实现操作手段的规范化。科举制始于隋朝，到唐朝已趋于完善。唐代设立的主要科目有六种，即"秀才""明经""进士""明法""明字""明算"。"秀才"一科高于"进士"，此科虽设却无人考取过。其他五科的考试内容分别是："明经"考试三场，先试"帖经"，唐时以《礼记》《左传》为"大经"，以《诗》《周礼》《仪礼》为"中经"，《易》《尚书》《公羊》《穀梁》为"小经"，有时亦试《道德经》；次为口试；再次"答策"。"进士"考试内容除"帖经""答策"之外，尤重诗赋，专尚文辞。"明法"考试内容为"律"，即国家法律制度。"明字"考试内容为《说文》《字林》。"明算"考试内容为《九章》《周稗》。除"科举"外，在唐代还有皇帝特诏举行的特种考选——"制科"，多达一百余种。例如，刘禹锡、柳宗元就是"博学宏词科"及第；白居易、元稹就是"才识兼茂明于体用科护"及第；牛僧孺、李宗闳、裴休、杜牧等先后于"资良方正能直言极谏科"及第。可见在唐代，只要具有专长，儒、法、道各门各派，文学、数学等各方面人才，都是有可能得到官职的。

宋代沿袭了隋唐时期的科举制度，从科举考试的内容来看，主要是儒家经典。从科举考试的形式来看，皇帝直接控制最后的关口。进士及第者

---

① 《汉书·韦贤传》。
② 《汉书·儒林传》。
③ 《资治通鉴》卷一百四十。

成为"天子门生"，自然对皇帝感恩戴德，这使得科举考试更加适应了专制皇权的需要。除此之外，统治者还用特恩、特奏名的办法笼络人心，吸引更多的知识分子参政。与唐代的科举考试不同，宋代在进士及第后即授予官职。宋朝汲取了晚唐、五代武官骄横跋扈、篡逆相继的教训，全面推崇孔孟儒学，提倡文官治国，大批士人正是通过科举途径步入仕途，这包括范仲淹、欧阳修、包拯、司马光、王安石、苏轼、苏辙、晏殊、柳永、黄庭坚、秦观、周敦颐、张载、程颢、程颐、沈括等著名历史人物。

科举制度的出现，在人才选拔上的积极作用自然是不言而喻的。它突破了门第限制，尤其为下层士人提供了通过自身努力改变命运、步入上层社会的可能空间，极大地增强了社会活力。然而，自明朝以来，科举制日趋走向僵化。如果说科举制度在唐宋造就了较多经邦济世的人才，那么到了明清时期，则使众多的士人被囚禁于八股章句的枷锁之中。元代开始把程朱理学固定为取士的标准。这一做法为明清两代所继承。明清对科举的重视程度超过了历代，科举考试不仅规定以《四书》《五经》等儒家思想为基本内容，而且规定以八股文为主要形式，"其文略仿宋经义，然代古人语气为之，体用排偶"①。如对程朱理学稍有不敬，即被视为悖圣逆道。在此情势下，士大夫的唯一出路是死读经书，钻研八股，奋进于科举仕途。鲁迅先生曾深刻地揭露说："汉朝以后，言论机关，都被'业儒'所垄断了。宋元以来，尤其厉害。我们几乎看不见一部非'业儒'的书，听不到一句非'士人'的话。除了和尚道士，奉旨可以说话的以外，其余'异端'的声音，决不能出他房门一步。"②其结果，出现了"自考官及多士，多有不识汉唐为何朝，贞观为何号者，至于中国之舆地不知，外国之名形不识，更不足责也""人数益众，学术益衰，学术衰而人才日蔽"③的局面。

显而易见，科举的目的，已不仅仅限于选拔"人才"，更重要的是用

---

① 《明史·选举制》。
② 鲁迅：《鲁迅全集》，人民文学出版社1981年版，第54页。
③ 鲁迅：《鲁迅全集》，人民文学出版社1981年版，第60页。

科举来控制读书人的思想，甚至诱之以利。明代规定，死读《四书》《五经》，遵守孔孟礼教的，出了国子监，即可直接任职做官。通过科举考试，统治者既可以获得传播理学的主要途径，又可以为其专制统治搜罗大批用理学思想充实头脑的奴才和爪牙。于是，千千万万的读书人的唯一出路，就是死读经书，钻研八股，奋进于科举仕途，皓首穷经，不敢旁及其他。诚然，科举也希望达到选贤任能，但明清统治者所需之贤能只是满脑子纲常名教，不会"犯上作乱"的读书人。而统治者正是以功名利禄为诱饵来达到禁锢进步思想，把知识分子头脑束缚在儒家经书和程朱理学范围内之目的。于是，此后的文人，头脑多被理学和八股禁锢，只会空谈性理。只要有颜如玉、黄金屋、千钟粟，自然就会有"学成文武艺，货与帝王家"的忠心，其手法比秦之"焚书坑儒"、汉之"独尊儒术"更为高明。然而，士人从中所得到的，是一些陈旧的政治、伦理与文化方面的知识。有关国计民生的自然科学知识、防御外敌的军事理论、治理国家的经世济民之学基本上是不讲的，真是"欲求公卿大夫之材于其中，以立国而治民，是缘木而求鱼也"①，从而使科举日渐丧失了唐宋时期那种经世济民的活力。

除科举制度外，历代统治者对民众的言论自由严加限制，对于离经叛道者，轻则及身，重则灭族。而其中尤以"文字狱"最为残酷。早在西汉时，董仲舒就以《春秋》决狱，行"诛心"之术，即一个人虽没有犯弑君或弑父之罪，但根据他可能有的动机，就可对他定罪量刑。董仲舒的这一主张就为后世的统治者大搞"欲加之罪，何患无辞"的"文字狱"提供了理论依据。汉代虽然还没有"不入言而腹诽，论死"②的刑律，但事实上对思想犯罪照样严惩不贷。司马迁的外甥杨恽在给友人的信中，只不过流露出一点自己未当官可不受朝廷约束的意思，就被汉宣帝处以腰斩之刑。

至明朝，"文字狱"的范围更是遍及一切文字领域，民间刻书籍、著诗文，甚至官员出试题、生员答试卷、上呈表等，若稍有只言片语触犯"禁忌"，一律处死，甚至满门抄斩。《大明律》有关"文字狱"的条文并不

---

① 顾炎武：《顾亭林诗文集·生员论上》。
② 《史记·平准书》。

多，其中除"造徽纬、妖书、妖言及传用惑众者"处斩外，一般处刑也不重。但在实际执行中，却常常把"文字狱"的案件列为"大不敬"的"十恶"之罪，处以最重的刑罚。任何文字著述，凡是被认为有损于皇权至尊者，均被视为"大不敬"，严惩不贷。朱元璋当过和尚，忌讳"僧""贼""盗"等字样，文词里用与之音义相近的"生""则""道"等字，一律都要被处死。甚至被认为有影射攻击之嫌者，也横加杀戮。如有人在贺表中颂扬他"圣德作则""睿性生知""天生圣人""仪则天下"等，朱元璋把"则""生"等字，通念成"贼""僧"，说这是骂他当过和尚，做过贼，一律处决。"帝扉"被读作"帝非"，"式君父"被读作"失君父"，"藻饰太平"被读作"早失太平"，作者通通被杀。对那些不符合儒学的"异端邪说"，朱元璋更视为洪水猛兽，严加镇压。他告诫臣下："夫邪说不去，则正道不兴，天下乌得而治?"①《大明律》还特别禁止弥勒教、白莲社、明尊教、白云宗等民间秘密宗教的流传，若有违禁，"为首者绞，为众者各仗一百，流三千里"②。

清朝的"文字狱"比明朝有过之而无不及，凡触文禁，连早已入墓的死人也要剖棺戮尸，以致罪及子孙、族人、亲友、门生，动辄株连数百人。仅康熙、雍正、乾隆三朝"盛世"，见于记载的较大"文字狱"案件就有七八十起。如康熙二年（公元1663年）庄廷鑨私刻《明史》案，所有庄氏家族十六岁以上及为《明史》作序、参校、刻字、售书者及地方官，一律处死，结果，被杀者七十二人，充军边疆的有几百人，庄廷鑨也被剖棺戮尸。雍正时吕留良之狱株连尤广，吕留良剖棺戮尸，全族人及门生均遭残杀，稍涉嫌疑的都分别治罪。乾隆时文网更密，因只言片语招致杀戮株连的案件更多。浙江举人徐述夔诗中有"大明天子重相见，且把壶儿搁半边"句，以及做过礼部尚书的沈德潜的诗中有"夺朱非正色，异种也称王"句，本人均遭剖棺戮尸，并株连子孙、门生和诗稿的校刻者。

在残酷、强横的文化专制下，思想界万马齐喑，学者士大夫或致力于

① 《明太祖实录》卷二十五。
② 《大明律》卷十一，《礼律》。

不触忌讳的儒家典籍考证，重训诂，审音义，或醉心于猎取功名富贵的八股考试，所谓"避席畏闻文字狱，著书都为稻粱谋"①。这正如孔子早就说过的，求官的道理就在多听多看，谨言慎行，小心翼翼，少独出心裁："子曰：多闻阙疑，慎言其余，则寡尤；多见阙殆，慎行其余，则寡悔。言寡尤，行寡悔，禄在其中矣。"② 显然，儒家所倡导的人物风格，于"干禄"则可，于民族的自我觉醒、个性解放则适得其反。鲁迅说："奴隶只能奉行，不许言议，评论固然不可，妄自颂扬也不可，这就是'思不出位'。"③ 在文化专制下，科学技术也被视为"奇技淫巧"而受到扼制。明末科学家宋应星曾以极其悲愤的笔触写道：他著述《天工开物》，"欲购奇考证，而乏洛下之资，欲招同人商略厥真，而缺陈思之馆。"④ 明代药物学家李时珍，费尽十七年心血写成《本草纲目》，生前未能刊行，去世后三年，其子上献朝廷，希望明政府给予刊刻出版，得到的只是"书留览，礼部知道"⑤ 几个字的批语，而被打入冷宫。在这种情况下，一般士人都热衷于读经应考，而视科学研究为畏途。而这时欧洲新兴的市民阶级冲破神学的罗网，掀起文艺复兴和启蒙运动，带来科学文化和生产技术的蓬勃发展。结果，西方很快超过了东方，并用中国人发明的火药轰开了中国的大门。

---

① 龚自珍：《咏史》。
② 《论语·为政》。
③ 鲁迅：《鲁迅全集》，人民文学出版社1981年版，第447页。
④ 宋应星：《天工开物》序。
⑤ 李时珍：《进本草纲目疏，附批》。

第十三章 术治主义

在中国传统政治文化中，谋略与权术占据着相当大的比重。谋略与权术的本意，无非是指审时度势、因事制宜的一种灵活手段而已。这最初体现在诸如兵家、道家、纵横家、法家等先秦诸子的相关理论中。而此后经过这些理论之间的相互影响和渗透，以及与军事、政治和商业实践的相互促发，衍生出各种诡诈的官场权术，由此形成丰富多彩的政治权术及其官场文化，其花样之繁多、技巧之诡秘，叹为观止。这种以权术来主导社会、政治生活的现象和倾向，可称为"术治主义"——这成为古代中国社会独特的政治文化标记，并对整个中国传统乃至今天的社会生活产生了宽泛而深远的影响。

一、术治源流

从中国历史实践来看，在夏、商、周三代，已经有不少运用政治权术的传说和记载。史载，夏代国君太康荒淫放荡，被后羿夺取了政权。而后，寒浞玩弄阴谋取得后羿的信任，又采用"行媚于内而施赂于外"的手段，勾引后羿妻妾，收买后羿的家奴，并怂恿后羿耽于畋猎，自己趁机"取其国家"，将后羿"杀而烹之"。① 商代，伊尹运用游说之术，"负鼎俎，

---

① 《左传·襄公四年》。

以滋味说汤，致于王道"①，取得汤的信任，最终辅佐商汤，兴商灭夏。商朝末年，西伯文王（即后来的周文王）阴怀大志，遭到商纣王的疑忌，被囚。西伯的臣属挑选美女和骏马，赎回了西伯。此后，西伯给商纣王"献洛西之地"②，却在暗地里与姜太公"阴谋修德以倾商政，其事多兵权与奇计"③，从而奠定了西周灭商的基础。此外，齐桓公"挟天子以令诸侯"，以成就霸业；楚庄王韬光养晦，"一鸣惊人"；越王勾践卧薪尝胆，报仇雪恨，等等，都是使用谋略和权术的经典范例。

而从理论上对谋略和权术进行广泛阐述的，当推先秦时代的兵家。正是当时激烈、残酷的诸侯争霸以及人们竞相争名逐利的社会情势，促使一些士人大胆冲破传统"先王之道"和周代礼制的藩篱，在动荡且相对自由的社会氛围中，淋漓尽致地展现其济世救民的抱负与情怀，从而造就了诸多饮誉中外的军事家、战略家以及他们的谋略智慧。西汉初年，"张良、韩信序次兵法，百八十二家，删取要用，定著三十五家。"④ 宋朝元丰年间，神宗下诏校定刊行《孙子》《吴子》《六韬》《司马法》《三略》《尉缭子》《唐太宗李卫公问对》七书，是为《武经七书》，成为后世最为经典的军事教科书。其中，最具代表性的当推孙武所著的《孙子兵法》。

孙子生活的年代大约与孔子同时，曾辅助吴王阖闾成为"春秋五霸"之一。史载，孙武"以兵法见于吴王阖闾。阖闾曰：'子之十三篇，吾尽观之矣'"⑤。1972 年山东临沂汉墓同时出土了《孙子兵法》和《孙膑兵法》的简本，也证明《孙子兵法》在战国前期已流传于世。⑥ 在《孙子兵法》产生之前，战争讲究礼的形式，"不鼓不成列"⑦，认为正义战争应该有堂堂正正的形式。对此，班固曾有过很好的概括："下及汤武受命，以师克乱

---

① 《史记·殷本纪》。

② 《史记·周本纪》。

③ 《史记·齐太公世家》。

④ 《汉书·艺文志》。

⑤ 《史记·孙子列传》。

⑥ 参见张涅：《春秋兵学对于先秦哲学思想的贡献》，《文史哲》2004 年第 2 期。

⑦ 《左传·僖公二十三年》。

而济百姓，动之以仁义，行之以礼让，《司马法》是其遗事也。"① 而到了春秋后期，随着社会变革的日趋剧烈，战争也进入了崭新的阶段。当时的战争指导者已比较彻底地抛弃旧礼制的束缚，"诡诈"战法原则在战争领域内开始普遍运用，体现出"出奇设伏，变诈之兵并作"② 的时代特色，于是，过去那种"鸣鼓而战"之类的堂堂之阵的战法遭到全面否定。《孙子兵法》便是春秋晚期诸侯争霸战争的产物。身处战火纷争的春秋末世，孙子真切地感受到战争所带来的巨大破坏性，以及对于国家和民众生死存亡的重要性，因而以一种非常审慎而理性的态度来看待战争、研究战争，认为"兵者，国之大事，死生之地，存亡之道，不可不察也。"③ 为此，孙子坚持一种慎战思想："怒可以复喜，愠可以复悦，亡国不可以复存，死者不可以复生。故君明慎之，良将警之，此安国全军之道也。"④

在孙子看来，战争的胜负取决于战前的谋划和按照谋划所作的部署得当："故其战胜不忒，不忒者，其所措必胜，胜已败者也。故善战者，立于不败之地，而不失敌之败也。是故胜兵先胜而后求战，败兵先战而后求胜。"⑤ 这就是孙子著名的"庙算先胜"论："夫未战而庙算胜者，得算多也；未战而庙算不胜者，得算少也。多算胜，少算不胜，而况于无算乎！吾以此观之，胜负见矣。"⑥ 而要做到"庙算先胜"，则要对敌我双方的实力和形式等情况做到全面的了解，所谓"知己知彼，百战不殆"⑦。

当然，由于战争关系到生死存亡，因而，如果能够用谋略和外交手段，避免流血冲突、火拼，而不费一刀一枪，致使敌人全部屈服或投降便成为战争追求的最高境界："是故百战百胜，非善之善者也，不战而屈人之兵，善之善者也。故上兵伐谋，其次伐交，其次伐兵，其下攻城。"⑧ "不

---

① 《汉书·艺文志·兵书略序》。
② 《汉书·艺文志·兵书略序》。
③ 《孙子兵法·计篇》。
④ 《孙子兵法·火攻》。
⑤ 《孙子兵法·军形》。
⑥ 《孙子兵法·计篇》。
⑦ 《孙子兵法·谋攻》。
⑧ 《孙子兵法·谋攻》。

战而胜"之"不战"不等于无所为，而是指在谋略和外交等方面有所为。若"谋""交"无果而兵戎相见，也要善攻善守，力求"自保而全胜"①。这里，"全胜"有两层含义，一是指保全利益冲突双方的现有资源，避免正面冲突，取得完全胜利；二是指冲突难免，也要力保每战必胜，从而做到"以全争于天下，故兵不顿而利可全"②。惟其如此，孙子主张"速胜"，强调"兵贵胜，不贵久"，因为，"胜久则钝兵挫锐，攻城则力屈，久暴师则国用不足"③。

从如上各个理论环节中，《孙子兵法》无疑凸显出"谋略"在军争中的重要性，以及对战争规律本质的认知："兵者，诡道也"④，意即善于用兵者，用兵有如藏于地隐于天，不露形迹，高深莫测。正是这种"诡道"观念，使军事学从道德化的政治学中独立出来，而以现实功利性和权谋应变成为军事争夺的认识基础。这也正是后世诸多兵家的一致共识。譬如，《鬼谷子·谋篇》言："圣人之道阴，愚人之道阳"；《尉缭子·兵谈》言："治兵者，若秘于地，若邃于天，生于无"；《六韬·军势》言："谋莫善于不识"；《三略·中略》言："故非计策，无以决嫌定疑；非谲奇，无以破奸息寇；非阴谋，无以成功。"

概括而言，孙子谋略观包括以下一些基本原则：

（1）因敌制胜。

"因敌制胜"是孙子谋略思想的首要原则。孙子说："夫兵形象水，水之形避高而趋下，兵之形避实而击虚，水因地而制流。兵因敌而制胜。故兵无常势，水无常形，能因敌变化而取胜者，谓之神。"⑤ 因此，要针对敌情变化而采取灵活机动的战略战术，比如说："利而诱之，乱而取之，实而备之，强而避之，怒而挠之，卑而骄之，佚而劳之，亲而离之"⑥ "避其锐

① 《孙子兵法·形篇》。
② 《孙子兵法·谋攻》。
③ 《孙子兵法·作战》。
④ 《孙子兵法·计篇》。
⑤ 《孙子兵法·虚实》。
⑥ 《孙子兵法·计篇》。

气，击其惰归""以治待乱，以静待哗""以近待远，以佚待劳，以饱待饥"①。此外，对不同的战地（所谓"九地"）要采取不同的行动方针；对不同的地形（所谓"六形"）要采取不同的作战措施。所谓"践墨随敌，以决战事"②，就是指采取必胜的、适宜的措施。具体而言，兵力劣势，采取防御或避免与敌人交战；兵力相当，就应该首先设法使敌人兵力分散，而后各个击破；兵力优势，采取进攻。孙子说："十则围之，五则攻之，倍则分之，敌则能战之，少则能逃之，不若则能避之"，就是要做到集中优势兵力，"以镒称铢"③，充分把握胜利的主动权。如此，我军就处处主动，敌军则处处被动。孙子说："攻而必取者，攻其所不守也，守而必固者，守其所不攻也""进而不可御者，冲其虚也"④。

　　主动权问题，是贯穿于整个《孙子兵法》的一个主导思想。就是说，无论强弱，自己都能够立足于主动态势，或战或避，自己都有充分选择的余地，争取主动，避免被动。《唐太宗李卫公问对》说："《孙子》千章万句，无外乎致人而不致于人。"具体而言，善于用兵作战的人，总是首先创造自己不可战胜的条件，并等待可以战胜敌人的机会；使自己不被战胜，其主动权掌握在自己手中；敌人能否被战胜，在于敌人是否给我们以可乘之机。善于作战的人只能够使自己不被战胜，而不能使敌人一定会被我军战胜。所以，胜利可以预见，却不能强求："昔之善战者，先为不可胜，以待敌之可胜。不可胜在己，可胜在敌。故善战者，能为不可胜，不能使敌之可胜。故曰：胜可知而不可为。"⑤

　　当然，要掌握主动权，还要善于调动敌人。这里的一个核心问题，就是对"利"与"害"的把握。人的任何行为，一般都离不开对"利"与"害"的考虑："智者之虑，必杂于利害"⑥，因此，只有牢牢把握住"趋利

① 《孙子兵法·军争》。
② 《孙子兵法·九地》。
③ 《孙子兵法·形篇》。
④ 《孙子兵法·虚实》。
⑤ 《孙子兵法·形篇》。
⑥ 《孙子兵法·九变》。

避害"这一核心原则，施以正确的策略，就能够"牵着对方的鼻子走"，实现"敌必从之""敌必取之"①"攻其所必救"②的理想效果。正如战国时代的孙膑在与庞涓斗智过程中所施展的"围魏救赵"之计。

（2）虚实相间。

如果采纳了比较好的计策，就要想方设法创造有利的形势来保证这些计策顺利实施。孙子说："计利以听，乃为之势，以佐其外。势者，因利而制权也。"③ 在这里，对虚实问题的判断，构成了决策的关键。从相互博弈的双方来看，既然我方需要做到知己知彼，以之进行正确的决策，那么，相应的就要引导对方作出错误的判断和决策。如此，才能做到随心所欲、游刃有余、使对方难以应对。这正是谋略发挥作用的场合。因而，虚实问题构成兵法中的基本问题。《唐太宗李卫公问对》称："孙武十三篇，无出虚实。"这就需要制造假象，以隐蔽自己的事情，达到"至于无形"④"使人无识"⑤。因而，"知己知彼"与"隐蔽自己"实际上是同一问题的两个方面。而要做到隐蔽自己，显然需要采取欺骗的手段："能而示之不能，用而示之不用，近而示之远，远而示之近"⑥，做到"举措动静，莫能识也"⑦，从而令敌人捉摸不住，找不到对付我之方法："人皆知我所以胜之形，而莫知吾所以制胜之形""故能为敌之司命"⑧。这种"示形"运用到出神入化的地步，就能达到"形兵之极，至于无形；无形，则深间不能窥，智者不能谋"⑨ 的境界。

一般而言，在特定时期，军队固有的实力从整体上看是既定的，但是，可以对不同局部的力量布置作出调整，从而显示出各自不同的实力对

---

① 《孙子兵法·势篇》。
② 《孙子兵法·虚实》。
③ 《孙子兵法·计篇》。
④ 《孙子兵法·虚实》。
⑤ 《孙子兵法·九地》。
⑥ 《孙子兵法·计篇》。
⑦ 《淮南子·兵略训》。
⑧ 《孙子兵法·虚实》。
⑨ 《孙子兵法·虚实》。

比。《孙子兵法》正是立足于这种整体与部分的关系，根据对策论的基本思想，利用整体与局部的差异，在整体相对不变而局部可以自由流动的情况下，设法造成每一局部的优势：或者示弱隐强，即"虚而实之"，借以骄敌、懈敌，如"三十六计"中的"假痴不癫""金蝉脱壳"；或者示强隐弱，即"实而虚之"，制造强的假象，如"三十六计"中的"树上开花"，借以慑敌、沮敌；或者转移视线，如"三十六计"中的"声东击西""暗度陈仓"；利用对方的疑惑心理，反其道而用之，"虚而虚之"，如"三十六计"中的"空城计"；或者"实而实之"，如"三十六计"中的"瞒天过海"；甚至制造多次假象，如"三十六计"中的"无中生有"，等等。总之，就是要在强弱关系、布阵态势上，有意识地制造迷惑敌方的假象，造成表象和实质的某种背离，使得敌方为表面现象所迷惑，亦假亦真，虚中有实，实中有虚，虚虚实实、实实虚虚，变化无穷，使对方产生错误判断。当然，对于我方而言，则要谨防诸如"辞卑而益备者"①，就是说，敌人低声下气，而暗地里加紧备战的，是想进攻；或者外柔内刚，绵里藏针，表面温雅谦卑，一团和气，背地里磨刀霍霍，暗藏杀机，如"三十六计"中的"笑里藏刀"，等等。

（3）形势之变。

在虚实问题的基础上，孙子进一步提出，诸如治与乱，勇与怯，强与弱等态势都是相对而言的，并非一成不变，而是可以转化的："乱生于治，怯生于勇，弱生于强。治乱，数也；勇怯，势也；强弱，形也。"② 一支军队，或强或弱，原因在于其"形"；或勇或怯，取决于"势"。目的是要在战场的物质力量上造成敌弱我强的态势。这就是孙子著名的形、势之论。

"形"是由物质实力的分配、布局而形成的动态结构。结构对功能和属性有决定作用，这是现代系统论的基本观点。孙子说，"故形人而我无形，则我专而敌分；我专为一，敌分为十，是以十攻其一也，则我众敌寡；能以众击寡者，则吾之所与战者约矣。吾所与战之地不可知，不可

---

① 《孙子兵法·行军》。
② 《孙子兵法·势篇》。

知，则敌所备者多；敌所备者多，则吾所与战者寡矣。故备前则后寡，备后则前寡，备左则右寡，备右则左寡，无所不备，则无所不寡。寡者，备人者也；众者，使人备己者也。"① 就是说，要设法使自己兵力集中而迫使敌人兵力分散，这样就能够造成"以十攻其一""以众击寡"的有利态势。为此，必须形成一个有机的统一体，使众多的人步调一致、万人一心。如此一来，治理人数众多的军队像治理人数少的军队一样，才能立于不败之地："纷纷纭纭，斗乱而不可乱；浑浑沌沌，形圆而不可败。"② 总之，统率"三军之众"，其管理的组织性和严密性应像"常山之蛇"那样，身体各部位都能相互照应，达到"击其首则尾至，击其尾则首至，击其中则首尾俱至……故善用兵者，携手若使一人，不得已也"③。

"形"是有形的，"势"则是无形的，是指物质力量运动起来以后产生的力量和效能。同样的物质力量在不同的状态下，其力量是不一样的。孙子说："激水之疾，至于漂石者，势也""如转木石。木石之性，安则静，危则动，方则止，圆则行""如转圆石于千仞之山"④ "若决积水于千仞之溪"⑤。因此，战争的关键，就是要"任势"："故善战者，求之于势，不责于人。故能择人而任势"⑥，做到顺势而为。不仅如此，还应从现有态势出发，进一步增势、造势。例如，激励"士气"，就是一种常见的造势手段。这包括感情激励："令素行者，与众相得也"⑦ "视卒如婴儿，故可与之赴深溪；视卒如爱子，故可与之俱死"⑧ "卒善而养之"⑨，"三军足食，谨养而勿劳"⑩。同时，还可以"投之于险"⑪，以激发"势"。趋利避害、恶死

① 《孙子兵法·虚实》。
② 《孙子兵法·势篇》。
③ 《孙子兵法·九地》。
④ 《孙子兵法·势篇》。
⑤ 《孙子兵法·形篇》。
⑥ 《孙子兵法·势篇》。
⑦ 《孙子兵法·行军》。
⑧ 《孙子兵法·地形》。
⑨ 《孙子兵法·作战》。
⑩ 《孙子兵法·九地》。
⑪ 《孙子兵法·九地》。

乐生乃人之通性，故将其置于死地，反而忘死相拼，方有生路："投之亡地然后存，陷之死地然后生"①。总之，我方与敌方军事实力相当或甚至不如敌方，但只要我方善于运筹，巧妙部署，完全有可能"反客为主"，化不利态势为有利态势。

（4）奇正相合。

孙子尤其强调不拘泥于常规常法，不为成见定见所束缚，做到"出奇制胜"。孙子说："凡战者，以正合，以奇胜。故善出奇者，无穷如天地，不竭如江河。终而复始，日月是也。死而复生，四时是也。声不过五，五声之变，不可胜听也。色不过五，五色之变，不可胜观也。味不过五，五味之变，不可胜尝也。战势不过奇正，奇正之变，不可胜穷也。奇正相生，如（循）环之无端，孰能穷之？"② 就是说，战术无非奇、正两途，然而由奇正而推演、产生的奇谋妙策，则无穷无尽。就像五声（宫、商、角、徵、羽）的变化听之不尽，五色（青、黄、红、白、黑）的变化观之不尽，五味（酸、甜、苦、辣、咸）的变化尝之不尽。所以，善于出奇制胜的人，其战术变化，就像天地万物那样无穷无尽，正中有奇，奇中有正，奇正互相转化，像圆环一样无始无终，从而达到"攻其不备、出其不意"③ 的效果。

孙子关于"以迂为直"的论断，正是这种奇正之术的典型体现。孙子曰："军争之难者，以迂为直，以患为利。故迂其途，而诱之以利，后人发，先人至，此知迂直之计者也。"④ 在这里，孙子用逆向思维，采取间接路线，达到直接的目的。按正常思路，走迂回路线是不利的：路途远，费时费力，势必落后，在不利条件下，必然难度大，风险大。但是，如果敌人正是这样想的，认为我方不会迂回行动，把防御重点放在对我似乎有利的方面，而忽视了似乎对我不利方面的防守，我则可以反其道而行之，乘

---

① 《孙子兵法·九地》。
② 《孙子兵法·势篇》。
③ 《孙子兵法·计篇》。
④ 《孙子兵法·军争》。

隙而进，迎难而上，其结果便使迂远变为近直，不利变为有利了。

总的来看，《孙子兵法》关于"慎战""伐谋""全胜"等战争观的论述，为我们确立了对于战争的基本态度和战争追求的最高境界。同时，它关于因敌、虚实、形势、奇正等问题的阐述，全面而深刻地为我们揭示了谋略的基本内涵及其规律，代表着中国古代谋略学的最高成就，如唐太宗所言："朕观诸兵书，无出孙武。"①

从时间上看，《老子》应该在《孙子兵法》之后，甚至可以说，该书某种程度上是对春秋时期兵法思想及其政治、军事实践的一次哲学总结，"是由兵家的现实经验加上历史的观察、领悟概括而为政治—哲学理论的"②。具体而言，"下篇《德经》是直接论述军事战略战术并通过总结战争规律而引申出社会历史观和人生观的。其上篇《道经》则是对其兵略兵法思想给予理论上的概括并提高到宇宙观和世界观上给予论证。"③ 故而，二者在思想上非常接近。正如《孙子兵法》对众寡、强弱、勇怯、迂直、生死、利患、高下、险易、远近、奇正、虚实、动静、进退等概念的认知，充满了素朴的辩证色彩一样，老子所谓"南面之术"，也深刻洞察了"物极必反"的辩证规律。其以静待动、贵柔守雌、以柔克刚、以曲求全、深藏不露等所谓"南面之术"，成为后世许多权术手段的思想源头。

《汉书·艺文志》说："道家者流，盖出于史官。历记成败存亡之祸福古今之道，然后知秉要执本，清虚以自守，卑弱以自持，此君人南面之术也。"《老子》一书本身所蕴含的，就是一种"反"的哲学。"反"就是事物、现象之间的相互兼容和转换，即相反相成的关系。道的本性决定了事物、现象之间的相反相成，"天之道，损有余而补不足"④。老子从历史事实和社会生活中，深刻洞察了"物极必反"的规律。他看到，飘风不终朝，暴雨不终日，月盈则亏，物壮则老，狂风可以吹折大树而柳妵不断。

① 《唐太宗李卫公问对》。
② 李泽厚：《中国古代思想史论》，生活·读书·新知三联书店2008年版，第78页。
③ 唐尧：《老子兵略概述》，载《中国哲学史文集》，吉林人民出版社1980年版，第32页。
④ 《老子·第77章》。

由此，他想到人事，盛极必衰，刚强易折，轻诺必寡信，"祸兮福所倚，福兮祸所伏"①，等等。老子把这个规律称为"反者道之动，弱者道之用"②。

所谓"反者道之动"，是说事物越急于肯定自己（居有），越会急剧地走向否定（得无）；越急于有所作为，越可能一事无成。相反，人们一旦懂得明道用反，不再汲汲执着于有，反而会常保其有；自觉谦下地居于无，反而会不无，所以应尽量避免物极必反，反受其殃，而应做到"故知足不辱，知止不殆，可以长久"③，等等。老子正是在相反相成中把握事物的两面性，从而在两者之间实现对立面的巧妙转换。老子说："曲则全，枉则直，洼则盈，敝则新，少则得，多则惑。"④ 故而，可利用相反相成的法则，为了达到某种意图而先行表现出与意图相违的行为。老子的策略是："将欲歙之，必固张之；将欲弱之，必固强之；将欲废之，必固兴之；将欲取之，必固与之。"⑤ 在这些相互依存的概念中，我们不难发现老子的真实意图：能后则先，能下则高，能公则私，君主自甘屈辱守弱，自甘"受国之垢""受国不祥"⑥，"知其雄，守其雌，为天下黔""知其白，守其黑，为天下式""知其荣，守其辱，为天下谷"⑦。故而，老子指出，"故贵以贱为本，高以下为基。"⑧ 在高、下两种策略取向中，谁能下，谁就能高；谁能谦卑自守，谁就能受人仰慕，成为圣王。在国与国之间也是这个道理："故大邦以下小邦，则取小邦；小邦以下大邦，则取大邦。"⑨ 可见，谦卑中彰显的，乃是不容侵犯的强大与包容，这也许就是老子何以坚持"坚强处下，柔弱处上"⑩ 的原因。在老子的哲学中，"强"意味着灭亡，意味着

---

① 《老子·第 58 章》。
② 《老子·第 40 章》。
③ 《老子·第 44 章》。
④ 《老子·第 22 章》。
⑤ 《老子·第 36 章》。
⑥ 《老子·第 78 章》。
⑦ 《老子·第 28 章》。
⑧ 《老子·第 39 章》。
⑨ 《老子·第 61 章》。
⑩ 《老子·第 76 章》。

走到了尽头，故而"柔弱胜刚强"[1]。

　　所谓"弱者道之用"，就在于设法促成这种强弱转化。老子以水为喻说明这一"贵柔"原则。老子说："天下莫柔弱于水，而攻坚强者莫之能胜，其无以易之。弱之胜强，柔之胜刚，天下莫不知，莫能行。"[2]水是天下最柔弱的东西，然而它攻击坚硬东西的力量没有谁能够胜过它的。所以，只有能够承受国家的屈辱和灾难，看起来很柔弱的人，才能成为国家的君主，天下的君王："是以圣人云：'受国之垢，是谓社稷主；受国不祥，是为天下王。'"[3]同样的道理，"人之生也柔弱，其死也坚强。草木之生也柔脆，其死也枯槁。故坚强者死之徒，柔弱者生之徒。是以兵强则灭，木强则折。"[4]就是说，追求坚强是条死路，保持柔弱是条生路；坚强庞大的东西总是处于下面，柔弱微小的东西总是居于上面。为此，老子总是强调"守柔曰强"[5]"慈，故能勇"[6]。在处世中不一味地求取"高""上""刚强"，而赞同"柔弱"处世，"卑下"处世。

　　老子还以性别为例说明这一道理："牝常以静胜牡，以静为下"[7]，就是说雌性总是凭着沉静的性格战胜雄性。因而老子主张"守雌"[8]，安于柔雌的地位："天下之至柔，驰骋天下之至坚，无有入无间。吾是以知无为之有益。"[9]这种对阴柔的崇尚构成了《老子》一书的基调。虽然老子也了解阴阳相合的作用，然而，"有无相生，难易相成，长短相形，高下相盈，音声相和，前后相随，恒也"[10]。因此，要想恒常持久，要想得到"有""易""长""高""前"的结果，必须以"无""难""短""下""后"的方式去获

---

[1]　《老子·第36章》。
[2]　《老子·第78章》。
[3]　《老子·第78章》。
[4]　《老子·第76章》。
[5]　《老子·第52章》。
[6]　《老子·第67章》。
[7]　《老子·第61章》。
[8]　《老子·第28章》。
[9]　《老子·第43章》。
[10]　《老子·第40章》。

取，因此"万物负阴而抱阳"，持守柔弱无为之地，便能够得到功成的结果，这就是母性的力量："大国者下流，天下之牝，天下之交也。"① 正是这种看似柔弱依顺的力量，却有着无可遏制的强大冲力，无往而不胜。如果舍弃这至柔之道，任凭事物发展到它的极端，就会走向反面，走向死亡："物壮则老，谓之不道。不道早已。"②

究其实，老子讲柔是为了克刚，讲弱是为了胜强，讲退是为了能进，讲屈是为了能伸，讲大智若愚是为了比小智更聪明，讲无为是为了无不为。这种隐身之术使得道者巧妙地避开淆乱的争执而得到进取之机宜。这处处体现出来的机心和功利性，与君王意欲利用臣下民众，为自己江山的巩固出力的功利考虑是深深默契的。《老子》对"道"的表白，一语泄露天机："道常无为而无不为，侯王若能守之，万物将自化。化而欲作，吾将镇之以无名之朴。无名之朴，夫亦将不欲；不欲以静，天下将自定。"③ 君王若以谦和卑弱之态，则能使臣下心悦诚服，尽心竭力。相应地，为道者要有一种不与众人争小智之明的"大智若愚"的心态与性格："众人熙熙，如享太牢，如春登台。我独泊兮，其未兆；沌沌兮，如婴儿之未孩；傫傫兮，若无所归。众人皆有余，而我独若遗。我愚人之心也哉，沌沌兮！俗人昭昭，我独昏昏。俗人察察，我独闷闷。淡兮，其若海，望兮，若无止。众人皆有以，而我独顽似鄙。我独异于人，而贵食母。"④ 就是说，众人熙熙攘攘，满足于昭昭察察的小成之见、浮表之知。而得道之人则大智若愚，像婴儿一样淡泊无欲，像大海一样寂寥空阔，像风一样飘荡无定，像顽冥鄙陋的野人一样没有目的。正是此种与众不同的心态与性格，使得道者能避开人世间纷杂的噪音而谛听大自然的声音。故而，老子的哲学一直被后世的统治者奉为修身治国、韬光养晦的"金科玉经"，成为"君人南面之术"，成为"术"的宗主。

---

① 《老子·第61章》。
② 《老子·第55章》。
③ 《老子·第27章》。
④ 《老子·第10章》。

如果说兵家的思想启迪了老子的道家哲学，反过来，老子的思想也影响到后世的兵家。比如，成书于西汉时期的《三略》特别推崇老子的"柔弱胜刚强"的思想，并有所发展。在《老子》中，柔弱、虚静的一面占据着绝对主导的地位，刚强、动躁则属于被否定的对象，所谓"坚强者死之徒，柔弱者生之徒"①。这反映在作战指导上，就是无原则、无保留地推崇后发制人、以退为进，从而把"刚柔"关系凝固、消极化了。相比之下，《三略》并不一味尚"柔"、崇"弱"，而是辩证地认为，"柔"有它起作用的时候，"刚"也有它的用途；"弱"有它的用处，"强"也有它施用的时机。关键在于对"柔""刚""弱""强"要因时制宜，适当地加以运用，两者相互依存，在实施治国御军总战略中不可或缺："柔有所设，刚有所施，弱有所用，强有所知。兼此四者，而制其宜。"②

到了战国时代，对于谋略和权术的推崇，更是成为一股强劲的社会风潮。谋略与权术的实施，往往需要通过语言为媒介，很多时候就表现为"舌枪唇剑"的较量。尤其对于纵横家而言，他们更是将游说和论辩作为自己的中心话题和生活武器。当其时，周朝日渐崩析，诸侯征战，弱肉强食。正是这种诸侯纷争、扑朔迷离的社会局势，为那些意欲出人头地、舒展青云的游说之士提供了一个广阔的活动空间。他们凭着机智、犀利的外交口才，周旋于诸侯之间，审时度势，出谋划策，出将入相。他们的活动不仅体现出"一人之辩，重于九鼎之宝；三寸之舌，强于百万之师"③的雄浑气概，而且通过上演"合纵""连横"的一幕幕风云变幻的戏剧场面，事实上也深刻影响了当时的社会历史进程。

作为纵横家的开山鼻祖，鬼谷子在充分吸收了道家的"道""无为""反"等观念的基础上，抛弃了老子"绝圣弃智"的消极成分，把道家的"贵柔"原则逐步改造成具有功利主义色彩的"主阴"的原则，即强调在隐秘之中的"有为"和进取："智用于众人之所不能知，而能用于众人之

---

① 《老子·第76章》。
② 《三略·上略》。
③ 刘勰：《文心雕龙·论说》。

所不能见"①。他把一切阳刚的进取的举动和事物，都称为"捭"，即哲学上的"阳"；把一切阴柔的退让的举动和事物都称为"阖"，即哲学上的"阴"。"捭"是打开的意思；"阖"是闭合的意思。从游说的角度看，"捭"就是公开说出自己的意见，并引发对方说出意见；"阖"就是保持沉默，让对方先说出他的意见。鬼谷子正是通过把"捭阖"与"阴阳"的具体结合，进一步阐述了如何了解对方并控制对方的游说技巧：（1）"反覆"方法：鬼谷子依据道家"有生于无"的世界本源论，指出，既然"有形"世界是从"无形"世界转化而来，因而，通过追溯历史就可以了解当下、察验未来；洞察对方就可以认识自我。当然，要了解别人，首先必须了解自己："自知而后知人。"②（2）"反听"方法：要善于诱导对方发言，静听对方的发言，以掌握真实情况。如果还不明确对方的意思，就需要从相反、相对的一面去倾听、诱导、验证，以便获得真情。当然，要善于以一种让人意想不到的"神鬼莫测"的方式来进行。（3）"内揵"之术：所谓"内"，是指从内心与之沟通；"揵"通"楗"（门栓）、"键"（钥匙）。就是说，游说要深入到对方的内心世界，使双方的关系就像门栓和门、钥匙和锁一样紧密无间。只有取得对方的信任，才能使自己的意见被采纳。（4）飞钳之术：就是指把恭维、赞扬的一些话语远远地传给对方，以讨得对方的欢心和信任，使对方暴露内心的真情，等等。（5）"揣摩之术"：鬼谷子认为，一个人在大喜、大惧的时候，往往不能"隐其情"，因而应想方设法使其进入这种状态："揣情者，必以其甚喜之时，往而极其欲也。其有欲也，不能隐其情。必以其甚惧之时，往而极其恶也，其有恶也，不能隐其情。情欲必知其变。"③就是说，成功的关键是："摩之以其类、摩之以其欲。"④更为重要的是，要根据不同的游说对象而选择不同的内容和方式："故与智者言，依于博；与拙者言，依于辨；与辨者言，依于要；与贵

---

① 《鬼谷子·谋》。
② 《鬼谷子·反应》。
③ 《鬼谷子·揣》。
④ 《鬼谷子·摩》。

者言，依于势；与富者言，依于高；与贫者言，依于利；与贱者言，依于谦；与勇者言，依于敢；与过者言，依于锐。……听贵聪，智贵明，辞贵奇"①，等等。

纵横家由于崇尚权谋，从而与兵家不谋而合。除此之外，商业活动也是一个施展谋略和权术的重要领域。商业以赢利为目的，必将导致争端和动乱，故而无论是军事谋略还是政治权术，都可大行其道："商贾求利，东西南北各用智巧。"② 这其中的重要代表人物是春秋末年的范蠡和战国初期的白圭。

范蠡曾以辅佐越王勾践"复国"而闻名于世，后又"功成身退"，周游经商，囤积居奇，随机应变，与时逐利，而成一代巨富，被誉为"治国良臣，兵家奇才，商人始祖"。范蠡认为，"田野开辟，库仓实，民众殷"是最大的政治事务，为此，他为越王提出了具体的"富邦强兵"之策："劝农桑，务积谷""农末兼营"。在军事上，范蠡提出了一个著名的谋略原则："尽其阳节，盈吾阴节而夺之。""阳节"指现实的军事力量或综合国力，"阴节"指潜在的军事力量。由此，范蠡为越国定下军事战略："强则戒骄逸，处安有备；弱则暗图强，待机而动；用兵善乘虚蹈隙，出奇制胜。"③ 经过卧薪尝胆，越王勾践最终复国雪耻，而成为春秋五霸之一。对于自己一生的成就，范蠡曾感叹说："计然之策七，越用其五而得意。既已施於国，吾欲用之家。"计然据说是老子的弟子，博学多才，无所不通，尤长计算，计然曾教给范蠡七条策略：（1）"知斗则修备，时用则知物，二者形则万货之情可得而观已。" 就是说，知道要打仗，就要做好战备；了解货物何时为人需求购用，才算懂得商品货物。要根据自然环境条件的变化，预测市场需求的变化，提前做好货物的购销工作。（2）"夫粜，二十病农，九十病末。末病则财不出，农病则草不辟矣。上不过八十，下不减三十，则农末俱利。平粜齐物，关市不乏，治国之道也。" 就是说，商人的

---

① 《鬼谷子·权》。
② 《汉书·贡禹传》。
③ 《史记·货殖列传》。

利益受到损害，就不会经营粮食商品；农民的利益受到损害，就不会去发展农业生产。商人与农民同时受害，就会影响国家的财政收入。最好的办法就是由政府把粮食价格控制在一定范围内，做到"农末俱利"。(3)"积著之理，务完物，无息币。"就是说，积贮货物，应当务求完好牢靠，没有滞留的货币资金。(4)"以物相贸易，腐败而食之货勿留，无敢居贵。"就是说，凡属容易腐败和腐蚀的物品不要久藏，切忌冒险囤居以求高价。(5)"论其有馀不足，则知贵贱。"就是说，研究商品过剩或短缺的情况，就会懂得物价涨跌的道理。(6)"贵上极则反贱，贱下极则反贵。"就是说，物价贵到极点，就会返归于贱；物价贱到极点，就要返归于贵。(7)"贵出如粪土，贱取如珠玉。财币欲其行如流水。"就是说，当货物贵到极点时，要及时卖出，视同粪土；而当货物贱到极点时，要及时购进，视同珠宝。货物钱币的流通周转要如同流水那样。①

　　白圭生活在战国时期，在梁（魏）惠王时曾在魏国为相，后弃政从商。白圭经商善观时变，奉行"人弃我取，人取我与"的经营方法，丰收年景时，买进粮食，出售丝、漆。蚕茧结成时，买进绢帛棉絮，出售粮食。若当年丰收，来年大旱，就大量收购粮食，囤积货物。想让粮价增长，就专买下等谷物；而想让成色提高，就专买上等谷物。而要掌握市场的行情及变化规律，就应经常深入市场，了解情况，对城乡谷价了如指掌。白圭在理财实践中还提出"欲长钱，取下谷"的观点。"下谷"是指广大民众消费的谷物，价格低、利润少，但销量大，经营"下谷"同样可以实现比较大的利润。白圭曾把自己的经商之道比作"伊尹吕尚之谋、孙吴用兵、商鞅行法"，并认为，为了攫取最大可能的利益，必须果断把握随时出现的有利机会："乘时射利""趋时若猛兽挚鸟之发"。如果"智不足与权变，勇不足以决断，仁不能以取予，疆不能有所守"，是不可能掌握好经商之道的。司马迁曾高度评价白圭："天下言治生者祖。"②

　　范蠡和白圭的共同特点，都是将权谋手段应用于经商。不仅如此，二

① 《史记·货殖列传》。
② 《史记·货殖列传》。

人在德行方面也堪称典范。范蠡意识到物聚必散，天道使然，故而"富好行其德"，曾三次散尽家财，济救黎民。白圭虽为富商，但生活俭朴，摒弃嗜欲，节省穿戴，能"与用事僮仆同苦乐"。然而，在中国传统体制下，由于王权对社会的全方位支配、政府对社会资源的高度垄断，以及商业相对于农业的非主流地位，招致了商业对政治的高度依附与相互混杂。战国末期吕不韦的弃商从政，是因为他看到了"立国家之主"，可"一本万利"①。而吕不韦的成功，显然又得益于他敏锐的政治眼光和过人的胆略。同样，清末"红顶商人"胡雪岩的成功，显然是和他善于权谋以及他"亦官亦商"的身份分不开的。从传统到现在，这样的事例可谓不胜枚举。然而，我们依然需要面对的问题是，一旦官商之间的勾结、同流合污成为社会生活的常态，一旦将权谋中的机变和巧诈在商业经营乃至整个社会生活中发挥到极致，无疑会使得背信弃义、尔虞我诈、蔑视规则和伦理的现象频发、加剧，从而使整个社会出现严重的信用、伦理危机。因此，如何将权谋智慧用之于正当的目的，以"道"来统领"术"，达到"道术合一"，这是我们必须要时刻面对和思考的问题。

二、政治权谋

"战争是政治的继续"，军事与政治从来密切相关。《孙子兵法》虽然从总体上看阐述的是军事战略，但也涉及有关政治和外交的问题，其中"慎战""伐谋""伐交"思想，本质上就是一种政治战略。比如，孙子"伐交"，强调"威加于敌"的实力地位，又主张要多方干扰敌国，使敌内外交困，同时还派遣间谍，使敌人联盟分裂。除此，孙子更多强调的是要亲仁善邻，使自己有一个很好的国际环境，反对树敌，防止两面作战，否则，"虽有智者，不能善其后矣"②。这些充分体现出政治对于军事的根本意义。

---

① 《战国策·秦策五》。
② 《孙子兵法·作战》。

　　《六韬》① 一书也主张"全胜不斗，大兵无创"② 的不战而胜思想和通过收买敌国近臣、进献美女以迷惑对方意志，曲意迎合以博取对方信任，离间敌国君臣关系等"伐交"策略。不过，与《孙子兵法》偏重于阐述军事战略、战役战术有所不同，《六韬》思想的显著特点，就是以治国为治兵之本。韬原意为弓套，有深藏不露之意，引申为韬略、谋略。《六韬》通过记述周文王打猎时巧遇姜太公并最终立其为师这一故事，由浅入深，逐步展开。既提出了取天下的战略目标，又提出了取天下的措施和方法。联系当时的实际情况，该书可以看作是"灭商兴周"的战略决策和政治纲领。

　　概括而言，《六韬》一书的要旨主要有：(1) 要夺取天下，就必须收揽民心、与民同利："取天下者，若逐野兽，而天下皆有分肉之心。若同舟而济，济则皆同其利，败则皆同其害。"③ (2) 夺取天下，应根据时机和万物生长的自然规律来采取行动。一旦民心不定，便是动乱发生的契机："因其常而视之，则民安。夫民动而为机，机动而得失争矣。故发之以其阴，会之以其阳。"④ (3) 国家的治乱兴衰不是由天命决定的，而在于国君的贤明与否："君不肖，则国危而民乱；君贤圣，则国安而民治。祸福在君，不在天时。"⑤ 一个国家的衰亡，主要在于为君者见到善事却懈怠不做，时机来临却迟疑不决，知道错误却泰然处之："见善而怠，时至而疑，知非而

---

　　① 《六韬》又名《金版六弢》《周史六弢》。相传为西周开国功臣姜太公所撰，因而又称为《太公六韬》《太公兵法》。现代学者研究《六韬》虽非姜太公完全撰写，却源于周代史官对姜太公与周文王、周武王对话的真实记录，其成分非常复杂，可能出自不同时期多人之手，并最终完成于战国时代（参见杨朝明：《关于〈六韬〉成书的文献学考察》，《中国文化研究》2002 年春之卷；解文超、崔宏艳：《〈六韬〉真伪考》，《青海师范大学学报》2005 年第 2 期）。《六韬》一书向以"规模阔大，本末兼该"（朱镛《武经七书汇解·序》）著称，其体系之完整，内容之丰富，均为古代兵书所少见，"像一本军事百科全书"，是现存早期兵书中文字最多、内容最丰富的一部综合性的兵书。司马迁曾说："后世之言兵，及周之阴谋，皆宗大公为本谋。"（《史记·齐大公世家》）汉高祖刘邦的重要谋士张良，"数以《太公兵法》说沛公，沛公善之，常用其策。"（《史记·留侯世家》）

　　② 《六韬·发启》。
　　③ 《六韬·发启》。
　　④ 《六韬·守国》。
　　⑤ 《六韬·盈虚》。

处。"① 因此，要夺取和治理天下，必须从"仁""德""义""道"几个方面着手："天有时，地有财，能与人共之者仁也。仁之所在，天下归之。免人之死，解人之难，救人之患，济人之急者，德也。德之所在，天下归之。与人同忧同乐，同好同恶者，义也。义之所在，天下赴之。凡人恶死而乐生，好德而归利，能生利者，道也。"②（4）政治上不要把治国大权委托给别人："无借人利器"③；国君必须控制和掌握关系到国家经济命脉的农、工、商三大支柱（"三宝"）："三宝完，则国安"④；要做到安不忘危、和不忘战，平战结合。⑤（5）对内"无疏其亲，无怠其众"，对外"抚其左右，御其四旁"⑥。（6）要使国家长治久安，君主应该安详稳重而沉着冷静，柔和有节而胸有成竹，善于施惠而不同民众争利，虚心静气而公道无私，处理事务公平正直："安徐而静，柔节先定，善与而不争，虚心平志，待物以正。"⑦

　　谋略智慧用之于政治领域，除了国家战略层面的问题之外，更多地体现在官场生活中，从而形成丰富多彩的权术及其文化。无论是兵家，还是道家、纵横家，在崇尚谋略这一思想基调上都具有一定的共同性，故而，它们都成为后世政治权术不断汲取的思想渊源。而将"术"施用政治领域、真正从理论上直接阐述术治主义的，则是战国时期的法家人物。作为战国变法运动的主要代表，商鞅在战国中期在秦国实施变法，躬行农战，使秦国迅速走上了富国强兵的兼并之路。贯穿商鞅思想的一个主题，就是强调法为治国之本："不贵义而贵法，法必明，令必行，则已矣！"⑧ 为了维护法律的权威，商鞅倡导"刑无等级"⑨，始终坚持将君权抑于法的权威

---

① 《六韬·明传》。
② 《六韬·文师》。
③ 《六韬·守土》。
④ 《六韬·六守》。
⑤ 《六韬·农器》。
⑥ 《六韬·守土》。
⑦ 《六韬·大礼》。
⑧ 《商君书·画策》。
⑨ 《商君书·赏刑》。

之下："故有道之国，治不听君，民不从官。"① 而在官僚制度上，商鞅在变法中还要求各级官吏清楚各自的职权范围，"别其势，难其道"②，即通过明确官吏职权范围，严格区分官吏权限，使官吏难以利用职权去做坏事，使其滥用职权无所遁形，从而抑制官吏犯罪。商鞅还设置种种法令，使各级官吏之间形成"利异而害不同""事合而利异"③ 的关系，以防止官吏之间相互勾结，共同谋利。除此，为了让君主能够"知奸"，商鞅完善了连坐之法并确立了奖励告奸的制度，甚至主张"以奸民治"④。

　　几乎与商鞅治秦同时，申不害辅助韩昭侯进行变法，主张"任法而不任知"，但更致力于"术治"："任数而不任说。"⑤ 其术治思想主要包括：其一，君主与臣下的职能不同，主张君无为而臣下有为："君设其本，臣操其末；君治其要，臣行其详；君操其柄，臣事其常"⑥；其二，在臣僚中间严格明确职责分工、各执其是，所谓"明分职""治不逾官"⑦；其三，加强对官吏考核和监督："见功而与赏，因能而授官"；其四，申不害秉承老子的"无为"之道，主张君主应守弱处静、深藏不露，实施"独断"："独视者谓明，独听者谓聪。能独断者，故可以为天下主。"⑧ 申不害相韩十多年，"内修政教，外应诸侯"，使韩国一度"国治兵强"⑨。然而，申不害对外奉行亲魏的谄媚苟且方针，对内一味地依恃驭臣之术来控制政局，结果便是"一言正而天下治，一言倚而天下靡"⑩。正因为申不害与韩昭侯用"术"有余，定法不足，违背了法治的公开化、制度化精神，自韩昭侯一死，韩国国势每况愈下，最后成为第一个被秦王兼并的目标。

---

① 《商君书·说民》。
② 《商君书·禁使》。
③ 《商君书·禁使》。
④ 《商君书·说民》。
⑤ 《申子·君臣》。
⑥ 《申子·大体》。
⑦ 参见《韩非子·定法》。
⑧ 《申子·大体》。
⑨ 《史记·老子韩非列传》。
⑩ 《申子·君臣》。

　　秦尚法而强，韩废法而弱。对此，韩非的分析可谓入木三分："故托万乘之劲韩，十七年而不至霸王者，虽用术于上，法不勤饰于官之患也"。申不害以术治韩，致使韩国法制紊乱、法治荒废、政令百出、前后抵牾："不擅其法，不一其宪令，则奸多。故利在故法前令则道之，利在新法后令则道之，利在故新相反，前后相勃，则申不害虽十使昭侯用术，而奸臣犹有所谲其辞矣"，因此，"徒术而无法"① 是不行的。像商鞅一样，在韩非看来，只有厉行法治，才能 "官不敢枉法，吏不敢为私"②。尽管如此，韩非明言 "徒法而无术"③ 也是不行的。韩非举例道：赵敬侯虽然居处饮食无节、制刑杀戮无度，但仍然 "享国数十年"；相反，燕君子哙尽管像尧舜一样勤俭治政，却 "身死国亡"。在韩非看来，造成这种情况的区别在于前者明于 "任臣"，而后者不明。④

　　在韩非生活的时代，贵族政治已经彻底瓦解，取而代之的是官僚体制的日臻完善。而如何使这种官僚体制实现有效运作，便成为时代提出的迫切问题："任人以事，存亡治乱之机也。"⑤ 为此，韩非在 "大一统" 政权即将实现的前夕，对官僚体制进行了一次卓有成效的系统建构。

　　其一，选贤任能。

　　在战国之际 "尚贤" 的时代大潮中，韩非极力提倡能力与职位相宜，俸禄又与功劳相称："明主者，推功而爵禄，称能而官事，所举者必有贤，所用者必有能。"⑥ 为此，他认为商鞅以斩首之功决定官爵升迁的做法是不适当的，因为斩首与任官是两件不同的事情，二者不能混淆，更不能相互代替："今治官者，智能也；今斩首者，勇力之所加也。以勇力之所加而治智能之官，是以斩首之功为医匠也"⑦，而应做到 "官贤者量其能，赋禄者称其功"⑧。

---

　　① 《韩非子·定法》。
　　② 《韩非子·八说》。
　　③ 《韩非子·定法》。
　　④ 《韩非子·说疑》。
　　⑤ 《韩非子·八说》。
　　⑥ 《韩非子·人主》。
　　⑦ 《韩非子·定法》。
　　⑧ 《韩非子·八奸》。

在韩非眼中，所谓贤臣，就是能够彰明法度并忠于职守、拥戴自己君主的人："所谓贤臣者，能明法辟，治官职以戴其君者也。"① 一方面，既"明于霸王之术，察于治强之数"，又能"适当世明主之意"②，像商鞅、管仲、伊尹那样的"法术之士"；另一方面，要忠于君主、奉公守法（在韩非的观念中，忠于国家也指忠于君主）："贤者之为人臣，北面委质，无有二心，朝廷不敢辞贱，军旅不敢辞难，顺上之为，从主之法，虚心以待令而无是非也。"既如此，像伯夷、叔齐之类的传统意义上的"贤人"，虽有德才却"不服王化"，无益于树立君主的权威和国家法制的实施，故必欲除之而后快："赏之誉之不劝，罚之毁之不畏，四者加焉不变，则其除之。"③ 韩非特别强调"小忠不可使主法"④，因为只对私人效忠的人，往往通过赦免罪犯来显示自己的恩情，这样，他和下面的人倒是平安相处了，但却妨害了治理民众："小忠，大忠之贼也。若使小忠主法，则必将赦罪，赦罪以相爱，是与下安矣，然而妨害于治民者也。"⑤

韩非还批判了君主常见的两类用人偏向，一种是只见其才能而忽略其品德；另一种是只重视他自身的品德修养，而忽视了其智慧："人君之所任，非辨智则修洁也。任人者，使有势也。智士者未必信也，为多其志，因惑其信也；以智士之计，处乘势之资而为其私急，则君必欺焉。为智者之不可信也，故任修士者，使断事也。修士者未必智，为诸其身，因惑其智，以愚人之所昏，处治事之官而为其所然，则事必乱矣。"⑥ 当然，韩非也明白，人才有高下，不应求全责备，而贵在"扬长避短"，并重视人才整体的长短互补，如此，才能够充分发挥人才整体的巨大威力，所谓"以有余补不足，以长续短之谓明主"。⑦

————————

① 《韩非子·忠孝》。
② 《韩非子·奸劫弑臣》。
③ 《韩非子·外储说右上》。
④ 《韩非子·饰邪》。
⑤ 《韩非子·十过》。
⑥ 《韩非子·八说》。
⑦ 《韩非子·观行》。

其二，循名责实。

韩非吸纳了荀子的循名责实思想："不苟于世俗之言，循名实而定是非，因参验而审言辞"①，在人才的选拔上，主张避免主观偏见，杜绝偏听偏信，更不能以个人的好恶任官授职："不听其言，则无术者不知；不任其身，则不肖者不知。听其言而求其当，任其身而责其功，则无术、不肖者穷矣……任之以事而愚智分矣。"② 否则，"观听不参则诚不闻，听有门户则臣壅塞"③。而要克服这种弊端，在韩非看来，最好的办法就是去除"私恩"和个人的"爱恶"，"以法择人"而"不自举"，这样不但可以使投机钻营的小人无空子可钻，而且还能够杜绝朋党比周的不正之风："明君不自举臣，臣相进也，不自贤，功自拘也。"④ 对于阿谀逢迎、文过饰非之辈，君主要明察谨防；否则，一不小心就会出乱子："今若以誉进能，则臣离上而下比周，若以党举官，则民务交而不求自度。"⑤ 从此出发，韩非极力主张从官吏担任的实际工作中检验其品质才能，而不能单凭虚名选拔官吏："境内之杰不事，而求封外之士，不以功伐课试，而好以名问举错，羁旅起贵以陵故常者，可亡也"⑥；并反对一步登天，主张"官袭节而进"⑦。

循名责实的原则，反映在官吏的使用上，就是要做到职责分明，各司其职，不能随意僭越："明主之畜臣，臣不得越官而有功，不得陈言而不当。越官则死，不当则罪。"⑧ 韩非举例说：韩昭侯寝，典冠者加之以衣，昭侯觉醒，罪典衣而杀典冠。其道理在于："其罪典衣，以为失其事也，其罪典冠，以为越其职也，非不恶寒也，以为侵官之害甚于寒。"⑨ 为此，韩非提出"一职一官"原则："一人不兼官，一官不兼事。"⑩ 就是说，一个

---

① 《韩非子·奸劫弑臣》。
② 《韩非子·六反》。
③ 《韩非子·内储说上》。
④ 《韩非子·难三》。
⑤ 《韩非子·有度》。
⑥ 《韩非子·亡征》。
⑦ 《韩非子·八经》。
⑧ 《韩非子·二柄》。
⑨ 《韩非子·二柄》。
⑩ 《韩非子·难一》。

人在担任了某种职务以后，就不宜再去兼任其他职务；担任了一种职务的管理者，就不宜再去兼管与本职务无关的其他事情，更不应越俎代庖。这样做的道理在于："明君使事不相干，故莫讼；使士不兼官，故技长；使人不同功，故莫争。"① 就是说，领导者在用人时，应该使下属的职事互不干扰，这样，下属之间就不会发生矛盾、冲突、内耗；应该使下属管理者不兼任其他管理职务，这样，他们的管理才能会与日俱增；应该使下属管理者不去完成同一任务、建立同一功业，就不会互相推诿。这样不仅可以避免臣子间的互相倾轧，工作上的互相推诿，而且官吏不兼事，还可使其更加集中精力专职一事，使工作做得更出色，更利于提高效率。为此，韩非提出了工作稳定性原则："工人数变业则失其功，作者数摇徙则亡其功，一人之作，日亡半日，十日则亡五人之功矣；万人之作，日亡半日，十日则亡五万人之功矣。然则数变业者，其人弥众，其亏弥大矣。"②

而为了使百官各司其职、各尽所能，韩非主张首先应当赋予担任官职的人一定的权力，即"任人者，使有权势也""威不二措，制不二门"。③同时，做到用人不疑，不过多地插手臣下事务："上不与义之，使独为之"④，应该让大臣不受干扰地专司其事，所谓"因而任之，使自事之"⑤。韩非指出，"人主之过，在已任在臣矣，又必反与其所不任者备之，此其说必与其所任者为雠，而主反制于其所不任者。"⑥ 就是说，君主的错误，就在于已经任用了官吏，又一定要反过来和没任用的人去防备他们，因为这些没有被任用的人一定会和那些已经被任用的人作对，这样君主会被那些没有被任用的人所控制。

循名责实的原则反映在督察与考核上，就是要坚持以"参验之术"考核群臣，即通过多方检验，多方咨询意见，以谋求群臣的实情和功效。韩

---

① 《韩非子·用人》。
② 《韩非子·解老》。
③ 《韩非子·有度》。
④ 《韩非子·扬权》。
⑤ 《韩非子·扬权》。
⑥ 《韩非子·南面》。

非强调，君主要根据臣下所作的保证和诺言，授予某种职事或官位，然后按其职事考察其功效做到言（诺言）与事（职事）、事与功（功效）相符合："明主听其言必责其用，观其行必求其功。"① 在进行严格考核的基础上，做到有功必赏，有过必罚："厚其爵禄以尽贤能，重其刑罚以禁奸邪。"② 在这一问题上，韩非的阐述十分详尽：首先，赏罚一定要具有客观性，以实际政绩作为考核官吏的标准，所谓"赏罚随是非"③，做到"论之于任，试之于事，课之于功"④ "赏不加于无功，罚必行于有罪"⑤ "无偷赏，无赦罚" "功当其事，事当其言，则赏；功不当其事，事不当其言，则诛"⑥。其次，赏罚还须具有公正性，不应有贵贱之分："是故诚有功，则虽疏贱必赏，诚有过则虽近爱必诛。"⑦ 再次，赏罚要讲诚信，绝不失言："以赏者赏，以刑者刑，因其所为，各以自成，善恶必及，孰敢不信。"⑧ 最后，韩非特别强调厚赏重罚："赏莫如厚，使民利之；誉莫如美，使民荣之；诛莫如重，使民畏之；毁莫如恶，使民耻之。"⑨ 因为，行赏对于被赏者和未被赏者都有鼓励和鞭策作用："若夫厚赏者非独赏也，又劝一国。受赏者甘利，未赏者慕业，是报下人之功，而又劝境内之众"⑩；同样，对那些营私舞弊以谋利之人，要罚得使其所失大于其所得；否则，"奸之所利者大，上之所加者小，民慕其利而傲其罚，故奸不止也"⑪。当然，奖赏若超过一定限度，就会有人借此而行奸："赏繁而奸生。"⑫ 同样的道理，"用刑过者民不畏"⑬，其结果也无异于滥用奖赏。

---

① 《韩非子·六反》。
② 《韩非子·六反》。
③ 《韩非子·安危》。
④ 《韩非子·难三》。
⑤ 《韩非子·奸劫弑臣》。
⑥ 《韩非子·主道》。
⑦ 《韩非子·主道》。
⑧ 《韩非子·扬权》。
⑨ 《韩非子·八经》。
⑩ 《韩非子·六反》。
⑪ 《韩非子·六反》。
⑫ 《韩非子·心度》。
⑬ 《韩非子·饰邪》。

其三，察奸之术。

春秋战国时期臣下动辄弑君的冷峻现实告诉韩非，君主的主要威胁不是来自民众或敌国，而主要来自于大臣，因为他们有权有势，其滥用财物拉拢众人，交结朋党，网罗亲信，颠倒是非，谋取私利，构成君主和国家的心腹大患。故而，韩非将奸臣的活动总结为"八奸"和"六微"。八奸是奸邪的八种渠道："同床"，即人臣贿通贵夫人等使之相机惑主；"在旁"，即人臣收买君主左右近习之人以惑其主；"父兄"，即人臣买通和勾结君主的伯父、兄弟和大臣廷吏等使犯其主；"养殃"，即人臣以宫室、台池、子女、狗马等阿君所好，惑乱其心，以谋私利；"民萌"，即人臣散公财、行私惠以收买人心而成其私欲；"流行"，即人臣求辩士说客，用浮虚而流行的利害之辩荧惑君主，以便其私；"威强"，即大臣养剑客、勇士威胁群臣百姓，使之裹挟君主；"四方"，即大臣用大国之威挟制其君。① "六微"指奸邪活动的六种惯用手法："一曰权借在下，二曰利异外借，三曰托于似类，四曰利害有反，五曰参疑内争，六曰敌国废置。"② 具体而言，"权借在下"是说君主的权势若为臣下所借用，则必有壅塞蒙蔽之患；"利异外借"是指君臣利益不同，臣下借助外部势力谋取私利；"托于似类"是指臣下假托于类似的事欺主成私；"利害有反"是指君臣之间利害相反，臣下因私而忘公、害公；"参疑内争"是说君主若令有宠者朁越名分，与太子或权臣权势相当，则必酿生奸谋，造成内乱；"敌国废置"是指敌对的国家操纵本国储君和大臣的废立，等等。

韩非在《内储说上七术》中还集中描绘了君主控制臣下的七种方法：(1)"众端参观"，即君主对于臣下的言行，一定要从多个方面观察、验证，否则，就会受到臣下的蒙蔽而不会得到实情。(2)"必罚明威"，即君主须严明刑罚，以彰显其威严，否则，就要受到臣下的侵害，禁令也无法得以推行。(3)"信赏尽能"，即通过厚赏而守信，以促使臣下尽心尽力。(4)"一听责下"，即通过全面听取意见以辨别智愚，督责臣下行动以鉴别

---

① 《韩非子·八奸》。
② 《韩非子·内储说下》。

其才干。(5)"疑诏诡使",即故意发出可疑的指令,使人相互猜疑而不敢为非;诡秘地派人探知某事,以示明察,使臣下惊惧而不敢为非。(6)"挟知而问",即掌握了事实反而询问臣子,以探知其中的是非和隐情。(7)"倒言反事",即故意说反话、做逆理的事来刺探臣子,以探明奸情。总之,君主驾驭臣下要诡诈多变,出其不意,从而使其不得不慑服于君主的威势。

韩非认识到,光凭君主自身不足以治奸,而只有"因法数,审赏罚"①,方可禁其奸。为此,韩非极力强调制度建设,要求官吏既"不以货赂事人""更不以枉法为治""不事左右,不听请谒"②,并对官吏的权势、利禄进行限制,做到"任事者毋重,使其宠必在爵;处官者毋私,使其利必在禄"③。同时,像商鞅一样,韩非也奖励告奸:"明君之道,贱得议贵,下必坐上。"④ 在韩非的构想中,如果天下臣民不论贵贱上下,都能互相监督,告奸者有赏,不告奸者同罪,那就会给群臣百官造成一种广泛的监督,所谓"以天下为之罗,则雀不失矣"⑤。为此,韩非还批评申不害主张的"治不踰官,虽知弗言",因为如果知道却不说的话,国君就没有办法借助众人的力量对官员进行监督了:"明主者,使天下不得不为己视,使天下不得不为己听。故身在深宫之中而明照四海之内。……此其所以然者,匿罪之罚重而告奸之赏厚也,此亦使天下必为己视听之道也。"⑥ 此外,在现实中,"犯法为逆以成大奸者,未尝不从尊贵之臣",这些人不论其是否真有奸谋和犯禁的行为,他本身的名位已对君主构成了威胁。为此,韩非还提出"除阴奸":"忍不制,则下上;小不除,则大诛;而名实当,则径之。生害事,死伤名,则行饮食;不然,而与其仇。此谓除阴奸也。"⑦ 韩

① 《韩非子·有度》。
② 《韩非子·孤愤》。
③ 《韩非子·八经》。
④ 《韩非子·八说》。
⑤ 《韩非子·难三》。
⑥ 《韩非子·奸劫弑臣》。
⑦ 《韩非子·八经》。

非甚至为君主提出了"绝奸萌"之术，即"禁奸心"，没有客观标准，完全听凭君主个人随心所欲，捕风捉影，从而使"群臣竦惧乎下"①，不敢有丝毫作奸犯科之心。

当然，君主在进行防奸、察奸的同时，奸邪也在不断窥伺国君，向国君示好以邀宠："君上者，臣下之所为饰也。好恶在所见，臣下之饰奸物以愚其君，必也。"② 韩非认为，这会导致大臣刻意地表现出贤臣的样子，而放弃对事物本身的客观真相的追求："人主有二患：任贤，则臣将乘于贤以劫其君；妄举，则事沮不胜。"③ 为此，韩非以老子的理论为背景，将其无为之道改造为治人驭物、增强君主权势的统治之术。在韩非看来，由于道无形无色，无从把握，而君主的统治也应与此类似，即在驾驭臣下时，要以虚制实，以静制动，就好像从暗处观察明处一样，可将对方的毛病看得一清二楚。所谓"道在不可见，用在不可知；虚静无事，以暗见疵"④。具体而言，一是要求君主不要随意地把君主个人的好恶、欲望、意图和嗜好表现于外，做到"君无见其所欲""君无见其意""去好去恶""函掩其迹，匿其端""去其智，绝其能"；二是要求君主不要与臣下争强好胜，矜夸其智能，而应做到："使智者尽其虑，而君因以断事，故君不躬于智；君因以断事，故君不躬于智；贤者勅其材，君因而任之，故君不躬于能；有功则君有其贤，有过则臣任其罪，故君不躬于名。是故不贤而为贤者师，不智而为智者正。臣有其劳，君有其成功，此之谓贤主之经也。"⑤

纵观如上韩非的术治之论，可谓说理透彻、体系完备、蔚为大观。应该承认，这其中的确不乏阴谋论色彩，诸如"疑诏诡使""挟知而问""倒言反事""除阴奸"等。即便如此，从专制君主的角度看，这些驭臣之术无非是对臣下的控制，因为人皆自利，不加强对其控制，则君主的权力就会受到威胁。为此，韩非指出："术者，因任而授官，循名而责实，操杀生

---

① 《韩非子·主道》。
② 《韩非子·难三》。
③ 《韩非子·二柄》。
④ 《韩非子·主道》。
⑤ 《韩非子·主道》。

之柄，课群臣之能者也，此人主之所执也。"① 在韩非的设想中，只有做到"君臣守职，百官有常，因能而使之"②，便可实现"形体不劳而事治，智虑不用而奸得"③ 的"无为而治"。在韩非那里，国君一方面循名责实，依法择人，按法量功，致力于"纯粹"政治秩序的追求；另一方面是促使君主虚静无为，克制私人感情而不致妨碍既定章法，从而使君主的言行在相当程度上受到了约束和限制。因此，韩非的"术治"更多的是建立在理性之上的，蕴含着其预谋实现法治秩序和清明政治的一次卓绝努力。

问题在于：尽管韩非术治理论的基本出发点是坚持明法治吏、以法驭术，但是，韩非对用术的推崇很大程度上冲淡了法的效力。按照先秦法家管子的诠释，政治生活应该光明正大，所谓"言室满室，言堂满堂，是谓圣王"④。但在韩非看来，管子只说对了一半，在政治生活中，"术"不同于"法"，"法"是公开的，"术"则是深藏于君主胸中，用于对付各种异端和驾驭群臣："故法莫如显，而术不欲见。是以明主言法，则境内卑贱莫不闻之也。不独满于堂；用术，则亲爱近习莫之得闻也，不得满室。"⑤ 然而，在现实中，君主以虚静无为术暗中掌控一切，太容易变成权力的操纵。既然"术"可以悖"法"而用，那么，"术"在君主手中真是成了毫无准则的东西。韩非赋予私密的、任断的"术"以正当性，从而很大程度上削弱了"法"的公开性、平等性、严格性，在不知不觉之间，"术"的手段与"法"的原则便发生了背离。因此，从商鞅重法到韩非重术的这个转变，恰从一个侧面反映出先秦法家思想发展的一个脉络——从国家本位主义日渐滑向君主本位主义。这种转变使得商鞅时期还颇为看重的法之客观性、权威性进一步被削弱，与之相伴随的，则是君主权力的无限扩大。惟其如此，韩非的理论成为后世"帝王术"的渊薮。

随着术治思想在实践中的流行，政治日渐陷入神秘化、阴谋化，并进

---

① 《韩非子·定法》。
② 《韩非子·主道》。
③ 《韩非子·难三》。
④ 《管子·牧民》。
⑤ 《韩非子·难三》。

一步助长了君主的无上权威和放纵恣肆。而为这种权术阴谋化推波助澜的，则是李斯的"督责之术"。史载，秦二世即位后，各国纷起，天下大乱，因而时常责备丞相李斯："居三公位，如何令盗如此？"加之李斯因为作为三川守的儿子李由对起义军剿灭不力，为了重新获得秦二世的信任，李斯遂上《行督责书》，旨在强调与维护专制君主的绝对权力。在《行督责书》中，为了论证君主拥有"独制于天下而无所制也，能穷乐之极矣"的正当性，李斯引用申不害"有天下而不恣睢，命之曰以天下为桎梏"的观点，指出，如果君主不能在政治实践中想方设法地实现"专以天下自适"，那么就会使自己"徒务苦形劳神"，形同"桎梏"，毫无乐趣可言。同时，李斯还提出"徇人贵己"说，认为，君主的利益高于一切，为实现君主"久处尊位，长执重势，而独擅天下之利"的目的，君主需要通过"督责之术"来驾驭群臣，进而实现"天下贤不肖莫敢不尽力竭任以徇其君"的"独断"统治。①

李斯督责之术的思想实质，体现的是及时行乐与法家严刑峻法思想的结合，"其明快虽商韩有所不及。"② 本来，法家施行法术，厉行督责，目的是"矫上之失，诘下之邪"③，而不以实现君主纵欲无度为目的，也从未教唆君主去荒淫享乐，如韩非所言："人主乐美宫室台池，好饰子女狗马以娱其心，此人主之殃也。"④ 然而，在李斯这里，天下和百姓都只是君主恣意妄为的工具，从而使得维护君主独裁的一切手段都获得了合法性。史载，李斯的督责之术得到了秦二世的欣赏，并被付诸实践，结果，"行督责益严，税民深者为明吏""刑者相半于道，而死人日成积于市。杀人众者为忠臣"，⑤ 最终动摇了秦王朝的统治根基，而滑向速亡的境地。

秦朝虽灭，但法家的术治理论在历史上产生了极为广泛而深远的影响。自汉代统治者"援法入儒"、实现礼法合一后，法的客观性已逐渐为

---

① 《史记·李斯列传》。
② 肖公权：《中国政治思想史》，辽宁教育出版社1998年版，第248页。
③ 《韩非子·有度》。
④ 《韩非子·八奸》。
⑤ 《史记·李斯列传》。

人心所吞噬，而法家控制社会、民众的"技术工具"的一面得到强化。虽然法家思想在表面上遭受排斥，但统治者对"术"的运用则非常到家。历代帝王大都一面打着仁义道德的旗号，一面实行专制统治，而其核心则离不开玩弄权术、阴谋以控驭群臣，"则宜重赏深罚以御之，明著法术以检之"①，但又从来没有一个帝王公开承认自己实行了法家之术。这正体现了"术不欲见"的法家秘诀。

官场权术之所以如此兴盛，自有其必然性。在君主专制体制下，由于君位所产生的强烈诱惑，使得宫廷政变和王朝更迭成为君主专制制度下必不可免的政治现象。同时，由于"君臣之利异"②，臣属既是君主必须依赖的力量，又是君主刻意提防的对象。对于君主来说，驾驭和控制官僚比直接统治民众显得更为重要，所谓"明主治吏不治民"③。这种君臣之间的相互防范，构成了中国传统社会生活的一个重要内容。对于专制君主而言，除了凭借实力之外，必然要掌握相应的谋取和运用权力的方法、手段，这包括各种诡诈的政治权术。这也就决定了中国古代的政治权术，实际上主要就是各种"驭臣"之术。这些政治权术尽管也不乏一些积极内容和人生智慧，但一些则由于其阴险、奸诈的内容而为人所不齿。在人们的日常观念中，兵家权谋似乎是聪明睿智的代表，可以理直气壮地在军事战场上施展自己的身手，但是，对于治理国家而言，则仍然坚持"以正守国"的观念。虽然历代王朝对官员的道德训诫从来不曾稍有懈怠，也有诸如教育训化、褒奖激励、考选、惩罚儆戒、任官回避、监察、考绩等防腐倡廉制度，但在实践中却难以得到有效实施；相反，却在官员队伍内造成了普遍的知行分裂：满嘴仁义道德，实则男盗女娼。如此一来，政治权术便只能在"仁义道德"外衣的掩饰下暗中使用，权术在政治领域显得更加虚伪。唐代以"笑里藏刀"著称的李义府，便是其中的一个典型："貌状温恭，

---

① 《后汉书·崔骃列传》。
② 《韩非子·内储说下》。
③ 《韩非子·外储说右下》。

与人语必嬉怡微笑，而褊忌阴贼，既处机要，欲人附己，微忤意者，辄加倾陷。"① 可以说，这种官场权术的流行，正是中国历朝历代腐败频发、吏治紊乱乃至政局动荡的一个重要根源。

三、吏治之道

在中国古代的治道思想中，除了"政治权术"的消极成分之外，也不乏许多积极的探讨。尤其在吏治方面，历史上的众多政治家和思想家们，更为我们留下了大量的经典之论。

（1）君道与臣道的分殊。

从历史上看，先秦诸子尽管在思想立场上有所不同，但大都认为君、臣在社会治理问题上的职责是不同的。墨家早就注意到"君道"与"臣道"的不同。墨子讲："贤人唯毋得明君而事之，竭四肢之力以任君之事，终身不倦。若有美善则归之上，是以美善在上而所怨谤在下，宁乐在君，忧戚在臣，故古者圣王之为政若此。"② 这一论述，不仅包含着君臣上下皆尽职尽责的意思，也包含"君无为、臣有为"之意。《文子》也指出："人君舍其所守而与臣争事，则制于有司。以无为持位，守职者以德听从取容，臣下藏智而不用，反以事专其上。人君者不任能而好自为，则智日困；而自负责，数穷于下，则不能申理；行堕于位，则不能持制。智不足以为制，威不足以行刑，则无以与天下交矣。"③ 荀子也较为明确地论述了统治者与一般人在管理活动过程中的基本差异，这就是："人主者，以官人为能者也；匹夫者，以自能为能者也。"④《管子》一书也指出，君主的职责主要是用人、制令和赏罚，人臣的职责则是守任治事："论材、量能、谋德而举之，上之道也；专意一心，守职而不劳，下之事也""君据法而出

① 《旧唐书·李义府传》。
② 《墨子·尚贤中》。
③ 《文子·上仁》。
④ 《荀子·王霸》。

令，有司奉命行事""为人君者，修官上之道，而不言其中；为人臣者，比官中之事，而不言其外"，否则，"为人君者，下及官中之事，则有司不任；为人臣者，上共专于上，则人主失威"①。

老子讲无为而治，主要是针对君主（"圣人"）而言的："圣人处无为之事，行不言之教。"② 至于臣僚百官是否也必须"无为"，老子没有作出明确的说明。而对君道与臣道关系问题谈得最明确和透彻的，则是黄老道家的代表人物慎到。慎到认为，一国之治乱，不能全归功或归罪于君主一人，"将治乱，在乎贤使任职"③，并要求"臣尽智力以善其事"④。慎到还特别强调，每个人"各有所长，各有所短，君主应不设一方以求于人"⑤。因此，君主要善于发挥臣子的才智，让他们把事情干完、干好："君臣之道，臣事事而君无事，君逸乐而臣任劳，臣尽智力以善其事，而君无与焉，仰成而已，故事无不治，治之正道然也。"⑥ 最美妙的状况是臣子尽力，君收其利，即所谓"仰成而已"。做到这一步，不一定需要有超众的才能，而在于有得当的驭臣之术。在慎到看来，君主事必躬亲、夸能恃才，不表示君主聪明，反倒是无本事和低能的表现："人君自任，而务为善以先下，则是代下负任蒙劳也，臣反逸矣。"⑦ 君主什么事都包揽起来，看起来很有权，其实干的是臣子应该干的事，实际上把自己降低到臣子的地位。君主自以为自己最有本事、最聪明，那么臣子们谁敢"与君争为善以先君"呢？臣子们只好把智慧藏起来。然而，臣子们是不会闭目养神的，他们睁大两眼注视着君主的行动，一有过失，"臣反责君"，使君主处于尴尬的地位。如果君主是一个平庸之辈，而又要摆出一副无所不能的架势，指挥一切，势必出乱子；即使"君之智最贤"，但一个人的智慧毕竟有限，

---

① 《管子·君臣上》。
② 《老子·第2章》。
③ 《慎子·知忠》。
④ 《慎子·民杂》。
⑤ 《慎子·民杂》。
⑥ 《慎子·民杂》。
⑦ 《慎子·民杂》。

"以一君而尽赡下则劳，劳则有倦，倦则衰，衰则复反于不赡之道也"①。依慎到之见，君主的职责是用臣，而不是代臣行事。代臣办事"是君臣易位也，谓之倒逆，倒逆则乱矣"②。无为而治，表面无为，实质上是积极有为，重视臣民，集思广议，以达到无不为。只要君主把每人之所能、所长集合起来，君主就无所不能："廊庙之材，盖非一木之枝也；粹白之裘，盖非一狐之皮也。"③

慎到"君无为，臣有为"的主张，有限制君主独裁的积极意义，其强调让百官各司其职，也颇有见地和价值。当然，若说君主无为，百官自然就会干得很好，所谓"君既无为，下乃守职"④，则未免太过理想化了。因此，在"无为"的理政之术外，后世的黄老道家又提出了"贵因"之术："故道贵因；因者，因其能者，言所用也。"⑤ 依此之见，一个人的智慧和力量必定存在一个限度，因而应善于因顺和利用自身而外的一切可资利用的因素，从而化外力为己之力，令自身立于不败之地。君王的"无为"，乃是以其"贵因"为基础的，假如仅"无为"而不以"贵因"作保障，则将一事无成。当然，君王的"贵因"也是以"无为"为前提的，如若没有"无为"，"贵因"则无从谈起。因此，作为构成统一"心术"的这两面缺一不可，它们相互依存，难相分离。

韩非以"道"入"法"，在论证出"君、道同体"的理论之时，又将老子的因顺自然改造为因循道法。韩非称："善用人者，必循天顺人而明赏罚。循天则用力寡而功立，顺人则刑罚省而令行。"⑥ 正是从"循天、顺人"出发，韩非对老子的"道"做了一番形而下的改造，扬弃了老子哲学中道的本体意义，而将道定义为"万理之所稽"⑦，即道是对世间万物之理

①　《慎子·民杂》。
②　《慎子·民杂》。
③　《慎子·知忠》。
④　陈景元：《道德真经藏室纂微篇》卷十，载《道藏》第13册，第725页。
⑤　《文子·自然》。
⑥　《韩非子·用人》。
⑦　《韩非子·解老》。

的抽象和总体把握。进而，他又将作为自然规律的道引入政治领域的君臣之道。他说："古之全大体者，望天地，观江海，因山谷。日月所照，四时所行，云布风动。不以智累心，不以私累己。"① 仅此而言，似与老子如出一辙，但在如何"不以智累心，不以私累己"上，韩非离开了老子而步入自己的领地，他说："寄治乱于法术，论是非于赏罚，属轻重于权衡……不引绳之外，不推绳之内；不急法之外，不缓法之内；守成理，因自然，祸福生乎道法，而不出乎爱恶""上不天则下不覆，心不地则物不毕；太山不立好恶，故能成其高；江海不择小助，故能成其富。故大人寄形于天地而万物备，历心于山海而国家富"。② 在这里，韩非从天地山海等自然中得出的结论，并非直接的无为政治原则，而是强调君主应摒弃人道的好恶，效法天地的无私，一切准道法而为，如此方能定治乱是非于一尊，达到"至治之世"。

为此，韩非主张君主"缘法而治""循名责实"，如此才能"力寡而功多"，反之"则劳心积虑而治愈乱"③。韩非强调，君主的真正能力并不在于他个人才华的高低，也不在于能否与下属争功，关键在于他能否集中众人的智慧和才干，知人善用："下君尽己之能，中君尽人之力，上君尽人之智。"④ 具体而言，只要各人的职位及职责既已明确，则君自不必亲躬于具体的事务，"君操其名，臣效其形，形名参同，上下和调也"⑤，从而使君主实现了"执一"以"驭多"的无为而治："各处其宜，故上下无为，使鸡司夜，令狸执鼠，皆用其能，上乃无事。上有所长，事乃不方，矜而好能，下之所欺。上下易用，国故不治。用一之道，以名为首，名正物定，名倚物徙，故圣人执一以静，使名自命，令事自定，因而任之，使自事之。"⑥ 显而易见，韩非子的"虚静无为"是一种以"静"带"动"，以

---

① 《韩非子·大体》。
② 《韩非子·大体》。
③ 《韩非子·定法》。
④ 《韩非子·八经》。
⑤ 《韩非子·扬权》。
⑥ 《韩非子·扬权》。

"无为"促"有为"的控制之道，即"明主不躬小事"的管理控制之道："人主之道，静退以为宝。不自操事，而知拙与巧；不自计虑，而知福与咎。是以不言而善应，不约而善增。"① 这就是说，领导者不必亲自操劳事务，照样能知道下属的事情是办糟了还是办好了；不必亲自出谋划策，照样能知道下属所提供的计谋是得福还是得祸。总之，"皆用其能，上乃无事"②，这正是韩非所追寻的最佳统治状态。

刘劭的《人物志》一书也阐述了最高统治者正因为不必事事精通，所以才能统筹众多有才能的人的基本理念："故臣以自任为能，君以用人为能；臣以能言为能，君以能听为能；臣以能行为能，君以能赏罚为能。所能不同，故能君众材也。"③ 唐代赵蕤从君道与臣道相区别的角度，提出："知人者，王道也；知事者，臣道也。"④ 反过来，如果为君者事无巨细，都要亲自做才放心，而不懂得起用人才，就会遭到天下人才的怨恨和厌恶，最终使社会出现危机："自为之，则不能任贤；不能任贤，则贤者恶之。此功名之所以伤，国家之所以危。"⑤ 因此，为君者的最重要的工作，就是寻找到合适的人才，并进行合理的任用和分配，从而获得大众的拥戴，成就所谓"帝王大业"。

（2）用人法则。

在明确区分君道和臣道殊异的同时，中国古代的政治家和思想家们通过历史和实践经验，更是总结出一整套唯贤是求、量能授官、用人不疑、赏罚分明、恩威并用、人尽其才的系统的用人之道。简述如下：

其一，在人才的选拔上，历代先贤大都强调不拘一格，唯贤是求，以德才兼备为人才选拔的标准。当然，历史地看，任用官员的标准并非一成不变。一般而言，乱世用人重才，治世用人重德。在社会动荡时期，用人以才能为先，因为乱世需要过关斩将、攻城略地、摧坚陷敌的人，权略诡

① 《韩非子·主道》。
② 《韩非子·扬权》。
③ 《人物志·材能》。
④ 《长短经·大体》。
⑤ 《长短经·大体》。

辩之士均须罗列，所谓"进取不以才则无功"①。而和平时期治理国家，则需要为社稷作长远打算，必须任用品德高尚、有仁义之心的忠厚人，因为"守成不以德则不久"。在现实中，由于两者并不能在所有人身上并存，因此，司马光根据德与才的关系，将人分为四类："才德全尽谓之圣人，才德兼亡谓之愚人，德胜才谓之君子，才胜德谓之小人。"在选拔人才时，最理想的是选拔德才兼备的圣人，其次是德行高于才能的君子。在对待愚人和小人的态度上，司马光以为自古以来，扰乱朝政，败坏家庭的人都是"才有余而德不足"的"小人"。因为"愚者虽欲为不善，智不能周，力不能胜"，愚人不能控制局势，便不能兴风作浪；但"小人智足以遂其奸，勇足以决莫暴"，容易以假相取信于人，从而颠覆家国，所以提出一条著名定理——"用小人不如用愚人"。② 近世的曾国藩也持类似观点，他认为："与其无德而近于小人，毋宁无才而近于愚人。"③

其二，在人才的使用上，历代先贤都主张量能授官，做到职责分明。荀子认为，应根据才能授予官职，做到官能相称："论德而定次，量能而授官，皆使人载其事而各得其所宜。"④《管子》不仅提出"量能而授官"⑤，合理配置人才，而且还根据能力授予官职，分等级授予俸禄，并将此作为用人的关键："察能授官，班禄赐予，使民之机也。"⑥ 还进一步将对官员从德、功、能三个方面的考察，当成是衡量社会治理好坏的根本："君之所审者三，一曰德不当其位，二曰功不当其禄，三曰能不当其官。此三本者治乱之原也。"⑦ 同样，《六韬》一书针对当时存在的"举贤而不获其功""举贤而不能用"的现象，认为解决问题的办法就是"按名督实，选才考能，令实当其名，名当其实"⑧。即根据各级官吏应具备的条件选拔贤能，

---

① 司马光：《才德论》。
② 司马光：《才德论》。
③ 《曾文正公全集·杂著·才德》。
④ 《荀子·君道》。
⑤ 《管子·君臣上》。
⑥ 《管子·权修》。
⑦ 《管子·立政》。
⑧ 《六韬·举贤》。

根据官吏的职责考核其工作实绩，从而使官位同德才相称。

其三，在用人的过程中，还要做到"用人不疑"，疑则勿任，任则勿疑。如果任用人才而不信赖他，则不如不用。尤其是在军事行动中，作为最高管理者的"君"必须充分放权，让"将"有决定战略规划、战术布置、任命指挥的权力："将能而君不御者胜。"① 当然，用人不疑的原则，乃是针对贤人而言的。由于世界上既有贤人，也有"恶人""奸人"。因此，在坚持对贤人充分信任的同时，还应该注意避恶防奸。在现实世界中，废弃一个好人不用，众多的好人就会丧气；奖赏一个坏人，坏人就会蜂拥而至。只有让好人得到庇护，坏人受到惩处，国家才会安宁，众多的好人也才会争相归至："废一善，则众善衰；赏一恶，则众恶归。善者得其佑，恶者受其诛，则国安而众善至。"② 如果用人不当，国家就会祸乱无穷："贤臣内，则邪臣外；邪臣内，则贤臣毙。内外失宜，祸乱传世。"③

其四，为了更好地使用人才，还应该实施激励手段，实施赏罚分明。墨子曾经设想，人们看到贫贱者被重用之后，受利益的驱使，会产生连锁反应：富者和近权者不再居高自恃，贫贱和远权者也不再自暴自弃，大家都在争先恐后、自强勤勉，从而收到赏善罚恶、劝善教化的效果。因此，重用人才，就要"高予之爵，重予之禄，任之以事，断予之令"④，即给他们以高爵厚禄，任用他们以政事并授之以专断之权。《管子》提出，对官吏经过考核后，要"案其功而行赏，案其罪而行罚"⑤，还要注意赏罚公正："明赏不费，明刑不暴。"⑥ 一方面要重奖重罚，使得"赏必足以使，威必足以胜"⑦；另一方面，要注意赏罚有度，赏罚过滥会使激励的作用减弱以至于完全失去："一为赏，二为常，三为固然。"⑧ 孙子提出，在血与火、

---

① 《孙子兵法·谋攻》。
② 《三略·下略》。
③ 《三略·下略》。
④ 《墨子·尚贤上》。
⑤ 《管子·明法解》。
⑥ 《管子·枢言》。
⑦ 《管子·正世》。
⑧ 《管子·侈靡》。

生与死的考验面前，要敢于"施无法之赏"①，即打破常规的奖赏，以树立榜样；赏罚要公平："不赏私劳，不罚私怨"；赏罚要掌握好时效："赏不逾日""罚不列迁"；赏罚要有度，因为"赏无度，财费而无恩；罚无度，则戮而无威"；赏罚要掌握好频率和节奏，因为"数赏者，窘也；数罚者，困也"②。此外，在孙子看来，赏和罚不是万能的，有比赏和罚更重要的东西，那就是道义的感召力和平素实行的良好的教育。唯有这些，才能够唤起士卒的献身意愿，并树立起崇高的信念："故令之以文，齐之以武，是谓必取。"③ 就是说，用"文"的手段即用政治道义教育士卒，用"武"的方法即用军纪来统一步调，这样的军队打起仗来就必定胜利，等等。

其五，与赏罚原则相关联，对于用人者而言，还要做到恩威并用。《三略》通过历史考察，指出："主不可以无德，无德则臣叛；不可以无威，无威则失权。臣不可以无德，无德则无以事君；不可以无威，无威则国弱，威多则身蹶。"④ 那么，君主如何使自己"有德"呢？《三略》提出了一种道、德、仁、义、礼这五者"不可无一"⑤ 的主张。那么，作为君主，又如何才能使自己"有威"呢？《三略》认为，首先，明令赏罚，自然是建立威信的手段，所谓"赏罚明，则将威行"⑥。《六韬》更提出了"杀大赏小"的原则，即将帅通过诛杀地位高贵的人来树立威信，通过奖赏地位低下的人来体现圣明，通过审慎而严明的赏罚做到有禁必止，有令必行："将以诛大为威，以赏小为明，以罚审为禁止而令行。"⑦ 这是因为能诛杀那些官高位显担当重要职务的人，是刑罚能触及最上层；能奖赏牛僮、马夫等地位低下的人，是奖赏能达到最下层。刑罚及于最上层，奖赏达到最下层，这就是将帅的威信得以树立、命令能够执行的原因所在："刑上极，赏

① 《孙子兵法·九地》。
② 《孙子兵法·行军》。
③ 《孙子兵法·行军》。
④ 《三略·中略》。
⑤ 《三略·下略》。
⑥ 《三略·上略》。
⑦ 《六韬·将威》。

下通，是将威之所行也。"① 其次，要做到"令行，政正，道通"。如果君主的旨意不切合实际，是错误的，那么命令就不能得以很好的施行；命令不能推行，则政治制度就不正确；政治制度不正确，推行政令的渠道就不能通畅；推行政令的渠道不通畅，奸佞之臣就会得势；奸佞之臣一旦得势，君主的权威就会受到损伤："出君下臣，名曰命；施于竹帛，名曰令；奉而行之，名曰政。夫命失，则令不行；令不行，则政不正；政不正，则道不通；道不通，则邪臣胜；邪臣胜，则主威伤。"② 再次，"善施于顺民，恶加于凶民"。如果一项法令未被执行，那么其他许多的法令都会失去作用；错误地执行了一项法令，就会产生众多的恶果。所以，对顺服的民众要施行善政，对凶顽的刁民要严加惩处，这样，国家的法令就会顺利地得以推行而民众也不会有怨恨之言："一令逆则百令失，一恶施则百恶结。故善施于顺民，恶加于凶民，则令行而无怨。"③ 最后，要做到"犯上者诛，贪鄙者拘"④。就是说，冒犯君主的，将他诛灭；贪婪卑鄙的，将他拘拿。只有这样，教化才得以施行而种种坏事就会悄然消去。

同样，曾国藩正是通过对历史经验的总结，指出要将人才的积极性充分调动起来，必须宽严皆备、恩威并用。而"用恩莫如仁，用威莫如礼"。⑤ 用仁就是视部属如子弟，教育其努力上进，帮助其成才发迹；用礼则是对部属恪守礼法，持之以敬，临之以庄，言行得体。曾国藩尤其强调，"人才以奖掖而出"，即使是中等人才，如果奖励得法，可望成大器；若一味地贬斥，则往往停滞于庸碌而不能自拔。比如说，上司对下属，"一言嘉奖，则感而图功；片语责惩，则畏而改过。"⑥ 当然，对这种奖惩措施要针对不同的人、不同的情况灵活使用。高明的人喜欢照顾面子，不甘居

---

① 《六韬·将威》。
② 《三略·下略》。
③ 《三略·下略》。
④ 《三略·下略》。
⑤ 《曾文正公全集·日记》，"治道"，新文化书社1911—1949年印行，第39页。
⑥ 《曾文正公全集·家书》，"禀祖父母——报告升侍"，新文化书社1911—1949年印行，第1页。

于人后。如果赞美他忠诚，他就会更加忠诚；赞美他清廉，他就会更加清廉。为此，曾氏坚持"扬善于公庭，而规过于私室"①。事实证明，这种"公开褒扬"和"私下规过"的做法，颇具识见。而卑琐的人本无大志，只知斤斤计较。如果对他严加管教，他就会畏惧；对他松懈一点，他则越发放肆，等等。

其六，用人之道的最高境界便是要做到"各尽所能""人尽其才"。人无完人，金无足赤，这是客观事实。善用就是根据人的能力，把他放置到与其相适应的岗位上去，以充分发挥其智慧和能力。孔子认为，用人就像对器具一样，什么样的器具派什么样的用场："使人也，器之。"② 因此，用人者应该破除求全责备的偏见，不因"小过"而怠误人才，所谓"成事不说，遂事不谏，既往不咎"③。如果领导以求全挑剔的心理识人，只能使人才近在眼前却视而不见，导致人才流失而浑然不知。诚如司马光所言："若指瑕掩善，则朝无可用之人；苟随器授任，则世无可弃之士。"④ 既如此，用人贵在用其所长，而避其所短。如晏子所言："任人之长，不强其短；任人之工，不强其拙。"⑤ 墨子主张君主必须有敢于矫正君主过失的臣僚，必须有直言极谏的下属。只有分辩议事的人争论蜂起，互相责难的人互不退让，才可以长养民生，保卫国土："君必有弗弗之臣，上必有谔谔之下，分议者延延，而支苟者谔谔，焉可以长生保国。"⑥

进一步讲，人的长处和短处、优点和缺点是矛盾的统一体，二者相互依存、相互渗透而又相互转化。不同的人，在能力上各有其长短；同一个人，其同一种能力，此时此地可能是短，但彼时彼地就可能为长。因此，领导者用人，不但要知长知短，而且要善于从人之长处中看到短处，从人之短处中挖掘长处。《三略》指出，作为一名将帅，既要使用善长谋略的

---

① 《曾文正公全集·书札》，"复吴竹庄方伯"，新文化书社 1911—1949 年印行，第 120 页。
② 《论语·子路》。
③ 《论语·八佾》。
④ 司马光：《资治通鉴》。
⑤ 《晏子春秋·问上》。
⑥ 《墨子·亲士》。

人，又要使用勇猛的人；既要使用贪财的人，又要使用头脑简单的人。因为，有谋略的人，喜建功立业；勇猛的人，乐于实现他的志愿；贪财的人，急于追逐财物；头脑简单的人，打仗不怕牺牲。可以根据他们不同的特点使用他们，这是统率军队的奥妙权术："使智，使勇，使贪，使愚。智者乐立其功，勇者好行其志，贪者邀趋其利，愚者不顾其死。因其至情而用之，此军之微权也。"① 魏源说："不知人之短，不知人之长，不知人长中之短，不知人短中之长，则不可以用人，不可以教人。"② 只要善于因人而异，精心设计，巧妙搭配，就能使人才的长短相得益彰，各得其所。总之，用人的最高境界就是"人尽其才"，应善于任用各类人才的长处，让人们各做其适宜做的事，做到"使智者尽其智，谋士尽其谋，百工尽其巧"③，"贤不肖各得其所"④，"造器尽其材，用人适其性"⑤。说到底，世上本来没有什么无用之物，关键就看你会不会用。这正是老子主张"圣人恒善救人，故无弃人；恒善救物，故无弃物"⑥ 的深层含义。

（3）循吏精神。

在中国古代浩如烟海的史籍中，还有着对"为吏之道"的广泛论述。从湖北云梦睡虎地十一号墓出土的秦简《为吏之道》可以看出，秦代在"以吏为师"的精神指引下，对其官吏的品行、能力、责任等有着十分周详的要求："凡为吏之道，必精洁正直，慎谨坚固，审悉无私，微密纤察，欲富太甚，贫不可得，欲贵太甚，贱不可得，毋喜富，毋恶贫，正行修身，祸去福存。"具体而言：要"慈下勿陵""使民毋惧"，不要"见民倨傲"；要"听谏勿塞""听有方，辨短长"，不要"擅折割"；要"止欲去愿"，不要"欲富太甚""欲贵太甚"；要"审当赏罚""均徭赏罚"，不要"决狱不正"；要"悔过毋重"，不要"须身遂过"；要"安静无苛""宽裕

---

① 《三略·中略》。
② 魏源：《默觚下》。
③ 《管子·山至数》。
④ 《贞观政要·政体》。
⑤ 《长短经·量才》。
⑥ 《老子·第27章》。

和平"，不要"强良"或"苛难留民"；要"安乐必戒"，不要"安家室而忘官府"；要"临财见利，不取苟富"，不要"居官善取"；要"善度民力""举事审当"，不要"兴事不当""兴事不时"；要"尊贤养义""审民能以任吏"，不要"废置以私"；要"兴之必疾"，不要"临事不敬""善言惰行"；要"言如盟""发令索正""毋发可异"，不要使人无法遵循；要"喜为善行""恭敬多让"，不要"倨傲无人"；要"严刚毋暴""廉直"，不能"决狱不正""废置以私"，等等。而与《为吏之道》一同出土的《语书》（又称《南郡守文书》）还对良吏与恶吏进行了明确区分："凡良吏明法律令，事无不能也，有公心；有能自端（也）。"而恶吏则是"不明法律令，不智事，不廉絜，毋以佐上，緰随疾事，易口舌，不羞辱，轻恶言而易病人，毋公端之心"。大意是说，良吏通晓法令、公正自律、勇于担当；而恶吏则相反。《语书》坚信，通过法律的赏罚，可以使人们趋于向善，"以教道民，去其淫僻，除其恶俗"，体现出鲜明的法家吏治精神。

在汉代，司马迁撰写《史记》专设《循吏列传》，在继承先秦吏治思想的基础上，提出"循吏"概念："奉法循理之吏，不伐功矜能，百姓无称，亦无过行。"[1] 在这里，所谓"奉法循理"，显然依循的是法家的吏治精神。同时，道家意味也十分浓厚：所谓"不伐功矜能"是指不对自己的功绩与才能进行自我标榜、炫耀；"百姓无称"的意思，不是说没有政绩，而是说不居功自恃；"无过行"，并不是说他们不犯错误，而是说循吏奉法循理，实事求是，勇于担当，使百姓无可挑剔。

司马迁在《史记·循吏列传》中一共描写了五个循吏：孙叔敖、子产、公仪休、石奢、李离。孙叔敖为楚相，执政宽缓，有禁必止，官不邪恶，民无盗贼。一个典型事例是：楚庄王曾下令把小币改铸为大币，但用起来很不方便，为此，孙叔敖请求庄王恢复旧币。这表明孙叔敖不奉迎君主，而是从百姓实际需要出发，勇于纠错。还有一个事例是：楚国人习惯于坐矮车，楚王认为不便于驾马，想下令把车改高，但孙叔敖认为，屡发

---

[1] 《史记·太史公自序》。

政令，会使百姓无所适从。为此，他建议教乡里人家加高门槛，这样，乘车人为了方便，自然就把车改高了，可谓"不教而民从其化"。更值得称道的是，孙叔敖治楚以霸，虽然权重功高，却多次推辞楚王的赏赐，持廉至死。郑国国相子产同样遵循自然无为之道治国，深受百姓爱戴："为相一年，竖子不戏狎，斑白不提挈，僮子不犁畔。二年，市不豫贾。三年，门不夜关，道不拾遗。四年，田器不归。五年，士无尺籍，丧期不令而治。治郑二十六年而死，丁壮号哭，老人儿啼，曰：'子产去我死乎！民将安归？'"公仪休为鲁相，奉法循理，率先垂范，百官自正。据说，他吃了自家种的蔬菜感觉好吃，就把自家园中的菜都拔出来扔掉；他看自家织的布好，就把妻子赶出家门并烧毁织机。之所以这样做，是由于他认为官员靠其俸禄生活，不宜再与百姓争利。石奢，楚昭王时期的国相，廉正正直，却遇到一个忠孝难以两全的问题：为了行孝，他放跑了杀了人的父亲；为了尽忠，他主动请罪，并拒绝了昭王的宽恕，"伏诛而死"。李离是晋文公的法官，因为察案有误而枉杀人命，知道真相后竟把自己拘禁并判以死刑。尽管晋文公一再宽慰，但他仍然坚持不能违背国法，最后"伏剑而死"。

如上五个循吏皆依理行政、奉法守职、竖直廉正、不与民争利，从而有效治理了国家。司马迁由此得出了一个结论："法令所以导民也，刑罚所以禁奸也。文武不备，良民惧然身修者，官未曾乱也。奉职循理，亦可以为治，何必威严哉？"① 这里的"奉职循理"与前述"奉法循理"的意思是一致的，就是说，只要官吏遵循自然之道，老百姓就有了榜样，如此一来，即使在文功武备都缺失的情况下，百姓自会向善，社会也能治理好，何需违背自然而硬性人为呢？故而，司马迁反对以"威严"治民，而主张以宽厚仁德为政。他在做《循吏列传》之外，还写《酷吏列传》，并引用孔子之言："导之以政，齐之以刑，民免而无耻；导之以德，齐之以礼，有

---

① 《史记·循吏列传》。

耻且格"①，指出，"信哉是言也！法令者治之具，而非制治清浊之源也"②。在司马迁看来，秦时法令严密，但奸伪萌生，以至于丧败，不可拯救；而汉武帝时期吏治虽"武健严酷"，但就像扬汤止沸一样，乃治标不治本。可见，司马迁的循吏观念亦充分体现出儒家的仁爱政治观。不仅如此，他的循吏观念中更含有道家色彩。他所推崇的是一种奉职循理、竖直廉正、不与民争利、"无为而民自化"的治民之官。因而，就不能单纯地认为司马迁的循吏观念是法家、道家的或儒家的，更为准确地说法应该是"黄老之道"的。这是和司马迁所处时代黄老之道流行的精神氛围分不开的。

东汉班固撰《汉书》，继承《史记》体例，立《循吏传》，开篇云："汉兴之初，反秦之敝，与民休息，凡事简易，禁罔疏阔，而相国萧、曹以宽厚清静为天下帅，民作'画一'之歌。孝惠垂拱，高后女主，不出房闼，而天下晏然，民务稼穑，衣食滋殖。至于文、景，遂移风易俗。是时循吏如河南守吴公、蜀守文翁之属，皆谨身帅先，居以廉平，不至于严，而民从化。"③ 大意甚明，其中，"不至于严，而民从化"一语，更是继承了司马迁的循吏观念，与司马迁所言"何必威严哉"相照应。不过，与司马迁突出强调官员以身作则而民自化的品质不同，班固的循吏概念更强调官吏的政平讼理、富民安民、德让教化，代表了"儒家教化型"的循吏。

对于教化型循吏的内涵，西汉晚期刘向在《说苑·至公》一文中也有所阐发。该篇讲述了一个事件：子羔在卫国当狱吏时，曾刖人之足。而后卫国内乱，牵及子羔。子羔出逃时，遇到了当年所刖之人守门。刖者"不计前嫌"，把子羔藏在屋子里，使其躲过了这场灾难。当子羔问刖者，什么原因使他不借机报复，反而救助自己？刖者说，触犯刑罚，理当论罪，无可抱怨，但子羔在执法时极力从宽设法的仁人之心更让他感动。从这一事例来看，作为一个执法者，子羔不同于一般法家奉法循理之吏之处，就在于他不仅秉公执法，还具有一种深厚的道德精神。《说苑》也正是在此意

---

① 《论语·为政》。
② 《史记·酷吏列传》。
③ 《汉书·循吏传》。

义上，将儒家的宽厚仁道精神与法家的奉法尚公精神统一了起来。

教化型循吏的出现，与汉代儒教兴盛的时代氛围密切相关。正是在儒学与"禄利之路"紧密联系的情况下，具备一定的儒学素养即为做官所必须。儒家温情脉脉的抚慰，催生出许多勤于国事、不懈于治的贤臣良吏。他们不再只以奉法循理为务，而是以"化民成俗"为己任，追求道德的自我完善，清正廉明，尽心为百姓谋福祉，兴学校，广树蓄，增户口，造福一方，治绩斐然，因而得到百姓的衷心拥戴和倾情歌颂："所居民富，所去见思，生有荣号，死见奉祀，此凛凛然庶几德让君子之遗风矣。"① 例如，文翁，"为蜀郡守，仁爱好教化""至今巴蜀好文雅，文翁之化也"；尹翁归，为官清廉公正，拒受贿物，死后家无余财；韩延寿为官，崇尚礼义，爱好古人古事，推行教化，每到一地，必定聘请当地贤士，以广泛听取建议；韩延寿的继任者黄霸，更是"以外宽内明得吏民心，户口岁增，治为天下第一"；龚遂遵照宣帝的指示，把安定百姓作为治政的首要目标；召信臣则以"好为民兴利"著称，通过开辟水渠，修建水利设施，使得物阜民丰，等等。②

值得注意的是，由于儒家道德自律的制约，在汉代更是出现了一些不畏强权、勇革弊政的循吏。例如，宣帝时期的赵广汉，任职期间"侵犯贵戚大臣"③，精明强干，处理公务往往通宵达旦，且讲究办事效率，官属和百姓无不交口称赞。然而，赵广汉却因为惩腐治恶得罪权臣而被腰斩，当时，长安城里曾出现万人送行的动人场面。有的循吏甚至对皇帝的不当言论也敢于指正。例如，任延将任武威太守时，皇帝曾亲自接见，令其"善事上官，无失名誉"，延则据理反驳，曰："臣闻忠臣不私，私臣不忠。履正奉公臣子之节……善事上官，臣不敢奉诏。"皇帝为之感动，曰："卿言是也。"④ 更为可贵的是，有些循吏在面对国家法律与百姓权益发生冲突之

---

① 《汉书·循吏传》。
② 《汉书·循吏传》。
③ 《汉书·赵广汉传》。
④ 《后汉书·循吏传》。

时，不惜触犯法律、舍身为民。譬如，第五访在处理饥荒时，来不及上报，擅自开仓放粮，而后自请其罪，在其看来，"若上须报，是弃民也。太守乐以一身救百姓！"①

应该说，儒学以自己的政治理想和道德观念哺育了两汉循吏，循吏则以自己的行政实践和人格魅力展示了儒学精华的光辉。二者良性互动，相得益彰，共同绘制出两汉官场的一抹亮色。然而，在封建王朝数以万计的官僚队伍中，循吏犹如凤毛麟角，两汉四百多年中载入《循吏传》的官员不过四十几人，甚至其中也有个别徒务虚名者，例如，汉宣帝最先表扬的王成，就有"伪自增加（户口），以蒙显赏"的劣迹，故班固言"是后俗吏多为虚名"②。东汉的邓太后也在诏书中慨叹："夫忠良之吏，国家所以为理也。求之甚勤，得之至寡。"③ 原因其实并不复杂，官僚体制是一个大量产生佞臣而不是产生循吏的机制，因而，依靠个人严格自律产生的循吏也就只能寥若晨星了。

自汉代以来儒家学说成为社会主导意识形态，"德主刑辅"成为历代王朝的基本统治方略。故而，班固所倡导的循吏观念中儒家教化、有所兴作等色彩便日显突出，而司马迁原本所崇尚的那种"奉法循理""无为而自化"等循吏内涵则有所弱化。从史籍看，自《史记》《汉书》以来，在"二十四史"中，共有十九史载有循吏（或为良吏、良政、能吏）列传④；"二十四史"之外，《清史稿》也设有《循吏传》。据统计，"二十四史"及《清史稿》中，共记述了五百多位循吏的事迹。作为中国传统社会数千年来的中坚力量，这些循吏不是单纯的"清官"，而是一群恪尽职守、奉法循理、勇担重担、积极创新和廉洁自律的"良吏"。他们事迹各异、各有建树，体现在道德教化、平讼理狱、扶助农桑、救灾赈济、兴修水利、镇

---

① 《后汉书·循吏传》。
② 《汉书·循吏传》。
③ 《后汉书·王涣传》。
④ 《后汉书》《北齐书》《南史》《北史》《隋书》《宋史》《金史》《明史》都载有《循吏列传》，《晋书》《魏书》《宋书》《梁书》《旧唐书》《新唐书》《元史》改《循吏列传》为《良吏列传》，《南齐书》又易名为《良政列传》，《辽史》复变言为《能吏列传》。

边平叛、防匪缉盗等社会生活的方方面面，从而为后人树立了勤政、廉政、善政、德政、惠政、实政的正面典范。

在这些史籍中，历代史家对循吏的表述虽然略有不同，但大体上没有脱离班固所界定的儒家教化型循吏的内涵。质言之，后世之循吏，一般是指那种具有良好的道德品质且积极入世、有所作为的官吏。由于他们大多娴于吏道，善应棘手疑难问题，因而，也就是通常所谓的"能臣""干吏"，从而与那种好空谈、善作秀的"清流"人士（清流人士的行为类似于传统士人议论时政的"清议"方式，但在后世的演化中，人们通常是把那种崇尚空谈、标榜道义而无真实计谋、行为乏力的人士，称之为"清流"）相对立。历朝历代清流之士不乏其人，他们以儒家伦理道德为行为准则和终极目标，德行高洁，颇负名望，虽不肯与邪恶沆瀣一气，却也不敢革故鼎新。明代张居正曾经把官员大体分为三类：一是无能的贪官污吏，是地地道道的官场寄生虫；二是清流派，他们行为端正，忠君爱民，但往往沽名钓誉，做事不肯变通，空获清官美誉却无治绩可寻；三是循吏，他们做事不拘形势、不拘小节，力求把事情做成。为此，张居正主张重用循吏、慎用清流、摒弃贪官。在他看来，如果只讲做人而不会做事，只能是一个庸吏；而能办成事却不洁身自好的，则是贪官。[①] 可见，张居正关于官吏的选择，不是一味地拘泥于道德品性，而是主张"道德"与"功利"兼得。与张居正一脉相承，《清史稿·循吏传》的撰写者夏孙桐在《清史〈循吏传〉编辑大意》中谈到，循吏入传，必须"廉、能"，二者缺一不可。

当然，在不同的社会制度下，官吏的地位和职责，自然也有所不同。在专制时代，官吏作为皇权的附庸，实施的是"统治"的功能，这自然与今日服务于人民大众的"公仆"不可同日而语。即便如此，作为社会事务的管理者，无论是传统时代的官僚还是当今社会的人民公仆，在承担社会管理职能和具体行为规范上应具有一致性。就当代吏治而言，无论是司马

---

① 《明史·张居正传》。

迁意义上的"黄老之道型",还是班固意义上的"儒家教化型",以及后世演化中所出现的那种道德与功利兼得的循吏观念,都具有十分重要的借鉴意义。质言之,传统循吏所具有的那种奉法循理、廉洁清正、勤政爱民、富有作为等基本品行,依然为当今社会所必需。

第五篇

治乱的迷思

第十四章　治乱相循

中国传统社会演变的历史，也是一部王朝更替史。在这种"一治一乱"的循环中，尽管有"变法图强"的种种努力，但社会经济生活的单调重复及其与循环史观的相互生发，加上治道理论自身的完善性，以及官僚集团的利益和价值驱动，使得专制主义保持着惊人的长期性与延续性，从而形成独具特色的"东方专制主义"。这一体制与意识形态在维护"大一统"社会秩序的同时，也导致中国社会长期停留在低水平的"轮回"轨道上。这使得中国社会在与近世西方先进文明的强烈冲撞中走向落伍，便势所必然。

一、王朝更替

虽然中国传统社会形态总的来看是"大一统"，但在这一过程中，总会出现"合久必分，分久必合"。一般而言，每一个朝代的"治世"总是出现在最初几个皇帝统治的时期，经过一段时期的比较安定的局面之后，便会最终走向衰落，而为新的朝代所替代。可以说，两千多年皇帝专制史，实乃一部统一与分裂、篡夺与祸乱的历史。从公元前3世纪到公元19世纪中叶，大型的统一与分裂共有五次：（1）秦汉大统一；（2）魏晋南北朝时期的大分裂；（3）隋唐大统一；（4）五代十国时期的大分裂；（5）元、明、清的大统一。这样一部分合的历史，也是一部朝代兴衰治乱的历史。

类似的事件一再发生，成为中国人耳熟能详的老套，所谓"治乱相循"。东汉末年仲长统在其政论著作《昌言》中，通过对秦汉近五百年而"大难三起"的历史考察，总结出一个"乱—治—乱"而"每乱愈甚"的历史循环规律。在其看来，一个王朝的建立，并不是什么"天命所归"，只不过是天下大乱之后群雄争夺的产物。天下一旦出现动乱的局面，众多的"豪杰"都争着想登上皇帝的宝座，于是"并伪假天威，矫据方国""拥甲兵""角才智""逞勇力""竞雌雄""推此以往，可及于尽"[1]。仲长统的观点确乎勾勒出秦汉专制政史的递变线条，甚至足以覆盖中国整个专制历史的流程。

中国古代之所以陷入兴衰治乱的周期性的轮回，有其深层的原因。仲长统第一次把笔刃切入现实专制政体的里层，指出君主集权制度是产生动乱的主要根源。一般而言，每当一个王朝建立后，统治虽然有一段相对稳定和发展的时期，但由于君主集大权于一身，必然又要酝酿新的动乱。这是因为，皇帝的权力是至高无上的，不受任何法律和制度上的有效限制："贵有常家，尊在一人""恩同天地，威作鬼神"，必然导致"奔其私嗜，骋其邪欲""君臣宣淫，上下同恶，目极角抵之顽，一耳穷郑卫之声。入则耽于妇人，出则驰于畋猎，荒废庶政，弃亡人物"[2]。而皇帝所"信任亲爱者，尽谄按容说之人也，宠贵隆丰者，尽后妃姬妾之家也"，让这些人来执掌朝政，犹如"使饿狼守危厨，饥虎牧牢豚""遂至熬天下之脂膏，研生人之骨髓"，最后必然导致天下大乱："怨毒无聊，祸乱并起，奋中国扰攘，几四夷侵叛，土崩瓦解，一朝而去。"[3]

同样，宋代永康学派的陈亮针对当时宋廷衰弱状况，指出根本原因就在于中央高度集权，在于君主的"威福任意"。他指斥当时皇帝的独断专行，致使地方空虚，本末俱弱："五代之际，兵财之俩，倒持于下，艺祖皇帝束之于上，以定一祸乱。后世不原其意，束之不已，故郡县空虚而本末

---

① 仲长统：《昌言》。
② 仲长统：《昌言》。
③ 仲长统：《昌言》。

俱弱。今不变其势而求恢复，虽一旦得精兵数十万，得财数万万计，而恢复之期愈远，就使虏人尽举河南之地以还我，亦恐不能守耳。"① 永嘉学派的叶适也指出，春秋以前，"君臣之间，差不甚远"；秦汉以后，权力日益集中在君主手中；特别是宋代高度集权的结果，对内确实"安枕无事"了，却积弱不振，卒致"靖康之祸"。宋代是中国历史上君主专制制度极为强化的一个朝代，又是中国历史上最典型的一个积弱积贫的王朝，原因何在？叶适指出："国家因唐末五代之极弊（指唐末五代藩镇割据），收敛藩镇，权归于上，一兵之籍，一财之源，一地之守，皆人主自为之也。……欲专大利而无受其大害，遂废人而用法，废官而用吏，禁防纤悉，特与古异，而威柄最为不分。虽然，岂有是哉！故人才衰弱，外削中弱，以天下之大而畏人！"②

在历史上，许多官方史家在"君为臣纲"的支配下，总是把历史的祸乱归罪于女人、宦官、奸臣、外戚，以掩饰帝王的过错。明代的唐甄指出，这是无稽之谈，专制君主才是动乱的根源："天子之尊，非天帝大神也，皆人也。"③ 天子虽然不是神，但却掌握着亿万生民的命运，决定着国家的治乱兴衰："治天下者惟君，乱天下者惟君。""破家亡国，流毒无穷，孰为之而孰主之？非君其谁乎！世之腐儒，拘于君臣之分，溺于忠孝之论，厚责其臣而薄责其君。彼焉知天下之治，非臣能治之也；天下之乱。非臣能乱之也。……治乱在君，于臣何有！"④ 因此，在唐甄看来，秦汉以来天下动乱不已，生民不安的责任主要在于君主，他们披着君权天授的外衣，视国家、人民为私家财产，独断专行，恣意宰割，是天下动乱、民生疾苦的根源。惟其如此，唐甄指出，君主的好坏对于王朝治乱兴衰是至关重要的，而昏君往往是乱世之源："懦君蓄乱，辟君生乱，暗君召乱，暴君

① 陈亮：《上孝宗皇帝第三书》，《陈亮集》上，中华书局1987年版，第12页。
② 叶适：《叶适别集·始议二》，中华书局1961年版，第759页。
③ 唐甄：《潜书·抑尊》，中华书局1963年版，第67页。
④ 唐甄：《潜书·鲜君》，中华书局1963年版，第66页。

激乱。"① 顾炎武也指出："百年之忧，一朝之患，皆上所独当。"② 一个"明君"，可以使封建的政治比较清廉，国家比较安定，人民的负担相对地减轻。反之，如果出现了一个"昏君"，就可能造成政治上的不平衡，使统治阶级内部的各种矛盾尖锐化，也可以因"挥霍无度"，加重对人民的剥削，从而引起社会的动乱，使人民蒙受更大的苦难。

"人治"的社会往往需要最杰出和最有能力的君主来治理，然而，现实与需要常常大相径庭。从历史上看，开国之君，大多励精图治，奋发有为，君臣同心，自我约束，形成了良好的社会秩序，但继任之君，大都不思进取，如唐甄所言："帝室富贵，生习骄悠，岂能成贤？是故一代之中，十数世有二三贤君……其余非暴即暗，非暗即辟，非辟即懦。"③ 究其因，守成的帝王往往"生于深宫之中，长于妇人之手，寡人未尝知哀也，未尝知忧也，未尝知劳也，未尝知惧也，未尝知危也"。④ 这不仅使皇家的后人很难具备过人的政治素质和能力，反而连正常人的感情、心理结构和生活经验都不能具备，以致出现许多心理变态、行为乖僻之徒，远远不能适应其政治角色的要求。惟其如此，在两千多年的专制历史中，除了少数"马上取天下"的武力开国者以外，继位君主中却是大量的平庸无能之辈。

其实，"仁政"只能从优良的制度中诞生，而不能依赖君主的恩赐。严复指出："国之所以常处于安，民之所以常免于暴者，亦恃制而已，非恃其人之仁也。"⑤ 秦汉以来君日益尊，臣日益卑，于是上骄下谀，君主更加无道。在拥有绝对权力而没有有效约束的情况下，这种不受限制的权力，就会变成一匹脱缰的野马而无所顾忌。中国历史之所以陷入无休止的循环，其根源就在于，君主权力在制度上的无限性与君主实际能力的有限性之间的矛盾，或者说权力与能力的"不对称"。具体而言，在专制体制下，"天下事无大小，皆决于上""无论巨细，朕心躬自断制"。而要做到、做好这

① 唐甄：《潜书·鲜君》，中华书局1963年版，第66页。
② 顾炎武：《日知录·法制》，北方妇女儿童出版社2001年版，第35页。
③ 唐甄：《潜书·鲜君》，中华书局1963年版，第66页。
④ 《荀子·哀公》。
⑤ 严复：《法意》，《严复书评》，河北人民出版社2001年版，第212页。

一切，自然需要超强的政治能力。但是，现实中的君主毕竟是人而不是神，面对无限复杂的政治世界，他的知识总是有限的，不可能完全摆脱"无知之幕"；为应付无限繁重的政治事务，其精力、能力也总是有限的，无论君主多么具有雄才大略和精力过人，都注定是不能胜任的。何况，即便是一位很圣明的皇帝，也难免会发生偏私与失误。亚里士多德指出，那种由君主以个人的智虑去"独理万机"的统治方式，实际上是"不合乎正义"的，"让一个人来统治，这就在政治中混入了兽性的因素"。① 孟德斯鸠也指出，"专制政体的性质是：一个单独的个人依据他的意志和反复无常的爱好在那里治国。"② 正是有鉴于君主的权力和他的实际能力之间存在着如此的悬殊和矛盾，潘恩甚至抨击君主制度"常常把笨驴而不是雄狮给予人类"，从而使得这种制度"成为笑柄"③。显而易见，这种君主的能力与其所拥有的权力不对称、不适应的情况，在实际政治生活中要么是君主滥用权力，要么表现为君主根本无法运用权力，从而必然造成严重的统治危机。

二、变法图强

在社会治乱相循的过程中，王朝更替往往是通过一种自下而上的改朝换代的"革命"形式而体现出来的。除此之外，在每一个朝代之中，还经常存在的，就是一种自上而下的变革方式——"变法"。以商鞅变法为代表的战国变法运动实现了中国从宗法分封制到君主专制的第一次社会大转型，并由此而确立起此后两千多年的基本制度格局。在这一体制下，历代王朝都曾不同程度地发生过不同形式和程度的变革。其中，最著名的，当推社会经济恢复时期的文景之治、贞观之治，以及社会经济危机时期的王安石变法和张居正改革等。文景之治、贞观之治在本书第七章、第九章中

---

① 亚里士多德：《政治学》，商务印书馆 1965 年版，第 169 页。
② 孟德斯鸠：《论法的精神》，上海三联书店 2009 年版，第 93 页。
③ 潘恩：《潘恩选集》，商务印书馆 1981 年版，第 13 页。

都已做过论述。在此，我们将重点阐述王安石变法和张居正改革。

北宋政权的建立，虽然结束了五代十国时期的分裂割据局面，但北宋一开始就是一个"积贫积弱"的王朝。所谓"积贫"，就是国家财政力量薄弱，长期处于入不敷出的局面。所谓"积弱"，是指国家军事力量弱小，无法抵抗来自西夏和辽、金的侵扰，难以保障国家和人民的安全。到了北宋中期，兵弱、财匮、民困更是成为长期困扰朝廷的难题。宋神宗为了探索图强之路，于熙宁二年（公元1069年），把王安石推上了改革的舞台，因而亦称熙宁变法。

熙宁三年（公元1070年），王安石首先实行均输法。变法前，各州县进贡给京城的货物需长途运输，到京城后有些货物因不符合市场需求反而需降价出售，从而使国家亏损。王安石推出"均输法"，按"徙贵就贱、用近易远"的原则，能就近采购的货物就近采购以节省运费，且可以按照各地市场不同的价钱，把在当地价格高的产品就地卖掉，变成钱后，再到价格低的地方买回这种产品。同时，如果地方进贡的是京城不需要的货物，可以折成钱，以现金的形式缴纳。这事实上是把原来的运输机构变成了兼具商贸功能的国营企业，通过经营、销售各地的上贡货物赢利，为国家创收。其次，实行青苗法。在民间原本就存在一些借贷机构和个人，在开春青黄不接的时候，靠收放贷款牟利（高利贷）。王安石推出青苗法，就是由官府来承担此项业务，在青黄不接时向农民放贷，秋收后再连本带利收回。实际上是将原来的民间放贷资本的收入转为官营的放贷机构，变成政府收入。另外，为了改善农业基础实施，王安石当年还实行了农田水利法。熙宁四年（公元1071年），王安石又推出募役法，又称"免役法"，废除原来按户等轮流充当州县差役的办法，改由州县官府自行出钱雇人应役。雇员所需经费，由民户按户分担。原来不用负担差役的女户、寺观，也要缴纳半数的役钱，称为"助役钱"。熙宁五年（公元1072年），王安石又实行市易法和方田均税法。当时的京城和各大城市，原本就有大的批发商，经营商业批发，获利颇丰。王安石推行"市易法"，设立市易务，实际上就是由朝廷官办的商业企业经营主要的批发业务，范围十分广泛，连干鲜果品都由市易务经营。这样，就等于把原来民间批发商人的利润转移到国家来了。方田均税法是针对北宋土地占有极不均等的现象进行改革的。"方田"是每年由知县举办土地丈量，"均税"是以"方田"丈量的结果为依据，制定税数。

从上述法令看，均输法早在西汉桑弘羊时试行，唐代以后各郡置均输官。均输法就是变"地方贡奉"为"中央采购"，但这样一来，所谓"发运使衙门"就变成了一家最大的国营垄断企业。青苗法和市易法的问题也正在于此。王安石推行青苗法所定的利息自然较富户为低，既免除了农民所受的高利贷盘剥，也增加了国家的财政收入。实行青苗法所需的经费也不成问题，因为各地都有常平仓和广惠仓。常平仓是专门用来储存平抑物价之粮食的仓库，广惠仓则是用于防灾救济的国家储备粮库。王安石的办法，是将常平仓和广惠仓卖出陈米的钱用来做"抵押贷款"。这一做法有多重功效：青黄不接时，粮价飞涨，卖出仓内陈谷，可以平抑物价；卖粮所得之资可以用于贷款；平价粮食和抵押贷款都能救济农民；国家凭此贷款可以获得利息；奸商富豪受到抑制，农民负担得以减轻，等等。然而，实际操作下来的结果却极其可怕。首先利息并不低。王安石定的标准是年息二分，这其实已经很高了，而各地还要加码。更可怕的是，为了推行新政，王安石给全国各地都下达了贷款指标。结果，老百姓增加了负担，地方官增加了收入，且"多少坏事借变法之名以行之"①。这样一种改革，说得好听叫理财，说得不好听就只能叫聚敛。在当时的条件下，国民生产总值基本上是一个常数，国库里的钱多了，老百姓手里的钱就少了。正如司马光所言，"不取诸民，将焉取之？"更为严重的后果是，王安石以青苗法取代常平仓、广惠仓，实质上是以政府高利贷取代社会保障与社会救助制度，使政府所承担的社会保障功能弱化，又把政府降格为一个带有垄断地位的高利贷者。加之，以高利贷剥夺城乡富户的经济利益，亦不利于社会稳定与经济尤其是民间工商业的发展，无益于国计民生，只会加剧社会

---

① 《宋史·王安石传》。

矛盾。

而市易法是"售四方之货",遇价贱增价买进,价贵则低价卖出,目的并不是觊觎交易利润,而是为了抑制兼并之家垄断物价,侵谋百姓。市易务实现"贱买贵卖"的前提,是市易务官吏动用市易务本钱,从客商"贱买"物货,再批发"贵卖"给本地商人零售。然而,在此过程中,市易务官吏为了提高本钱发放率,获取批零差价,扩大赊贷额,转嫁赊贷本息,强迫商户"必买于市易",使市易务成为"挟官府而为兼并"的市场垄断机构,并成为导致民户破产的重要原因。[①] 如果说青苗法是衙门做银行,市易法则是衙门做商店,兼做银行。何况王安石的办法还不是政府部门办企业,而是由政府直接做生意,结果自然为腐败大开方便之门。所谓"市易司",后来就变成了最大的投机倒把商,他们的任务原本是购买滞销商品,但实际上却专门抢购紧俏物资。因为只有这样,他们才能完成朝廷下达的利润指标,也才能从中渔利,中饱私囊。其结果,官吏暴富、政府损失、商民受害。[②]

如果说青苗法、市易法剥夺了原来从事商业批发和金融信贷业务的商人的收益,使之转为国家收益,募役法则是赤裸裸的以增加税赋的方式直接为国家敛财的。募役法规定,不论上户下户,按户缴纳免疫钱,这对于上户而言并不构成大负担,但对于下户而言则不胜苛重,等于增加了新的摊派,所以说百姓的负担增加了。此法令虽然在一定程度上体现出"公平",但这直接触动了原本拥有免役特权的大官僚大地主的利益。随着反对力量日益强盛,改革力量逐渐削弱,宋神宗也开始动摇了。最终,王安石被彻底挤下了改革舞台。元丰八年(公元1085年),宋神宗病逝,改革遂戛然而止。

从王安石变法的后果看,最大成效就是国家财政明显好转。变法不仅抹去了积欠多年的财政赤字,还建立起五十二座战备物资库,直到徽宗时

---

① 参见魏天安:《宋代市易法的经营模式》,《中国社会经济史研究》2007年第2期。
② 参见易中天:《王安石变法为什么事与愿违》,人民网2006年8月2日,文史哲教类历史版。

还是"余财羡泽，至今蒙利"①。方田均税法实行后，官僚贵族和地主豪强所占有的土地无法再隐瞒了，少数农民承担国家大部分租税的不合理现象也得到了改变。农田水利法推行后，全国各地掀起了兴修水利的高潮，旱地得到了灌溉，渠堰得到了修复，江河得到了治理，农业基础设施大为改善。然而，作为一种应对社会危机的政治需要，王安石变法丝毫没有从根本上触及政治体制问题，不仅经济领域里抑制兼并、平均税役等问题没有解决，冗官冗兵冗费问题、吏治问题也没有得到根本解决，军队的战斗力并没有根本的提升，最终，变法走入国富而民困的怪圈。王安石变法以理财为先，以富国为重，这本无可厚非，但其重开源、轻节流的理财思想是有所欠缺的。毕竟，造成北宋财政困难的主要原因是三冗之患，在这种状况下寄希望于从民间多敛取钱财，只会进一步加重人民的负担，激化社会矛盾。

纵观中国历史上的所有变法，其核心问题都是在解决国与民之间的利益冲突。这实际上涉及民富与国富的关系问题。国富与民富是一种矛盾，既有相互促进的一面，也有相互对立的一面。二者如果能够相得益彰固然美好，但在具体的现实环境中，二者之间总是充满了复杂的博弈。基于"固本"的需要，历代一些开明的统治者一般都能够高扬儒家"仁政"理想，将富民放在优先地位，都懂得"让利于民"，使用"损上益下，民说无疆"②的治国方略。但是，随着各个王朝继任之君的日渐腐败与奢华，"让利于民"常常变为"与民争利"，因而，实际上都从未逃脱所谓"黄宗羲定律"：历代税赋改革，每改革一次，税就加重一次，而且一次比一次重，所谓"积累莫返之害"③。从历代王朝在土地兼并问题上的"抑制"与"不抑制"的种种举措，也许可以帮助我们认识这一问题的深刻本质与复杂性。

在农业社会，土地作为最主要的生产资料和财富，因而统治者对土地

① 陆佃：《陶山集·神宗皇帝实录叙录》。
② 《益·象》。
③ 黄宗羲：《明夷待访录·田制三》，中华书局1981年版，第26页。

资源的争夺和垄断便首当其冲。自秦汉以后，随着井田制的瓦解，不能买卖的由政府掌握的官田或公田大量减少，而可以进行买卖的私田成为主要的土地占有形式，这就加速了土地兼并的进程。基于维持社会稳定的需要，历代统治者都采取"崇本抑末"和限制土地兼并的政策，但是，只要土地可以自由买卖，土地集中的现象就不可避免。同时，中国历史上周期性的大灾荒和频繁的战争，常常促进了土地占有的不稳定性，进而造成政治统治的不稳定。为减轻、缓和土地转移对政治统治的冲击，统治阶级采用了种种办法，如汉武帝实行了打击和限制商人兼并土地的政策；西晋时为了限制土地的兼并，发布了"占田"令，规定了私人占有土地的最高限额；从北魏到唐朝一直实行均田制①，计口授田，对所授之田的一部分禁止买卖，以延缓土地兼并的速度；宋、元、明、清之后，虽然再没有推行过类似授田、限田、均田等措施，但减少土地卷入商品的数量以及奖励农民垦荒，移民实边，减免赋税等办法，虽然在一定程度上起到延缓土地兼并的作用，却不能从根本上解决土地兼并的问题。

历来主张"抑兼并"者大都有如下理由：一是通过削富、益贫，为的是"百姓均平"；二是施行"利出一孔"，为的是"富国足用"。前一理由无疑只是基于道义的考虑，而后者往往是最为根本的动机，例如，从汉武帝时的盐铁官营到明末的"三饷加派"②，都是在朝廷财政危机的背景下发动的，都是打着平均主义的旗号来扩充国库的。而"不抑兼并"的道义理

---

① 自东晋永嘉之乱到北魏统一，北方经过了长期的战乱，人口凋敝，土地荒芜，富豪兼并土地的现象十分严重，加之中央政府掌握的人口数很少，影响了赋税的征收。为此，北魏孝文帝颁布均田令，按人口数来分配田地。然而，由于能用来分配的土地只是无主土地和荒地，数量有限，因而农民受田开始普遍达不到应受额。均田令虽然限制土地买卖、占田过限，但农民经济力量脆弱，赋役负担沉重，稍遇天灾人祸，就被迫出卖土地，破产逃亡，从而导致地兼并土地必不可免。因而，均田制在北魏实施以后不久即被破坏。不过，均田制先后为北齐、北周、隋、唐所沿用，施行时间长达三百多年。这一期间，随着大地主土地所有制的发展，国有土地通过各种方式不断转化为私有土地，最终在唐朝中期归于瓦解。

② "三饷加派"指的是明末为了增加朝廷财政收入，在正常的税赋之外增加的辽饷、剿饷和练饷，合称"三饷"。明神宗万历四十六年（公元1618年），因"辽事"紧急，加派"辽饷"。崇祯十二年（公元1639年），明廷又加征"练饷"。崇祯十年（公元1637年），明廷为镇压农民起义，开征"剿饷"。"三饷"征银高达两千万两，超过正赋数倍，致使广大农民倾家荡产，全国各地小规模农民起义不断发生，并最终把明王朝引向不归之路。

由则是所谓"官不与民争利"。这有两种解释：其一是国家不与私人（包括权贵）争利。其二是权贵不与平民争利。不抑兼并的道义理由正是基于后者，而不抑兼并的实际理由通常却是基于前者。由于在私人中并不存在平等的自由竞争，反对"抑兼并"、反对"官与民争利"，实际上是害怕权贵与老百姓一同被"抑"，害怕国家妨碍了权贵的私利。如在反对王安石"抑兼并"的行列中，司马光的理由是："贵贱贫富，天之分也"①；苏轼的理由是：决不能让"品官形势之家与齐民并事"②。他们所说的"不抑兼并"实际上意味着，国家应当放手让权贵们攫取私人财富。

如果说"抑兼并"导致了国富民穷，"不抑兼并"的结果则通常是国与民俱贫，而官独富，其极端的后果也是王朝崩溃、天下大乱。这方面以东汉末的情况为典型。由于东汉王朝是在王莽"抑兼并"导致社会大乱后建立的，因此对权贵豪强肆意兼并土地、人口少有干预，结果国家赋税之源尽落权豪之家，致使国库空虚、财政拮据，并最终爆发危机、走向消亡。不抑兼并导致权贵私家势力恶性膨胀，而抑兼并又导致朝廷汲取能力恶性扩张。于是，朝廷轮番用药，在二者的交替循环中陷入"管死放乱"的怪圈，直至危机日重而最终走向崩溃。

问题的关键还在于，中国历史上所谓的"兼并"在本质上并不是经济行为而是权力行为，与其说是富民兼并贫民，不如说是有权者兼并无权者（包括无权的富民）、权贵兼并平民、统治者兼并所有者。其结果，抑兼并，则朝廷禁网遍地，民无所措其手足；不抑兼并，则贪官污吏横行，民无所逃其盘剥。除了国家法定的赋税之外，官僚集团往往为了满足自己的利益进行非法加派赋税。而农民由于缺乏公民权利及组织涣散，面对各种非法加派，只要还能生存下去就只能选择忍受，当然，在极端情况下，则是选择以暴力的方式去剥夺"剥夺者"。③

---

① 司马光：《迂书·士则》，《中国哲学史资料选辑》，中华书局1962年版，第89页。
② 苏轼：《上神宗皇帝书》，《唐宋八大家·苏轼》，天津人民出版社2001年版，第18页。
③ 参见秦晖：《中国经济史上的怪圈："抑兼并"与"不抑兼并"》，载《战略与管理》1997年第4期。

围绕着王安石变法，北宋产生了新、旧两党的党争：以王安石为代表的主张变法图强的所谓"新党"和以司马光为代表的反对王安石新法的所谓"旧党"。旧党人士大多把社会动乱的原因归结为"三纲不正"，只重功利而不及义理。司马光指出："汉氏虽不能若三代之盛王，然犹尊君卑臣，敦尚名节"，"魏晋以降，于是风俗日坏，入于偷薄，叛君不以为耻，犯上不以为非，唯利是从，不顾名节。至于有唐之衰。不复论尊卑之序、是非之理；凌夷之于五代，天下荡然莫知礼义为何物矣。"① 在旧党人士看来，如果不讲三纲，即使有治平之世，也不足称道，因此治理社会必须以义理指导为先。而王安石将功事不济作为唐、五代乱亡的主因，认为享国日久的国君最终败亡的原因在于不善远谋，因循苟且。"自秦已下，享国日久者，有晋之武帝，梁之武帝，唐之明皇，此三帝者，皆聪明智略，有功之主也。享国日久，内外无患，因循苟且，无至诚恻怛忧天下之心，趋过目前而不为久远之计，自以祸灾可以无及其身，往往身遇祸灾，而悔无所及。"②

由于对乱亡成因的认识不同，决定了双方救国之策的差异。王安石重事功，视求利为理所当然："至于为国之体，摧兼并，收其赢余，以兴功利，以救艰厄，乃先王政事，不名为好利也。"③ 旧党一些人士却从唐、五代的历史中得出了"重利忘义"必致乱亡的结论，为此，旧党坚决反对王安石以理财为中心的功利主义变法原则：（1）在理财的步骤上，反对急功近利。旧党许多人士也是力主变革，只是在变法的方式方法上，他们大多主张渐变，反对骤变。司马光认为："当举其大而略其细，存其善而革其弊，不当无大无小，尽变旧法以为新奇也。"④ 苏轼也认为："不患不明，不患不勤，不患不断，但患求治太急，听言太广，进人太锐！"⑤ （2）在理财的内容上，反对与民争利。王安石理财的根本目标是"民不加赋而国用

---

① 李焘：《续资治通鉴长编》卷一百九十六，上海古籍出版社1986年版，第611页。
② 王安石：《上时政疏》。
③ 李焘：《续资治通鉴长编》卷二十四。
④ 王安石：《答司马谏议书》。
⑤ 《宋史·苏轼传》。

饶"，把富国强兵看作是百姓安居乐业和生活富足之保障。司马光对此持坚决的反对态度，主张藏富于民，富民为先，他的理财标准是"仓库盈实，百姓富给，斯为善治财矣!"① （3）在理财的原则上，反对"聚敛"，主张"节用"。司马光认为，国用不足，在于用度太奢，赏赐不节，宗室繁多，官职冗滥，军旅不精，提出将减节用度作为解决财政危机的主要办法："减节用度，则租税自轻，徭役自少，逋负自宽，科率自止。"② 王安石则认为"国用不足，由未得善理财之人故也"，他的理财之道是，"因天下之力以生天下之财，取天下之财以供天下之费"③。

随着反对力量日益强盛，双方从最初的政策之争，进而变成无原则的党派倾轧。宋神宗死后，哲宗元祐元年（公元1086年），以司马光为首的旧党执政，新法尽废，史称"元祐更化"。王安石也含恨而死。十六年以后，宋徽宗赵佶即位，他的第一个年号叫"建中靖国"，其政治意味非常明确："建中"就是在新旧之间不偏不倚，做到大公至正；"靖国"就是强调安定团结是压倒一切的头等大事。然而，次年，宋徽宗又改变初衷，改年号为"崇宁"，表明将崇尚熙宁之政。就在这种频繁折腾中，朝政混乱越发不可收拾，最终将北宋引向了衰亡的不归路。时人言："宋人议论未定，金人兵已渡河"，公元1127年，即王安石变法失败后四十一年，金兵攻入北宋首都，虏获徽、钦二帝，北宋灭亡，史称"靖康之难"。

宋代以后，堪与王安石变法比拟的，是明朝的张居正变法。明朝自中叶以来，政治腐败，经济萧条，军备废弛，外患不断，可谓危机四伏。在此情势下，张居正于万历元年（公元1573年）出任内阁首辅，针对当时存在的五大积弊："曰宗室骄恣，曰庶官瘝旷，曰吏治因循，曰边备未修，曰财用大匮"④，发动了一场全面的改革。

张居正首先从整顿吏治开始。针对"人乐于因循，事趋于苦窳……是

① 《资治通鉴》卷七十三。
② 司马光：《谏西征疏》。
③ 王安石：《上仁宗皇帝言事书》。
④ 《张居正集·论时政疏》。

非毁誉，纷纷无所归咎"① 的现象，张居正以"尊主权，课吏职，信赏罚，一号令"② 为手段，推行"考成法"，其主要内容是加强内阁的行政和监察责任，提高吏、户、礼、兵、刑、工六科的监察职能。考成法还对六部、都察院等具体行政衙门实施随时考核、事事责成的稽查制度等。这一严密而完整的考成系统，将宦官统率六科、稽查章奏权移交内阁，从而在一定程度上减少了宦官干政的可能，提高了内阁的权威，使权力集中于首辅，加强了号令天下的中央集权。考成法还提高了办事效率，减少了各部门的相互推诿、扯皮，为精简机构、节省政府开支提供了可能。稍后，张居正便下令裁减部院诸司冗官和各省司、府、州、县官，以提高官吏的素质和行政效率。"考成法"实施以后，朝廷的政令实现了"虽万里之遥，朝下而夕奉行，如疾雷迅风，无不披靡"③，从而为推动经济改革做了组织上的充分准备。之后，张居正针对嘉靖、隆庆时期行贿受贿、贪污腐败的社会状况，整治腐败。驿政和赋役是明中后期财政上最大的弊政。驿递是专为公务活动服务的官方交通机构。嘉靖、隆庆年间，主管部门不仅巧立名目，强行勒索，还受商人之贿，大量夹带私货，致使百姓负担加重。针对这种情况，张居正一面重申旧禁，一面制定相关的规章，严加稽查，加强管理，规定官员非奉公差不许轻扰驿递，违者参究，内外各官丁忧、起复、升转、改调、到任等项，均不得动用驿传，以厘革驿递冗费之弊。

其次，为了开辟财源，增加财政收入，张居正还重新丈量土地，改革税制。明中叶以来，随着土地的不断兼并，出现了一种矛盾现象：一方面是人丁不断增加，荒地不断开垦为耕地，但是全国田亩额数以及户口数反比建国初期减少，政府实际所能征收的赋税也相应日益减少；另一方面是"冗员日多"，官吏的禄米有增无减，王室的挥霍浪费也与日俱增，结果朝廷的财源枯竭，收支失去平衡。土地的兼并和欺瞒，丁口的逃亡和户籍的紊乱，造成赋役负担严重不均，加重了贫苦农民的赋役负担。由于官僚地

---

① 《张居正集·答李太仆渐庵论治体》。
② 《张居正集·陈六事疏》。
③ 《明史·张居正传》。

主霸占民田，却想方设法把赋税以各种方式转嫁到农民身上，导致"私家日富而公家日贫，国匮民穷"。为此，万历九年（公元1581年），张居正选派官员在全国范围内重新丈量土地，清查漏税的田产和追缴欠税，并在此基础上，通令在全国推行"一条鞭法"，实行了赋役制度改革。其主要内容有：第一，统一役法，并部分地"摊丁入地"，即把原来的里甲、均徭、杂泛等项徭役合并为一，不再区别银差和力役，一律征银；一般民人不再亲自出力役，官府需要的力役则拿钱雇人应差；向百姓征收的役银也不再像过去按照户、丁来出，而是按照丁数和地亩来出，即把丁役部分地摊到土地里征收，这就是所谓"摊丁入地"。第二，"计亩征银"，按照土地面积来征收赋税。这对于那些无田的贫民尤其是对那些田少的中小地主显然有利，在一定程度上清除了中国历史上久治不愈的顽疾——土地兼并。第三，"量地计丁"。这是将以往按照丁、口数量征发的力役制度，改革为按田亩数量征收"差役代金"的雇役制度。这种赋役折银的办法，对那些无田无地的商人尤其是中小商户来说是人身解放，同时简化了赋役的项目和征收上的手续，大大限制了地方胥吏的各种营私舞弊行为。①

第三，张居正在进行政治、经济等方面的改革时，积极推行"外示羁縻，内修守备"②的方针，重视整饬军备，加强边防。张居正曾目睹了嘉靖二十九年（公元1550年）俺答军队围困北京时所暴露出来的国防虚弱、军备废弛等弊端，故而，在精心选任驻边将领，练兵备战，修治边防要塞的同时，训令诸将在边境囤积钱谷，整顿器械，开垦屯田，务必做到兵精粮足，战守有备。在他当政的万历初年，基本上肃清了多年以来一直困扰明廷的"南倭北虏"的边患。

在张居正秉政期间，对明王朝的政治、经济、军事等进行了多方面的改革，整顿了吏治，巩固了边防，国家财政收入也有明显的好转。据记载，万历初年，太仓的积粟可支用十年，国库的储蓄多达四百余万两银，国泰民安，国力日臻强盛。可谓大见成效，人称"救时宰相"。然而，尽

---

① 《明史·食货志二》。
② 夏燮：《明通鉴》卷六十五，中华书局1959年版，第2526页。

管改革的目的是维护封建统治阶级的长远利益，但张居正"殚精毕智，勤劳于国家，阴祸机深，结怨于上下"①，触动了保守势力的利益，故而遭到保守势力的坚决反对。万历十年（公元 1582 年），张居正离世后，保守势力得势，考成法、一条鞭法被废止，支持改革的官员均遭到排挤迫害，张居正改革最终落得个"人亡政息"的结局。张居正改革被废止后，由于明神宗怠于政务，此后的内阁首辅平庸无为，致使整个统治阶级腐败不堪，朝廷官员结党营私，相互攻讦愈演愈烈，王朝日显颓势，直至最后灭亡。

王安石和张居正的改革尽管都属于同一体制内部的革故鼎新，但二者的改革策略和效果多有不同，这主要表现在：第一，改革策略不同。王安石以"天变不足畏，祖宗不足法，人言不足恤"② 的姿态表明了改革的雄心，但改变"祖宗之法"使他遇到了强大阻力。张居正则不同，在改革中始终打着"恪守祖制"的旗帜，从而减少了改革的阻力。第二，改革步骤不同。王安石变法一开始就着手整顿财政，而忽略了吏治改革。由于新法在推行过程中用人不当，使新法成为扰民、困民之举，且变法对官僚地主及大商人的利益触犯颇多，又遭到这部分势力的激烈反对。而张居正是先行改革吏治，然后再运用这个经过改造的工具去推行经济、军事诸方面的改革，产生了积极的社会影响。第三，改革者的地位与权限不同。宋神宗在变法初期对王安石给予了一定的支持，使改革得以逐步展开。但是，随着反对派声势的高涨，神宗对王安石的不信任日益增加，对变法也开始动摇。而张居正任首辅后，由于他取得了皇权的支持，从而能够有效地推动改革。第四，与同僚关系不同。王安石在变法时，对反对派毫不留情地予以打击和排挤，对那些只是指陈新法过失、对新法并无恶意的大臣，以及居于变法与反变法之间的大臣，也没有采取积极措施争取他们，而是一律予以压制，把他们推向了反对派一方。而张居正虽然对那些"以言乱政"者坚决予以清除，或安排到非要害部门，或令其退休，但同时又注意录用

---

① 《明史·于慎行传》。
② 《宋史·王安石传》。

人才，并极力取得各种重要势力的支持，如重用作为皇室与朝廷沟通渠道的太监冯保，尽管由此而招致了不少骂名。第五，改革者信念和毅力不同。王安石在变法中多以谢病来消极抵抗反对派的对抗，对变法缺乏坚定的信念和毅力。相反，张居正开始改革后，明知整顿吏治会招致既得利益者的反对，但他毫无畏惧，在病榻上还想着如何把改革推向深入，展现出坚定不移的信念及勇于任事的精神，等等。总之，就政治家这一称谓而言，王安石有不如张居正之处；就变法本身而言，王安石在策略和步骤上也不如张居正改革那样灵活，故而，王安石变法的成就自然不能与张居正相提并论。①

三、王道恒常

尽管中国历史充满了"一治一乱"的周期循环和历史变迁，但从现实来看，中国古代的政治发展表现为王朝兴亡的单调重复。因而，在人们的心目当中，虽然王朝更替、王权更迭，但"君道不废""王道恒常"。就是说，无论其政治秩序理论形态如何演变，以君主为政治秩序枢纽和核心的秩序样式，却不可能改变。的确，从现实看，在中国社会长达两三千年的时期内，王权有起有伏，金銮殿轮换坐，而王权模式则一脉相承。在中国古代相对封闭、简单的大陆文明生活中，由于缺乏与之相对比的政体形态，故而在大多数人的心目当中，君主专制成为唯一的、天然合理的、无可怀疑的政治体制。中国君主专制传统，就像一座"金字塔"在东方屹立了两三千年。即便是农民起义，从陈胜吴广起义"伐无道，诛暴秦"② 开始，到洪秀全的太平天国运动，都包含了在政治上和思想上批判君主专制主义的内容，却又跳不出皇权主义的圈子，无一例外都是从造反君主专制制度开始，最后又回到了君主专制主义的轨道上。

---

① 参见徐昌强：《试论王安石变法与张居正改革成效不同之原因》，载《荆州师专学报》1998 年第 3 期。

② 《史记·陈涉世家》。

中国君主专制制度之所以能够长期延续，根源何在？

其一，社会经济生活的单调重复与循环世界图景的生成。

专制体制及其意识形态，具有与小农自然经济非常适应的一个方面。自然经济是纯粹自然发生的，受自然条件支配的经济形式，具有极大的保守性。同时，自然经济以一家一户为生产单位和消费单位，具有分散性的特点，使他们像是一个个分散的孤立的个体的集合，很难形成一股强大的社会力量来保护和发展自己。马克思指出："小生产者不能代表自己，一定要别人来代表他们。他们的代表一定要同时是他们的主宰，是高高站在他们上面的权威，是不受限制的政府权力，这种权力保护他们不受其他阶级侵犯，并从上面赐给他们雨水和阳光。"① 因此，自然经济是产生专制政治及其权力拜物教的天然土壤，而那些在经济上占统治地位的氏族显贵、军事首领，就有可能利用手中的经济特权，进一步从政治上支配和约束自己的臣民，使他们屈服于自己的统治。

这种状况在中国农业社会数千年的历史演化中，由于没有发生任何实质性的改观，从而形成循环史观。作为中国最早哲学形态的阴阳五行观念，就是这种典型的循环世界图景的体现。孟子就曾提出一治一乱、治乱相续的历史循环论思想，认为历史的发展是一个大的循环过程，"五百年必有王者兴"②。在董仲舒看来，历史上的改朝换代其实就是"道"的鼎故纳新，围绕着不变的轴心，即以仁义为实质内涵的"天道——王道"。在"天"的主宰下，兴亡、更迭绝非无意义的幻象，而正是要保证"道"的常新常在，所谓"天不变，道亦不变"③，就是说，朝代可以不断更迭，但君主专制却是永恒不变的。这种循环史观与天命史观相互补充，"君权神授"把帝王视为"感天而生""应天而生"的天子、神意的体现者，历史命运的决定者。自此，这种以天命为本的历史循环观成为中国传统社会的主导历史意识。

---

① 《马克思恩格斯文集》，人民出版社 2009 年版，第 678 页。
② 《孟子·公孙丑下》。
③ 《汉书·董仲舒传》。

当然，中国古代也不乏变易思想。先秦时期的"《易》穷则变，变则通，通则久"①，是古代变易史观的发轫。商鞅说："治世不一道，便国不必法古。"② 荀子："天行有常，不为尧存，不为桀亡。应之以治则吉，应之以乱则凶"。③ 韩非的"不期修古，不法常可"④。在汉代，司马迁提出"通古今之变"的思想，指出以古为镜的必要和混同古今的不可取，贯穿着历史变化与历史进化的观点，他说："居今之世，志古之道，所以自镜也，未必尽同。帝王者各殊礼而异务，要以成功为统纪，岂可绲乎?"⑤ 他还提出了"物盛则衰，时极则转"⑥ 的历史命题。汉代王充有"实德化则周不能过汉"⑦ 的今胜于古的观点，等等。尽管如此，"天不变，道亦不变"思想在中国历史观领域始终占据着主导地位。在这种观念中，君主专制制度作为"天道"是不可改变的，也是不需要改变的，是神圣不可侵犯的，变的只是用以实现"道"的具体措施和手段。在这种观念的笼罩下，人们所关注的焦点，大多集中于如何在既有的制度框架下适时改变治国的政治策略和具体措施，以实现长治久安。

其二，意识形态的完善性。

中国传统治世之道经过长时间的演化而最终确立，在理论上是一种非常成熟、完备的形态。如梁启超指出的："专制政治之进化，其精巧完满，举天下万国，未有若吾中国者也。"⑧ 自孔子、孟子、荀子始，儒家一直不停地修绘那幅王道、仁政的理想蓝图，它的独特魅力持续吸引着历朝历代无数的士人孜孜以求。秦汉以降，中国被安置进一套日趋成熟的"王霸杂用"的统治制度中，人民在相对封闭的环境中日出而作，日入而息，保留了上古社会一脉相传的稚拙与单纯。中华文明遥遥领先于四邻，充满了泱

① 《易·系辞下》。
② 《商君书·更法》。
③ 《荀子·天论》。
④ 《韩非子·五蠹》。
⑤ 《史记·高祖功臣年表》序。
⑥ 《史记·平准书》序。
⑦ 王充:《论衡·宣汉》。
⑧ 梁启超:《饮冰室合集》(一)，中华书局1989年版，第39页。

泱大国的自豪和自信。中国历代统治者恰恰利用了这种封闭、集权模式，一方面从法律上确认家长的种种权能，另一方面又把这种微观的封闭、集权模式推及国家政治生活，建立起"家国同构"的经济政治模式。正是这种家国伦理的温情脉脉，使人们沉醉其中而不自知。这决定了专制体制形态具有了一种"超稳定性"。可以想象，如果没有外界环境的冲击，人们在这种体制和观念中，便只能陈陈相因，世代沿袭。更何况，"通于时变"的传统政治思维，也能够在维持君主专制不变的大前提之下，适应不同的社会情势而进行自身调节，从而在一定程度上约束君权的滥用和过度膨胀，使之能够在很大程度上长期维持并发育完备。

其三，官僚体制的利益与价值驱动。

专制体制下的官僚政治是一种特权政治，政治权力不是被运用来表达人民的意志，图谋人民的利益，而是在国家的或国民的名义下被运用来管制人民，奴役人民，以达成权势者自私自利的目的。官僚体系作为一种集权结构，垄断了社会资源的配置权，具有信息和权力的排他性，使得官僚往往按照有利于自己利益的方式来处理公务。不仅如此，这种权力本位体制导致官僚们形成强势群体，凌驾于社会之上，并助长其职业骄傲，导致权力崇拜和争权逐利："支配官僚的是强烈的权力拜物教，官僚们把对权力的追逐作为其行政行为的主要目标。这样一来，就必然会在官员之间造成非道德的猎取权力的行为，官员会把通过忠于职守和通过自己的行政行为为社会提供良好的服务的途径看作一条十分困难的途径，他们就会选取人情关系、投机钻营等等途径去获取权力。"[1]

可以说，这种体制和文化模式，是一种非常安全、有益的体制安排。官僚政治正是依附于高度集权的专制政治，融合并借助儒家文化、宗法社会结构、户籍制度、科举制度等多重因素而得以全面巩固。具体而言，中国官僚政治具有明显的延续性、包容性和贯彻性这样几种特质："延续性"是指中国官僚政治延续期间的悠久，基本上与中国传统文化史相始终；"包

---

[1] 张康之：《韦伯官僚制合理性设计的悖论》，载《江苏社会科学》2001 年第 2 期。

容性"是指官僚政治的活动，同中国各种社会文化现象如伦理、宗教、法律、财产、艺术等方面存在着密切而协调的关系；"贯彻性"是指中国官僚政治有深远的影响，中国人的思想活动乃至他们的整个人生观，都拘囚在官僚政治所设定的樊笼中，等等。

第十五章　专制之殇

应该承认，在从封建割据的状况联合为统一集中的国家的过程中，君主专制曾发挥过重大的促进作用。在古代社会历史条件下，社会发展有时必须依靠国家权力的集中，有利于国家的统一与各种资源的调配，组织大规模社会劳动，调节社会分工，维护社会秩序稳定，促进经济发展繁荣，维持促进民族统一和融合，有效抵制外来侵略，等等。但是，千百年来，"仅成此一治一乱之局，而半步未进"①　的现实，迫使人们进一步寻求这一体制中的流弊。

一、专制的流弊

从秦始皇开始，几乎每一代皇帝都在思考同一个问题：怎么样才能保证皇位而永远不让他人染指？这构成了中国政治的全部焦虑所在。而解决这一问题的基本方式，无非是高压统治。按照韩非子的理论，人是一种本性卑劣的动物，他们渴望的只有利益，惧怕的只有暴力，所以统治天下的方法就是"执长鞭以御宇内"，用法、术、势来束缚和操纵，以防止人们独立思考，阻止人们自发组织，并消灭任何可能对君主权力构成威胁的势力。继秦始皇之后，汉武帝"罢黜百家、独尊儒术"，推行思想专制。隋

---

① 《严复集》第四册，中华书局1986年版，第961页。

唐以后的科举制度，通过把全社会的智力资源集中到功名利禄这一个指向，有效地防止了智力活动的多极多向发展。元朝的皇帝们强化里甲和连坐制度，不许汉人使用兵器，甚至不许用菜刀。朱元璋则凭借小农本能，把中国社会蜕变成了一个大村子，老百姓穿什么样的衣服，住什么样的房子，房后种什么树，院子里养几只鸡都得由他一人规定。清代干脆连内阁也取消，彻底把天下变成一个人的天下。历朝历代皇帝们的智力接力，使得中国的专制制度达到了近乎完美的地步，坚定不移地走向越来越严密的专制，中国社会终成铁板一块。

这个社会的本质特性就是"超稳定"，人们的智力被牢牢禁锢，活力被有效扼杀，如同戴着沉重镣铐的囚徒，极端麻木然而又极端富于忍耐力。在暴力和专制面前，中国历史上无数次的揭竿而起，以血流成河的代价，并没有换来人民权利的伸张，反而使专制制度越来越严密。

孟德斯鸠指出，在专制的国家里，既无法律又无规章，由单独的个人按自己的意志与反复无常的性情来领导一切。"人的命运和牲畜一样，就是本能、服从与惩罚"，所以，君主专制政体的原则就是"恐怖"，这样的君主就必然是暴君。① 正是这种高压统治，"使饿狼守厄厨，饿虎牧牢豚，遂至熬天下之油膏，断生人之骨髓。"② 君主统治的实质，就是通过剥削人民，以满足自己一人的欲望："君立而虐兴，臣设而贼生。"③ 君主制度的建立和维护，就是一种欺骗与暴力："夫强者凌弱，则弱者服之矣。智者诈愚，则愚者事之矣。服之，故君臣之道起焉；事之，故力寡之民制焉。然则隶属役御，由于争强弱而校愚智。"④ 因此，也就不难理解，自从有了君主，社会反而愈来愈坏，人民反而愈来愈受罪："劳之不休，夺之无已，田芜仓虚，抒袖之空，食不充口，衣不周身"，"君臣既立……夫獭多则鱼扰，鹰多则鸟乱，有司设则百姓困，奉上厚则下民贫。"⑤ "古之杀人也，怒；

① 孟德斯鸠：《论法的精神》，上海三联书店2009年版，第14页。
② 范晔：《后汉书·仲长统传》。
③ 阮籍：《阮籍集校注·大人先生传》。
④ 葛洪：《抱朴子外篇·诘鲍》。
⑤ 葛洪：《抱朴子外篇·诘鲍》。

今之杀人也，笑。"① 故而，黄宗羲指出："然则为天下之大害者，君而已矣。"② 唐甄则直截了当地宣称："自秦以来，凡为帝王者皆贼也。"③

龚自珍指出，历代帝王为了一姓之私利，"不能无私举动，无阴谋。霸天下之统，其得天下与守天下皆然"④，从而捅破了历来美化和神化封建皇帝的骗局，还其自私自利、靠"阴谋"得天下和守天下的本来面目。康有为把专制制度视为人间苦难的根源，指出，君臣关系"非天之所立，人之所为，而君之专制其国，鱼肉其臣民，视若尘沙，恣其残暴"。⑤ 孙中山从中国历代专制君主对内采取的高压政策，揭露了历代专制君主不择手段地排斥异己、镇压反对派的历史真相："专制皇帝因为要保守他们的皇位，恐怕反对党来摇动，便用很专制的威权，极残忍的手段，来打消他们的反对党""故中国一个人造反，便连到诛九族。用这样严重的刑罚，去禁止人民造反，其中用意，就是专制皇帝要永远保守皇位"。⑥

在官本位体制下，"权力—依附"型结构广泛存在于社会生活的各个层面。在生产关系上，生产资料占有者与生产者之间有绝对的（主人与奴隶）或较强的（主户与客户）隶属关系。在宗法关系上，大宗与小宗、父家长与其他家庭成员以及长辈与晚辈、兄与弟、夫与妻、嫡与庶，都属于支配与被支配关系。在其他各种社会关系中，类似的"权力—依附"关系普遍存在，如师徒之间犹如君与臣、父与子。总之，几乎一切人与人之间的纵向关系都有明确的序位，并依序位构成"权力—依附"式的等级关系。这就是使除帝王以外的一切社会角色都在不同程度上具有"奴"的属性，所谓"尽人皆奴"。而层层为奴必定层层为主，其分别只在上下之间，即凡相对居上者皆为主，相对居下者皆为奴。凡是处于等级金字塔中间的

---

① 皮日休：《皮子文薮·读司马法》。
② 黄宗羲：《明夷待访录》，中华书局1981年版，第37页。
③ 唐甄：《潜书·室语》。
④ 龚自珍：《龚自珍诗文选注》，江苏人民出版社1976年版，第101页。
⑤ 康有为：《大同书》，华夏出版社2002年版，第1页。
⑥ 黄彦编：《孙文选集》（上册），广东人民出版社2006年版，第480页。

人必然亦上亦下，亦主亦奴。[1]

君主专制将主体意识以强力灌输于社会生活的方方面面，波及每一个个体和角落，从而极大地塑造了国民屈从、迎合于威权的卑劣性格。在专制统治的条件下，人人互相戒备，彼此猜测，相互利用，并非常自觉地将自己的权利心甘情愿地让渡给他的主子，一心一意地做忠实的仆从。龚自珍晚年所著的《病梅馆记》所说的"病梅"，实际是君主专制制度下整个社会人格丧失的写照："或曰：梅以曲为美，直则无姿；以欹为美，正则无景；梅以疏为美，密则无态。固也！此文人画士，心知其意，未可明诏大号，以绳天下之梅也。又不可以使天下之民，斫直，删密，锄正，以夭梅、病梅为业以求钱也。梅之欹、之疏、之曲，又非蠢蠢求钱之民，能以其智力为也。有以文人画士孤癖之隐，明告鬻梅者，斫其正，养其旁条；删其密，夭其稚枝；锄其直，遏其生气，以求重价，而江、浙之梅皆病。文人画士之祸之烈至此哉！予购三百盆，皆病者，无一完者，既泣之三日，乃誓疗之、纵之、顺之，毁其盆，悉埋于地，解其棕缚，以五年为期，必复之全之。"[2]

梁启超指出，由于专制政体把人民当奴隶役使，当盗贼加以提防，久而久之，老百姓就以奴隶和盗贼自居。[3] 千百年来，在中国政治舞台上，拥有权力的人恋旧权力；没有权力的人崇拜权力。19 世纪英国思想家约翰·穆勒指出，正是专制压迫下的那些受虐者，反而最具有对权力的贪欲和实施暴政的欲望。[4] 在鲁迅笔下，阿 Q 固然连半刻的皇帝也没有当过，但是他梦寐不忘的，依然是以帝王的威势"手持钢鞭将你打"，是杀尽如小 D 那样与自己偶有睚眦之怨而"又瘦又乏"的同类，是将失势者的女人和财产统统抢来供自己享用。[5] 中国历史越往后翻捡，人文气息就越淡，高贵、仁慈、宽容、尊重这些美好的字眼越来越稀少，代之而起的是越来

① 参见刘泽华：《论中国古代的亦主亦奴社会人格》，载《南开学报》1999 年第 5 期。
② 龚自珍：《龚自珍选集》，人民文学出版社 2004 年版，第 315 页。
③ 梁启超：《新民说》，中州古籍出版社 1998 年版，第 121—122 页。
④ 约翰·穆勒：《政治经济学原理》，商务印书馆 1991 年版，第 539 页。
⑤ 鲁迅：《鲁迅全集》，人民文学出版社 1981 年版，第 487 页。

越重的猜疑、自私、残忍和卑鄙。明朝后期，太监魏忠贤在朝廷畸形的权力变迁中居然成了主宰大明命运的人，这个赌博喝酒之外一无所能的文盲加地痞，把大明天下搅得天昏地暗，然而却有无数翰林进士、公卿大臣拜倒在他门下，做他的干儿子。真可谓："举一国之人，无一不为奴隶，举一国之人，无一不为奴隶之奴隶。"①

专制主义抹杀了人的个性，代之而来的便是群体意识至上。无论任何机构往往都是一个或少数人独裁，形成一言堂的局面。不管上级对错，下级只得服从，往往只能按照少数人的偏执办事。其实个人意识与群体意识是相辅相成的，群体意识寓于个体意识之中，因此抛开个体意识来强调群体意识，久而久之，只能使人们背负所谓的"群体意识"的沉重包袱。而不能发挥个性和个人创造力，并对"群体意识"形成严重依赖，让民众失去了参与政治和推进政治变革的勇气。由此，经过长期的积累，中国社会最终形成了"臣民"而非"公民"的政治文化传统。

马克思指出："专制制度的唯一原则就是轻视人类，使人不成其为人，而这个原则比其他很多原则好的地方，就在于它不单是一个原则，而且还是事实。专制君主总把人看得很下贱。……哪里君主制的原则占优势，哪里的人就占少数，哪里君主制的原则是天经地义的，哪里就根本没有人了。"② 扼杀了人，也就扼杀了社会进步的活力。康有为指出："尝考中国败弱之由，百弊丛积皆由体制尊隔之故。"③ 梁启超指出，专制制度的本质是对权力的独占与自私，是以剥夺人民的民权为前提的，这正是造成中国积贫积弱的根源："君权日益尊，民权日益衰，为中国政弱之根源。"④ 孙中山认为，专制与贪污腐败密切相连，因此，只要推翻清朝专制政府，"则国利自兴，而富强之基于是乎立。"⑤ 谭嗣同将秦汉以来的"两千年来之政"一律斥之为"大盗"，认为如果"君为独夫民贼，而犹以忠事之，是

① 邹容：《革命军》，华夏出版社2002年版，第48—50页。
② 《马克思恩格斯全集》第1卷，第411页。
③ 康有为：《康有为政论集》上册，中华书局1981年版，第219页。
④ 梁启超：《饮冰室合集》（一），中华书局1989年版，第128页。
⑤ 孙中山：《孙中山全集》第6卷，中华书局1985年版，第224页。

辅桀也，是助纣也"。如果君主不善，可"人人得而戮之，无所谓叛逆也，叛逆者，君主创之以恫喝天下之名。不然，彼君主未有不自叛逆来者也"①。民主革命的"马前卒"邹容在《革命军》中以尖锐、泼辣的笔调对君主专制制度进行了猛烈的抨击："自秦始统一宇宙，悍然尊大，鞭笞宇内，私其国，奴其民，为专制政体，多援符瑞不经之经之说，愚弄黔首，矫诬天命，攘国人所有而独有之，以保其子孙帝王万世之业。"② 总之，如徐复观先生所言："中国两千年的专制，乃中华民族一切灾祸的总根源。"③

在专制集权制度下，政治是皇帝和官府的特权，国家的一切大政方针都是"自君王出"，而"庶民不议"。由此，小农长年耕作于小块土地上，逐渐沦为社会中的"无政治阶层"的"类存在"，在政治上有一种天生的无力感和自卑心理。龚自珍从官吏升迁制度分析了造成士大夫阶层毫无生气的原因：按照清代的用人资格，一个人从进士出身到一品高官，无论贤智、愚不肖，一般都要到 65 岁，这在当时已经是齿发苍老、精神疲惫的老人。高官得来不易，故无不碌碌无为，以保守为务。而刚踏入仕途的人，也只是静待以资格升迁，而绝无作为之心。君主专制为了保障皇权的绝对权威，制定了许多条条框框，规定人臣必须无条件的遵循，造成人身心的各种约束、羁縻，从而造成官吏的普遍无能，"则虽以总督之尊，而实不能以行一谋、专一事"。龚自珍哀叹：在这样的体制下，即使"圣如仲尼，才如管夷吾，直如史鱼，忠如诸葛亮，犹不能以一日善其所为，而况以本无性情、本无学术之侪辈耶"④。

在这种体制下，国家长久之计都是君主一人决定，无正确的全局规划与长远方针，社会必然停滞不前。严复指出，中央大官不能考虑全国的长远规划，地方大员又各自为政："国之大患，莫甚于无与为全局之画，与无为长久之计"，"每视吾国封疆大吏之所为，其祝隔省，不殊异国，痛痒漠

---

① 谭嗣同：《谭嗣同全集》下册，中华书局 1981 年版，第 334、340 页。
② 熊月之：《中国近代民主思想史》，上海社会科学院出版社 2002 年版，第 406 页。
③ 徐复观：《中国思想史论集》，台湾学生书局 1959 年版，第 257 页。
④ 龚自珍：《龚自珍诗文选注》，江苏人民出版社 1976 年版，第 15 页。

不根关，甚且挤人于危，处己之安，以为得计"。再加上在这种体制下，只有官府才有权管公家的事情："吾国公家之事，在在任之以官"，如果与他的政绩考核无关，他就没有兴趣关心了。官府不愿意过问，人民又无职权治理公家之事，只好专管私人的事，久而久之，"遂成心习，人各顾私"，"商旅以之不通，材产以之不盛；盗贼以之潜滋，教育以之荒陋。守围则不坚，疾病黔时起。而最病者，则通国之民不知公德为底物，爱国为何语，一终身勤动，其所恤者舍一私而外无余物也"①。

孙中山曾把专制君主形象地比作"不善治家"的"富家翁"，悲愤地控诉了君主专制统治给富饶的祖国带来贫穷落后的苦难后果。他说："中国之为国，拥有广大之土地，无量之富源，众多之人力，是无异一富家翁享有广大之田园，盈仓之财宝，众多之子孙，而乃不善治家，田园则任其荒芜，财宝则封锁不用，子孙则日事游荡，而举家则饥寒交迫，朝不保夕，此实中国今日之景象也。"孙中山认为，正是长期的君主专制统治，对外固守"闭关自守之局"，以"天朝"自居，"故不能取人之长，以补己之短"，使中国社会经济窒息于封建自然经济的桎梏中，不能自拔："是犹孤人之处于荒岛，其所需要皆一人为之，不独自耕而食，自织而衣，亦必自囊而后得食，自缝而后得衣，其劳苦繁难，不可思议。"为此，孙中山把君主专制统治称之为"国害"，大声疾呼："国害一除，则国利自兴，而富强之基于是乎立。是中国今日欲富强则富强矣，而有不待一跃之功也。"②

不仅如此，高度集中的皇权还极易造成重大的决策失误。由于君主权力过于集中，必然导致肉体凡胎的君王日理万机、身心俱疲，从而使得昏聩与错误或考虑欠佳的决策频繁出现。最为有害的是，专制体制对于各级官吏的选拔和任用，主要依据是"忠君"的程度和表现，而不问其才能的大小。他们只看皇帝眼色行事，只要迎合了皇帝的心理，就可以得到升迁。像唐太宗那样能够听取大臣的不同意见的皇帝，在历史上是个别的，故而才能传为美谈。以"忠君"作为考核官吏的主要标准，使集权制度下

---

① 严复：《法意》，商务印书馆 1905 年版。
② 孙中山：《孙中山文集》，团结出版社 1997 年版，第 43 页。

的官吏变成一帮只会口讲"忠孝节义"信条，只懂得"谢主隆恩"的官僚。只要不违背"忠君"所恪守的那些信条，就可以保住职位，步步攀升。在这种官吏制度下，必然产生两个恶果：一个是官场的黑暗和腐败；另一个是办事效率的低下。当官者考虑的不是把自己管辖的事办好，而是巴结上司，逢迎皇帝，希望有朝一日得到皇帝的垂青而官运亨通，飞黄腾达。

官员主义之所以根深蒂固，原因自然是多方面的，而体制问题尤为关键。在中国皇权社会，家国不分、公私无界的浑然成一的政体，往往成为腐败的温床。在官僚制组织中，官员们并不总是以他们应当遵循的方式行事，他们具有一种人类本能的趋向，试图增大自己的权力，并扩充自己的权利。一旦掌握公共权力的官僚组织在社会中形成了一个独立的利益群体，他们势必不断加强自己的行政权力，为自己及其利益集团谋取特殊的利益。著名管理学家欧文·休斯指出："官僚个人融合成一个集体，并相互整合为官僚机器。这些官僚在利益上保持一致，以确保机器的各项功能得以延续，并在社会上维持其权威。"① 这就是公共选择理论所揭示的"官僚的自主性"。具体而言，官僚组织的独立利益促使它维持并扩张自身的行政地位和权力，成为一种为所欲为、自行其是的潜在力量。而当这种独立的力量在缺乏有效监督的情况下，就会滥用公共权力，群众的命运实质上越来越依靠官僚组织的运营。于是，与民众的利益相比，官僚自身利益往往会成为自身优先关注的问题，从而不可避免地导致公共组织表现出严重的自我中心、自我服务、曲解民意、漠视公共需求等。唐甄指出，专制制度下的最大虐政，就是官吏的"贪"："天下之官，皆弃民之官，天下之事，皆弃民之事。"② 梁启超指出，"秦汉以来，取天下于马上，制一切法草，一切律则，咸为王者一身之私计，而不知有民事。"③ 传统帝制的这种极端自私的本质，决定了专制君主实行统治的基本原则是"防弊"——就

---

① 欧文·休斯：《公共管理导论》，中国人民大学出版社 2002 年版，第 48 页。
② 唐甄：《潜书·考功》。
③ 梁启超：《饮冰室合集》（二），中华书局 1989 年版，第 62—63 页。

是在治理国家的过程中，专制君主出于王朝私利，尽量束缚人们的手脚，以杜绝不利于王朝统治的"弊端"，从而造成了僵化、麻痹的社会政治局面。

纵观从秦至清的整个中国皇权时代，皇族权力兴盛而社会权利微弱，皇族权力无可阻拦地渗透到社会的每个层面和角落，皇族利益至高无上，国民的个人权利意识始终无法得到张扬，皇权至高无上不受约束，国民的人身自由权和财产权缺乏有效保护，因此中国皇权专制社会始终无法有效地约束官僚集团的寻租活动。而寻租活动盛行造成官僚集团恶性膨胀，国家开支不断增大，税负不断加重，最终把农民推向饥饿死亡的边缘，导致国家全面崩溃。然而，可悲的是，改朝换代的作用不过是更换已严重阻碍社会正常发展的官僚集团而已，改朝换代之后的新王朝依然面临同样的法权结构，皇权依然至高无上、不受任何制约，国民的基本权利依然无法得到有效保护，直至下一个轮回。

二、非君与限君

鉴于专制体制的弊端，人们自然将批判的矛头指向君主。早在战国时代，对于极力维护君主制度的儒家学派，庄子曾倾注全力予以嘲弄。在庄子眼中，孔子是"妄称文武""侥伟于封侯富贵"的"巧伪人"①。后世的"贱儒"，在庄子的笔下简直更是只懂得戴儒冠、穿儒服以欺世盗名，有些人已经堕落到一面干着掘冢盗墓的勾当，一面还背诵着诗礼，引经据典，煞有介事。在庄子看来，君主制度恶性发展的结果，迟早要闹到人人相食的地步。而这个源头却是始于尧、舜。尧、舜以仁义治天下，何以会成为"大乱之本"呢？这是因为，为仁义作出牺牲的少，用仁义来谋取私利的多，不但流于虚伪，而且仁义本身也必然成为野心家的工具。关键在于"以一人之断制利天下"，结果不只是"人亡政息"，而且非酿成大乱不可：

---

① 《庄子·盗跖》。

"捐仁义者寡，利仁义者众。夫仁义之行，唯且无诚，且假乎禽贪者器。是以一人之断制利天下，譬之犹一覕也。"① 因此，庄子大胆提出："与其誉尧而非桀，不如两忘而闭其所誉"②，"与其誉尧而非桀，不若两忘而化其道。"③ 所谓"两忘"，是忘尧与桀的区别；所谓"化其道"，就是包含取消君主制度的意思。《庄子·至乐》篇的一则寓言，通过庄子与髑髅一番答问，谈了"死的乐趣"，隐晦曲折地对君主的祸害加以抨击。他借髑髅的死因发问，然后由髑髅托梦指出：人活着就免不了"生人之累"，而"死则无此"，因为"死，无君于上，无臣于下"，以表明君主的存在原是民不聊生的最大祸根。庄子还向人们揭示，在君主制度下，绝对的权力使为君者丧失本性，成为疯狂，只顾追求物欲，而不考虑后果。所以庄子慨叹："为人之国者……此以人之国侥幸也，几何侥幸而不丧人之国乎！"④

《庄子》中许多关于"至德之世"的描绘，实际上是基于对现实社会的不满，而表达出对自由康乐的无君社会的憧憬。在庄子看来，处于"至德之世"的人民，男耕女织，自由自在，不偏不党，无知无欲，生活简朴而自得其乐，没有君子、小人之分，更无君臣上下之别。在《庄子·人间世》中，有一段颜阖评价卫庄公的话："有人于此，其德天杀。与之为无方，则危吾国，与之为有方，则危吾身。其知足以知人之过，而不知其所以过。" 在这里，庄子实际上已经暗示了天性杀人是一切君主的共同本质。齐国刑场杀人，说是杀"盗"。老子的学生柏矩就此抨击道："古之君人者，以得为在民，以失为在己，以正为在民，以枉为在己，故一形有失形者，退而自责。今则不然，匿为物而愚不识，大为难而罪不敢，重为任而罚不胜，远其涂而诛不至。民知力竭，则以伪继之，日出多伪，士民安取不伪！夫力不足则伪，知不足则欺，财不足则盗。盗窃之行，于谁责可

① 《庄子·徐无鬼》。
② 《庄子·外物》。
③ 《庄子·大宗师》。
④ 《庄子·在宥》。

乎？"① 庄子通过老子讲"天下犹是也"，更明确地说明各国君主都是一丘之貉。这正是庄子从心灵深处发泄出来的对君主的悲愤控诉。在庄子眼里，只有无君的社会才是理想的社会。所谓："以我之治内，可推之于天下，君臣之道息矣!"② 庄子的这一思想来源于杨朱的"重生、贵己"的人生观。杨朱等人不仅主张"人人不损一毫，不利天下"，而且也明确反对"悉天下奉一身"。很明显这是针对君主而发的。孟轲对此曾破口大骂："为我"便是"无君"，因而便是"禽兽"，开创了学术史上最早的打棍子、扣帽子的恶劣先例。孟子认为，杨墨之道是"邪说诬民，充塞仁义"，结果则"率兽食人，人将相食"。但庄子却针锋相对指出："夫尧，蓄蓄然仁，吾恐其为天下笑，后世其人与人相食与!"③ 庄子这样袭用原句奉答，显然是替杨朱辩护的。

庄子的"无君"立场，在中国历史上，一直颇有影响。在唐代，无能子由人类与其他动物"无所异也"的观点出发，论述了人类社会的天然平等。在其看来，后来之所以出现君臣尊卑、贫富贵贱之分，以及仁义礼乐之教，正是那些所谓"圣人"的"强名"所致："自古帝王与公侯卿大夫之号，皆圣人强名，以等差贵贱而诱愚人一耳。"实际上，"今之帝王之身，昔之布衣之身也"④。为此，无能子教导人们：只有回到那"任其自然，遂其天真"的无君无臣、无忧无虑的原始社会，理想和信仰才算真正找到了自己的归宿。然而，人类的淳朴天性早被那些所谓的"圣人"、帝王们扼杀净尽，统治者所带来的祸患灾害又实在太多，积重难返。于是，无能子只好退而求其次，暂时把理想的高调收起，而寄希望于现实中的"圣君"政治。办法就是君主应该恤民无私，实行"无为"政治。不难看出，在无能子激烈言辞的背后，流露出一种对现实社会无可奈何的幻灭感。

---

① 《庄子·则阳》。
② 《列子·杨朱》。
③ 《庄子·徐无鬼》。
④ 《无能子·圣过》。

宋元之际的邓牧对专制制度的批判，也是以庄子所幻想的"至德之世"作为理想标准的。他认为，在"至德之世"里，虽然也有君主，但君主的生活和地位与普通老百姓一样，"其分未严也"，所以不是大家争着做，而是谁也不愿意做君主。虽然也有官吏，但他们只是被选出来帮助皇帝管理公共事务的人，而不是什么特权阶层。为吏的人必须是"才且贤者"，他们被选出来做吏，就真心实意地为民办事，使"天下阴受其赐"。在这样的圣君贤吏的社会里，人民自食其力、安居乐业，是不会有人"厌治思乱、优安乐危"的。不过，邓牧也清醒地认识到这是难以实现的。这是因为，不用说君主与全部官吏都是"才且贤者"，即使能够得到"一介之士"，国家也就可以治理得很好了，可是这"一介之士"也难选出啊。因为"才且贤者"不屑于为君为吏，而那些自名为士者虽侈然曰"我良治天下国家"，却实为"假士"。既然选不出真正的"才且贤者"治理天下国家，就不如"废有司，去县令，听天下自为治乱安危"①。最终，邓牧所能选择的，便只能是"遥荡于无何有之乡"了。②

在中国政治思想史上，与"无君"论相比，就是试图对君权有所制约的"限君论"。从历史来看，这种意识一直潜藏在中国儒家士大夫们的头脑中。东汉时期，仲长统指出，皇帝只要一意孤行，谏净就毫无办法。要解决这一问题，只有限制皇帝的权力，如提高宰相的权力和地位，改变"政不任下"的制度："未若置丞相自总之；若委三公，则宜分任责成"③；破除愚忠，臣下有权违抗皇帝不正确的意旨，抛弃"君要臣死，臣不得不死"的教条；扩大政权基础，屏除家世、亲疏等因素在用人上的影响，广选有才能的人参政，等等。同样，南宋时期的叶适已朦胧地意识到了要从权力上对君主专制加以制约，因而规劝人主不能以一人之力守天下，而必须"分画委任，君臣合力"，"纪纲之所在，患乎授人之非人而不以人为不

---

① 《伯牙琴·吏道》。
② 《伯牙琴·代问道书》。
③ 《后汉书·王充王符仲长统列传》。

当授任"①。

而主张对君主以有效制约，对君主专制批判最有力度的，则来自明清之际的启蒙思想家们，如黄宗羲、顾炎武、王夫之和唐甄等。

黄宗羲从人的原始状态、自然状态出发，指出，人的本性是自私的："有生之初，人各自私也，人各自利也，天下有公利而莫或兴之，有公害而莫或除之。"进而沉痛地揭露历代专制君主是如何把"天下为公"的口号，变成了护卫君主一己之"大私"的工具："始而惭焉，久而安焉，视天下为莫大之产业，传之子孙，受享无穷……屠毒天下之肝脑，离散天下之子女，以博我一人之产业，曾不惨然！曰'我固为子孙创业也'。其既得之也，敲剥天下之骨髓，离散天下之子女，以奉我一人之淫乐，视为当然，曰'此我产业之花息也'。然则为天下之大害者，君而已矣。"② 由此，黄宗羲认为，民众的私利是自生、自发的，应该受到保护；而君主的一己之私则是私己、利己的，是应该被鄙弃的私。只有君主为天下百姓兴利除害，百姓才应该拥戴君主，因而，应该以万民之忧乐作为君主权力的合法性标准。然而，当时社会上为君主尽忠的风气，使人们忽略了君主本身应尽的责任，为此，黄宗羲提出，君主应当"明乎为君之职分""以天下万民为事""以千百倍之勤劳，而己又不享其利"，由此而提出"天下为主，君为客"③ 的论断。

既然大臣与君主都是为天下百姓谋利益的，在君主不能遵守这一出发点时，大臣仍然必须牢牢地遵守臣道，而不是屈服于君主一人。理想的君臣关系是臣下应该以天下万民为事而出仕君主："以天下为事，则君之师友也。"④ 在中国思想史上，"君臣师友说"古已有之，但这是以"君主臣从"为原则的。但在黄宗羲这里，臣的职责"不在一姓之兴亡，而在万民之忧乐"，从而将君臣关系从家庭伦理所推崇的父慈子孝的传统观念中剥离了

---

① 《叶适别集》纪纲三、一。
② 黄宗羲：《明夷待访录》，中华书局 1981 年版，第 3 页。
③ 黄宗羲：《明夷待访录》，中华书局 1981 年版，第 3 页。
④ 黄宗羲：《明夷待访录》，中华书局 1981 年版，第 11 页。

出来，打破了"君为臣纲"对君的无限崇仰和对臣单方面的约束。在此君臣关系下，黄宗羲主张恢复宰相制度，希望以宰相之职辅助不贤的君或限制君权。黄宗羲意识到在他所处的时代实现禅让的可能性极小，因此设计出了一套综合禅让制和世袭制优越性于一体的宰相制，并规范了宰相之职权。黄宗羲设计的宰相制包括了合议制和政事堂两项内容。政事堂意味着以宰相为主的行政官员每天与君主在便殿共同议政，对政事作出最后决策，后交付六部执行。合议制则是一种君主与官员之间有效联结的决策性机制："凡章奏进呈，六科给事中主之，给事中以白宰相，宰相以白天子，同议可否，天子批红，天子不能尽，则宰相批之，下六部施行。"① 宰相制的设立，让宰相参与国家治理，扩大了相权，可以最大限度地避免朝纲独揽的弊病。黄宗羲还肯定了中国历史上知识分子积极参政议政的优秀传统，突破了历史上士人阶层参政议政拘泥于"君臣之义"的局限，提出将学校变成独立的舆论机构，执掌议政权，以制衡天子之行政权："天子之所是未必是，天子之所非未必非，天子亦遂不敢自为非是，而公其是非于学校。"② 黄宗羲为此进行了系统设计：改地方学官由国家委派为公议推举，改寺庵堂为书院或小学，建立君臣定期亲临太学听谏制度，建立地方官员定期接受舆论监督制度，建立学校荐举人才制度。在这里，黄宗羲所设计的"学校"已经不是一般的学校，而是具有代议制性质的议会雏形，不但能培育上至朝廷下达乡野的宽容精神，而且具有议事、监察和用人之权，成为一个可以抗君权、代表民意、协同治理的机构。

与黄宗羲同时代的顾炎武，基于对私天下的批判，提出了"分权众治"："人君之于天下，不能以独治也，独治之而刑繁矣，众治之而刑措矣。"③ 而要实现这种分权众治，顾炎武作出了如下具体设计：将中央的权力下放，层层分权，给予郡县较大的自治权；选拔熟悉当地民风民情的贤能人士担任县令；赋予县令在郡县内部管理人事和财政上的权力；国家对

---

① 黄宗羲：《明夷待访录》，中华书局 1981 年版，第 5 页。
② 黄宗羲：《明夷待访录》，中华书局 1981 年版，第 9 页。
③ 顾炎武：《日知录》。

县令进行三年试用与十二年考核,凡考核优秀的县令提高其官位的品级,赏之侯禄并终身委以县令之职;不称职者,败以贪官者杀;得罪民者,小者留,大者杀;而获得终身留任的县令,告老退休可以将县令之位传于子孙或举荐贤人为新县令,等等。在这里,顾炎武赋予县令以治理郡县的实权,并实行县令的终身制和世袭制,旨在增强县令的责任感,使其全心全意为郡县人民谋福利,体现出"寓封建之意于郡县之中"①之意。

与顾炎武的"寓封建之意于郡县"或黄宗羲的"公其是非于学校"不同,同时代的王夫之则设计出天子、宰相、谏官的"环相为治"的政体,以制约君主专制。具体而言:天子须以无为而治,其职责只需谨守国家典章,尤其以考察宰相人选、任用宰相、罢免不称职宰相为重:"天子之职,任相而已。论定而后相之,既相而必任之。不能其官,则唯天子进退之。"② 宰相则应是国家行政首脑,统率百官,总理万机,享有官之任用及罢免之权:"宗社安危,贤奸用舍,生民生死之大司,宰相执之,以弼正天子之愆。"谏官的职责则是专司监督君王:"封驳争议之权,授之谏官。"③如此一来,天子、宰相、谏官是一环扣一环,相互制约:"宰相之用舍,听之天子;谏官之予夺,听之宰相;天子之得失,则举而听之谏官。谏官者以绳纠天子,而非以绳纠宰相。"④ 这种"环相为治"的政治蓝图,贯穿着的是一种分权思想,显示出王夫之已朦胧地发现了世界近代政治所奉行的一个最基本的原则:权力的相互制衡原则。尽管王夫之的君、相、谏官之分立,并不尽同于立法、行政、司法权之分立,然而,正如洛克将三权定义为立法权、行政权、联盟权(外交权)之分一样,三权内涵之定义是否精确毕竟还是次要的,而把握了权力的相互制衡原则才是本质性的。

---

① 顾炎武:《郡县论》。
② 王夫之:《宋论》卷五,中华书局 2008 年版,第 46 页。
③ 王夫之:《宋论·仁宗》,中华书局 2008 年版,第 36 页。
④ 王夫之:《宋论》卷五,中华书局 2008 年版,第 47 页。

　　唐甄虽然把专制君主视为"贼"，但又认为："治天下者惟君，乱天下者惟君。治乱非他人所能为也。"[①] 在其看来，人以心为主，身体受心的支配；一国之民以君为主，理所当然要受帝王的统治。鉴于明代宰相权力被剥夺，君权过于集中，造成"势尊自蔽"，唐甄提出了以任相的托古形式来分割君权的主张："相者，君之贰也，宗庙所赖，不可以轻为进退者也。"[②] 就像盖房子，窗户可以改作，颜色可以重新刷涂，而栋梁则"一成而不可易"。如果"国有贤相"，那么，"法度不患不修，赏罚不患不中，用舍不患不明，毁誉不患至前，田赋不患不治，吏必尚廉，将必能逞，士必能死，府库充盈，奴仆慑伏"[③]。宰相应该无所不理："自宫中至于外朝，为其所裁；自邦国至于边陲，唯其所措。谗者诛之，毁者罪之。盖大权不在，不可以有为也。"甚至可代理国君行使最高职权："君在，代之理；君崩，摄其政"[④]，最重要的则是由宰相掌握用人之权，使君主不问行政，无为而治。当然，对于宰相这么重要的位置，唐甄认为应该用贤人来担当，以匡救君主的不贤。除了设相，唐甄还提出六卿分职、百官尽责的建议："天子有六卿，犹身之有耳目手足。耳惟聪，目惟明，手惟执，足惟履，不相为用，各专其职。"[⑤] 就是说，六卿应该各自做好各自的事情，在其位谋其政、负其责。天子对于六卿，用其所长，虚心求教，与他们亲密无间，对他们尊敬宽恕；君主和大臣一道，同心同德，互相之间没有怀疑，没有猜忌，不受奸诈邪恶之人的挑拨离间；君主的恩威不是朝三暮四，大臣的祸福不是朝不保夕；君主、公卿之间和睦相处，官员之间和睦相处，百姓之间和睦相处，普天之下到处沐浴着美好的风气，国家就会得到完美的治理，等等。

　　总的来看，在中国历史上，每当世道衰败、宗国败亡、天下动荡之时，人们总是把对现实批判的锋芒指向暴君，把对未来理想的企盼寄予明

① 唐甄:《潜书·鲜君》。
② 唐甄:《潜书·任相》。
③ 唐甄:《潜书·任相》。
④ 唐甄:《潜书·卿牧》。
⑤ 唐甄:《潜书·善任》。

君。因此，他们的政治设计都是紧紧围绕"君"来进行的，他们的眼界还局限在君主制度的范围内而无法实现自身的超越，他们始终没有跳出传统政治文化的圈子。正如刘泽华先生所指出的："圣人之道是他们政论的理论基础，'君为政本'是他们政论的根基。"①

三、文化与自省

历史地看，中国人对自身文化的反省，经历了一个漫长的历史过程。孔子关于"仁"的学说中所包含的"为仁由己"——从自我的真情出发的思想，有重视自我之自由、自主的意味。然而，在孔子的"仁"学中，"由己"受到外在的"礼"的束缚。这样，"仁"之伟大理想，终因自我的个体性、独立性被湮没、被压制，而只能成为梦想。汉武帝以后，中华帝国进入了思想"大一统"的时代。董仲舒的"天人感应"论把人的"个体性自我"湮没在神权之中，且利用神权把"个体性自我"压制在森严的等级制度之下。东汉光武帝更宣布图谶于天下，谶纬迷信成为东汉之"正宗"。自此，自我被湮没于儒家名教纲常的人伦社会群体之中，不敢"一伸己见"，最终唯君主意志是从。

王充写作《论衡》一书，批判董仲舒以来的"天"有意志论，以"冀悟迷惑之心，使知虚实之分"②。王充反复申言"天"自然无为，万物的生长是"自然之化"："天动不欲以生物，而物自生，此则自为也，施气不欲为物而物自为，此则无为也。"③按照当时流行的"符瑞"说，夏的祖先是其母吃了一种叫作"薏苡"的草生下的，殷商（契）的祖先是其母吞吃了燕子的蛋而生的，汉高帝刘邦是其母在野地里和龙交合而生，东汉光武帝刘秀是生而室内有光，等等。《论衡》书针对这种荒唐之言指出，人都是由父母生的，帝王亦不例外。既然天、人、物三者不是同类，不能相

---

① 刘泽华：《中国的王权主义》，上海人民出版社2000年版，第600页。
② 王充：《论衡·对作》。
③ 王充：《论衡·自然》。

合，那么与"符瑞"也就毫不相干了。这种见解虽然只是一种直观的自然描述，但能把帝王赤裸裸地搬到了地上，显然是需要极大的胆识的。不仅如此，王充的批判更把对圣贤所言的盲从权威之风刻画得淋漓尽致："世儒学者好信仰而是古，以为圣贤所言皆无非，专精讲习，不知难问。夫贤圣下笔造文，用意详审，尚未可谓尽得实；况仓卒吐言，安能皆是？不能皆是，时人不知难；或是而意沉难见，时人不知问。案贤圣之言，上下多相违，其文前后多相伐者，世之学者不能知也。"①

董仲舒的天人感应论和谶纬之术，先后统治两汉人的思想达四百余年之久。至魏晋日渐衰微，玄学勃兴。在崇"无为"、尚"自然"、轻"名教"的玄学风潮的影响下，魏晋人普遍追求个性解放的自由生活（当然也不乏消极避世的色彩）。这从魏晋士人所崇尚的超凡绝俗、傲然独得的人物风格中略见一斑。史载，嵇康"肃肃如松下风，高而徐引"，其"为人也，岩岩若孤松之独立，其醉也，傀俄若玉山之将崩"②；"阮籍……容貌瑰杰，志气宏放，傲然独得，任性不羁"③；刘伶虽"形貌丑陋"，然"肆意放荡，悠焉独畅，自得一时，常以宇宙为狭"④；陶渊明因不甘"为五斗米折腰"⑤，而成为魏晋士人品格之典范。

在宋代，面对民族危机和社会危机不断加剧的社会现实，陈亮积极倡导讲实事、究实理、重实效、求实功的学风："人才以用而见其能否，安坐而能者，不足恃也；兵食以用而见其盈虚，安坐而盈者，不足恃也。"⑥ 这与理学家们热衷于谈道说理、讲性论命的风气形成鲜明对比。他强调的是"人人须着些针线"的自由创造性和"屈头肩大担"的历史责任感，嗤黜那些"玩心于无形之表"的空谈家和"守规矩准绳而不敢有一毫走作"的迂腐之辈犹如"枯木死灰"。陈亮公开宣称自己的学说是"发出三纲五常

---

① 《论衡·问孔》。
② 《世说新语·容止》。
③ 《晋书·阮籍传》。
④ 《世说新语·容止》。
⑤ 《晋书·陶潜传》。
⑥ 陈亮：《上孝宗皇帝第一书》，《中国历代哲学文选》，中华书局 1963 年版，第 181 页。

之大本"，与理学家的观点并不矛盾，但有所不同的是，陈亮等人注重道德规范与社会实际相结合，力图改变汉唐以来经学化的儒学日趋空洞、教条、神秘的发展倾向，从而使之走上"义利合一"的现实主义道路。① 与陈亮同时代的叶适也指出，董仲舒脱离现实的功利而片面讲道德的思想，不过是"无用之虚语"："仁人正谊不谋利，明道不计功，此语初看极好，细看全疏阔。……后世儒者，行仲舒之论，既无功利，则道义者乃无用之虚语耳。"② 叶适认为，道德不应脱离物欲及现实的功利，而应把两者结合起来，道德是在物欲的基础之上，使"六欲皆得其宜"③，并极力强调天下人之利，甚至要求皇帝帮助平民满足和发展他们的物欲和实际功利："究观古今之变，尽其利害之情，而得其难易之实，解胶固，申挛缩，先有以大慰天下之心。"④ 可以说，相比于中华文化长期以来所形成的空谈仁义道德、不务现实功利、不重科学求知的思想倾向，陈亮、叶适的"功利之学"可谓让人耳目一新。

到了明代，随着程朱理学成为官方哲学，许多士人将程朱理学当成升官、发财的敲门砖，违背了程朱理学纠正人心，改良社会的初衷，导致理学的"虚伪化"。为此，王阳明弘扬"知行合一"，力图恢复儒家"内圣外王"的经世致用传统。在王阳明心学的视野中，"心外无物""心外无理"的旗帜，道德权威既不是神秘的"天"，也不是永恒的"理"，而是人心中的"良知"，从而将社会生活中的道德权威消解得无影无踪。这在全民"尊孔读经"的时代，可谓振聋发聩。王阳明之后，泰州学派的开创者王艮进一步张扬王阳明强化人的主体意识、追求个性尊严的精神，提出了"百姓日用即道"的观点："圣人之道，无异于百姓日用。凡有异者，皆谓之异端"，"愚夫愚妇与知能行，便是道"⑤。儒学由此走出了庙堂，不再是

---

① 参见陈国灿、吴锡标：《陈亮的反理学思想和"朱陈之辩"》，载《浙江学刊》2009年第6期。

② 叶适：《习学记言》卷二十三。

③ 叶适：《习学记言》卷十六。

④ 叶适：《习学记言》卷十五。

⑤ 王艮：《王心斋全集》，江苏教育出版社2001年版，第3页。

文化精英的专利，而逐渐演变为一种大众文化。

明朝中晚期的启蒙思想家李贽对于那些求取功名利禄的"假道学"恨之入骨，提出"童心"说，即以绝假纯真的童心否定那些被世俗功利所异化的"假心"："夫童心者，真心也。若以童心为不可，是以真心为不可也。夫童心者，绝假纯真，最初一念之本心也。若失却童心，便失却真心；失却真心，便失却真人。人而非真，全不复有初矣。"① 按照李贽的这一主张，既然人皆有一颗纯真之心，都有辨别是非、善恶、美丑的能力，当然也就不必以孔子之是非为是非。为此，李贽从挽救社会危机的实用利益出发，大声呼吁恢复人们的真心："大抵圣言切实有用，不是空头，若如说者，则安用圣言为耶！"② 李贽的这些思想，已经超过了孟子、王阳明抽象的人性平等，而实质性地提到了人格平等的程度，反映了中国启蒙思想家对人格独立的追求。

明清之际的启蒙思想家黄宗羲也受到了王学的影响。不过，不同于一些空谈心性的王门后学，黄宗羲强调内圣外王最后还是要落实到经世致用上，舍此，就不是真正的儒学。在黄宗羲看来，儒学之所以变成了空疏、迂腐的"语录之学"，乃是由科举制度造成的。他说："举业盛而圣学亡。举业之士，亦知其非圣学也，第以仕宦之途寄迹焉尔。"③ 科举制度在历史上曾经产生过非常积极的作用，但是到了明清时期，科举考试变成了脱离实际的经学游戏，从而窒息了儒学经世致用的灵魂，堕落成扼杀人才、窒息学术的工具。

针对宋明理学"存天理，灭人欲"的片面性，王夫之则充分肯定了自然欲望在人类社会中所占的重要地位："饮食、男女，人之大欲，共焉者也。而朴者多得之于饮食，佻者多得之于男女。欲得其情，不容不殊。古之人因情以用才，因才以起功。"④ 既如此，治理天下者应充分重视人们的

---

① 李贽：《焚书·杂述》。
② 李贽：《焚书·复焦弱侯》。
③ 吴光：《黄宗羲全集》第十册，浙江古籍出版社 2012 年版，第 4 页。
④ 王夫之：《船山全书》第 7 册，岳麓书社 1991 年版。

自然要求，循此规律治理社会，而不是逆此而行。为此，王夫之批判了将人欲与天理割裂为二的思想观点："圣人有欲，其欲即天之理。天无欲，其理即人之欲。学者有理有欲，理尽则合人之欲，欲推即合天之理。于此可见，人欲之各得，即天理之大同。天理之大同，无人欲之或异。治民有道，此道也。"① 在这里，王夫之将天理与人欲统一起来，坚持天理即人欲的思想，从而纠正了宋儒"存天理，灭人欲"这一哲学命题给社会所带来的不良影响。

---

① 王夫之：《船山全书》第 6 册，岳麓书社 1991 年版。

主要参考文献

白钢主编：《中国政治制度通史》，人民出版社1996年版。

班固等：《白虎通义》，中华书局1987年版。

班固：《汉书》，中华书局1962年版。

蔡方鹿：《中华道统思想发展史》，四川人民出版社2003年版。

蔡尚思：《十家论墨》，上海人民出版社2004年版。

陈独秀：《陈独秀著作选》，上海人民出版社1993年版。

陈鼓应：《黄帝四经今注今译》，商务印书馆2007年版。

陈立：《白虎通疏证》，中华书局1994年版。

陈亮：《陈亮集》，中华书局1987年版。

陈奇猷：《韩非子新校注》，上海古籍出版社2000年版。

陈奇猷：《吕氏春秋新校释》，上海古籍出版社2002年版。

陈寿：《三国志》，中华书局2005年版。

陈天华：《陈天华集》，湖南人民出版社2011年版。

程颢、程颐：《二程集》，中华书局2004年版。

程树德：《论语集释》，中华书局1990年版。

《春秋谷梁传》，中华书局1982年版。

邓牧：《伯牙琴》，中华书局1959年版。

董诰：《全唐文》，上海古籍出版社1990年版。

杜维明：《东亚价值与多元现代性》，中国社会科学出版社2001年版。

杜维明：《现代精神与儒家传统》，三联书店 1997 年版。

段玉裁：《说文解字注》，浙江古籍出版社 1998 年版。

《二十四史》（1—63 简体字本），中华书局 2000 年版。

范文澜：《中国通史》，人民出版社 1978 年版。

范晔：《后汉书》，中华书局 1987 年版。

费孝通：《乡土中国·生育制度》，北京大学出版社 1998 年版。

费正清：《中国：传统与变迁》，世界知识出版社 2002 年版。

高亨：《诗经今注》，上海古籍出版社 1980 年版。

葛洪：《抱朴子外篇》，上海古籍出版社 1990 年版。

葛兆光：《中国思想史》，复旦大学出版社 2001 年版。

龚自珍：《龚自珍全集》，上海人民出版社 1975 年版。

顾颉刚：《汉代学术史略》，人民出版社 2008 年版。

顾炎武：《日知录集释》，上海古籍出版社 2006 年版。

郭沫若：《十批判书》，河北教育出版社 2000 年版。

郭庆藩：《庄子集释》，中华书局 1982 年版。

哈耶克：《通往奴役之路》，中国社会科学出版社 1997 年版。

韩愈：《韩昌黎文集校注》，上海古籍出版社 1987 年版。

何宁：《淮南子集释》，中华书局 1998 年版。

何休：《春秋公羊传注疏》，上海古籍出版社 1990 年版。

侯外庐、邱汉生、张岂之：《宋明理学史》，人民出版社 1997 年版。

侯外庐、赵纪彬、杜国庠：《中国思想通史》，人民出版社 1957 年版。

胡适：《中国哲学史大纲》，东方出版社 1996 年版。

黄怀信：《逸周书校补注译》，三秦出版社 2006 年版。

黄晖：《论衡校释》，中华书局 1990 年版。

黄仁宇：《中国大历史》，三联书店 2007 年版。

黄宗羲：《明夷待访录》，中华书局 1981 年版。

霍布斯：《利维坦》，商务印书馆 1985 年版。

嵇康：《嵇康集注》，殷卿等注，黄山书社 1986 年版。

纪宝成:《中国古代治国要论》,中国人民大学出版社 2004 年版。

贾谊:《贾谊集》,上海人民出版社 1976 年版。

贾谊:《新书译注》,中华书局 2000 年版。

蒋礼鸿:《商君书锥指》,中华书局 1986 年版。

焦循:《孟子正义》,中华书局 1987 年版。

金耀基:《中国民本思想史》,商务印书馆 1990 年版。

景中:《列子译注》,中华书局 2007 年版。

瞿同祖:《中国法律与中国社会》,中华书局 1981 年版。

卡尔·波普尔:《开放社会及其敌人》,中国社会科学出版社 1999 年版。

卡西尔:《国家的神话》,华夏出版社 2003 年版。

康有为:《康有为全集》,上海古籍出版社 1990 年版。

黎靖德编:《朱子语类》,中华书局 2004 年版。

李大钊:《李大钊文集》,人民出版社 1984 年版。

李焘:《续资治通鉴长编》,上海古籍出版社 1986 年版。

李昉:《太平御览》,中华书局 1960 年版。

李零:《丧家狗——我读论语》,山西人民出版社 2007 年版。

李泽厚:《中国古代思想史论》,人民出版社 1986 年版。

李泽厚:《中国近代思想史论》,安徽文艺出版社 1994 年版。

李贽:《焚书》,岳麓书社 1990 年版。

梁启超:《先秦政治思想史》,天津古籍出版社 2003 年版。

梁启超:《饮冰室合集》,中华书局 1989 年版。

林尹:《周礼今注今译》,天津古籍出版社 1988 年版。

刘军宁编:《北大传统与近代中国:自由主义的先声》,中国人事出版社 1998 年版。

刘向:《战国策》,上海古籍出版社 1978 年版。

刘勰:《文心雕龙注释》,周振甫注,人民出版社 1981 年版。

刘义庆:《世说新语》,刘孝标注,上海书店 1986 年版。

刘泽华：《中国政治思想史集》（全三册），人民出版社 2008 年版。

柳宗元：《柳宗元集》，中华书局 1979 年版。

卢梭：《社会契约论》，商务印书馆 2003 年版。

鲁迅：《鲁迅全集》，人民文学出版社 1981 年版。

马基雅维利：《君主论》，商务印书馆 1985 年版。

马王堆汉墓帛书整理小组：《经法》，中国青年出版社 1976 年版。

孟德斯鸠：《论法的精神》，上海三联书店 2009 年版。

缪文远：《战国策新校注》，巴蜀书社 1987 年版。

牟宗三：《历史哲学》，广西师范大学出版社 2007 年版。

牟宗三：《政道与治道》，广西师范大学出版社 2006 年版。

欧阳修：《新唐书》，中华书局 1975 年版。

皮日休：《皮子文薮》，中华书局 1959 年版。

钱穆：《国史大纲》，商务印书馆 1996 年版。

钱穆：《中国近三百年学术史》，商务印书馆 1997 年版。

钱熙祚校：《慎子》，上海书店出版社 1986 年版。

阮籍：《阮籍集校注》，中华书局 1987 年版。

《慎子》，中华书局诸子集成本 1954 年版。

《十三经注疏》，浙江古籍出版社 1998 年版。

《睡虎地秦墓竹简》，文物出版社 1978 年版。

司马光：《资治通鉴》，上海古籍出版社 1987 年版。

司马迁：《史记》，中华书局 2010 年版。

《四库全书总目·唐律疏议提要》，中华书局 1995 年版。

苏舆：《春秋繁露义证》，中华书局 1992 年版。

孙同元辑：《〈六韬〉佚文》，《先秦兵书佚文辑解》，天津人民出版社 2003 年版。

孙希旦：《礼记集解》，中华书局 1989 年版。

孙星衍：《尚书今古文注疏》，中华书局 2004 年版。

孙诒让：《墨子间诂》，中华书局 2001 年版。

孙中山：《孙中山文集》，团结出版社 1997 年版。

谭嗣同：《谭嗣同全集》，中华书局 1981 年版。

汤用彤：《魏晋玄学论稿》，上海古籍出版社 2001 年版。

唐徐彦：《春秋公羊传注疏》，中华书局 2002 年版。

唐甄：《潜书》，中华书局 1963 年版。

《王弼注·老子道德经》，中华书局 1985 年版。

王充：《论衡》，上海人民出版社 1974 年版。

王夫之：《船山全书》，岳麓书社 1991 年版。

王夫之：《读通论》，中华书局 1975 年版。

王夫之：《宋论》，中华书局 2008 年版。

王艮：《语录》，《王心斋全集》，江苏教育出版社 2001 年版。

王国维：《殷周制度论》，中华书局 1959 年版。

王利器：《文子义疏》，中华书局 2000 年版。

王利器：《新语校注》，中华书局 1986 年版。

王利器：《盐铁论校注》，中华书局 1992 年版。

王聘珍：《大戴礼记解诂》，中华书局 1983 年版。

王先谦：《荀子集解》，中华书局 1988 年版。

王亚南：《中国官僚政治研究》，中国社会科学出版社 1997 年版。

王阳明：《传习录》，岳麓书社 2004 年版。

王元化：《文学沉思录》，上海文艺出版社 1996 年版。

韦政通：《中国思想史》，上海书店出版社 2003 年版。

魏特夫：《东方专制主义》，中国社会科学出版社 1989 年版。

魏源：《魏源集》，中华书局 1976 年版。

无能子：《无能子》，中华书局 1981 年版。

吴兢：《贞观政要》，上海古籍出版社 1978 年版。

肖公权：《中国政治思想史》，辽宁教育出版社 1998 年版。

熊铁基：《秦汉新道家》，上海人民出版社 2001 年版。

徐朝华：《尔雅今注》，南开大学出版社 1987 年版。

徐复观:《两汉思想史》,华东师范大学出版社 2001 年版。

徐元诰:《国语集解》,中华书局 2002 年版。

许维遹:《吕氏春秋集释》,中华书局 2009 年版。

荀悦:《申鉴》,上海古籍出版社 1990 年版。

亚里士多德:《政治学》,商务印书馆 1965 年版。

严复:《严复集》,中华书局 1986 年版。

阎步克:《士大夫政治演生史稿》,北京大学出版社 1996 年版。

颜昌峣:《管子校释》,岳麓书社 1996 年版。

《晏子春秋校注》,中华书局诸子集成本 1954 年版。

杨伯峻:《春秋左传注》,中华书局 1981 年版。

杨鸿烈:《中国法律思想史》,上海书店 1984 年版。

叶适:《叶适别集》,中华书局 1961 年版。

尹文:《尹文子》,中华书局诸子集成本 1954 年版。

余敦康:《东汉末年的社会批判思潮》,人民出版社 1985 年版。

余明光:《黄帝四经与黄老思想》,黑龙江人民出版社 1989 年版。

余英时:《历史与思想》,联经出版事业公司 1976 年版。

余英时:《士与中国文化》,上海人民出版社 1987 年版。

余英时:《现代儒学的回顾与展望》,三联书店 2004 年版。

余英时:《中国思想传统及其现代变迁》,广西师范大学出版社 2004 年版。

张居正:《张居正集》,荆楚书社 1987 年版。

张汝伦:《蔡元培文选》,上海远东出版社 2012 年版。

张舜徽:《周秦道论发微》,中华书局 1982 年版。

张载:《张载集》,中华书局 1978 年版。

仲长统:《昌言》,中华书局 2014 年版。

周敦颐:《周子通书》,上海古籍出版社 2000 年版。

《周易译注》,上海古籍出版社 2001 年版。

朱谦之:《老子校释》,中华书局 1984 年版。

朱熹:《四书集注》，岳麓书社 1985 年版。

朱熹:《朱熹集》，四川教育出版社 1996 年版。

朱执信:《朱执信集》，中华书局 1979 年版。

邹容:《革命军》，华夏出版社 2002 年版。

左丘明:《国语》，上海古籍出版社 1988 年版。

责任编辑：吴炤东

封面设计：姚　菲

图书在版编目(CIP)数据

中国古代治国要略/彭新武 著. —北京：人民出版社,2018.6(2021.11 重印)

ISBN 978－7－01－019244－4

Ⅰ.①中… Ⅱ.①彭… Ⅲ.①国家-行政管理-中国-古代 Ⅳ.①K691

中国版本图书馆 CIP 数据核字(2018)第 077484 号

中国古代治国要略

ZHONGGUO GUDAI ZHIGUO YAOLÜE

彭新武　著

人 民 出 版 社 出版发行

(100706　北京市东城区隆福寺街 99 号)

北京中科印刷有限公司印刷　新华书店经销

2018 年 6 月第 1 版　2021 年 11 月北京第 2 次印刷

开本：710 毫米×1000 毫米 1/16　印张：30.25

字数：370 千字

ISBN 978－7－01－019244－4　定价：99.00 元

邮购地址 100706　北京市东城区隆福寺街 99 号

人民东方图书销售中心　电话 (010)65250042　65289539

版权所有·侵权必究

凡购买本社图书,如有印制质量问题,我社负责调换。

服务电话:(010)65250042